二〇一一—二〇二〇年國家古籍整理出版規劃項目

國家古籍整理出版專項經費資助項目

阮元集

程章燦 主編

全國高校古籍整理研究項目及山東省高等學校高水平學科「曲阜師範大學中國史學科」資助成果

山左金石志 上

〔清〕畢沅 〔清〕阮元 撰

孟凡港 校證

廣陵書社

圖書在版編目（CIP）數據

山左金石志 / （清）畢沅，（清）阮元撰 ; 孟凡港校證. -- 揚州 : 廣陵書社，2023.5
（阮元集 / 程章燦主編）
ISBN 978-7-5554-1914-3

Ⅰ. ①山… Ⅱ. ①畢… ②阮… ③孟… Ⅲ. ①金石—匯編—山東 Ⅳ. ①K877.22

中國國家版本館CIP數據核字(2023)第090750號

叢 書 名 阮元集
叢書主編 程章燦

書　　名 山左金石志
著　　者 〔清〕畢　沅 〔清〕阮　元　撰
孟凡港　校證
責任編輯 鄒鎮明　張艷紅
出 版 人 曾學文
封面設計 姜　嵩

出版發行 廣陵書社
揚州市四望亭路 2-4 號　　郵編　225001
（0514）85228081（總編辦）　85228088（發行部）
http://www.yzglpub.com　　E-mail:yzglss@163.com
印　　刷 常州市金壇古籍印刷廠有限公司

開　　本 889 毫米 × 1194 毫米 1/32
印　　張 39.125
字　　數 900 千字
版　　次 2023 年 5 月第 1 版
印　　次 2023 年 5 月第 1 次印刷
標準書號 ISBN 978-7-5554-1914-3
定　　價 280.00 元(全二册)

清陳重慶題雷塘庵主像（揚州博物館藏）

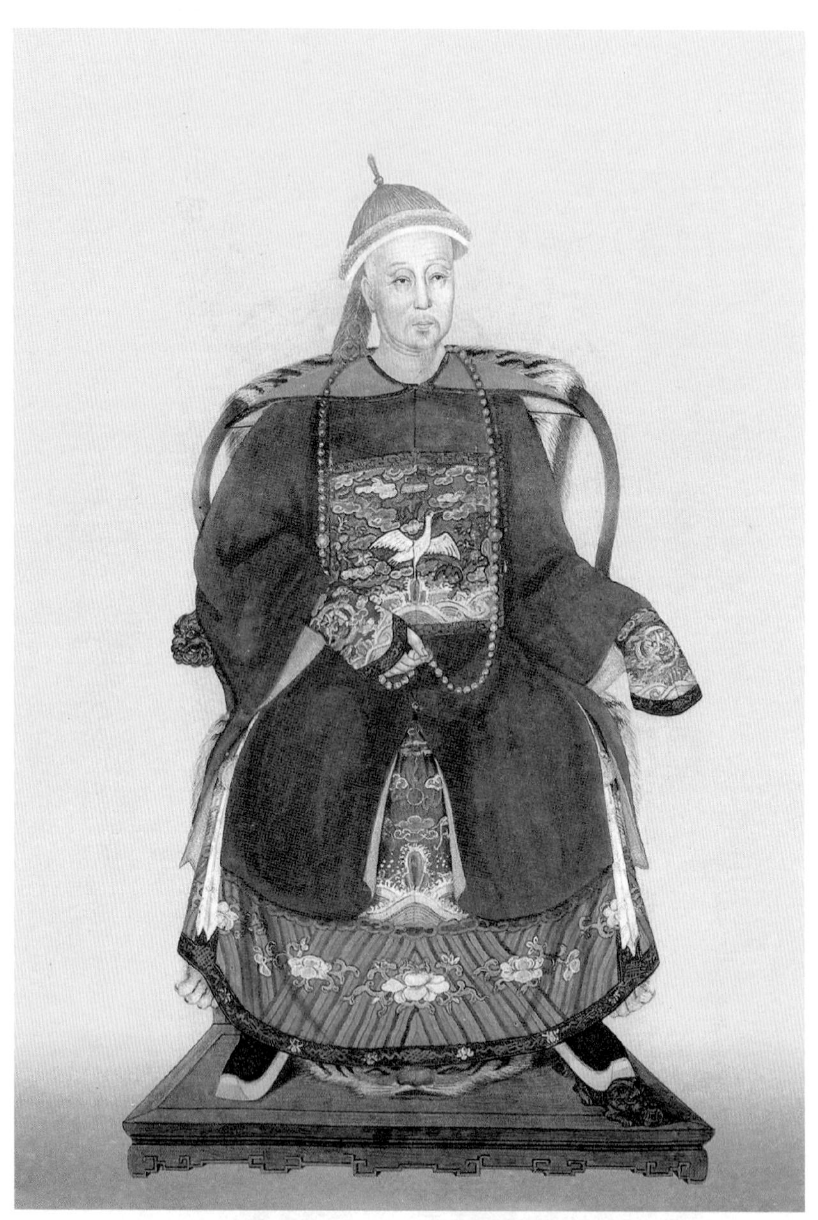

阮元坐像(選自《清中葉學者大臣阮元生平與時代》)

阮元家廟(位于揚州市毓賢街)

阮元篆書十言聯（揚州博物館藏）

水能性澹爲吾友
覺生世講屬

竹解心虛是我師
阮元

阮元行書七言聯

揚州北湖萬柳堂
京師萬柳堂者元平章
廉文正希憲別業與趙
文敏宴集之地日下舊聞
載之康熙時為馮益都
相國之亦園鴻博名流多
集於此後改拈花寺嘉慶
十五六年元與朱野雲處
士常游此地補栽桃柳頗
致延春道光十八年出都
僧請書扁元書元萬柳
堂扁此京城東南隅之萬
柳堂也元家揚州郡北湖
四十里僧度橋之東北八里

赤岸湖有珠湖草堂
乃先祖釣游之地嘉慶
先考陸續購田莊元曾在
此穫稻捕魚致可樂也乃
自此後三二十年皆沒于
洪湖下洩之水檬莊多
半傾圮道光十九年春在
揚州從弟號謂宜築隄
于是擇田之低者五百畝
隄之而棄其太低者又
應湖波宜多栽柳以禦
夏秋水波明江湖細柳二
萬枝遍植之魚岸柳株
植之計不下三萬柳乃於
莊前署曰萬柳堂可以

課稼觀漁返于先疇遠
於城市因分為八詠一曰
珠湖草堂二曰萬柳堂三
曰柳堂荷雨四曰太平
漁鄉五曰秋田穫稻六曰
黃鳥隅七曰三十六陂亭
八曰定香亭此揚州南
萬柳堂也 頤性老人
此隄岸五年舊栽柳皆高
壯遠望皆綠與稻田一色
去年小暑來此看荷柳慮
有成蔭幸早在此八月
弟退乃返雷塘
雲乃權都轉世兄屬 阮元書
癸卯夏五

阮元行書《揚州北湖萬柳堂記》橫幅（浙江省博物館藏）

皇淸經解卷一　學海堂

左傳杜解補正　崑山顧處士炎武著

北史言周樂遜著春秋序義通賈服說發杜氏違今杜氏單行而賈服之書不傳矣吳之先達邵氏寶有左觿百五十餘條又陸氏粲有左傳附注傅氏遜本之爲辨誤一書今多取之參以鄙見名曰補正凡三卷若經文大義左氏不能盡得而公穀得之公穀不能盡得而啖趙及宋儒得之者則別記之於書而此不具也

隱元年莊公寤生驚姜氏　解寐寤而莊公已生恐無此事應劭風俗通曰兒墮地能開目視者爲寤生

不如早爲之所　解使得其所宜改云言及今制之

清道光九年廣東學海堂刻本《皇清經解》書影

周易注疏校勘記序

古周易十二篇漢後至宋晁以道朱子始復其舊自晁以道朱子以前皆彖象文言分入上下經卦中別爲繫辭上下說卦序卦雜卦五篇鄭元王弼之書業已如是此學者所共知無庸覼縷者也易之爲書最古而文多異字宋晁以道古文易撏撦爲之如郭忠恕薛季宣古文尚書之比

國朝之治周易者未有過於徵士惠棟者也而其校刊雅雨堂李鼎祚周易集解與自著周易述其改字多有似是而非者蓋經典相沿已久之本無庸突爲擅易況師說之不同他書之引用未便據以改久沿之本也但當錄其說於考證而

清嘉慶文選樓本《十三經注疏校勘記》書影

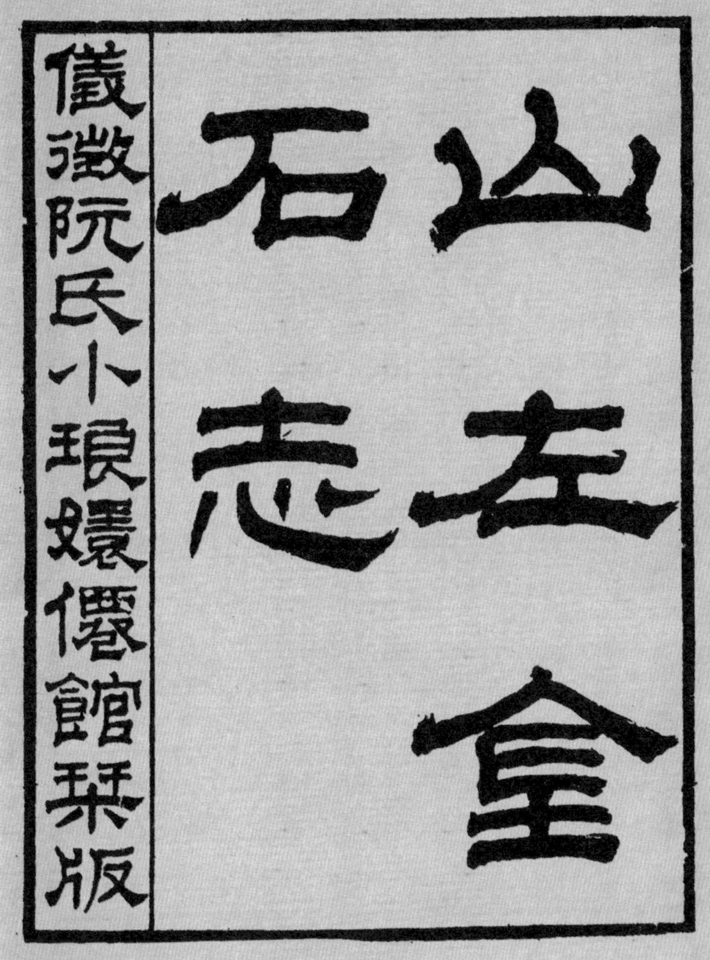

嘉慶二年小琅嬛仙館刻本《山左金石志》書名頁

山左金石志序

金石之學始於宋錄金石而分地亦始於宋有統天下而錄之者王象之之碑目陳思之叢編是也有卽一道而錄之者崔君授之於京兆劉涇之於成都是也

國朝右文卟古度越前代而一時諸鉅公博學而善著書於是畢秋帆尚書鎮撫雍豫翁覃谿學士視學粵東皆薈萃翠墨次弟成編獨山左聖人故里秦漢魏晉六朝之刻所在多有曲阜之林廟任城之學宮岱宗靈巖之磨厓好事者偶津逮焉猶挹水於河而取火於燧矣近時黃小松李南澗聶劒光段赤亭輩雖各有編錄祗就一方未晐全省是誠藝林一闕事也乾隆癸丑秋今閣學儀徵阮公芸臺奉

命視學山左公務之暇咨訪耆舊廣爲搜索其明年冬畢尚書

梅村阮亨閱過

嘉慶二年小琅嬛仙館刻本《山左金石志》序一書影

山左金石志序

山左兼魯齊曹宋諸國地三代吉金甲于天下東漢石刻

江以南得一已爲鉅寶而山左有秦石二西漢石三東漢

則不勝指數故論金石于山左誠衆流之在渤海萬峯之

峙泰山也元以乾隆五十八年秋奉

命視學山左首謁

闕里觀乾隆

欽頒周器及鼎幣戈尺諸古金又摩挲兩漢石刻移亭長府門卒

二石入于矍相圃次登

岱觀唐摩崖碑得從臣銜名及宋趙德甫諸題名次過濟寧

學觀戟門諸碑及黃小松司馬易所得漢祠石象歸而始

有勒成一書之志五十九年畢秋帆先生奉

嘉慶二年小琅嬛仙館刻本《山左金石志》序二書影

山左金石志卷第一

兵部尚書兼都察院右都御史總督湖北湖南等處地方軍務兼理糧餉前山東巡撫加三級畢沅

內閣學士兼禮部侍郎南書房行走文淵閣直閣事提督浙江全省學政前山東學政加三級阮元 同撰

周

欽頒闕里周笵銅器十事

御製頒內府周笵銅器十事交衍聖公孔昭煥陳

闕里廟廷詩以誌事 有序

釋奠而飭豆籩新型既備登堂而觀車服古澤奚存槃案臚
犧象諸尊第款識元和所鑄雖協吉金用享還疑贗鼎無稽
矧辨名溯三代以前何知有漢而學禮景當年之志亦曰從
周昨脩太學落成會列姬朝雅笵惟此昌平故里
鑒賁憑焉每徵法物舊章心恒慭若宜陳禮器以煥宮牆擬俟

嘉慶二年小琅嬛仙館刻本《山左金石志》卷一書影

阮元集序

一

阮元（一七六四—一八四九），字伯元，號芸臺、揅經老人、雷塘庵主、頤性老人等，江蘇儀徵（今屬揚州市）人。阮氏祖籍係出陳留尉氏縣（今河南開封），明初，遷至江蘇淮安。明神宗時，人稱『小槐公』的阮巖再遷至揚州，是爲阮氏遷揚之始祖。

阮氏爲武官世家，二世祖、三世祖、四世祖等，皆官至將軍。祖父阮玉堂，文武雙全，中康熙五十四年（一七一五）武進士，征苗一役，大獲全勝，全活苗人無數。父親阮承信，幼年攻書，熟習《左傳》《資治通鑑》等經典，亦嫻熟騎射。母親林氏，爲福建大田縣知縣林廷和之女，幼承庭訓，深明大義，能作詩，爲其教育子弟奠定了文化基礎。阮元五歲便跟隨母親認字，六歲就外傅讀書。阮元幼年口吃，讀文章不順暢，在母親的細心指導之下，得以掌握讀書方法。母親常常過問阮元的交友、行事，並告誡他如何辨明是非曲直。而父親則曾對他説：『讀書當明體達用。徒鑽時藝，無益也。』父母的教誨對阮元的一生有重要影響。

少年時代的阮元,曾受業于江振鷺、賈天凝、栗溥、胡廷森、喬椿齡、李道南等人。尤其師從胡廷森學習《文選》,爲他以後的詩文寫作及研究打下了很好的基礎。乾隆三十八年(一七七三),阮元與焦循、江藩結交,以同窗之誼成爲終身的朋友。此後,他陸續結識了乾嘉時代許多著名學者。四十六年,母親林氏病故,阮元居家守喪。時凌廷堪因慕江永、戴震之學,挾書來游揚州,遂與阮元結識並訂交。四十七年,結識汪中,並求教于顧九苞、劉台拱、任大椿、王念孫等學人。五十一年,阮元中鄉試第八名,並因學使謝墉之故,結識了錢大昕,兩人訂交。與這些朋友的交游,開闊了他的學術視野。

乾隆五十四年(一七八九),阮元殿試得二甲第三名,賜進士出身,入翰林院爲庶吉士,充史館纂修官。五十五年,散館一等第一名,授編修。五十六年,大考翰詹第一,陞授詹事府少詹事,奉旨南書房行走。召對,乾隆大喜。次日,乾隆特地對大臣阿桂説:『阮元人明白老實,象個有福的,不意朕八旬外,又得一人。』可見他對阮元甚爲賞識。五十八年,阮元奉命督山東學政。六十年,奉旨調任浙江學政。嘉慶四年(一七九九),兼署兵部左侍郎,署理浙江巡撫。次年實授浙江巡撫,從此阮元躋身封疆大吏之列。那一年,他纔三十六歲,可謂少年得志。

在浙江巡撫任上,阮元改軍制,造船炮,全力剿匪,並製定《緝匪章程》七條,督令各部嚴格執行。其間剿滅安南艇匪及各路匪幫萬餘人。又在杭州創設『詁經精舍』。嘉慶十年（一八〇五），丁父憂去職。十二年，服闋，署户部侍郎，赴河南按事，授兵部侍郎，再任浙江巡撫，暫署河南巡撫。十三年，赴浙繼續剿捕海盜。十四年，因劉鳳誥科舉舞弊一案，革職解京發落，不久獲嘉慶帝恩賞，授文穎館編修。十七年，補授爲工部右侍郎，不久受任漕運總督。十九年，改江西巡撫。二十一年，調補河南巡撫，尋補授湖廣總督。二十二年，調補兩廣總督。二十五年，在廣東任上開辦學海堂，以經古之學課士，親自書寫『學海堂』匾。道光元年（一八二一），以兩廣總督、兩廣鹽政攝廣東巡撫、太平關税務、廣東學政、粤海關税務。四年，親自選址建學海堂，年底建成。六年，調補雲貴總督。十五年，奉旨充體仁閣大學士，遂離滇返京，兼署都察院左都御史。十六年，充經筵講官。十八年，致仕。二十九年，阮元卒，享年八十六歲。賜謚文達。總體來説，阮元生當乾嘉盛世，仕途順利，得享高年，的確是一个『有福』之人。

阮元生長于揚州人文薈萃之地，成長于乾嘉文物鼎盛之世，一生勤勉治學，崇尚實學，兼容並蓄，淹通四部。他早被知遇，交游廣泛，一生以經史學術爲己任。一方面，他十分重視提携後進，作育人才，任職浙江時創設的詁經精舍，任職廣東時創建的學海堂，都培養了很多傑出人才。另一方面，他重視文獻整理和文化承傳，不僅積極刊行同時代優秀學人的重要著作，而且還投入大量精力，參編、主編並刊刻了許多大型圖書，爲保存文獻作出突出的貢獻。從這個角度説，阮元不僅是文人和學者，更是一個文獻學家和出版家。顯然，他的交游、官位及其所擁有的資源，都爲他從事文獻整理與學術研究提供了方便。

阮元著作（不計其刻書以及作爲地方官員挂名修撰的方志），主要包括如下三大類：

第一類是阮元主持編撰的經學著作，包括《經籍籑詁》《重栞宋本十三經注疏》《皇清經解》等。

第二類是阮元主持的其他部類文獻彙編，包括《疇人傳》《山左金石志》《淮海英靈集》等。

第三類是阮元的個人著述，涵蓋經史子集四部，包括《儀禮石經校勘記》四卷、《三家詩補遺》三卷、《詩書古訓》六卷、《儒林傳稿》四卷、《曾子注釋》四卷《敘録》一卷、《小滄浪筆談》四卷、《定香亭筆談》四卷、《石渠隨筆》八卷、《石畫記》五卷、《揅經室集》六十四卷、《廣陵詩事》十卷等。

二

阮元著作在清代及民國有各種刊印本。一九四九年以來，多種阮元著作被影印或排印整理出版。在影印方面，較早有成都古籍書店、中華書局分别影印的《經籍籑詁》。近年來，浙江古籍出版社等先後影印出版了《兩浙金石志》《兩浙防護録》《積古齋鐘鼎彝器款識》等著述。

自二十世紀九十年代以來，阮元的部分著述陸續得到整理，排印出版，據目前所知，主要有下列數種（按出版先後爲序）：

一、《揅經室集》（五十四卷），鄧經元點校，中華書局一九九三年版；

二、《廣陵詩事》，王明發點校，廣陵書社二〇〇五年版，收入『揚州地方文獻叢刊』；

三、《疇人傳彙編》，彭衛國、王原華點校，廣陵書社二〇〇九年版；

四、《石渠隨筆》，錢偉彊、顧大朋點校，浙江人民美術出版社二〇一一年版；

五、《疇人傳合編校注》，馮立昇等校注，中州古籍出版社二〇一二年版；

六、《兩浙輶軒録》，夏勇等整理，浙江古籍出版社二〇一二年版，收入『浙江文叢』；

七、《十三經注疏校勘記》，劉玉才主編，北京大學出版社二〇一五年版；

八、《揅經室集》（六十三卷），沈瑩瑩點校，北京大學出版社二〇一六年版；

九、《小滄浪筆談　定香亭筆談》，姚文昌點校，山東人民出版社二〇一八年版；

十、《石畫記》，蔣暉校注，西泠印社出版社二〇一九年版。

除了鄧經元點校本《揅經室集》是在一九九三年出版以外，其餘各種阮元著述都是在新世纪陸續得到整理与出版的。这説明，學界對阮元的生平、學術及其思想的研究越來越重視，但相對于阮元衆多的著述而言，有待整理出版者仍然占有相當大部分。

廣陵書社歷來重視清代揚州學者著述的整理出版，已陸續出版汪中、焦循、寶應劉氏、儀徵劉氏等重要學者的詩文著作集。原計劃整理出版《阮元全集》，由于阮元著述宏富，且編、撰情况較爲複雜，出版全集難度大、耗時長，遂決定根據其著述情况，以『阮元集』爲名，分別整理出版其存世著作。此次整理出版《阮元集》，大致遵循以下原則：

一是其自著悉予收羅，無論之前是否有整理本，均重新予以整理，如《揅經室集》；

二是其編纂之著述酌情收録，主要收未曾整理者，如《山左金石志》；

三是有的著述，屬其創編，自應收録，而其書之續作，亦與阮元關係密切，則作爲附録收入，如《疇人傳》及《淮海英靈集》之續編。

按照上述原則，目前收入《阮元集》者主要包括以下著述：

一、《三家詩補遺》三卷

二、《儀禮石經校勘記》四卷

三、《曾子注釋》四卷《叙録》一卷

四、《詩書古訓》六卷

五、《儒林傳稿》四卷

六、《疇人傳》四十六卷附《續編》六卷

七、《山左金石志》二十四卷

八、《小滄浪筆談》四卷

九、《定香亭筆談》四卷

十、《石渠隨筆》八卷

十一、《石畫記》五卷

十二、《揅經室集》六十四卷

十三、《淮海英靈集》二十二卷附《續集》十二卷

十四、《廣陵詩事》十卷

《阮元集》的整理，大抵根據各書的特點，確定適當的整理方式與體例，力求達到深度整理的要求，各有所長。如《山左金石志》，採用了校補的整理方式，融入了整理者多年潛心研究此書的學術成果。《儒林傳稿》，以徵引文獻對校原文，覆核其源，注明誤作、誤引、異文等，用力頗勤。《廣陵詩事》《小滄浪筆談》《定香亭筆談》，因體裁的緣故，原書無細目，内容顯得散亂無序，整理時依内容分擬標題，便于讀者閱讀利用和檢索。《淮海英靈集》，爲體現此書『或以詩存人，或以人存詩』的特點，特别編製了詳細的索引，《廣陵詩事》《疇人傳》等其他幾種書亦相應編製了人名等索引，尤其方便讀者檢索、使用。對已有整理本者，則根據新發現的文獻版本資料，重新校點，力圖後出轉精。

如《揅經室集》，雖已有中華書局及北京大學出版社兩部整理本，但此次整理底本採用了新發現的目前所知的最全之本（六十四卷），其中《再續集》一册八卷，較此前學者所知之《再續集》七卷本多出一卷，詩文多出八篇。同時在點校方面也精益求精，改正前人標點錯訛之處甚多。另外擬收入揚州市圖書館所藏『阮元家書』，以及當代學者陳鴻森、孫廣海、羅瑛等人輯録的《揅經室集》之外的佚文，以期呈現全璧。

《阮元集》已被列爲二〇一一—二〇二〇年國家古籍整理出版規劃項目、國家古籍整理出版專項經費資助項目。假以時日，待其著述基本整理完畢，將彙總出版《阮元全集》。

阮元作爲清代主持風會數十年的一代名臣，學術上卓有建樹，是揚州學派的主要代表人物，影響深遠。相信此次對《阮元集》的系統整理出版，能够爲研究阮元的生平、文學、學術、思想奠定更爲堅實可信的文獻基礎，也能爲進一步推動揚州學派研究，爲全面梳理清代學術史、文學史乃至清代中期歷史的脉絡，起到積極的推動作用。

程章燦

二〇二〇年十月二十九日

整理前言

畢沅（一七三〇——一七九七），字秋帆、纕蘅，號靈岩山人，江蘇鎮洋（今江蘇太倉）人。乾隆二十五年（一七六〇）進士，曾任翰林院修撰、甘肅鞏秦階道員、陝西巡撫、河南巡撫、山東巡撫、湖廣總督等職。嘉慶二年（一七九七）七月，病逝於湖廣總督任上，時年六十七歲。畢沅精於經史、金石，著有《續資治通鑒》《關中金石記》《中州金石記》等書。

阮元（一七六四——一八四九），字伯元，號芸臺，江蘇揚州人。乾隆五十四年（一七八九）進士，爲官乾隆、嘉慶、道光三朝，歷任中央與地方多個要職，在清代中後期的政治舞臺上活躍了近半個世紀。阮元身爲達官而不廢學問，在經學、史學、金石學、文字學、書學等領域造詣深厚，著述宏富，如《經籍籑詁》《十三經註疏校勘記》《皇清經解》《儒林傳稿》《疇人傳》《山左金石志》《積古齋鐘鼎彝器款識》《兩浙金石志》等。

乾隆五十八年（一七九三）秋，阮元督學山東，首謁孔子故里曲阜，觀看乾隆欽頒孔廟周器及鼎幣戈尺諸古金，又摩挲兩漢石刻，再登泰山，觀唐摩崖題名，又到濟寧府學，觀戟門諸碑及漢祠石像，回到省城濟南後便産生了編纂《山左金石志》的念頭。正巧第二年（一七九四），湖廣總督畢沅貶爲山東巡撫，二位江蘇同鄉性情、志向相投，於金石均情有獨鍾，因畢氏先前巡撫陝西、河南時編有《關中金石記》與《中州金石記》二書，故阮元以山左之志托付於他。二賢同心贊成此舉，遂商榷條例，博稽群籍，薈萃山東十府兩州之碑碣拓本，又各出所藏彝器、錢幣、官私印章，彙而編之。事實上，畢沅由於年老體衰，且政務繁忙，精力不濟，編纂任務由阮元獨力承當。該年秋天，畢沅再授湖廣總督，離開濟南。阮元於公事之暇，咨訪耆舊，廣爲搜尋，繼續編纂《山左金石志》。乾隆六十年（一七九五）秋，阮元調任浙江學政，携草稿南下，舟車之暇，加以審核厘訂。該年冬天，草稿初定。次年（一七九六）秋，書成。細究《山左金石志》的成書始末，無論是編修想法的萌生、編修事宜的提出，還是金石資料的搜集整理，書稿的纂寫、删訂、潤色以及最後成書并刊刻，主要由阮元負責完成。在《山左金石志》的行文中，到處流露出阮元作爲主編者的口吻，如《山左金石志》卷二《漢朝正殿瓦二器》跋云：『右銅瓦二，元得之於濟南市中。』又如《山左金石志》卷九《中書令鄭羲碑》跋云：『元嘗親至崖間摩挲。』類似例子，不勝枚舉。另外，當時學界也都認定《山左金石志》爲阮元編修。如清徐宗幹《濟寧州金石志·序》云：『嘗考東省金石甲於天下，而濟寧金石尤甲於東省。翁覃溪學使、孫淵如觀察、武虚谷大令先後來東，各有撰述，阮芸臺相國《山左金石志》集厥大成。』[一]王鎮《濟南金石志·序》云：『迨阮芸臺相國提學山東，始有《山左金石志》之刻，鼎彝、碑志燦然可觀。』[二]孔祥霖《曲阜碑碣考·序》

稱：『竊念曲邑碑碣向無全目，阮相國《山左金石志》、吴少宗伯《攈古録》，搜集雖富，曲阜一隅遺漏亦多，且皆截至元代而止。』[三]所以，我們可以認爲，《山左金石志》主要是由阮元編纂而成。當然，我們也不能否認畢氏對《山左金石志》成書起到的作用，不僅在短暫的山東巡撫任期内，即使調至湖廣總督任後，仍『郵筒往復，指證頗多』。畢氏的作用主要體現在三個方面：確定編修義例、提供所藏金石器物、參與一小部分編纂工作。

綜上可見，《山左金石志》雖然署名『畢沅、阮元撰』，但客觀上講，纂修工作主要是由阮元及其幕友朱文藻、何元錫、武億、段松苓、趙魏等人負責完成，《山左金石志》之所以署有畢沅的名字，乃阮元出於二人最初編書的約定以及對畢沅所發揮價值的肯定。由此，我們可以看到，與中國古代歷史上的很多著作署名某一官僚而實際上是由其幕僚編修而成不同，阮元的著作中無不凝聚着其心血，他不但親自參與其中，而且還發揮着主要作用。《山左金石志》的編修，從提出編修事宜到擬定編修凡例，從搜集、整理金石資料到纂寫、删訂、潤色書稿以及最後成書并刊刻，阮元均參與其中。書雖成於衆人之手，然皆經阮元復勘而後定其是非，體現了主編者與定稿人的作用。因此，我們可以肯定地説，阮元作爲清代中後期一位學識淵博的大師鴻儒，并非空有虚名，其學術成就是實實在在的，而非有些人想當然地認爲阮元乃封疆大吏，其學術成果都是由幕友編修完成。這對於我們實事求是地評價阮元，很有幫助。

《山左金石志》二十四卷，體例整飭，内容豐富，考證詳審，學術價值突出，是編録、研究山東古代金石文獻的一部劃時代巨著。該書收録了自商周至元代山東所轄十府二直隸州範圍内的禮器、樂器、兵器、度量衡器、刀布、鏡鑒、印符、雜器、碑碣、墓志、摩崖、造像、畫像石、經幢、塔銘等實物、拓本等凡耳聞目睹者，共計一千七百多種。全書共分金、刀布、鏡、印、石五大類，每類按照時間先後順序進行編排，井然有序。對於録載的金石，指明其造型、尺寸、書體、年月、存地、收録、拓本流傳等重要信息，并予以考證。對於金銘刻辭，由於字數較少，一般予以全文録載；而對於石刻，或録載全文，或僅作跋尾。

《山左金石志》在清代金石學發展史上有着重要地位，正如馮汝玠在《續修四庫全書總目提要》中所論：《山左金石志》搜羅之廣、規模之大，『前此固無鴻篇巨製』，『實爲啓後空前之作』[四]。它爲後世的金石編修提供了一個成功的範例，『按金石之有書，自宋始，而金石書之入志，亦自宋始。故分之，則《博古》《考古》之言金，《隸釋》《隸續》之言石；合之，則夾漈鄭氏《通志》有《金石略》之類是也。第其書，歷元而明，至我朝而大備，如《關中》《中州》并有成書，而《山左金石志》一書尤爲士林所奉爲圭臬，後之言金石者莫能出乎範圍焉』[五]。正是在《山左金石志》的影響下，許多官員、學者紛紛對各自地區的金石碑刻進行整理與著録，如馮雲鵷《濟南金石志》、徐宗幹《濟寧州金石志》等一批著作先後問世，分地體金石學著述大興。

《山左金石志》有着極大的學術價值，主要體現在以下幾個方面：

第一，對於中國古史與山東古史的研究有着極大的價值。

金石文獻作爲中國歷史文獻的主幹之一，歷史悠久，數量巨大，價值突出，憑藉着保真性與持久性等特點發揮着其他文獻所不可取代的重要作用。它所載内容豐富廣泛，涵蓋了社會的方方面面，凡氏族人物、功德事迹、典章經制、山川地理、風土人情、灾害祥瑞、宗教道派、文化教育、思想學説等無所不包。正如清代金石學家王昶在《金石萃編》中所云：『宋歐、趙以來，爲金石之學者衆矣。非獨字畫之工，使人臨摹把玩而不厭也。迹其囊括包舉，靡所不備。凡經史小學，暨於山經地志、叢書别集，皆當參稽會萃，核其异同，而審其詳略。』[六]正因此故，金石文獻有着極大的史料價值，成爲中國古史研究不可或缺的重要資料。《山左金石志》中收録了許多有關孔子及其後裔的碑刻文獻，如《孔廟置百石卒史碑》《孔謙碣》《魯相韓勑造孔廟禮器碑》《泰山都尉孔宙碑》《魯相史晨奏祀孔廟碑》《豫州從事孔褒碑》《博陵太守孔彪碑》《李仲琁脩孔子廟碑》《陳叔毅修夫子廟碑》《贈泰師孔宣公碑》《修闕里孔子廟碑》《新修曲阜縣文宣王廟記》《重脩文宣王廟碑》《褒崇祖廟記》《成宗崇奉孔子詔石刻》《衍聖公給俸牒碑》《曲阜縣孔廟加封制詔碑》，等等。這些碑刻既是研究孔子生平、家族世系、弟子師承、學説思想以及歷代對孔子及其後裔封謚的重要資料，又是研究我國封建政治、土地賦役、民族關係、儒家學説、語言文字的重要資料，還是歷代書法、繪畫、雕刻藝術的寶庫。《山左金石志》對於中國古史研究之價值，由此可見一斑。

對於山東古史的研究,《山左金石志》亦有着極大的價值。《山左金石志》收録了齊魯大地上一千七百多種金石文獻,它們作爲山東歷史的見證者,記載了山東古代社會的發展變遷,這對山東古史的研究有着特殊的學術意義。如《山左金石志》中的一些金石文獻涉及山東府縣的建置沿革,加之阮元的精詳考釋,成爲研究山東古代歷史地理的重要史料。以《濟陽縣創建宣聖廟碑》爲例,該碑記載了金代濟陽縣的建置,阮元藉此加以考證:『碑稱「濟南屬縣有七,水陸俱通,四方游販歲集而月至者,莫如濟陽」……又云「邑自天會八年改置」,而《地里志》無改置始末。《齊乘》云:「濟陽本漢朝陽,唐宋之臨邑、章丘地。金初,劉豫割章丘之標竿鎮及臨邑封圻之半置濟陽縣,屬濟南。」據是碑稱「天會八年」,是爲太宗建元之庚戌,明年,劉豫始僭僞號「阜昌元年」,蓋改置濟南不由于豫,于思容所記誤也。』又如,《山左金石志》收録了許多佛寺碑刻,反映了山東佛教的興衰變遷。以靈岩寺爲例,該寺歷史悠久,佛教文化底蘊深厚,據《靈巖寺碑》記載:它始建於晋宋之際,『有法定禪師者,景城郡人也,嘗行蘭若□若是者歷年。禪師以勞主人,逝將辭去,忽有二居士□建立僧坊,弘宣佛法,識者以爲山神耳』。自唐代起,靈岩寺便與浙江國清寺、南京栖霞寺、湖北玉泉寺并稱『海内四大名刹』。寺内僧徒衆多,香火旺盛,成爲達官貴人、文人學士、普通民衆禮佛、游覽的勝地。正因此故,寺中留下了大量石刻,有敕牒、題名、題記、詩刻、塔銘、經幢、佛龕題字等類型,如《山左金石志》所録載的《靈岩寺敕牒碑》《吴拭靈岩寺詩刻》《張勮靈岩寺題記》等,這些都是研究靈岩寺不可或缺的重要史料。

再如，《山左金石志》中有關山東歷史人物的墓志、神道碑，如《高植墓誌》《朱岱林墓誌》《來佐本墓誌銘》《趙琮墓誌銘》《贈左散騎常侍韓國昌神道碑》《贈太尉韓允忠神道碑》《中書侍郎平章事景範神道碑》《尚書祝惟岳神道碑》《太師泰安武穆王神道碑》等，這些碑刻既記載了墓主的生平事迹，同時也反映了彼時山東的歷史。由此可見，《山左金石志》對山東古史的研究也有着極大的學術價值。

第二，《山左金石志》可校補史志之訛誤與闕略。

歷代史志多爲後人撰寫，往往存有一些訛誤，或因撰史者個人情感偏頗而造成，或因學識不足而致，或因疏忽而生。與此相比，金石多爲時人所撰，可信性極强，對歷代史志的考訂有着不可取代的價值。正如宋代金石學家趙明誠在《金石録·序》中所云：『蓋竊嘗以謂《詩》《書》以後，君臣行事之迹悉載於史，雖是非褒貶出於秉筆者私意，或失其實，然至於善惡大節有不可誣，而又傳諸既久，理當依據。若夫歲月、地理、官爵、世次，以金石刻考之，其牴牾十常三四。蓋史牒出於後人之手，不能無失，而刻詞當時所立，可信不疑。』[七]例如，西漢石洛侯劉敬，據《史記·建元已來王子侯者年表》記載：石洛侯，『城陽頃王子，（元狩）元年四月戊寅，侯劉敬，元年』[八]。《漢書·王子侯表》無石洛侯，却有原洛侯敢，并注云：『城陽頃王子，（元鼎元年）四月戊寅封，二十六年，征和三年，坐殺人弃市。』[九]由此可知，《史記》中的石洛侯劉敬與《漢書》中的原洛侯劉敢應該是同一個人。那麽，究竟名『敬』，還是名『敢』呢？封號爲『石洛侯』，還是『原洛侯』呢？《山左金石志》以《漢石洛侯黄金印》

爲據，從而糾正了《漢書》記載之誤：『李云：「《史記・王子侯表》：『石洛侯劉敬，城陽頃王子，元狩元年四月戊寅封。』則是石洛侯乃高祖五世孫、武帝所封者。《漢書》始封年月皆合，惟以『石洛』爲『原洛』，『劉敬』爲『劉敢』，『元狩』爲『元鼎』，蓋傳寫而異。」據此，足正班氏之誤，金石之有裨史學如此。』

史實記載的闕略是一種客觀存在的現象，因爲任何史志也無法窮盡繁雜而多彩的歷史畫卷。金石是蘊含古代歷史文獻的豐富寶藏，多屬原始資料，尤其對那些缺少史籍的時代而言彌足珍貴。所以，《山左金石志》在增補史志闕略方面的價值亦爲顯著。如唐代後期，由於佛教寺院經濟的過分擴張，極大地影響了國家的財政收入，崇信道教的唐武宗遂於會昌五年（八四五）下令拆毀寺院、銷毀佛像，還俗僧尼，此即唐武宗滅佛事件。《新唐書・武宗本紀》記載此事云：『八月壬午，大毀佛寺，復僧尼爲民。』[一〇]對於所毀寺院與還俗僧尼的數目及以後寺院的重建問題，隻字未提，而《山左金石志》卷一三所録唐宣宗大中八年（八五四）《牟瑫證明功德記》對此有所記載：『會昌五年，毀去佛□，天下大同。凡有額寺五千餘所，蘭若三万餘所，罷名僧尼廿六万七百餘人。……大中五年，奉旨許於舊蹤再啓精舍。』《新唐書》的闕略，遂藉《山左金石志》得以增補。

第三，《山左金石志》對阮元及揚州學派、乾嘉漢學乃至清代學術史的研究有極大的價值。

阮元作爲乾嘉漢學强有力的殿軍與總結者、揚州學派的領袖，志存高遠，學識通博，對清代學術的振興及中國古代文化的保存做出了卓越貢獻。《山左金石志》不僅對元代及其以前幾乎遍及齊魯的金石有着原本的載録，而且對其中的典章經制、氏族人物、歷史事件、山川地理、州郡沿革、銘文刻字等都作了精詳考釋，彙集了阮元豐碩的考據成果。通過對《山左金石志》的整理與研究，能够加深對阮元治學特色及其學術思想的認識，同時還有助於對阮元非凡人格魅力、高尚學術道德的理解，從而進一步豐富阮元研究的内涵。對阮元《山左金石志》的整理與研究雖屬個案研究，但由於他在揚州學派中所處的地位及其在乾嘉考據學中的成就，故還有助於對清代揚州學派、乾嘉漢學乃至清代學術史研究的深入。

由上可見，《山左金石志》無論是在體例與内容方面，還是在學術價值方面，在中國古代金石學發展史上都有着極大的影響。但是，這并非是説《山左金石志》完美無缺，由於阮元個人聞見的局限、書成於衆人之手以及編纂時間倉促等原因，《山左金石志》存在一些不足之處，諸如目録編寫的訛漏、增衍與重複，金石文字録載的錯訛漏脱，金石内容考證的訛誤，等等。正如此書參編者武億在乾隆六十年（一七九五）給孫星衍的一封信札中所云：『某今歲代阮學使編録此方金石，未及終局，遂各散去。中間爲謬人更張，冗舛龐雜，慮爲他日笑柄。閣下有少便，須以字致學使，書成亦勿遽刻也。』[一二]可見，武億對《山左金石志》的編修不是很滿意，認爲書中『冗舛龐雜』，因此他建議『書成亦勿遽刻』，再好好校對一下。所以，對於《山左金石志》中的訛誤與疏漏，只有加以系統校證，纔能更好地發揮其學術價值。

筆者自十二年前確定以《山左金石志》作爲博士學位論文選題之時，便着手對該書進行點校整理。在此期間，赴山東各地搜訪碑刻，查詢文獻，獲得了大量翔實資料，爲本書的完成奠定了堅實的基礎。筆者才疏學淺，本書中的疏漏錯誤難以避免，在此祈請學界專家給予批評指正。

孟凡港

二〇二三年四月二十日

【注釋】

〔一〕〔清〕徐宗幹輯：《濟寧州金石志·序》，《石刻史料新編》第二輯第一三册，新文豐出版公司，一九七九年，第九三九五頁。

〔二〕〔清〕馮雲鵷撰：《濟南金石志·王鎮序》，《石刻史料新編》第二輯第一三册，新文豐出版公司，一九七九年，第九七七三頁。

〔三〕〔清〕孔祥霖輯：《曲阜碑碣考·序》，《石刻史料新編》第二輯第一三册，新文豐出版公司，一九七九年，第九七四五頁。

〔四〕馮汝玠撰：《山左金石志提要》，《續修四庫全書總目提要》第二一册，齊魯書社，一九九六年，第六九二頁。

〔五〕〔清〕徐宗幹輯：《濟寧州金石志·馮雲鵷後序》，《石刻史料新編》第二輯第一三册，新文豐出版公司，一九七九年，第九七四〇頁。

〔六〕〔清〕王昶撰：《金石萃編·序》，《石刻史料新編》第一輯第一册，新文豐出版公司，一九七七年，第三頁。

〔七〕〔宋〕趙明誠撰：《金石録·序》，《石刻史料新編》第一輯第一二册，新文豐出版公司，一九七七年，第八七九九頁。

〔八〕〔漢〕司馬遷撰：《史記》卷二一《建元已來王子侯者年表第九》，中華書局，一九五九年，第一一〇九頁。

〔九〕〔漢〕班固撰：《漢書》卷一五上《王子侯表第三上》，中華書局，一九六二年，第四七一頁。

〔一〇〕〔宋〕歐陽修撰：《新唐書》卷八《武宗本紀》，中華書局，一九七五年，第二四五頁。

〔一一〕〔清〕武億撰：《授堂文鈔·續集》卷一〇《致孫伯淵五》，《續修四庫全書》第一四六六册，上海古籍出版社，二〇〇二年，第一六八頁。

整理凡例

第一，本書僅對《山左金石志》加以標點，并對所録碑文及按跋加以校證，而註疏工作并不包括在本次整理範圍之内。

第二，整理所采用的《山左金石志》底本，爲嘉慶二年（一七九七）小琅嬛仙館刻本。

第三，本書采用二〇一一年新版國家標準《標點符號用法》，標點力求準確無誤，符合原書本義，避免點錯或産生歧義。若碑文殘缺殊甚，則不予句讀。

第四，最大程度保持《山左金石志》原貌，若需校證，則出校勘記，指明依據，附在每卷之後。

第五，對《山左金石志》所録碑文及按跋的校證，若原碑或拓本存世，則以此爲據，拓本主要依據《北京圖書館藏中國歷代石刻拓本匯編》、『京都大學人文科學研究所所藏石刻拓本資料』（在綫網站）等；若無原碑、拓本或原碑、拓本尚存但字迹漫漶難辨，則主要依據以下四類文獻加以校證：一是金石志類，如歐陽修《集古録》、王黼《重修宣和博古圖》、吕大臨《考古圖》、薛尚功《歷代鐘鼎彝器款識法帖》、趙明誠《金石録》、洪適《隸釋》與《隸續》、趙崡《石墨鎸華》、都穆《金薤琳琅》、顧炎武《金石文字記》、錢大昕《潛研堂金石文跋尾》、王昶《金石萃編》、孫星衍與邢澍《寰宇訪碑録》、段松苓《益都金石記》、武億《金石三跋》、吴玉搢《金石存》、陸增祥《八瓊室金石補正》，等等；二是史志類，如二十四史、《資治通鑒》、《續資治通鑒長編》、《列女傳》、《高僧傳》，等等；三是方志類，如康熙《鄒縣志》、乾隆《諸城縣志》、嘉慶《東昌府志》、道光《濟南府志》、光緒《益都縣圖志》，等等；四是文集、筆記類，如《全漢文》《全晋文》《全隋文》《文苑英華》《唐文粹》《全唐文》《唐文拾遺》《李太白全集》《全宋文》《蘇文忠公全集》《全元文》《池北偶談》，等等。

第六，凡原書中之『丘』『玄』『胤』『曆』『顒』等字，皆因避孔子、康熙、雍正、乾隆、嘉慶等人名諱而改作『丠』、『元』、『允』、『歴』(『厯』)、容等字，本書一律徑改爲正字。

第七，原書按跋中所引碑文或諸家著述多係節録，文中字句往往以意增删，凡其直引原文而小有差异者，仍加標引號，但對省略及變動之文字一律不予補改；唯屬於概述大意而非引用原文者，則不加引號。

第八，原書按跋所引正史書名、篇名，往往字無定準，如《漢書》或作《漢史》，新、舊《唐書》或作《唐史》《舊唐史》《新唐史》《新舊史》，《元史·王磐傳》作《元史·磐傳》，等等。本書則據其上下文意，凡確係專名者，一律加標書名號，而屬於泛指者則不加。

第九，對原書中殘闕文字的處理。原書中闕字符號『□』，若確實能够依據原石或拓本判斷闕字，則在『□』處直接補爲某字，否則不貿然補入，僅在校記中説明他書作何。原書若有漏脱，則在漏脱處直接補入所漏文字。不管哪種情況，均在校記中説明增補依據。

第一〇，對原書訛誤、顛倒與增衍的處理。若確實能够依據原石或拓本判别錯亂增衍，則在原文中徑自删改，并在校記中説明依據；若一時難以定論，則保持原狀，而在校記中酌存兩説，以資參考。

第一一，對《山左金石志》所録碑文文字，若根據原碑或拓本校證，則盡量保留原碑或拓本中的异體字，若字庫無，則選擇字形相近的异體字，盡量避免造字。對於不能辨識之字，用闕字符號『□』表示，并出校勘記。《山左金石志》中其餘文字，適當保留部分常見异體字，如『攷』『𠮷』『異』『跡』『踰』『偏』『詠』『巖』等，字義相同的异體字衹保留一個，字義有區别的异體字均保留；一些雖然常見，但字義與正體字相同、字形差别不大的异體字如『羣』『畧』『峯』『負』等，不保留；一段文字中盡量不同時出現某字的正體字與同義异體字。整理者所寫文字均用正體字。

第一二，對於《山左金石志》中需要校證之碑，一般會在校勘記中介紹其存況及其拓本與碑文的載録情況，而對於他碑則略。

第一三，原書中的金石圖版，掃描後插入文本相應位置。

第一四，原書中多有另起一行而頂格書寫，以示尊君崇上，本書一律按正常格式録入。

總目録

目録

上册

卷二

卷三

卷五

卷六

卷七

卷八

卷九

卷十

卷十一

唐石

卷十二

卷十三

卷十四

下册

卷十五

卷十六

卷十七

宋石……七五一

卷十八

卷十九

卷二十

金石

卷二十一

卷二十二

元石

卷二十三

卷二十四

【校勘記】

［一］『周金』，據正文補。

［二］『黄』，原作『唐』，據正文改。

［三］『山』，據正文補。

［四］『縣』，據正文補。

［五］此碑目原無，據正文補。

［六］『尼』，據正文補。

［七］『喆』，原作『詰』，據正文改。

［八］『鼎』，原作『象』，據正文改。

［九］『捴』，原作『總』，正文作『捴』，二字古同，據正文標題改。

［一〇］『廣』，原作『唐』，據正文改。

［一一］『塔』，原作『墖』，正文作『塔』，二字古同，據正文標題改。

［一二］『塔』，原作『墖』，正文作『塔』，二字古同，據正文標題改。

［一三］『廟』，據正文補。

［一四］『祖廟』，據正文補。

［一五］『祥』，原作『詳』，正文標題作『祥』，而文中作『詳』，據正文標題改。

［一六］『詩』，據正文補。

［一七］『刻』，原作『碑』，據正文改。

［一八］「等」，原作「寫」，據正文改。

［一九］「筆」原作「書」，據正文改。

［二〇］「碑」，據正文補。

［二一］「導」，原作「道」，據正文改。

［二二］「記」，原作「名」，據正文改。

［二三］「靈岩」，據正文補。

［二四］「徽」，原作「獄」，據正文改。

［二五］「龕」，原作「山」，據正文改。

［二六］此碑目後原有《正覺寺金剛經幢》一目，然正文并無此碑，不知是目録增衍，抑或正文漏載。

［二七］「程康年等」，原作「程登年」，據正文改。

［二八］「殘」，據正文補。

［二九］「縣」，原作「廟」，據正文改。

［三〇］「勝」，原作「聖」，據正文改。

［三一］「碑」，原作「記」，據正文改。

［三二］「名」，原作「字」，據正文改。

［三三］「俁」，原作「俣」，據正文改。

［三四］「生」，原作「春」，據正文改。

［三五］「記」，原作「碑」，據正文改。

〔三六〕「仙」，原作「化」，據正文改。
〔三七〕「觀」，原作「宫」，據正文改。
〔三八〕「慰」，原作「尉」，據正文改。
〔三九〕「萊州」，據正文補。
〔四〇〕「清」，原作「青」，據正文及《北京圖書館藏中國歷代石刻拓本匯編》第四八册《清天歌刻石》改。
〔四一〕「真」，原作「貞」，據正文改。
〔四二〕「公」，原作「宫」，據正文改。
〔四三〕此碑目原無，據正文補。
〔四四〕在此碑目後，原有《故膠州知州董公神道之碑》，係重復，故删去。另外，正文中標題爲「膠州知州董公神道碑」，無「之」。
〔四五〕「記」，原作「碑」，據正文改。
〔四六〕「勤」，原作「勒」，據正文改。
〔四七〕「府」，據正文補。
〔四八〕「父母」，據正文補。
〔四九〕「銘」，原作「記」，據正文改。
〔五〇〕「門」，原作「垣」，據正文改。
〔五一〕「郭」，原作「國」，據正文改。
〔五二〕「茌」，原作「莊」，據正文改。

〔五三〕『詩』後原有『刻』，據正文删。

〔五四〕『倡』，原作『唱』，據正文改。

〔五五〕『碑』，原作『記』，據正文改。

〔五六〕『豐』，原作『學』，據正文改。

〔五七〕此碑目原作『曲阜縣代祀孔廟碑』，據正文改

〔五八〕『代』，原作『墓』，據正文改。

〔五九〕此碑目原作『堂邑縣知高唐州致仕丘楫神道碑』，據正文改。

〔六〇〕『縣』後原有『學』，據正文删。

〔六一〕『題字』，原作『摩崖』，據正文改。

〔六二〕『管』，原作『官』，據正文改。

〔六三〕『提』，原作『題』，據正文改。

〔六四〕『修』，正文作『立』。

〔六五〕『廟』，據正文補。

〔六六〕此碑目原無，據正文補。

〔六七〕此碑目原無，據正文補。

山左金石志序

金石之學始於宋，録金石而分地亦始於宋。有統天下而録之者，王象之之《碑目》、陳思之《叢編》是也；有即一道而録之者，崔君授之於京兆、劉涇之於成都是也。國朝右文叶古，度越前代，而一時諸鉅公博學而善著書。於是，畢秋帆尚書鎮撫雍豫，翁覃谿學士視學粤東，皆薈萃翠墨，次弟成編。獨山左聖人故里，秦漢魏晉六朝之刻所在多有，曲阜之林廟，任城之學宫，岱宗靈巖之磨崖，好事者偶津逮焉，猶挹水於河而取火於燧矣。近時，黄小松、李南澗、聶劍光、段赤亭輩，雖各有編録，衹就一方，未賅全省，是誠藝林一闕事也。乾隆癸丑秋，今閣學儀徵阮公芸臺，奉命視學山左，公務之暇，咨訪耆舊，廣爲搜索。其明年冬，畢尚書來撫齊魯，兩賢同心贊成此舉，遂商榷條例，博稽載籍，萃十一府兩州[二]之碑碣。又各出所藏彝器、錢幣、官私印章，彙而編之。規模粗定，而秋帆移督三楚，討論修飾潤色壹出於公。乙卯秋，公移節兩浙，攜其槀南來，手自删訂。嘉慶丙辰秋，書成，凡二十四卷。寓簡於大昕，俾序其顛末。蓋嘗論書契以還，風移俗易，後人恒有不及見。古人之歎文籍傳寫久而踳譌，唯吉金樂石流轉人間，雖千百年之後，猶能辨其點畫，而審其異同，金石之壽實大有助於經史焉。而且神物護持，往往晦於古而顯於今，如武梁畫象，元明人目所未睹，而今乃盡出。更有出於洪文惠之外者，《任城夫人碑》又歐、趙之所失收。若此者，古人未必不讓今人也。金石之多，無如中原，然雍豫無西漢以前石刻，而山左有秦碑三，西漢三，《雍》《豫》二記著録廑七八百種，此編多至千有三百。昔歐、趙兩家集海内奇文，歐目僅千，趙纔倍之。今以一省而若是其多，誰謂今人不如古哉？山左固文獻之藪，而公使車所至，好問好察，采獲尤勤。又有博聞之彦各舉所知，故能收之極其博。公又仿洪丞相之例，録其全文，附以辨證，記其廣修尺寸、字徑大小、行數多少，俾讀之者瞭然如指諸掌。既博且精，非必傳之業而何？公研覃經史，撰述等身，此編不過嘗鼎一臠，而表微闡幽，實有合於輶軒采風之誼。剞劂既竣，又將輯兩浙金石爲一書。大昕雖病廢，尚及見而序之。嘉慶元年冬十二月，嘉定錢大昕書。

山左金石志序

山左兼魯、齊、曹、宋諸國地，三代吉金甲於天下，東漢石刻江以南得一已爲鉅寶，而山左有秦石二，西漢石三，東漢則不勝指數。故論金石於山左，誠衆流之在渤海，萬峰之峙泰山也。元以乾隆五十八年秋奉命視學山左，首謁闕里，觀乾隆欽頒周器及鼎、幣、戈、尺諸古金，又摩挲兩漢石刻，移亭長府門卒二石人於矍相圃。次登岱，觀唐摩崖碑，得從臣銜名及宋趙德甫諸題名。次過濟寧學，觀戟門諸碑及黃小松司馬易所得漢祠石像，歸而始有勒成一書之志。五十九年，畢秋帆先生奉命巡撫山東。先是，先生撫陝西、河南時，曾修《關中》《中州》金石二志，元欲以山左之志屬之先生。先生曰：『吾老矣，且政繁，精力不及此，願學使者爲之也。』元曰：『諾。』先生遂檢《關中》《中州》二志付元，且爲商定條例暨搜訪諸事。元於學署池上署積古齋，列志乘圖籍，案而求之，得諸拓本千三百餘件，較之《關中》《中州》多至三倍，實爲始脩書之舉。而秋帆先生復奉命總督兩湖，繼且綜湖南北軍務矣。元在山左卷牘之暇，即事考覽，引仁和朱朗齋文藻、錢唐何夢華元錫、偃師武虛谷億、益都段赤亭松苓爲助。兖、濟之間，黃小松司馬搜輯先已賅備。肥城展生員文脈家有聶劍光鈫《泰山金石志》藁本，赤亭亦有

《益都金石志藁》，并録之得副墨。其未見著録者，分遣拓工四出，跋涉千里。岱麓、沂鎮、靈岩、五峰諸山，赤亭或舂糧而行，架岩涸水出之，椎脱捆載以歸。雖曰山左古跡之多，亦求者之勤，有以致之也。曲阜顔運生崇槼、桂未谷馥、錢唐江秬香鳳彝、吴江陸直之繩、鉅野李退亭伊晉、濟寧李鐵橋東琪等，皆雅志好古，藏獲頗富。各郡守、州牧、縣令、學博、生徒之以拓本見投，欲編入録者，亦日以聚。舊家藏弆之目録，如曲阜孔農部尚任、滋陽牛空山運震等，亦可得而稽。金之爲物，遷移無定，皆就乾隆五十八年至六十年在山左者爲斷，故孫淵如觀察莅兖、沂、曹、濟，其所藏鐘鼎即以入録。石之爲物罕有遷徙，皆就目驗者爲斷，其石刻、拓本并毁，如嶧山秦刻者，亦不入録。至於舊録有名、今搜羅未到及舊未著録、新出於榛莽泥土中者，惟望後人續而録之，以補今時之闕略焉。六十年冬，草藁斯定，元復奉命視學兩浙，舟車校試餘閒，重爲釐訂，更屬仁和趙晉齋魏校勘，凡二十四卷，所可以資經史、篆隸證據者甚多。若夫匡謬正譌，仍有望於博雅君子。是時，秋帆先生方督師轉餉，戮逆撫降，寒暑勞勩，嬰疾已深，雖有伏波據鞍之志，實致武侯食少之虞，竟以七月三日卒於辰州。元以是書本與先生商訂分纂，先生莅楚，雖羽檄紛馳，而郵筒往復，指證頗多。先生爲元詞館前輩，與元父交素深。先生又元妻弟衍聖公孔冶山慶鎔之外舅也，學術情誼，肫然相同。元今寫付板削，裒然成卷帙，而先生竟未及一顧也。噫！是可悲已。嘉慶二年冬十月，儀徵阮元序。

【校勘記】

［一］錢大昕所云『十一府二州』有誤，據《清史稿》卷三六《地理八》記載，山東轄十府（濟南、東昌、泰安、武定、兗州、沂州、曹州、登州、萊州、青州）、三直隸州（臨清、濟寧、膠州）。需要説明的是，膠州直隸州是在光緒三十一年（一九〇五）從萊州府劃分出來的，阮元編修《山左金石志》時尚屬萊州府，故應爲『十府、二直隸州』。

卷一

周金

欽頒闕里周笵銅器十事

御製頒内府周笵銅器十事，交衍聖公孔昭煥陳闕里廟廷，詩以誌事。有序。

釋奠而飭豆籩，新型既備；登堂而觀車服，古澤奚存。緊案臚犧象諸尊，第欵識元和所鑄，雖協吉金用享，還疑贋鼎無稽。矧辨名溯三代以前，何知有漢；而學禮景當年之志，亦曰從周。昨脩太學落成，曾列姬朝雅笵。惟此昌平故里，靈實憑焉；每徵法物舊章，心恒惄若。宜陳禮器，以煥宫牆。擬俟鑾廻内府，撿西京彝鼎；將從郵置成數，充東國几筵。意在尊師，體尊王之有素；守當永世，勗永寳之無斁。既沛十行，兼成八韻。

二千年閲古，禮器惜徒言。車服那輕補，鼎彝頗尚存。肆筵瞻闕若，由驛致更番。後漢徹時降，尊周緬意敦。穆如陳几案，潔用荐蘋蘩。國學依成例，昌平本聖源。微伸敬師志，益勗作君原。庶協崇文願，興賢共坐論。

木鼎 甲

作父考孟
木工册

右高七寸九分，深四寸六分，耳高一寸八分，闊二寸，口徑七寸七分，腹圍二尺四寸四分，重一百二十五兩。按：古食器之重莫如鼎，其笵形取象，《宣和博古圖》詳言之。兹器銘爲木，銘多自識其名，魯有后木，楚有子木，此其類歟。曰册作昭，君賜也。立戈以象武功，兼是數義，而以大夫鼎用銅之制合之，則兹器正當時大夫所謂論譔其功烈。酌之祭器，自成其名，以明著之後世者，可徵矣。

亞尊 乙

亞弓

右高一尺二寸，深七寸四分，口徑六寸四分，腹圍九寸二分，重六十五兩。按《周禮》，司尊彝掌六尊，而壺尊爲壺，山尊爲罍，是形製迥不一矣。兹器狀如觚，《博古圖》所載多類此者。銘作亞形，又爲弓，古者射必有飲，而亞則有廟室之義，意此爲射宮飲器歟。

犧尊 丙 無銘字。

右高七寸二分，深三寸，口徑二寸一分，身長一尺一寸三分，闊三寸九分，重九十九兩。按《明堂位》：『犧象，周尊也。』《魯頌》『犧尊將將』，注言『有沙飾也』，傳謂『飾以翡翠』。阮諶《禮圖》又云：『飾以牛。』惟王肅註《禮》爲犧尊，全刻牛形，鑿背爲尊。《博古圖》載二器，以證其言無不吻合。兹器形製與《博古圖》同，則知王肅之可據正，不獨魯郡所見齊子尾送女犧尊爲然也。

伯彝 丁

伯作彝用

人永

右高五寸，深四寸，口徑七寸二分，腹圍一尺九寸，重五十六兩，兩耳有珥。按《周禮》六彝注，彝亦尊也，以其同是酒器，但盛鬱鬯，與酒不同，故異其名。兹其銘曰『伯作』，考《博古圖》，有周伯英彝、叔彝，皆以爲名字，兹器亦其類。顧周制，伯爲五等之爵，又爲伯、仲之次，則亦未可槩定爲名也。

册卣 戊

册父乙

右通蓋高九寸一分，深五寸九分，口縱三寸五分，横四寸五分，腹圍一尺九寸八分，重一百四十兩，兩耳有提梁。按《爾雅疏》：『卣，中尊也。』在尊、罍之間，以實鬱鬯。《詩》《書》紀周代錫功，皆言『秬鬯一卣』，則知卣所以承君之錫，故銘册以紀君命。『父乙』，蓋廟器次序。

蟠夔敦 己 無銘字。

右通蓋高七寸二分，深三寸八分，口徑六寸，腹圍二尺三寸八分，重一百三十八兩，兩耳有珥。按《禮記·明堂位》『有虞氏之兩敦』，鄭康成云『制之異同未聞』。《周禮·玉府》『共玉敦』[一]，《儀禮·少牢禮》『主婦執一金敦黍』[二]。其見於三禮者如此，是知敦制原無一定。《博古圖》所云『製作不同形，器不同者』，是也。《禮圖》乃謂『鏤龜爲蓋，繪形赤中』，驗之兹器，與《博古圖》所載，則彼説未足爲憑矣。

寶簠 庚

寶自作
簠其子〓
孫〓永寶用

右高三寸，深二寸一分，口縱七寸，横八寸四分，重八十五兩，獸耳。按《周禮·舍人》『共簠簋』注：『方曰簠。』又《公食大夫禮》：『進稻粱者以簠。』禮家以簠爲刻木爲之，外方而内圓，而《博古圖》以爲出於冶鑄，證以當時所見，如周叔邦簠之類，銘載粲然，豈刻木者所能仿佛？兹器形制正與周叔邦簠同，足驗所言之不謬。

夔鳳豆 辛 無銘字。

右通蓋高七寸八分，深三寸，口徑五寸二分，腹圍一尺八寸四分，重一百一十一兩，金銀錯。按《爾雅》『木豆謂之豆』，然《明堂位》有楬豆、玉豆、獻豆，《考工記·旊人》瓦豆，則知豆不專以木。《博古圖》載銅豆四器，以證昔人於彝器未始不用銅，而禮家仍泥木爲豆，豈亦未嘗目覩而沿襲舊説耳？

饕餮甗 壬 無銘字。

右高一尺三分，深自口至鬲五寸一分，自鬲至底三寸四分，耳高二寸，闊一寸九分，口徑八寸三分，腹圍一尺九寸二分，重一百四十四兩。兹器與《博古圖》周雷紋饕餮甗形製相似。按《圖説》云：『《周禮》陶人爲甗，而此悉以銅爲之。考關以東謂之甗，至梁乃謂之鉹，鉹從金，則甗未必爲陶器。』又考鄭注，以甗爲無底甑。宋人以文從獻從瓦，言鬲獻其氣，甗能受焉。蓋甑無底者，所以言其上鬲；獻氣者，所以言其下也。以兹器驗之，益信。

四足鬲 癸　無銘字。

右高六寸六分，深四寸六分，口縱五寸二分，横六寸六分，腹圍二尺五寸二分，重一百五十五兩，兩耳四足。按《爾雅》：『鼎，款足者謂之鬲。』《索隱》曰：『款，空也。』《博古圖》言其用與鼎同，祀天地鬼神，禮賓客，必以鼎常飪，則以鬲其制自腹所容通於足，取爨火易達，故常飪用之。又考《周禮》，鬲爲陶人所司，然與鼎同用，則不專爲陶器。《漢書·郊祀志》『禹收九牧之金鑄鼎，其空足曰鬲』，可證也。

右乾隆欽頒内府周器十事，在曲阜孔廟，並有御製詩册，考釋款識最詳。臣元于癸丑年至曲阜廟廷主祭，禮成，敬觀器服，親搨欵識，敬録睿製以歸。繼修《山左金石志》既成，爰舉此爲冠，以西清之模範，備東魯之尊彝，足酬素王從周用禮之心，仰見聖帝重道崇儒之意。臣沅、臣元纂録之下，不勝欣抃之至。

商金

母乙鼎

惟乙巳作母乙
尊鼎萬年
子=孫=永寶用

右鼎高六寸，通身作蟬紋，色澤黯然。銘陰文十七字，曰『惟乙巳作母乙尊鼎，萬年子子孫孫永寶用』。『母乙尊鼎』者，造器之次第也。闕里孔農部尚任所藏，定爲商器。商金四事本應在周之前，緣上列周器係内府所頒，故冠於首，以下仍照時代編次。

亞爵

右爵欵作亞形，有手舉爵狀。土銹駁蝕，銅質幾盡，叩之無聲。亞者，廟室也。宣城舉人施孝虔贈於曲阜孔農部尚任，孝虔乃山東提學僉事閏章之子也。

亞爵

亞爵

右亞爵黄司馬易得於濟寧。『爵』字象形，《鐘鼎款識》商虎父丁鼎有亞形，跋曰：『凡器著「亞」者，皆爲亞室。而亞室者，廟室也。廟之有室，如《左氏》所謂「宗祏」，而杜預以爲宗廟中藏主石室者是也。』又商亞人辛尊曰『亞者，次也』云云。按《款識》謂次者，亦廟次也，二説原相通。亞形數見于商器，至周則罕見，故定有亞形者爲商也。黄司馬曰：『器凡二，近人從壽張縣梁山土中得之，款似三字，下截模糊不可辨。《博古圖》釋亞是「言」字，今從「亞」爲是。』

乙癸鑺

乙　旂　子孫　舉　癸

右鑺柄長二寸三分，刃長五寸七分，通長八寸。柄博一寸，刃博一寸九分，殺上柄兩面刻亞形。

《博古圖》曰：『亞形内著象[三]，凡如此者皆爲亞室。而亞室者，廟室也。』一面中作旗旆之勢，正《鐘鼎款識》所謂『旌其位也』。左作『乙』字，旁作一孫持旆，右又作人形。王楚《集韻》以立戈、横戈並釋爲『子孫』字。吕氏《考古》又云：大者爲子，小者爲孫，取子子孫孫相承之義。余謂此旗與戈意並同，一面亞内作『臼』字而有尾，按辛父舉卣，『舉』字作[illegible]，此『臼』内雖有四齒，其爲『舉』字無疑。右作『癸』字，正《博古圖》所謂：『癸乙[四]，雜然陳布，紀其日也。』蓋九旗名物皆從于太常，則至尊有之。至于諸侯則建旂，軍吏則建旗，孤卿則建旜，中大夫則建旟，下大夫則建旐，道車則建旞，斿車則建旌，而士預焉。故旗旆，所以旌其位者如此。古之「制」字，於「舉」字从兩手交薦，明非一力也。夫四海之内各以其職來祭，則得多助者所以爲孝也，故兩手互執物，所以著薦獻之象，而昭其獲助者如此。天有十日，地有十二辰，各以其類而爲配。在商言其略，故凡彝器止言其日。若商敦言己丁，此言乙癸，止以十日也。在周言其詳，故凡彝器，復兼言其辰。古者内事用柔日，所以順其陰之入。婚姻、内祭皆内事，故用柔日。』然則此鑺亦宗廟祭祀之所需，言『乙癸』者，用柔日也，此所謂『紀其日』歟。今所見古器物銘有言祖，有言父，有言兄者，下以享于上；有言子，有言孫者，子孫之所自致也，子孫相承，亦寓祝釐之意也。又按：『鑺』字見《説文》新附，古作『瞿』字。《考工記》『戈』字，鄭氏注曰：『即今之句孑戟。』戟是有句孑者名戈，對待成文，想戟亦有不句孑者。《尚書·顧命》：『一人冕，執戣，立于東垂；一人冕，執瞿，立于西垂。』孔氏傳曰：『戣、瞿皆戟屬。』疏引鄭康成曰：『戣、瞿蓋今三棱矛也。』王俅《嘯堂集古録》曰：瞿父鼎銘云字作雙目，而中从丨，蓋古文『瞿』字疑是兵器之形似此。古文『瞿』字其上鋒刃似雙目，其下柄似丨，遂以名之，此亦望文生義之談，實無確據。此器一面作劍脊，一面瑩平微具三棱勢，安知非戟之不句子[五]而《尚書》之所謂『瞿』者？器藏曲阜顔教授崇槼家，今歸潘中翰有爲。

周金

魯公鼎[六]

魯公作文
王尊彝

右方鼎籀文，銘七字，曰『鹵公作文王尊彝』。《説文·木部》：『櫓，大盾也。』古文作『樐』，是『魯』『鹵』古字通用。《鐘鼎款識》曰『「鹵」字，許慎《説文》云「从西省，象鹽形」，即「魯」字也。古之文字形聲、假借，如「鄦」作「許」，「咎」作「皐」，「繆」作「穆」之類是也。魯公者，周公也；文王者，周文王也。按《史記·魯世家》云：「武王徧封功臣、同姓戚者，封周公旦於少昊之墟曲阜，是爲魯公」』

云云。故《鐘鼎款識》以魯公爲周公，不謂伯禽。又按：成王以周公爲有勳勞于王室，賜魯以天子禮樂，故魯得郊禘。禘者，禮家以爲禘文王也，乃作文王尊彝，不然諸侯不得祖天子。魯稱秉禮，豈漫犯是不韙耶？器爲錢塘馬比部秋藥履泰得於東昌，携至濟南濼源書院，兖沂曹濟道孫淵如星衍來見而拓之，釋其文。

父己鬲鼎

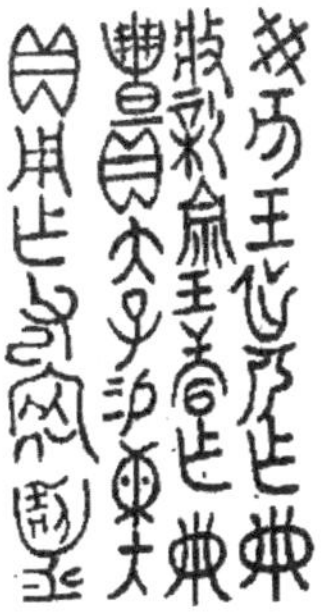

癸亥王□□[七]作册
妝新宗[八]王庸[九]作册
豐貝太子錫練大
貝用作父己寶鬲

右鼎在濟寧李鋏橋東琪家，以拓本見寄。銘二十八字，字陽文，與《博古圖》《鐘鼎款識》略有同異。《博古圖》曰：『末云「作父己寶」，而「己」見於商之帝號，蓋商以十干名，至周則有乙公得，於己則未之見焉。』《鐘鼎款識》曰：『此商末周初之器，銘[一〇]後一字乃「鬲」字，古文作「䰛」。鼎足大而空，正《爾雅》所謂「款足曰鬲也」。』曰「作册」者，因君有練大貝之錫，然後享于祖廟，故言「作册」，以紀君命也。』按文多不可解，約略因大貝而作鼎耳。《爾雅》曰：『貝大者魧。』《尚書》曰『胤之舞衣、大貝、蕡鼓，在西房」，孔氏傳『大貝，如車渠』。商周傳寶之故，古人得此以爲殊貺，上言豐貝，「豐」亦大意。內『[illegible]』字，《款識》釋作『徙』，《博古圖》與徐獻忠《金石文字》釋作『徙』，未知孰是。

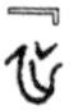

伯吕皇父鼎

伯吕皇父作畢姬尊令
其萬年子子孫孫永寶用

右鼎銘文十九字。伯吕皇父必，周之卿士，爲畢姬作尊也。『靈』作『令』，見齊侯鐘。《金石文字》謂：『令者，嫁女納婦之詞。』錢唐馬比部履泰得于濟南，作盤式，似古器改造者。

寶旅鼎

□□作寶旅鼎

右鼎在滕縣諸生徐緡文家，拓本見寄。銘六字，曰『□□作寶旅鼎』，『作』字反書。按《鐘鼎款識》跋旅彝曰『旅彝者，昔人嘗謂「有田一成，有衆一旅」，則旅舉其衆也。考諸銘誌[一二]，甗曰旅甗，敦曰旅敦，匜曰旅匜，簋曰旅簋，義率如此』云云。按：旅亦官名，《書·牧誓》有亞旅，《左傳·文十五年》

『請命[一二]于亞旅』，杜預注云『上大夫也』。此安知非大夫之鼎歟？『旅』字亦反書。

召父彝

召父作乃父寶彝

右彝在滕縣王氏家，僅見顔教授崇槩拓本。銘七字，曰『召父作乃父寶彝』。按《博古圖》載召父彝，與此銘文字稍異，跋曰：『召父，則召公奭也。凡周器彝有六，而因形以爲用。凡見于銘載者，類書「錫命孝享」。此曰「作乃寶彝」，特自寶之器也。』今此銘亦無『錫命孝享』語，應亦如彼所云。又曰：『銘簡篆古，方召公奭時去商爲未遠，故知其爲周初物。』今觀此拓本，其簡古更甚於圖所載者，尤可貴也。

父癸彝

孫伯雞父作父癸彝

右彝高一尺一寸，縱五寸，橫七寸，有提梁，通身作蟠夔飾，蓋內及底有銘文，字並同。乾隆辛亥夏，有人得之于臨朐柳山寨土中，貨之益都賈人，同邑廩生段赤亭松苓摹拓數紙，釋文曰『孫伯雞父作父癸彝』。按：柳山寨有古城基，即春秋之駢邑。《論語》云『奪伯氏駢邑三百』，伯氏或即伯雞父之後，齊之世族，猶魯之季孫、孟孫而止稱季氏、孟氏也。是物出當其地，爲其禮器無疑。

史師彝

蓋　□□□ 史𠂤作

器　□□ 作寶

右彝高八寸八分，連耳寬九寸五分，深五寸六分，摹之于歷城肆。蓋銘三字曰『史𠂤作』，器銘二字曰『作寶』。蓋作饕餮紋，器邊作雷紋，兩耳飾以夔首狀，類周蟠虬瓿，然瓿無耳，此有耳，故定爲彝。『史』，蓋其官；『𠂤』，蓋其名也。《鍾鼎款識》釋『□』字多作『以』。按《說文》『𠂤，初[一三]回切』，正作『□』。『官』字从之，注云：『吏事君也，从宀从𠂤。𠂤猶衆也。此與「師」同義。』又云：『師，二千五百人爲師，从帀从𠂤。𠂤，四帀，衆意也。』銘作『𠂤』者，『師』之省文尔。《款識》載穆公鼎銘，『□』釋『以』，其文曰『南域、東域至于歷寒，王命遹六□』，是彼『𠂤』字正是『師』字。校此爲尤顯，若釋爲『命遹六以』，成何等語？又按：『寶』字，《金石韻府》收至四十二，內有『□』字，無『□』字。仁和廩生朱朗齋文藻增出八十八字，亦無『□』字，益知古人之筆畫原不拘拘也。

師田父敦

惟五月既望□□册缺
鬲命師田父作□用第七字疑是寶字
師田父命小臣靳析余惠
朕孝罒師田父命孫
商伯𠭖父齋
用作朕宣亼一 末疑是寶字

右敦高七寸，連耳寬八寸，内深四寸四分。摹之于歷城肆中，因價昂未得購之。古色斑駁，銅質甚朽，有蓋，銘在蓋内。要作雷紋蟠夔飾，兩耳獸首，如商己丁敦，定爲『師田父敦』。然内有『鬲』字，按《博古圖》所載之鬲，未有無足者，且周父己鼎銘亦云『用作父己寶鬲』，是鬲可通名鼎、敦之屬。『靳』字見遲父鍾，『析』字見子孫父彝。古籀文於星名多象形，故敔敦銘『昴』从『□』，『參』从『□』，而此『商』字亦从『□』。『罒』字無可考。『□』字，寅簋銘虘頭从□。《説文》：『虍，荒烏切。』旁从刀，應是『𠭖』字，但不解其爲何音。『師田父』意似王之卿士，有功於王室者，王命其孫商伯父作彝器，以祀之也。

綰綽眉壽敦

呂子孫作□
□尊敦綰綽
眉壽永□□
□萬年無疆子=
孫永寶用享

右敦重七斤，通高四寸四分，一面圓寬七寸六分半，上邊口圍圓二尺三寸七分半，中圍圓二尺一寸七分，下腰圍圓一尺五寸四分零。周刻方夔紋，銘文在腹中略斜。兩耳高一寸三分半，面闊一寸四分零，足高五分零。東昌章司馬雲門典得之於濟南，惜器内銘詞銅緑厚結，摩搨不能分明。其『作』下似是『孟姜』字，然不敢定。至『綰綽眉壽』四字，則甚明，姑以此名識之。

仲姜敦[一四]

寶用享孝
敦子=孫=永
父作仲姜
彔[一五]旁仲駒

右敦方式，通重十四斤，連蓋通高一尺一寸七分，蓋連頂通高三寸一分半，頂高七分零，横寬二寸八分零，直高二寸五分零。敦身高九寸一分零，上口横寬四寸一分零，直寬三寸一分半。外腹面寬六寸三分，旁寬四寸七分半。上腰面寬四寸七分零，横寬三寸六分。腰圍圓二尺一寸一分半，兩耳各高二寸一分。平底，面寬五寸二分零，横寬四寸五分。銘在蓋内及上口内，文從右向左反讀曰『彔旁仲駒父作仲姜敦，子子孫孫永寶用享孝』。兩銘皆同此文，而口内之文少蝕，髣髴可辨。《鐘鼎款識》載此銘文，元向在京師廠肆亦見一器有此文，此文固習見。然左行者少『彔旁』二字，亦不可强解。器爲東昌張太守官五所藏。

雞彝

右雞彝蓋重二斤，身重六斤。蓋高八分零，左右兩尖高一寸一分，蓋頂作雞形，頭高一寸二分半，尾高一寸七分，頭至尾長一寸五分零，兩翼寬七分。彝身中間連足通高七寸一分，中面寬四寸四分，兩旁尖起蹺高七寸七分半，兩旁尖寬五寸七分。上腰圍圓一尺九分，旁尖高五寸四分。耳高二寸二分，離身寬一寸六分。腹中高四寸五分，腹圍圓一尺二寸三分零，足高二寸七分。銘文在彝身上口之裏面，止一二小字，摹録如右，別無鐫銘。東昌章同知典得於濟南。

伯休彝

虍拜稽首休朕寶君公白
錫乃臣叔虍井五□錫衮□
□戈虍弗□望公白休對
揚白休用作祖考寶尊彝

右周彝爲乾隆乙卯十月廿四日孫觀察淵如所藏，拓此銘詞并作釋文以寄。本無定名，以銘文有『白休』字，『白休』即『伯休』，因名之爲伯休彝。孫釋第三行有二字闕疑。元謂『戈』上似『矢』字，『弗』下似『敢』字。

養鬲

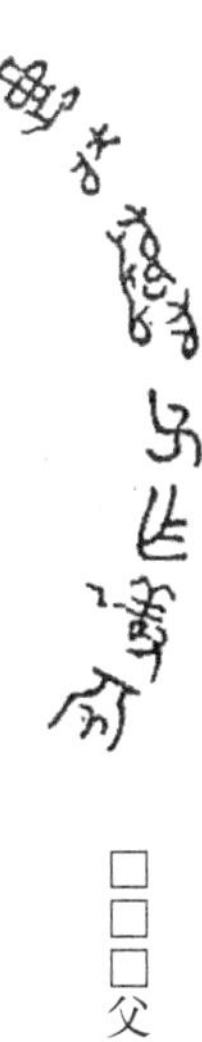

□□□父作養鬲

右鬲口徑四寸五分，銅質甚朽，字駁蝕殆盡，可辨者僅『父』字、『作』字、『鬲』字。『鬲』上一字似『養』字，然不敢定。黄司馬易見于濟寧，拓本以寄。孫觀察云：《説文》養字古文作『羧』，此省『攴』爲『又』耳。

永年匜

錫祚永年

右匜高五寸，口徑六寸三分，有柄有嘴，無文飾。底有銘，四字，曰『錫祚永年』。『[illegible]』字同召父尊。按《公食大夫禮》曰『小臣具盤[一六]匜』，鄭康成謂：『君尊，不就洗。』賈公彦又援《郊特牲》『不就洗』之文，以謂盤匜所以爲君。聶崇義從而和之，引《開元禮》以顯君尊不就洗之義。《博古圖》譏其執泥不通，引《内則》『敦牟巵匜，非餕莫敢用』，謂事父母舅姑而言及于匜，是亦衆人之所用，非人君獨享。案：此『錫作』字，是爲人臣所作之器，益知《博古圖》之説爲不謬也。器失其蓋，内有破五銖錢二十三枚黏在底内，想漢時已入土矣。登州藍太守嘉瓚得之于濟南市中，因借拓之。海鹽吴東發曰：『乍』宜讀爲『祚』。

曶鼎

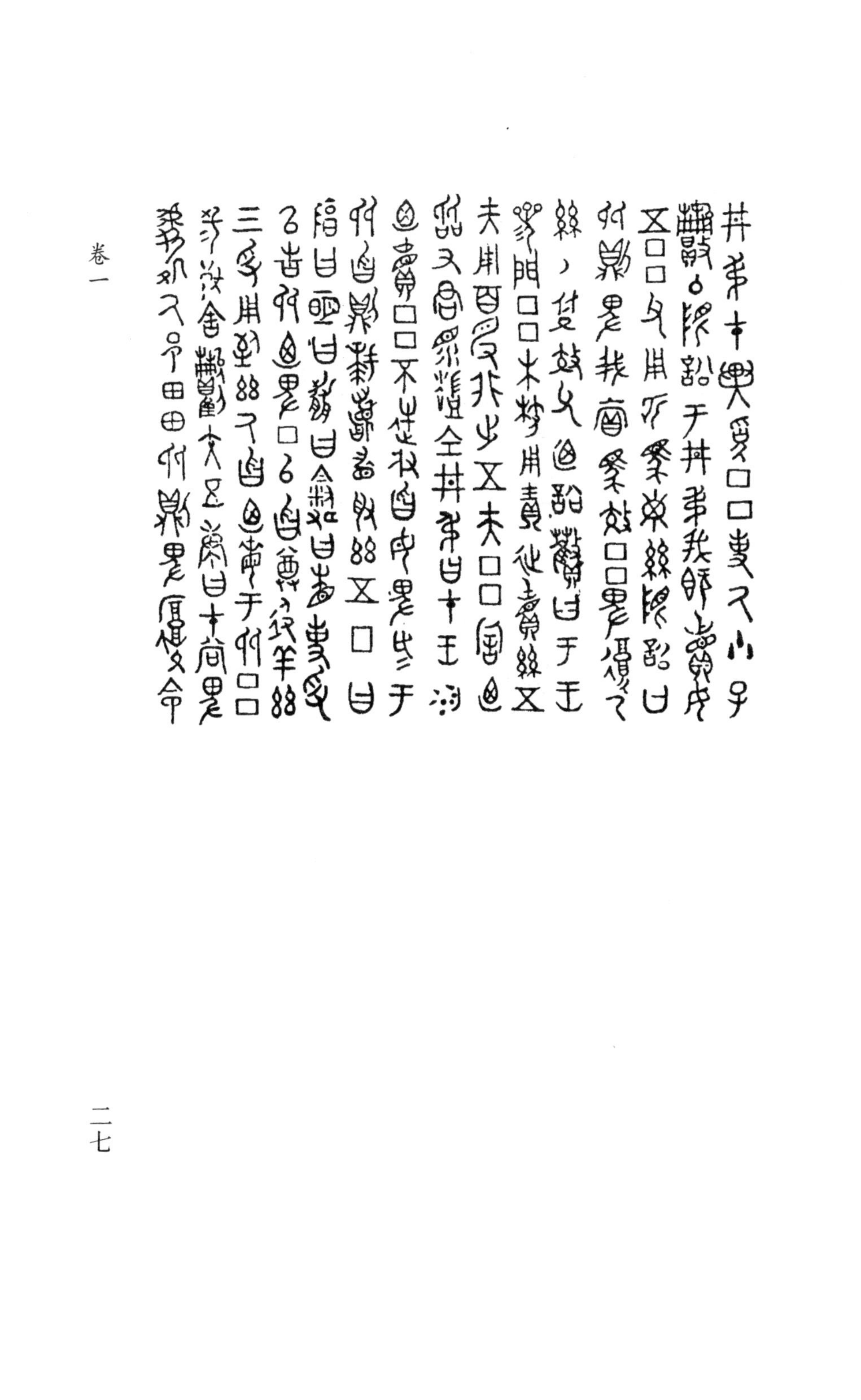

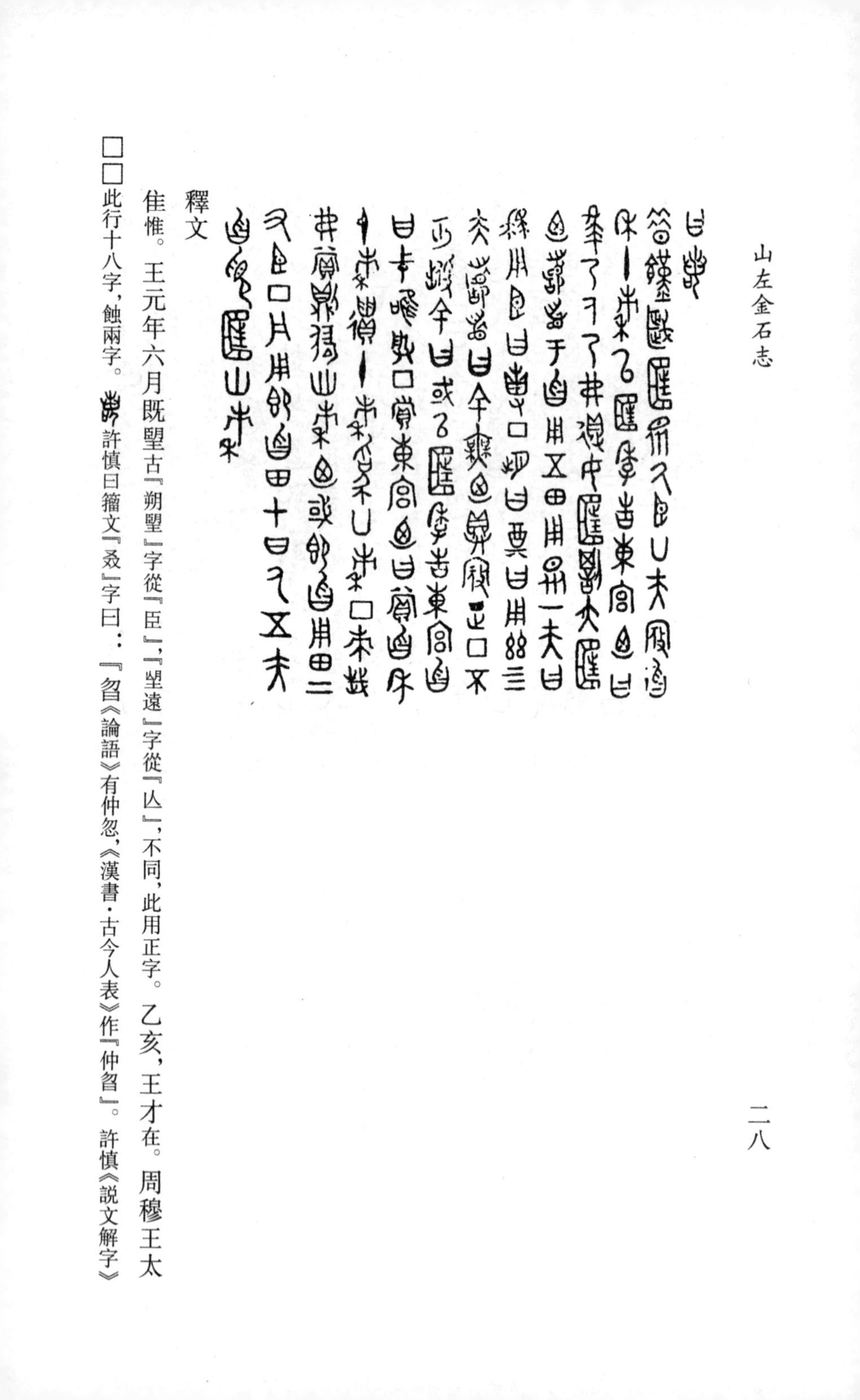

釋文

隹惟。王元年六月既望古「朔望」字從「臣」，「望遠」字從「亾」，不同，此用正字。乙亥，王才在。周穆王太

□□此行十八字，蝕兩字。[illegible]許慎曰籀文「叒」字曰：「曶《論語》有仲忽，《漢書·古今人表》作「仲曶」。許慎《說文解字》

無『㫚』字，有『[illegible]』字，『㫚』應亦『[illegible]』字古文。令『命』，古用『令』字。女叓更。乃且祖。考嗣治。卜事，易錫。㫚赤[illegible]。古《爾雅》以爲即『環』字，戠敦作[illegible]，同。□□同上。用事。』王才在。遷，此字上從省文。[illegible]，中作灭，又從卩從口從辵，未能析辨，或即古文『遷』字㡯居。井鐘鼎家皆以『井』爲『邢』。案：周公子所封邢侯，字從幵，從幵者爲鄭地邢亭，二字不同，考《穆天子傳》有井利，秦有井伯，是古有井氏，應讀本字。叔易錫。㫚赤全《禮》：『天子用全，純玉也。』琎。即『璑』字，三采玉名。㫚受休□□同上。王。㫚用絲金𠂤作。朕文孝『考』字通用㝅《解字》有『宄』，云：古文作㚇，此從宄從『収』，『収』與『又』同義，當即『㚇』字之異文。白伯。鬻《玉篇》云：『鬻，煮也，亦作鬺。案：《解字》有鬺，然則鬻即鬺字古文。牛鼎，㫚其萬□此行蝕一字用𠂤祀，古『示』字作『𠀄』。子子孫孫其永寶。

以上共八十一字，蝕者七字，存七十四字，疑者一字。

佳惟。王三四。月既生霸，『霸』字從月從䨣，所謂月始生䨣然也。經典多借霓魄字爲之，此用正字。辰才在。丁酉，井叔才在。異，應是地名，而無考。敢□□，此行蝕二字。事丁《玉篇》云古文『及』。小子𢿢應是𢿢字，此字三書皆異，而義總同。以限訟于井叔：『我既賣贖。女五□，□同上。父用斤馬、束絲。』限訟曰：比則畀我賞古無『償』字，即用『賞』。馬，效□□此行十七字，蝕兩字。畀復乃絲□，此字蝕。效父迺訟一𢿢𢿢曰：于王參門，□□此行共蝕三字。木枝，用責征徙。賣贖。絲五夫，用百爰即『鍰』字，鍰者，鋝也，古者以二十兩爲三鋝，故《考工記》：『戈重三鋝。』鄭康成注：『許慎《説文解字》云：「鋝，鍰也。」』今東萊或以太半兩爲鈞，十鈞爲鍰，鍰重六兩，太半兩。坫案《尚書·吕刑》：『其罰百鍰。』僞孔安國《傳》：『六兩曰鍰。』陸德明《音義》：馬融云賈逵説，俗儒以鋝重六兩。《周官》『劍重九鋝』，俗儒爲是。鄭不用六兩之義，故以許書及東萊云云爲證。許氏之學，即出于逵，故逵亦以六兩爲俗說，馬融則直用之矣。《小雅》曰：『二十四銖曰兩，兩有半曰捷，倍捷曰舉，倍舉曰鋝，鋝謂之鍰。』亦承馬融之誤。《史記·周本紀》『鋝』作『率』，是借字。又《平準書》有白選，《漢書·蕭望之傳》有金選，亦並即『鋝』字。《尚書·大傳》云：『夏后氏不殺不刑，死罪罰二千饌。』『饌』亦與『選』字同，蓋『饌』即『選』，『選』『率』即『鋝』，而『鋝』與『鍰』同義也。古者贖罪每云鋝，亦云鍰，此小子𢿛與井叔作罰罪之詞，故亦用此字耳。非即『別』字出五夫，□□同上。罰。迺□又君罘豈全。井叔曰：『才在。王□此字蝕。迺賣贖。□□此行共蝕三字。不迮造。⿰爿又從爿從又，又與手同，即《解字》之『⿰爿手』字。曶毋畏⿱戊二從戊下二，疑『戚』字。于比，曶則拜䭫首，受𢆶王存乂《切韻》以爲即『兹』字。五□，此行疑蝕一『夫』字。曰：⿰阝𩫏，即『墉』字，古『庸』字作『𩫏』。曰昍，恒。曰龍，曰□此字未詳。曰相。事爰以告比，迺畏□此行共蝕兩字以曶尊⿺辶及仲偁父鼎有𢓊，云古文『及』字與此同。羊、𢆶兹。三爰，鍰。用到𢆶兹。及，曶迺每借爲『誨』字。于比□□此行十九字，蝕兩字。□□蝕字。舍𢿛𢿛。夫五秉，曰才在。尚畏處處。乃邑田，比則畏復令命。曰：『𦬕。諾。』

以上共百有八十二字，蝕二十一字，存百有六十一字，疑者一字。

⿱⺮曶昔。饉歲，匡衆及臣厶私。夫，寇曶禾十秭《韓詩》曰：『陳穀爲秭。』《解字》曰：『數億及萬爲秭。』以匡季告東宮，迺曰：『龙乃及，乃弗退，《尚書》『我興受其敗』，《解字》引作『退』。女匡罰大。』匡迺䭫首于曶，用五田，用衆一夫曰𦏧，即『益』字，《解字》有『嗌』，云：『籀文作𦏧』。《漢書·百官表》伯益字亦作『𦏧』。用臣曰專，𤰈。□岄恒。曰要奠，又古文以爲即『鄭』字。曰用𢆶兹。三四。夫。䭫首曰：『仐即『余』字，《解字》云：『余，從舍省聲。』

以此論之，是從古文余，不必從舍省矣。爽無。迺則寇是□，此字蝕。不丏，「乏」字。[illegible]此字未詳。余。」曰或以匡季告東宮。曶曰：「才在。唯朕□此字蝕。賞。償。」東宮迺曰：「賞償。曶禾十秭，遺十秭，𠭁敢。厶私。秭，□此字蝕。秭或弗賞，償。則□此字半蝕，未詳。[illegible]此字未詳。秭。」迺或即曶，用田二又有。臣□，此字蝕。月伯庶父敦亦「月」，薛尚功讀爲「舟」字。用即曶田十曰，乃五夫。曶受匡[illegible]此字未詳。秭。

以上共百有三十七字，蝕者四字，半蝕者一字，存百有三十二字，未詳者四字。

鼎高二尺，圍四尺，深九寸，款足作牛首形。《藝文類聚》引《三禮鼎器圖》云「牛鼎容一斛」者，是也。銘分三節，第一節蓋因王錫曶赤環、赤金璑等，而用金作牛鼎，以祀文考宄伯也。第二節則小子㪤與井叔訟，以金百爰贖五夫，曶受五夫而爲誓詞也。第三節則匡衆寇曶禾十秭，曶告東宮，因與匡季爲誓詞也。合四百字，錢坫記。

右曶鼎，沅得之于西安，嘉定錢獻之坫爲作釋文，時沅所纂《關中金石記》未及收録，兹攜來山左署中，因即編入《山左金石志》。

元案：銘文第一節「錫女赤[illegible]」，釋文誤「女」爲「曶」。第二節「乃絲」下一字蝕，尚有「伎」字，未詳，釋文闕「伎」字。「隮」疑從𩫏之省文，釋文竟作「隮」，非也。「邑田」下尚有「田」字，釋文闕。第三節「[illegible]」是「秊」字，非「尨」字，言歲時有秊，當即償之，否則女匡之罰大也。「[illegible]」從心從月，「恒」之省文，不從止。「[illegible]」疑非「在」字。「朿䖒戠弗償」，古「瘠」字作「痮」，「朿」是「痮」之省文，言歲歉不能償。釋文以『朿』爲『秭』，以『歲』爲『或』，非是。丨、凵、山、山皆在『秭夫』字上，皆其數目，即十、二、三、四字也。釋文『丨』作『十』，是矣。至于『凵』作『私』，山、山皆云未詳，是不然矣。

【校勘記】

[一]『共玉敦』，《周禮·天官·玉府》作『若合諸侯，則共珠槃玉敦。』

[二]『主婦執一金敦黍』，《儀禮·少牢饋食禮》作『主婦自東房執一金敦黍』。

[三]『象』，《重修宣和博古圖》卷一《商亞虎父丁鼎》作『虎象』。

[四]『癸乙』，《重修宣和博古圖》卷一《商若癸鼎》作『癸丁甲乙』。

[五]『子』，應爲『孑』。

[六]『魯公鼎』，《嘯堂集古録》卷上收録該器，作『周文王鼎』。

[七]此二闕字，《歷代鐘鼎彝器款識法帖》作『徙刊』，《重修宣和博古圖》作『徙刊』。

[八]『宗』，《重修宣和博古圖》亦作『宗』，《歷代鐘鼎彝器款識法帖》作『室』。

[九]『庸』，《歷代鐘鼎彝器款識法帖》《重修宣和博古圖》均作『賡』。

[一〇]『銘』，《歷代鐘鼎彝器款識法帖》作『耳銘』。

[一一]『誌』，《歷代鐘鼎彝器款識法帖》卷三作『識』。

[一二]『命』，據《左傳·文公十五年》，應爲『承命』。

［一三］「初」，《説文解字》卷一四上《𨸏部》作「都」。
［一四］「仲姜敦」，《歷代鐘鼎彝器款識法帖》卷一三收録該器，作「仲駒敦盖」。
［一五］「彔」，《歷代鐘鼎彝器款識法帖》作「禄」。
［一六］「盤」，《儀禮·公食大夫禮》作「槃」。

卷二

周金

距末

愕作距末用釐商國

右器曲阜人掘地得之，計高寸九分，八觚，觚各闊三分，頂縱七分，橫五分，下口空，縱八分，橫七分。銘字八，小篆，狹長，用金填之，曰『愕作距末用釐商國』，下有小穿，徑一分。距末不知何器，沈心醇據《戰國策·蘇秦説韓王》曰『谿子，少府時力、距來，皆射六百步之外』，疑此爲弩飾。孔檢討廣森亦以爲飾弓簫者，二説皆近之。特此『末』字甚明，斷不得疑爲『來』字之訛。按《荀子·性惡篇》曰：『繁弱、鉅黍，古之良弓也。』又潘安仁《閒居賦》曰：『谿子巨黍，異絭同機。』據此，則《國策》之

『來』，《荀子》《文選》又作『黍』矣。楊倞注欲改『黍』从『來』，尚未見此器之作『未』字也。《荀子》『巨黍』，今『巨』作『距』者，亦古字通借耳。此器中空，一面有陷圓而向下，確是弓簫末張弦之處，以今弓末驗之，可知矣。又此器翁覃溪閣學方綱據『商國』二字以爲商器，元謂此字不類商銘，且色澤亦不肖商之古，此蓋周器，宋人物也。宋人每稱宋爲商矣，《春秋左氏傳·哀公九年》『利以伐姜，不利子商』，杜預注：『子商，謂宋。』又《二十四年傳》『周公及武公娶于薛，孝、惠娶于商』，杜預注：『商，宋也。』《禮記·樂記》曰『宜歌《商》』，鄭康成曰：『《商》，宋詩。』皆其證也，故今編入周器中。器藏顏教授崇槼家。

紀侯鐘

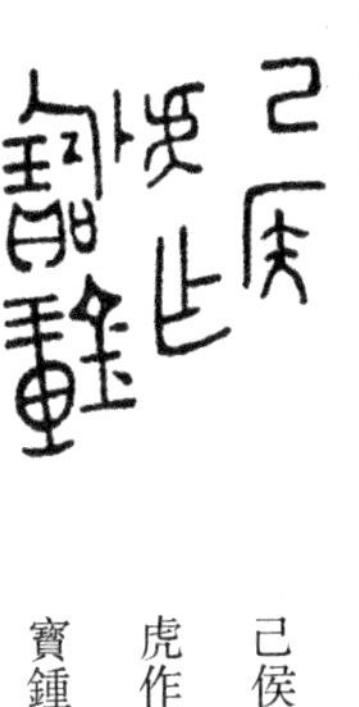

己侯
虎作
寶鍾

右鐘高五寸，圍一尺一寸。頂有一柄，長五寸，柄端一環，徑一寸二分。腹有三十六乳，質厚五分。壽光縣人得之于紀侯臺下，銘六字，曰：『己侯虎作寶鍾。』『己』『紀』，古通用字；『虎』，紀侯之名也；『鍾』『鍾』字反。按《齊乘》云：『壽光南三十里，春秋之紀國。《通志》曰：紀本在贛榆縣，後遷劇，亦稱紀，城内有臺高九尺，俗曰紀臺。』考《漢・恩澤侯表》，陳倉亦封紀侯，但銘字奇古，必非漢物耳。器在益都舉人李廓家。

楚良臣余義鐘

惟正九月
初吉丁亥
啚好禮萬[一]舞也
余迖疑迹斯
于之子余
丝疑幽洛[二]疑格之元子
曰於虘敬
哉余義楚
之良臣而

□[三]之字父余萬舞也□萬[四]疑『得』吉金鎛鋁以鑄龢和字鐘以追孝先祖樂我父兄飲飤訶歌字舞子孫[五]用之後民是語

右鐘爲孫淵如觀察所藏，拓銘文并釋文寄元。本無定名，以銘文有『余義楚之良臣』一語，遂名之曰『楚良臣余義鐘』。今桉此鐘銘辭古雅可誦，『父』『鋁』『祖』『舞』『語』五字皆句末相韻之字也。『鋁』字每見于古金銘中，而《説文》無之。《廣雅》云：『鋁，謂之錯。』《玉篇》：『鋁與鑢同。』《説文》「鑪」字解曰：「錯銅鋏也」；「錯」字解曰：「金涂也」。然則「鋁」爲「鑪」之重文，許氏所未收耳。「吉金」二字上似是「得」字，孫所闕未釋者。

父丙卣

蓋

父丙作
之尊

器

□
年

右父丙卣連頂高七寸七分，寬六寸一分，口縱二寸三分，寬三寸六分，內深四寸八分。蓋銘五字，左讀，曰：「父丙作之尊。」器底上籀文似「彝」字，不可定，下一「年」字。「丙」者，亦器之次第也。要及蓋作夔首雷文，提梁作交藤飾。利津縣丞葉承謙得于山東，今藏其家，達官宴會每以此陳設，因借拓之。

析子觚

析子孫
父□

右觚亦孫淵如觀察所藏，文云：「析子孫父□」。「析」字，《說文解字》所無，惟「鼎」字下有此形，叔重以爲『象析木以炊』，後人遂定爲『析』字。末一字未詳。案《博古圖》商亞形觚，亞中有[illegible]，云：『字如畫象，不可辨。』昔崔準獲一商卣，亦作此。今析子觚亦有茲字，可見觚之銘詞多類是矣。

宋戴公戈

朝
王商戴公歸之造

右戈胡長二寸四分，内長二寸五分，援長四寸三分，胡博七分，顔氏呼爲小戈。戈内銘二行，首行一字曰『[illegible]』，次行九字曰『[illegible]』，末字剥蝕下半，今釋其文曰『朝王商戴公歸之造□』。何以知爲『朝』字也？《詩》『惄如調飢』，《釋文》作『輖』，今作『調』者，字形相近而誤。『輖』音『周』，『周』『朝』一聲之轉，古字通借，此戈借爲『朝覲』之『朝』，猶《毛詩》借爲『朝夕』之『朝』矣。其右旁近『舟』，古鐘鼎『舟』『周』每同字也。謂『商戴公』爲『宋戴公』者，《春秋傳》《禮記》凡有三證，詳銅距末跋，宋人本其古國而稱『商』，猶晉詩之稱爲唐風也。《檀弓》孔子曰某殷人也，皆同此例矣。按《史記》，戴公爲微子八世孫，當幽王之世。釋『歸』字者，石鼓文作『歸』，从辵，是其證也。謂『告』爲『造』者，古戈『造』字多作『告』。《説文》：『造』，古文作『艁』。此作『告』者，『艁』之省也，非『吉』字。末一字似是『金』旁，其右太剥不可辨矣。此戈乃戴公朝于平王歸後所作，至子武公時始加銘追記，作戈時乃朝王之後，故稱諱也。戈造于先，銘勒于後，故文鑿而非鑄。此戈爲顔教授崇槼目覩田夫自曲阜土中掘出者，文字銘語非後人所能僞託矣。

羊子戈

羊子之造戈

右戈曲阜顔氏得之周公廟土中。孔户部繼涵以側布按漢法準之，重十九兩六錢四分九釐，重今等八兩三錢，視鄭氏注云『三鋝爲一斤四兩』者，不足者三錢五分一釐。援長今營造尺四寸八分，内長二寸四分，胡長三寸六分，而所謂『内倍之，胡三之，援四之』，皆與經合。惟其廣二寸，則以周尺度之，財寸微强。聶崇義《三禮圖》曰：『廣二寸，謂胡也。』其實援亦廣二寸，今度以周尺，皆不及，而胡磬折倨句與吕大臨得於壽陽淮南故宫之戈正相合，則可以補聶《圖》之不及。胡有銘五字，曰『羊子之造戈』。江寧周文學棨釋第一字爲『羋』，謂楚姓。大興朱學士筠釋爲『羊』，謂：『「羋」不上出，且子爵無與姓連稱者，是羊子爲大夫稱。』翁覃溪閣學曰：『「芈」字固應上出，然此銘造字既用古文，而『芈』下『告』上皆變直爲曲，則『芈』从羊聲，亦可以形舉該之矣。惟爵名與國姓「罕」有連稱之文，是所當闕疑者。至謂羊子爲大夫稱，益無可據矣。乃引《左氏傳》楚熊通授子一事，定爲若敖、蚡冒舊稱，言之甚辯。然第一字以原戈細審之，字畫清朗，豪無剥蝕，「芈」頭實不上出，難定爲「羋」字。』朱學士謂：『「羊」字近之，羊乃氏也。《通志・畧》謂爲羊舌氏之分族，春秋時有羊斟爲華元御，戰國時有羊千著書，但不知造戈者爲何如人耳。』『艁』，古文『造』字，無可疑者。

公孫吕戈

衛公孫

吕之造戈

右戈内與援通長六寸六分，胡已殘缺。篆文銘七字，曰『衛公孫吕之造戈』。内一孔，正圜。按《左氏傳》，衛公族以公孫爲氏者五人，公孫彌牟、公孫免餘、公孫無地、公孫臣、公孫丁，而無公孫吕，得此可補左氏之所未載。元購之于濰縣市中。

郳戈

郳大□□□之造戈

右戈内長二寸一分，援長四寸五分，通長六寸六分，胡長二寸一分。銘曰『郳大□□□之造戈』，共八字，模糊者三。按：『郳』即春秋之郳國，『大』字應是官名。此戈爲黄司馬易所藏，司馬云：『上三字疑是「郳太師」。』

君錫汝佐戈

□□□□　君錫汝左

右戈刃寬九分，胡長一寸六分，内長三寸，援長五寸，於《考工記》所謂「内倍之，胡三之，援四之」皆不合。銘四字，作一行，中二字並書，曰「□□□□」。按：首一字似「高」字，然諦思之，是「君」字。古《孝經》「君」字从「□」，汗簡、石經从「□」，《王庶子碑》从「□」，皆與此相近。「□」是反「錫」字，「□」是「汝」字，「左」「佐」通，文義似是「君錫汝佐」四字。此戈顔運生崇槼見之于濟寧，以拓本寄來。

從戍戈

□□□□□　永用從戍其

右戈曲阜顔崇槼見之于濟寧，拓本見寄。胡長一寸五分，内長一寸七分，援長三寸六分，内博一寸。銘一行，自胡向上讀曰「□□□□□」。第四似「戍」字，上所存末三筆似是「永」字，「永」字上恐仍有闕文。老子《道德經》「從」字作「刕」，見《金石韻府》，此作「劦」，似省一「八」字，仍似「從」字。淮父卣「戍」字作「□」，此「戍」字近之。下作「□」，是「其」字。「其」字下仍有闕文，意似從戍其吉之意，然不可考矣。篆法甚古意，必周器。

公子戈

□□□相公
子□之造

右戈胡長二寸七分，内亦如之，援長四寸五分，博一寸，籀文。銘第一「作」字，旁下二圈似「呂」字，二、三字不可識。又有「相公子」字，七字不可識，末有「之造」二字。篆文奇古，應是周器。吴江陸直之繩得于濟南。

陰字戈

□陰□

右戈胡長三寸，内二寸四分零，援長四寸一分，博一寸二分。内銘三字，篆文，云「□陰□」。上下二字有漫漶處不能辨，中一字甚明晰，因名之爲「陰字戈」。濟寧黄司馬拓以貽元，云得之于虞山，其内上有花紋甚奇古，爲他戈所無，因並摹之。

秦金

右軍戈

廿三年郙陮
命右軍
工戈夏亚豎匕

右戈内二寸八分，援四寸二分，胡二寸。銘三行，十五字，在内下，曰『廿四年郙陮□□命右軍工戈夏亚豎匕』十四[六]字。『年』下當是邑名，字雖不全，然以偏旁求之可意會也。南宮中鼎『方』字作『』，大夫始鼎『邦』旁邑从，敔敦『陰』阜作『』，龙敦『隹』省从『』，合之應是『郙陮』二字。《說文》『卭郙，廣漢縣名』[七]，『陮，都猥切，陮隗，高也』[八]。二字甚分明。《金石韻府》『夏』字與『』字畧同，銘文書年不書號。嘉定錢晦之大昭云：『建元以前無二十四年者，建元以後惟建武、建安有二十四年，然此器篆文奇古，非東漢人所能及，當是秦器。蓋祖龍之世，本無年號，琅邪臺、之罘刻石亦但稱「維二十六年」「二十九年」也。』班固《百官公卿表》云：『前、後、左、右將軍，皆周末官，秦因之。』當始皇二十四年，三晉及楚皆滅，是年又攻破荆軍，想此時尚未銷兵，故作是戈也。卭郙、夏丘雖見《漢志》，當亦沿襲周末舊名，故定爲始皇時物。『豎』乃官名，《周禮・寺人》『內豎，倍寺人之數』，鄭康成注：『豎，未冠者之官名也。』戈藏桂進士馥家。

西漢金

阿武戈

阿武

右戈鋒胡已折，胡之當彎處篆文銘二字，曰『阿武』。按《漢書·王子侯表》，阿武，戴侯豫河閒獻王之子，必其所造之戈。藏顏運生崇椝家。

天水劍

工□王天調

自作其天水

右劍長一尺四寸三分，博一寸四分，與《考工記》所言中制差小，較匕首甚大。銘十字曰『工□王天調，自作其天水』，義不可盡解。意者，王某乃工之姓名，『天水』其劍名也，『王』『自』『水』字小篆文，『工』『調』『作』『其』等字俱古文，『天』字近正書。錢唐黄司馬易購于濟寧，定爲西漢器。

長宜子孫鈎

長宜子孫

右鉤長五寸八分，寬八分，嵌金銀絲，乃革帶鉤也。革帶博二寸，而無垂綴，以鉤拘之。《晉語》：『乾時之役，申孫之矢集于桓鉤。』《左氏傳》：『管仲射桓公，中帶鉤。』古人爲之以銅，著于胸腹之閒，非徒以爲飾，且以捍矢。此鉤狀若雕狐，篆文，銘四字，曰『長宜子孫』。篆法異常，且多粟點，製作之工，非秦漢人不能。黄司馬得之于濟寧。

羊鐙

大富貴昌宜長樂

黄龍元年李常造

右漢羊鐙一，長洲顧文鉷得于濟寧，篆文，銘十四字，曰『大富貴昌宜長樂，黄龍元年李常造』。《考古圖》載羊鐙一，無銘識，無仰錐以爲炷，但于蓋背有圜空負炷，如辟邪之比。此鐙但有拓本，不知其狀若何。按：《鐘鼎款識》有上林榮宫銅雁足鐙，乃黄龍元年李常所造。此鐙年歲與所造之人並同，又有『長樂』二字，其爲官器無疑。『黄龍』乃漢宣帝年號。錢塘何夢華元錫云此銘字疑是顧文鉷仿《鐘鼎款識》僞鑿，但此鐙實是西漢銅器，今仍附西漢之末。

東漢金

鈴二口

宜子孫 永平二年

宜子 大吉

右漢鈴二口，俱高一寸六分，口寬亦如之，微扁，有舌。一陰文銘七字，一面曰『宜子孫』，一面曰『永平二年』。一陽文銘四字，一面曰『宜子』，一面曰『大吉』。篆書，字徑二三分。黄司馬易得之于濟寧，名爲撒帳鈴。按：古人器物多用鈴鐸，《左氏傳》曰：『錫鸞和鈴，昭其聲也。』故古人重之，而後世遂以爲裝飾之具。王勃《乾元殿頌》『雷渚翔英，擾龍鈴於高席』，又似可施於帷帳。今觀其銘，一曰『宜子孫』，一曰『宜子大吉』，爲撒帳之用事或有之。『永平』爲明帝年號。

慮俿銅尺

慮俿銅尺建初六年八月十五日造

右銅尺有篆文十四字，云『慮俿銅尺，建初六年八月十五日造』。本爲江都閔義行所藏，後歸孔東塘民部尚任，今在衍聖公府中。新城王尚書《居易録》云：『漢章帝時，泠道舜祠下得玉律，以爲尺，與周尺同，因鑄爲銅尺，頒郡國，謂之漢尺。』此或其遺歟。吴江沈冠雲彤著《周官禄田考》，未見建初尺，然其所繪古尺圖與此尺正同。冠雲云：『右圖摹宋秦熺《鐘鼎款識册》所載，《册》又載尺底篆文銘云「一周尺，《漢志》劉歆銅尺，後漢建武銅尺，晉前尺，並同」。按：高若訥依《隋志》定十五等尺，第一爲周尺，即此也，蓋此與後人所定周尺中爲近古且最著云。』江寧周幔亭槩云：『曲阜孔氏所弆銅尺，重今廣法平十八兩，面廣準此尺一寸，側厚準此尺五分，與沈冠雲所用尺同，然則建初尺與建武尺同矣。盧傂，《郡國志》屬并州太原郡，顔師古音爲「盧夷」。』孔民部尚任云：『建初銅尺與周尺同，當古尺一尺三寸六分，當漢末尺八寸，與唐開元尺同；當宋省尺七寸五分，當浙尺八寸四分；當明部定官尺七寸五分弱；當今工匠尺七寸四分，當今裁尺六寸七分，當今量地官尺六寸六分，當今河北大布尺四寸七分。余之能定者，以有建初銅尺也。』以上各説皆精覈，元于癸丑、甲寅兩試曲阜四氏學，皆借此尺置案頭摩挲文字。試畢，還入聖府，特繪其式如左：

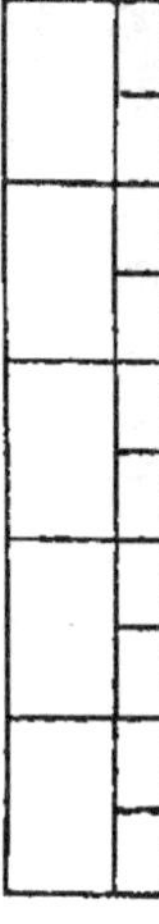

以今工部營造尺準之，廣七分，厚四分弱。今摹其五寸于此，倍之可得其全度。

鷺魚洗

永元十三年三月廿四日造

右洗口徑七寸，右作鷺形，左作魚形，篆文十一，曰『永元十三年三月廿四日造』。按：『永元』爲後漢和帝年號，是歲帝幸東觀，覽書林，選藝術之士，不久，即臨雍舉饗射之典。禮制紛紛，尚方宜多造作，雖天子固不必定用金洗也。《博古圖》載陽嘉洗，與此較異者，彼左爲鷺，右爲魚耳。藏黄司馬家。

永初銅洗

永初元年造

右洗徑七寸二分，圍二尺一寸六分，疊文，篆五字，曰『永初元年造』。按：『永初』爲漢安帝年號，帝以清河孝王子入繼大統，年方十三，即位之初，即頒明詔，諸所造作非供宗廟、園林之用者，皆宜停止。是器造于其年，其爲宗廟、園林之用無疑，亦黄司馬見于濟寧者。

永興銅釜

永興二年堂福造作工

右釜口徑七寸五分，底徑五寸七分，高七寸二分，有耳無足，篆文銘九字，曰『永興二年堂福造作工』。按：『堂福』乃作者姓名，所謂物勒工名者是也。『永興』，漢桓帝年號，帝好禱祀，史謂其『文爵爲壇，飾淳金釦器，親祠老子于濯龍』[九]，此可見矣。又《毛詩》『維錡及釜』，《傳》謂『有足曰錡，無足曰釜』，鄭氏箋謂『亨鉶羹之芼』[一〇]。是此釜爲禱祀時亨鉶羹之器，未可知也。器見于濟南市。

建安弩機

建安廿二年四月十三日所吏
千五百師稽福

建安廿二年四月十三日所吏
千五百師稽福

右弩機長五寸，寬一寸三分，銘十八字，隸書，小如半菽，紋細如髮，曰『建安廿二年四月十三日所吏千五百師稽福』。《博古圖》曰：『弩生于弓，謂夫出於越，于[一一]吴讐敵而爲之則爾，然在《商書》固已有「若虞機張，往省括于度則釋」之語，足見弩機之設，其來久矣。』建安廿二年，當塗之勢已成，所統千五百師應屬丞相府，未必天子之六師也。『吏』字，顔師古注《前漢·百官公卿表》，訓爲『理師師』[一二]，同見《成陽靈臺碑》。稽福，似造機者之姓名。錢晦之大昭曰：『稽姓未審所出，《漢書·貨殖傳》有稽發，《廣韻》云《吕氏春秋》有秦賢者稽黄，此銘可加證矣。』又一機無銘，度以銀，約之爲五寸，以省括，以準望，爲顔運生家藏拓本摹出，弩機今在安邑宋芝山葆醇家。

五同鬲

右鬲口徑一尺四寸五分，腹深二寸七分强，足高四寸八分，連耳通高一尺四分。腹内作夔首飾，底有小篆文銘二字，曰『五同』，字徑二寸，藏黄縣縣庫。詳其制，應是鬲甗之屬。按：『同』者，乃器名。《尚書・顧命》『上宗奉同』[一三]，豈器之大能受五同歟？不然，所造器五者皆同，正如魏人之五孰釜耶？以下諸器其制度、字畫均非漢以後人所能及，因無年號可稽，姑附于東漢器中。

長宜子孫洗

長宜子孫

右洗徑六寸一分，篆書四字曰『長宜子孫』，字徑一寸六分，旁作雙鯉，鯉長四寸五分。按《儀禮・士冠禮》：『設洗，直于東榮。』鄭康成注曰：『洗，承盥洗者弃水器也，士用鐵。』賈氏疏曰：『謂盥手洗爵之時，恐水穢地，以洗承盥洗水而弃之，故云弃水器。』漢禮器制度，洗之所用，士用鐵，大夫用銅，諸侯用白銀，天子用黄金。據此，則是洗爲大夫所用之器。又吕大臨《考古圖》曰『舊《禮圖》云：洗，乘盤弃水之器，其外[一四]畫花[一五]紋、菱花及魚以飾之。《唐會要》云：上元二年，高宗命韋宏機營東都上陽宫，于澗曲疏建陰殿，掘得古銅器，似盆而淺，中有蹙起雙鯉之象，魚間有四字[一六]「長宜子孫」云云。彼所云正與此器合，但《鐘鼎款識》所摹字稍長，此正方，彼皆正寫，此「宜字孫」字反寫，爲有異耳。器藏濰縣郭氏家。

宜子孫鐸

宜子孫
大吉利

宜子孫
大吉利

右鐸高三寸，口圍六寸，銘六字，隸書，一面曰「宜子孫」，一面曰「大吉利」。黄司馬易得之於濟寧，名以爲鐸。按：古人以木鐸振文教，以金鐸奮武衛。《禮記》「夾振」之注謂：「夾舞者，振鐸以爲節。」《南史·齊鬱林王傳》：「入閣奏胡伎，鞞鐸之聲，響振内外。」[一七]是鐸又爲雅部、夷部通用之樂器。《周書》：長孫紹遠命太常造樂器，惟黄鍾不調，因退朝，經韓使君佛寺，浮圖三層之上有鳴鐸焉，雅合宫調。是鐸又爲佛寺之飾。而此鐸銘曰「宜子孫，大吉利」，似非發號令飭軍旅、飾佛寺所宜言，而其器不過三寸，又何足振之以爲節且響徹於内外乎？蓋古人殿閣往往設鈴，如梁簡文帝詩「垂鈴鳴書軒」，韓昌黎詩「趨蹌閣前鈴」。愚以爲此特殿閣所飾之鈴耳，然鈴、鐸二器可通呼，故《説文》「鐸」

字解曰『大鈴也』，故名之爲『鐸』亦可。

日利千金鼎

日利千金

右鼎在滋陽牛運震家，銘篆四字，曰『日利千金』。按《周易》六十四卦，取象於鼎者，以其圜象陽，方象陰，三足象三公，四足象四輔，黄耳象才之中，金鉉象才之斷。其器重，其體脩，不特以木巽火，爲養人之具而已。故其銘或紀君貺，或揚祖德，即間有頌禱之詞，亦不過祈眉壽、保子孫等語，安有廊廟禮器猶規規于千金者？直斷爲漢末估客之所造可也。

漢朝正殿瓦二器

漢朝正殿筆雀銅瓦

右銅瓦二，元得之于濟南市中。『朝正殿筆雀』字俱不可考，詳其筆畫，必是劉淵、李壽、劉龑、劉智[一八]遠、劉旻諸漢時物，斷非兩漢時制，因無證驗，姑附于末以俟知者。

【校勘記】

[一]「啚好禮萬」,《捃古録》卷三《楚余義鐘》作「曾孫僕兒」。

[二]「咯」,《捃古録》作「佫」。

[三]此闕字,《捃古録》作「跡」。

[四]「余萬舞也。萬」,《捃古録》作「余兒右跡兒」。

[五]「子孫」,《捃古録》作「孫孫」。

[六]「十四」,可釋讀者十四字,另有二闕字。

[七]「朸加,廣漢縣名」,《説文解字》第六下《邑部》作「什邡,廣漢縣」。

[八]「隹,都猥切,隹隗,高也」,《説文解字》第一四下《部𨸏》作「隹,都辠切。隹隗,高也」。

[九]據《後漢書》卷一八《祭祀中》記載:「桓帝即位十八年,好神仙事。延熹八年,初使中常侍之陳國苦縣祠老子。九年,親祠老子於濯龍。文罽爲壇,飾淳金扣器,設華蓋之坐,用郊天樂也。」可見,《山左金石志》與《後漢書》載「文罽爲壇」「飾淳金扣器」「親祠老子於濯龍」等語的先後順序不同。《通典》《通志》《文獻通考》等文獻,均與《後漢書》同。

[一〇]「亨鉶羹之芼」,鄭箋原爲:「亨蘋藻者於魚湆之中,是鉶之羹芼。」

[一一]「于」,《重修宣和博古圖》卷二七《弩機》作「与」。

[一二]《漢書》卷一九上《百官公卿表》:「秩四百石至二百石,是爲長吏。」顔師古註曰:「吏,理也。主理其縣内也。」

[一三]據《尚書》卷一八《顧命》,「同」後有「瑁」字。

[一四]「外」,吕大臨《考古圖》卷九《雙魚洗》作「爲」。

[一五]「花」,吕大臨《考古圖》卷九《雙魚洗》作「水」。

〔一六〕「四字」，吕大臨《考古圖》卷九《雙魚洗》作「四篆字」。

〔一七〕此與《南史》原文有所出入。《南史》卷五《齊本紀下》：「裁入閤，即於内奏胡伎，鞞鐸之聲，震響内外。」

〔一八〕「智」，應爲「知」。

卷三

魏金

太和鐘

太和　太和

黄鐘清　黄鍾清

右鐘高一尺二寸，圍周二尺，鈕作蟠夔，乳作螺旋，青翠透入骨胎。左鑄『太和』二字，右鑄『黄鍾清』三字，俱小篆文。按：樂之十二律，迭相爲宫，故準其清濁高下，各自爲鐘。如《博古圖》所載遲父鐘爲夾鍾，周之太簇鐘、大吕鐘，宋宣和時尚存，故此題『黄鍾』，鐘也。又《集古録》云：『景祐中，修大樂，冶工給銅，得古鐘，命工扣之，與王朴夷則清聲合。』是知古人定律準以清聲，故此題『黄鍾清』也。孔農部尚任定爲魏太和閒杜夔典樂所造，是不然。夔典樂時，工柴玉别鑄鐘多不如法，數毁改作，玉甚厭之，更相白于太祖，太祖取所鑄鐘雜錯更試，知夔爲精。至文帝愛待玉，夔遂就縶黜免，是鐘鑄於太和，又安知非柴玉所鑄乎？岸堂農部舊藏是鐘，今失去，其家尚有拓本。

銅爐

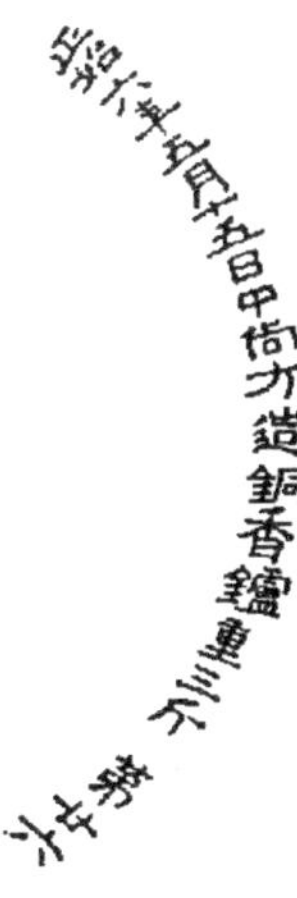

右銅香爐黃司馬易得于濟寧，口徑四寸二分，隸書，共二十二字，曰『正始六年五月十五日，中尚方造銅香爐，重三斤，苐廿六』。按：正始爲魏廢帝年號。《續漢書·百官志》：『少府有尚方令一人，六百石，本注曰：「掌上手工作御刀劍諸好器物。」』此爐爲尚方所造，是魏猶襲漢制也。『苐廿六』者，乃器物號數，猶《鐘鼎欵識》所載『齊安爐第一百三十一』也。

晉金

永昌椎

永昌元年二月四日

小將申雨造

濟寧黄司馬易得一銅器，拓本見貽，並寓書曰：『近得銅器，有「永昌」款，上有孔可貫索，擊人若流星繩鞭之類。』『永昌』著年不一，此似晉元帝時物，與武虚谷億所拓太康釜正同。其時，王敦弄兵，部曲小將造兵刻款事或有之。段赤亭松苓云：『永昌元年，不但王敦舉兵武昌，石勒亦遣騎士大寇河南。此器於濟寧發工得之，距武昌較遠，安知非石勒部曲所造？』古人兵器有所謂椎者，一名終葵，留侯於博浪沙中擊始皇，朱亥袖之以擊晉鄙者是也。然彼二椎頗大，或者此特其小者耳。難者曰：『名之爲椎，安見古人之椎有孔以貫索？』余應之曰：『《傳燈録》云：無心即是道，似一個無孔鐵椎。始得東坡文「十指如懸椎」。若不有孔，何以言無孔？若不有所繫屬，又何以云懸也？』『小將』二字，見《漢書·灌嬰傳》：嬰以車騎將軍攻黥布，『所將卒斬其小將十人』。又《吴志·丁奉傳》：『奉少以驍勇，爲小將。』又《北史·魏帝紀》：『又放十二時，置十二小將。』然則申雨實爲小將，亦非撝謙之詞也。椎長四寸五分，圍二寸二分，銘二行，共十三字，正書，曰『永昌元年二月四日』，以上爲一面，『小將申雨造』又爲一面。

北魏金

皇興銅佛座

皇興五年七月十八日靳還香爲亡父亡兄亡弟居家眷屬敬造弥勒像 靳勛

右銅佛座見于濟寧，徑四寸九分，寬六寸五分，字徑三分，正書，共三十字。第一行下方有『靳勛』二字，下三行曰『皇興五年七月十八日，靳還香爲亡父、亡兄、亡弟、居家眷屬敬造彌勒像』。字旁有六方孔，疑爲植像所用。『皇興』爲北魏獻文帝年號，五年八月禪位于其子，即改元延興，故七月仍得稱皇興也。按：獻文雅薄時務，早有厭世之心，屢游石窟寺，故臣下化之，事佛尤謹。斯時，巫覡之風煽熾，閭鄁鼓舞，倡優媟狎，且有祈福於闕里之堂者，况佛寺乎？

北齊金

武平銅佛

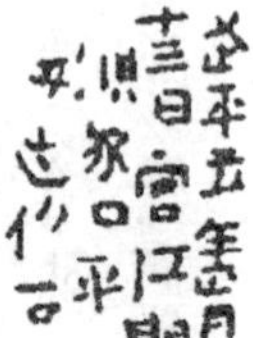

武平五年正月
十三日宫江期
願家□平
安造像一區

右銅佛連趺高二寸七分，寬一寸，通身鎏金，背刻銘二十一字，曰『武平五年正月十三日，宫江期願家□平安，造像一區』。字如豆，正書，此僧家所謂護身佛，以便道塗供養者。是歲，南安王思好反於朔州，陳遣都督吴明徹大破吕梁軍[一]，生民塗炭，宜宫江期以家□平安爲幸也。齊武平五年爲周建德三年，是年武帝禁佛、道二教，經像悉毁，而齊人猶亟亟以鑄造，是各從其上之所好矣。佛藏濟寧黄司馬處，云：『近出滕縣土中，署縣令楊元泗得而拓之。』

隋金

開皇銅佛

右銅佛像黃司馬得於濟寧，像連跗通高一寸八分，銅已蝕，斑爛可愛。銘九字，曰『開皇元年八月廿日造』，正書，字徑分許。『廿』字殘，然確是『廿』字。

開皇銅佛像

開皇十九年十
月八日所
造像一區

右開皇銅佛通身涂金，連跗高二寸七分，寬一寸。陰文，正書，字大二分，曰『開皇某年某月八日顏某造像一區』。今細審之，『年』上是『十九』二字，『月』上是『十』字。拓本總不可見，必就其器諦視之，始隱隱可辨也。曲阜顏運生家藏。

仁壽銅佛像

仁壽三
年三月
日佛弟
子張法[illegible]
為旧三下
像二區

右銅佛像連跗高二寸七分，寬一寸，通身涂金。銘刻跗左右及後匡，正書，字徑一二分不等，曰『仁壽三年三月□日，佛弟子張法□爲□□□像一區』。按：文帝晚年篤好浮屠氏，分送舍利三十處，命天下僧尼打刹，上行下效，宜造像者紛紛也。黄司馬得於濟寧。

大業鈴

大隋大業元年三月廿八日
佛弟子前下邑六二十五尺
長史義仁崇平武
將軍靜境都經正
陌振金鈴一顆
男衆生咸登
大道

右鈴高二寸八分，口圍五寸七分。銘七行，正書，徑二三分不等，可辨者四十一字，似是官長史者於佛寺施金鈴一口，以祈福也。按《晉書·佛圖澄傳》『石勒死之年，天静無風，而塔上一鈴獨鳴』，又梁元帝碑文『寶鐸[二]朝響，聲揚千秋之宮』，是皆佛寺有鈴之證。《廣韻》曰：『鈴似鐘而小。』《正韻》曰：『爲圜形，半裂以出聲，錮銅珠于内以鳴[三]。』形制正與此相符。銘有『静境』二字，因憶雍陶詩有『静境唯聞鐸』，似因此而得句。黄小松得之于濟寧，釋其文云：『大隋大業元年三月廿八日，佛弟子前下□□□右帥長史義□營平越將軍靜境、都督正劉顯振，造鈴一口，願□男衆生咸登大道。』

唐金

涂金造像記銅碑

右碑高三寸五分，寬一寸二分，額作雙龍飾，無趺。額四字，曰『阿彌陀碑』，記六行，行十三字，字大如黍，正書。面上涂金如新，背青緑斑駁，古色可愛。書法一筆不苟，惜奇淺不可摹搨。唐沿六代，事佛尤謹，寶刹名藍之外，又家供養佛堂，故有此銅笵小碑也。『趙婆』與『長孫(同)[四]薄』二人連書，必非婦人。《祖庭事苑》云：『梵言貧婆，華言叢林；梵言優婆塞，華言善士。』《釋氏要覽》云：『梵言塔婆，此言高顯。』又《法苑珠林》曰：『比丘白佛言：何名婆婆？佛言：以婆詵私衣布施供養，故名婆婆。』是皆不訓爲婦人也，即以人名言之。《晉書・王珉傳》有沙門提婆，《北齊書・恩倖傳》有穆提婆，盧思道《興亡論》有陸提婆，《唐書・唐休璟傳》有贊婆，《宋史・藝文志》有《耆婆脉經》《耆婆六十四問》，是又趙婆非婦人之一證也，蓋具禪悦心，故取梵語爲名耳。趙、長孫二姓，俱有宰相，而二人不見於表，乃賴此片銅以顯，亦身後之幸也。舊藏濰縣于氏，甲寅春，元過濰，有持此來售者，已定價矣，繼知爲諸生家物，却之，今歸前臨清牧張春田度。

垂拱銅佛座

垂拱二年六月廿二日弟子趙義成願家口平安敬造官音
像一鋪合家大小共養

右涂金銅佛座高一寸，縱一寸二分，横一寸七分。字徑二分，正書，共三十二字，曰『垂拱二年六月廿二日，弟子趙義成願家□平安，敬造官音像一鋪，合家大小共養』。錢唐何夢華元錫得之於曲阜。按：垂拱二年乃武后專制之第三年，周興、來俊臣輩鍜煉羅織，廷臣人人自危，朝退無事則舉室相慶，趙義成故以家□平安爲幸也。『官』字借。

開元鄭氏銅佛座

右涂金銅佛座高一寸五分，縱如之，寬三寸。字徑一分，正書二十字，曰『開元十六年正月十二日，鄭宏惠爲己造彌陁一區』。造像記往往曰『上爲皇帝國主』，否則曰『爲師僧父母，爲一切衆生，爲合家眷屬』，而此獨曰『爲己』，異甚。吴江陸古愚繩得於山東。

開元十八年銅佛座

右涂金銅佛座高一寸六分，徑一寸六分，寬三寸六分。字徑分餘，正書，字多模糊，可辨者『開元十八年九月』，『月』下似『廿』字；第二行似是有『立世』『一區』等字；末行有『爲一切親屬』等字，而姓氏不可辨，似从『廿』頭。吴江陸古愚繩得於濟南。

龍興寺銅鐘

右銅鐘在益都城北門内西街真武廟，俗謂之鐸樓。《古器物考》：「有舌者謂之鐸。」此實鐘也，高可七尺，螭鈕，口徑三尺，無翅，翠色欲滴，叩之聲甚清越。銘字殘剥，第一行刻「北海郡□□□鐘銘并序」，次行刻「益都縣尉進缺。張辛冂撰」，後刻序并銘，後書銜有太守李力牧、長史鄭山甫等十餘人。字被後人剷毁殆盡，可辨者讀不可通。鐘銘并序共十四行，題名九行，字徑五分，行書。又有「大元天曆二年歲次己巳庚午月己未，益都路總管府建」，并「大明神呪」等字，共六行，字徑寸五分，正書。又有「益都府僧缺。司大定十三年十二月官造」等字，金刻共一行，字徑一寸三分，正書。按《唐書·地理志》，改青州爲北海郡無明文[五]，惟《齊乘》云：唐武德元[六]年置青州總管府，七年改爲都督府，天寶元年罷都督府改爲北海郡。鐘上所刻姓名惟樊澤、崔器新、舊《唐書》俱有傳，略云：澤字安時，河中人，爲堯山令，舉賢良方正，擢左補闕，仕至僕射，贈司空，謚曰「成」，爲參軍於北海應在舉賢良方正之際，故銜内稱「前縣令」也。器在《酷吏傳》，略曰：器，深州安平人，有吏幹，然性陰刻樂禍，天寶中舉明經，爲萬年尉，踰月擢御史中丞。宋渾爲東圻[七]採訪使，引爲判官，尋罷爲奉先令，二京平，爲三司使，終于吏部侍郎、御史大夫。然則彼參軍于北海應在罷判官之後，故曰「前殿中侍御史」也。史俱不言其爲北海參軍者，殆略之也。雲門山投龍詩，天寶元年立，人名與此相同者，長史鄭山甫、李潤，司馬段誂，録事參軍崔晏，然則此鐘當亦天寶初年所造也。天曆二年乃周王和世㻋即位之元年，五月尚爲皇帝祝釐，不知八月旋被害矣。金刻差小於元，劃舊銘而攘爲己造者，必此髡徒，無知至誕妄如此。金刻在最後，元刻在中，舊鐘銘在前。

天寶造像銅碑

右碑連趺高二寸五分，碑身寬九分，額趺寬一寸一分弱。額蟠雙龍，趺負贔屭，僅鑄前半身，額題『大唐』二字。記六行，俱正書，曰『天寶十一載五月廿日，上爲皇帝，下爲一切蒼生，又爲七代先亾，今爲見存父母，敬造阿彌陀佛一鋪，佛弟子張處万一心供養』四十九字，字大如粟，碑有鼻鈕。錢唐黄氏得於濟寧，今藏兖州司馬黄易家。

宋金

三司布帛尺

宋三司布帛尺

宋三司布帛尺

右銅尺隸書，銘六字，曰『宋三司布帛尺』。按《宋史·職官志》：『三司總國計，應四方貢賦之入，朝廷不預，一歸三司。通管鹽鐵、度支、户部，號曰計省，位亞執政，目爲計相。』三司故得自置尺也。又《食貨志》：『布帛，宋承前代之制，調絹、紬、布、絲、綿以供軍須、服用賜與，又就所産折料、和市。』[八]自周顯德中，受公私織造並須幅廣二尺五分，民所輸絹疋重十二兩，河北諸州軍重十兩，各長四十二尺。宋因其舊，此三司通管天下布帛，有定尺也。三司尺即所謂省尺，與宋浙尺異，曲阜孔氏所藏建初尺當省尺七寸五分，當浙尺八寸四分。此尺亦藏孔農部尚任家，謂爲華陰王山史所貽。

摹三司尺五寸於此，當今工部營造尺四寸三分强，倍之可得是尺全度。

岱廟銕桶

右銕桶二，在岱廟東墀下，高可四尺餘，徑可三尺餘。每桶有銘四段，正書，字徑寸餘。一桶曰『大宋國兖州奉符縣獻銕桶，會首李諒。右諒竊以神功默運，潛持禍福之權，妙用無私，密握生成之造。伏見國家尊崇廟皃，百物鼎新，而聖帝廟前闕少水桶二隻，今糺到敬神之衆，共結良緣，具姓名如後』云云。後雜書姓名及施錢之數，内有『王助教妻賈氏』『孫向母張氏施錢伍』，及『永静軍梅恕』等字。

末云『匠人萬浩、弟昱、男真』。一桶雜書施錢人姓名，内有『樊竘』及『萊蕪監釘施治李冕鑄』等字，末云『右衆會人并發虔心，謹捨浄財，共成勝緣，伏望聖慈俯照察，建中靖國元年五月日會首李諒等獻』。按：建中靖國乃徽宗年號，僅一年即改元崇寧。曰『兖州奉符縣』，奉符本漢之乾封縣[九]，《宋史·地理志》：乾封，大中祥符元年改曰奉符，屬襲慶府。然襲慶乃政和八年升，故建中靖國仍曰兖州也。志稱『襲慶屬泰寧軍』，此乃稱『永静軍』。按：永静之稱，相沿自唐，泰寧之改應與襲慶同時，但史偶略之耳。萊蕪監隸襲慶注鐵冶，而此模糊，反似『銅』字。何故助教之設不見于《職官志》，惟合班之制，有諸助教之稱，此但言助教者，殆諸參軍助教也。『竘』字，《字彙補》音浄，訓人名，宋有劉竘，而靈巖辟支佛塔建于宋嘉祐二年，其題名有『傅竘』，想當時，盛以此字命名歟。孫向母，應亦施錢伍貫造笵者，『伍』字下偶軼『貫』字。銕桶二隻計錢一百六十五貫，亦可以知爾時物價之低昂也。

釋迦寺鐵塔題字

右塔九層，在濟寧州城東南釋迦寺大殿前。正書，銘十四字，曰『大宋崇寧乙酉歲，還夫願，常氏鑄造』。仁和朱朗齋文藻曰：字分二行，列于塔之東南、東北兩面最下一層，兩面各題二行，皆同此文。又東南面此層之上層亦有字二行，凡八字，仿佛是『大宋崇寧』四字可辨，尚有四字目力不能到矣。乙酉歲乃宋徽宗崇寧四年，常氏之夫爲徐永安，蓋立願建塔未遂而終，常氏鑄此以還前願也。按《濟寧州志》云：『鐵塔寺，古釋迦寺也，原名崇覺寺，在州治東，創于北齊皇建中。宋崇寧間，徐永安妻常氏增建鐵塔七級，高插雲霄。』又明王梓《修鐵塔記》云『常氏所造塔無頂，適楚龔公以少府分署於濟，慨然欲成之。維時，郡侯蕭公亦以爲言，遂謀諸薦紳、先生，僉曰：「可。」于是，始於萬曆九年八月，越明年事竣，比前增級二頂銅質金章，四周垂以風鐸』云云。常氏造塔既不施頂，且無碑記，疑非貲竭，即遭變故。幸託志乘，而夫之姓名遂顯，其所謂匹婦有志，亦可垂于不朽者是也。

金

仰天山鐵範羅漢題字

右鐵範羅漢五尊，在臨朐仰天山三一堂。羅漢高一尺，銘正書，在趺前及側面：二[一〇]爲『正隆元年，本縣朱家門下，王氏造』，末云『益都府正公界造成，匠人王景』；一爲『正隆二年，石匠班首王六賢名揚，并弟王仝、母岳氏成造一尊』；一爲『正隆三年，臨朐人王宸合名娘同造』；一爲『益都府南和界名善同妻王氏，與大車界劉芬同妻于氏，共施一尊。』此十八應真，僅餘此五也。宋之青州，金改爲益都府，至元又升爲益都路矣。乾隆乙卯，益都段赤亭松苓訪碑拓來，且云：『此山白雲洞有石羅漢數百尊，擇其有銘者拓四十八尊來，又拓來趙惠父題名四種。』

大明禪院鐘識

右鐵範，文正書，在東昌府治。武虚谷億主啓文書院，曾手拓其文，有云『大明禪院□法住持』『沙門僧恒周』『師伯法仙』等名，又另方題『本鎮商酒都監、修武校尉張令聞，同監□本鎮祇候阿里振孫殿試』，後題『大金國承安二年六月二十四日鑄造□鐘一顆，重一萬三千餘斤』。又各方題博州、堂邑、曹蔡村、開山鎮、賀蘭鎮、西雙店諸地名及出貲人名氏，多作太公、二公、大舅、姑夫等稱，皆俚俗人相謂，鑄之金刻，甚可嗤嗤也。《元豐九域志》東阿有關山鎮，江本作『開山』，與鐘識同，《金史・地里志》亦作『關山』。而賀蘭鎮，史更未之及。又稱『博州維那』，《大金國志》：『浮圖之教，在京師曰國師，帥府曰僧録、僧正，列郡曰都綱，縣曰維那。』今博州亦稱維那，志失載也。《東昌府志》列《金石》一門，此反佚不備載，益嘆採訪之疎，在耳目所及尚有未備，况其僻棄于遠者與？此鐘既稱『本鎮』，當時營造不在州治所，亦未知其造于何鎮矣。

汶陽鐵鐘

右鐘高五尺，圍一丈三尺，在汶上縣寶相寺，泰和三年十二月造。上層範銘五十六行，下層四行，内『皇帝萬歲，重臣千秋』二行字獨大，可徑四五寸，餘徑寸許，正書。雜記施財男女及住持僧、冶鐘匠姓名，首曰『東平府汶陽縣遵人鄉東栢鎮興化院』。按：『泰和』必金之『泰和』，何以知之？汶上縣在唐名中都，宋因之，金初改爲汶陽，泰和八年又改爲汶上，故此鐘定爲金泰和也。内村名可見者，大嵬村、上地村、西城村、西栢村、西楊家莊、北楊家莊、南泗汶村、北泗汶村、北遵人村、孫家族莊、宋戴村。官銜可見者，界分都監、界分都同監、忠武校尉、忠勇校尉、承奉班祇候而已，餘無文理可採。

永慶寺鐵鐘

右鐘高四尺餘，圍一丈二尺，上下銘文十六段，正書。上第一段，文七行，多漫漶，可辨者，『大金國景州將陵縣延壽□□院』并『講經僧大沙門定善』等九人名。按：景州乃宋永静軍，同下州，治東光，金初升爲景州，貞元二年改屬河間府，領縣六，四曰『將陵』，即今之德州也。『延壽』二字似是寺院之名，内有門資某某。『門資』二字，見王沈《釋時論》、薛登《論選舉疏》，俱作『門閥』講，未有作弟子稱者，惟此鐘與益都《宋石佛院碑》乃爾。第二段，文九行，多漫漶，可辨者有『怕斤馬』等男女十六人，末又有『各人各家增善』六字。『怕斤馬』似女真人。第三段，文八行，多漫漶，可辨者有『劉存』等十人，末有『各人各家』四字。第四段，文八行，多漫漶，可辨者有『修武校尉郭大珪』等男女十二人，末同前。第五段，文七行，多漫漶，可辨者有『施主梅詢』等男女七人。第六段，文八行，更漫漶，可辨者僅有周氏、張氏二人名，餘一『州』字，一『頭』字。第七段，文五行，亦頗漫漶，可辨者有周氏等男女六人，末有『各人各□』四字。第八段，文十行，亦漫漶，可辨者有『忠武校尉、監務李平，同母張氏、妻申氏』；『縣尉崇進，同妻王氏、兒』；『承事郎、主簿鄒彤，同妻歐陽氏』；『安遠大將軍、知縣加古阿里□，同妻師石氏、兒』，末有『各官官吉平安』六字。按：安遠大將軍，從四品，將陵不過中縣，令不過七品，而以四品武階爲令，蓋朝廷重親民之官也。『加古』乃女真甲族，《金史》有傳者七人，有『加[一二]古阿里補』，而此『阿里』下一字模糊，遂不可辨。下第一段，文三行，曰『景州將陵縣鑄大鐘一顆』。第二段，文八行，曰：『本縣裏外□□蘇春廿名發虔意，爲一切衆生造[一三]成佛道，若亡過父母早離三塗，見在父母、家眷各得平安，增延善道，鑄鐘一顆，貞元二年四月二十九日記。』第三段，文六行，多漫漶，有『鑄鐘大鑑焦義』『鑄鐘副大鑑陳進』等九人，『鑑』似『監』字之訛。第四段，文六行，曰：『施主安遠大將軍、知千户所沙剌，同母郡那馬，并弟三百户畨喝施沙、百户亚谷剌，弟捕速同母老娘子，耶律威同母乙輦。』《金史》譯國語『沙剌』，衣襟也，而取以作名。第五段，文三行，曰『安樓閣真言』。第六段，文四行，曰『消災真言』。第七段，文三行，曰『延壽真言』。第八段，文四行，曰『滅罪真言』。按：永慶寺在州治衙後，明永樂十年修，州人張惠記曰：『永慶寺舊在衛河之西，乃唐卧雲禪師所創，元季燬于兵火。』然則此鐘非永慶寺舊物，明矣。

元金

青州府學銅鐘

右鐘高二尺五寸，徑二尺零五分，字徑八分，正書，范文螭鈕。鐘分四面，三面各鑄飛龍一。一面銘二十五字，下列八卦，銘曰：『大元至元三十年歲次癸巳夏四月日，益都路府學置作頭張鎮造。』按：此世祖至元也，順帝至元僅六年。《齊乘》云：『宣聖廟，在府城西北隅。』是舊廟應在西門西，今廟原係老子宫，迨明改建廟學，鐘亦并移之于此耳。

鐵獅子題字

右鐵獅子在濟寧河道總督署東旗纛廟門前，銘横列獅子座之左側，惟右獅有之，黑文，正書，兩字爲一行，共三十一，曰：『門口師二巷對，鎮宅大吉。安陽縣北銅冶匠人付興、男付政造，元貞貳年十二月。』考督署在元時爲總管府治，此獅子鑄於元貞二年初，疑是總管府治舊物，不知何時移于旗纛廟也。然曰『鎮宅大吉』，似非官署神祠之器矣。

延祐艾虎書鎮

右書鎮縱二寸，寬三寸四分，高一寸，重今京秤十九兩三錢，作虎伏艾葉形，銘正書，四字，曰『延祐二年』。按《荆楚歲時記》：五月五日，以艾爲虎[一三]，以辟不祥。此書鎮亦仿其意而爲之耳。器元自藏。

長蘆儒學方爐

右銅爐口縱徑五寸，寬七寸五分，高二寸九分，内深二寸三分，饕餮雷紋，正書，銘曰『元至元己卯孟冬，長蘆儒學奉大都、河間等路都轉運鹽使司置，監造學工孔克中、姑蘇領匠鍾宗鑄』，凡三十九字。按：大都路領縣六、州十，州領十六縣，河間路領縣六、州六，州領十七縣，并無長蘆。曰『奉都轉運鹽使司置』，長蘆似是場名，而大都之場并入河間，凡二十二場，《食貨志·鹽法》又無指名[一四]。元制設儒學官，諸路總管府設教授一員，學正一員，學録一員，其散府上中州亦設教授一員，下州設學正一員，是縣亦不置校官矣[一五]。今曰『長蘆儒學』，似是鹵籍遵請置山長、學録之例，選商人子弟之秀者，補入爲博士弟子員也。即此一銘，可補《元史》地里、百官、學校、鹽法之所未備矣。又按：至元己卯當是順帝後至元五年，前至元己卯乃世祖至元十六年，以《鹽法志》考之，至元二年立河間都轉運使司，單管本路鹽法。至二十二年[一六]，乃立河間等路都轉運鹽使司兼理大都後，不復改故也。又按《闕里志·聞達子孫傳》五十五代『克』字輩，正當元之末，造内有任長蘆學正者，名克修，字久夫，不名克中，然克中之名與字却相符，殆志亦有誤耶？然則金石所關，豈淺鮮哉？末半缺者，審是『鑄』字。器元自藏。

銅權題字二種

上巾　至元二十玖年　益都路擇□造

右銅權一種，兩面有文，正書，一曰『至元二十玖年』，一曰『益都路□□造』。『至元』之右有『上巾』二字，義不可曉。『益都路』下二字不可辨，益都産銅，或置鑪冶于此。舊在山東，今歸翁檢討樹培。

至順四年　王益　都路較叻相同

右銅權一種，兩面有文，正書，一曰『至順四年』，左有『王』字，殆鑄匠之姓也。一曰『益都路較吻相同』，『較』下一字似是『勘』字，别有『明永樂九年，濟南府鋉權』，亦有『較勘相同』等字，正與此同耳。黄司馬得于濟寧，今贈翁檢討樹培。

【校勘記】

[一]《山左金石志》所云『是歲，南安王思好反於朔州，陳遣都督吴明徹大破吕梁軍』，時間有誤。『南安王思好反於朔州』一事，發生於武平五年（五七四），而陳遣都督吴明徹大破吕梁軍，則有三次：第一次是太建五年（五七三），《北齊書》卷八《武成紀》：『（太建五年）二月乙未，車駕至自晋陽。朔州行臺、南安王思好反。』第二次爲太建七年（五七五），《陳書》卷五《宣帝紀》：『（太建七年）闰九月壬辰，都督吴明徹大破齊軍於吕梁。』第三次爲太建九年（五七七），《陳書》卷五《宣帝紀》：『（太建九年）冬十月戊午，司空吴明徹破周将梁士彦衆數萬於吕梁。』可見，『南安王思好反於朔州』與『陳遣都督吴明徹大破吕梁軍』二事并非發生於同一年。

[二]『鐸』，應爲『鈴』。梁元帝《鍾山飛流寺碑》原文作『鈴』。原文云：『清梵夜聞，風傳百常之觀，實鈴朝響，聲揚千秋之宫。』

[三]據《洪武正韻》『鳴』後有『之』字。《洪武正韻》卷六云：『鈴，似鐘而小，又爲圜形，半裂以出聲，錮銅珠於内以鳴之。』

[四]『同』，據此銅碑之首的摹拓圖版補。

[五]關於改青州爲北海郡，《舊唐書》卷三八《地理一》有明文記載『天寶元年，改青州爲北海郡。乾元元年，復爲青州』，并非《山左金石志》所云『無明文』。

〔六〕「元」，《齊乘》作「二」。《齊乘》卷三《都邑》云：「唐武德二年，置青州總管府。」

〔七〕「圻」，《舊唐書》作「畿」。《舊唐書》卷一一五《崔器傳》記載：「崔器，深州安平人也。……天寶六載，爲萬年尉，逾月拜監察御史。中丞宋渾爲東畿采訪使，引器爲判官。」

〔八〕《宋史》卷一七五《食貨上·布帛》：「宋承前代之制，調絹、紬、絹、布、絲、綿以供軍須，又就所産折科、和市。」《山左金石志》多出「服用賜與」四字，且「折科」誤作「折料」。

〔九〕據《舊唐書》卷三八《地理一》記載：唐麟德三年正月，高宗封禪泰山，改年號爲乾封，并改博城縣爲乾封縣。高宗總章元年，復改博城縣。中宗神龍元年，又改爲乾封縣。可見，奉符當本唐之乾封縣，而非漢。

〔一〇〕「二」，應爲「一」。

〔一一〕「加」，《金史》作「夾」。《金史》卷六《世宗本紀上》記載：「（大定十年）九月庚辰，尚書左丞相紇石烈良弼丁憂，起復如故。壬午，以簽書樞密院事移剌子敬爲賀宋生日使。庚寅，以户部郎中夾谷阿里補爲夏國生日使。」

〔一二〕「造」，應爲「早」。

〔一三〕據《荆楚歲時記》，「虎」後有「形」字。

〔一四〕《元史》卷九四《食貨二·鹽法》雖無指名，而《元史》卷八五《百官一·大都河間等路都轉運鹽使司》記載「鹽場二十二所」，其中有「蘆臺場」，即清代的「長蘆場」。

〔一五〕《元史》卷八一《選舉一》記載：「路設教授、學正、學録各一員，散府上中州設教授一員，下州設學正一員，縣設教諭一員，書院設山長一員。」而《山左金石志》却稱「縣亦不置校官」，誤。

〔一六〕《元史》卷八五《百官一·大都河間等路都轉運鹽使司》：「二十三年，改立河間等路都轉運司。」《山左金石志》云「二十二年」，誤。

卷四

刀布

案：山左金器中，刀布、古鏡、古印三種更多，今不分時代，以類相從，各爲一卷，足見繁富甲於天下也。又案：刀布今皆據元所自藏者拓摹編纂，齊及即墨、莒三處，皆有鼓鑄，故流傳最多。即墨刀尤精鍊厚重，又有一刀二面，一面有『即墨吉化』字樣，一面有『安陽』字樣者，是安陽亦即墨所鼓鑄之一種。昔人屬幣于高陽，誤矣，今以幣之有『安陽』者，亦列于齊刀之後，皆確爲山左吉金也。

齊刀二十二品

第一

右刀文曰「齊吉化」三字，「化」即「貨」字。背有長釘，似籀文「十」字，隱隱似有圜圈圍之，下有一「化」字。《前漢書·食貨志》曰：「太公爲周立九府圜法……退，又行之于齊。至管仲相桓公，通輕重之權……遂顯伯名。」此其遺制也。洪遵《泉志》引《嘉祐雜志》曰：「王公和學士罷沂州，得銀刀一，有「齊太公杏九」字。」恐「杏」字乃誤認「吉」字耳。

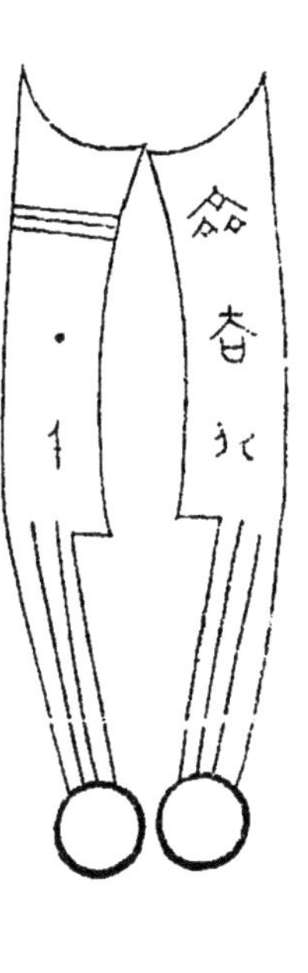

第二

右刀文曰「齊吉化」。背有一釘，下隱隱似一籀文「年」字。「·」乃「丁」字，乃造器之次第也。

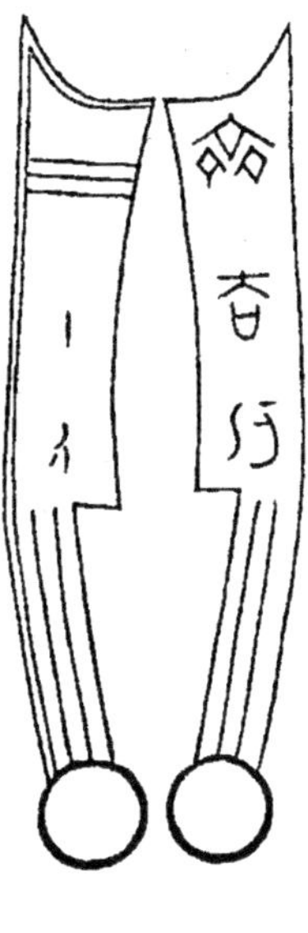

第三

右刀文曰「齊吉化」，「化」字「匕」反。背有長畫，下作个形，「丨」乃籀文「十」字。

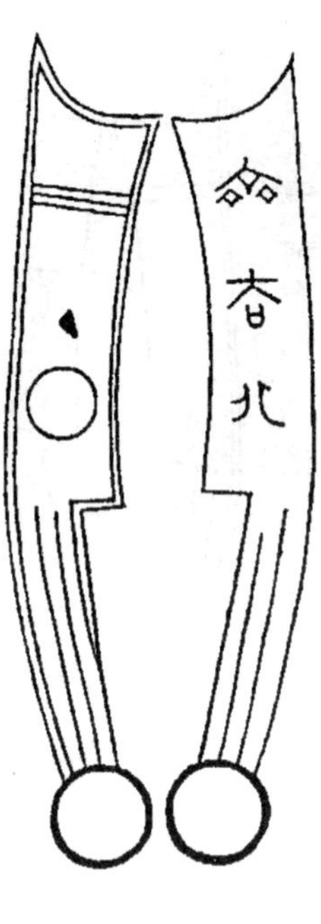

第四

右刀文曰『齊吉化』，『化』字反。背有一三棱釘，下作一大圜，即洪氏《泉志》所謂『隱起圜形』，疑是九府圜法者也。

第五

右刀文曰『齊吉化』，背有一圓釘，下作『上』字。

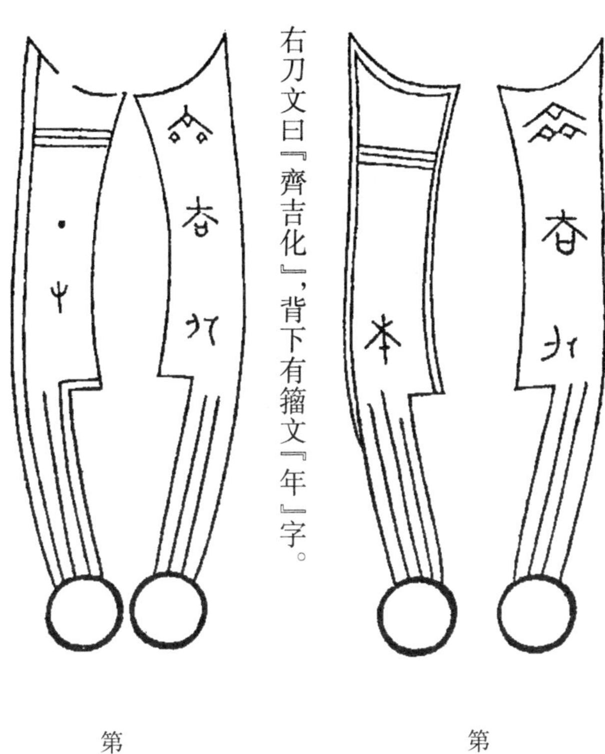

第六

右刀文曰『齊吉化』，背下有籀文『年』字。

第七

右刀文曰『齊吉化』，背有一圓釘，下作屮形，屮字即『三』也。說見忽[二]鼎銘跋中。

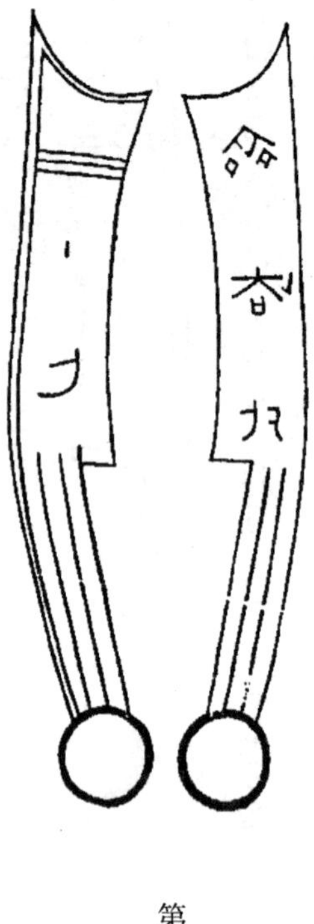

第八

右刀文曰『齊吉化』，背有一長釘，下有『化』字，省作『匕』而反。

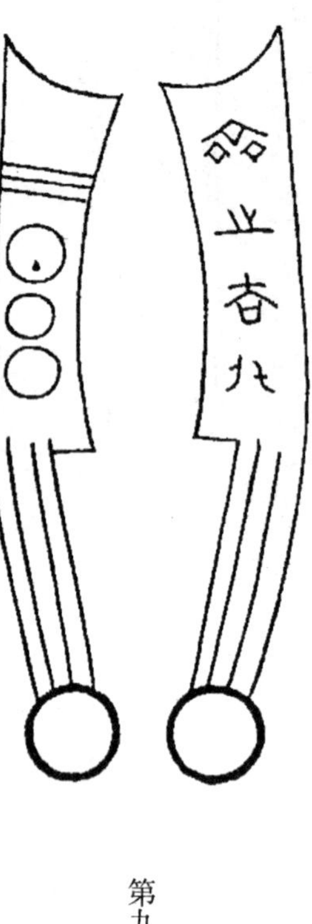

第九

右刀文曰『齊止吉化』，『止』即『之』字。背隱隱起三圜，而中似有一●形。

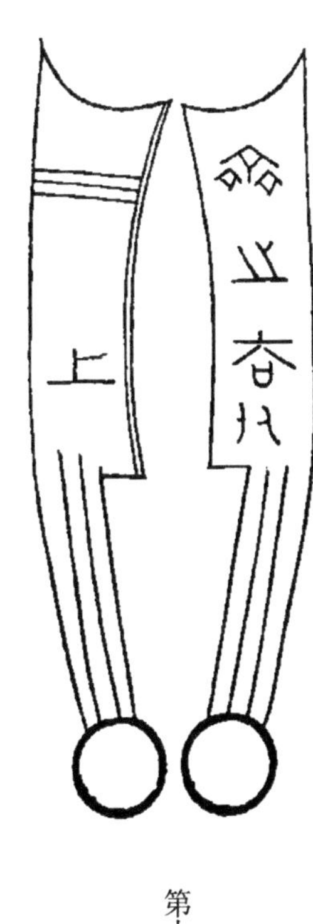

第十

右刀文曰『齊之吉貨』，背有『上』字。

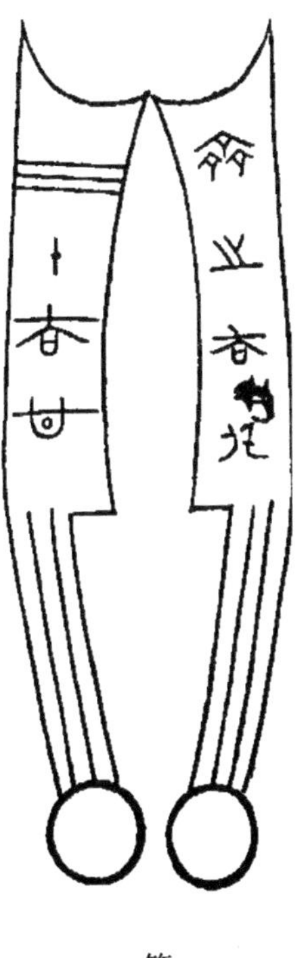

第十一

右刀文曰『齊之吉化』，背有『吉甘』二字，或曰下是『甘』字。朱楓《古金待問録》謂是太公字，恐非是。按單癸卣，文字作𠓛，此恐亦是『廿』字。通後力乳十字，皆次第之名。

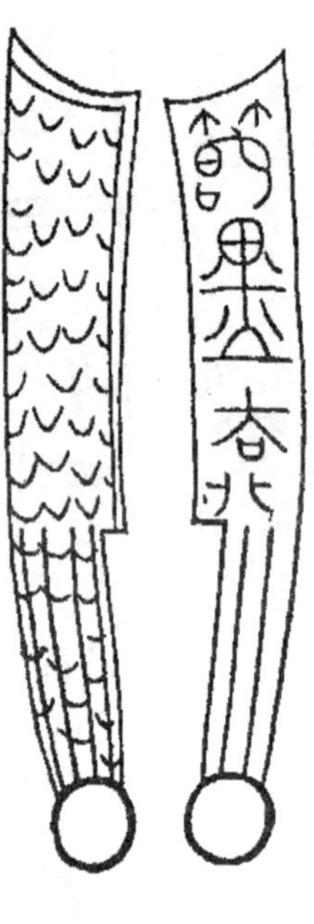

第十二

右刀文曰『節墨吉化』，『節』『即』古字通。據此，齊『即墨』正當作『節墨』，今作『即』者，省文耳。即墨，漢膠東國以墨水得名，今屬萊州府，古三齊之一。古即墨城，正田單火牛城也。背通作魚鱗文，亦齊刀中之别品也。

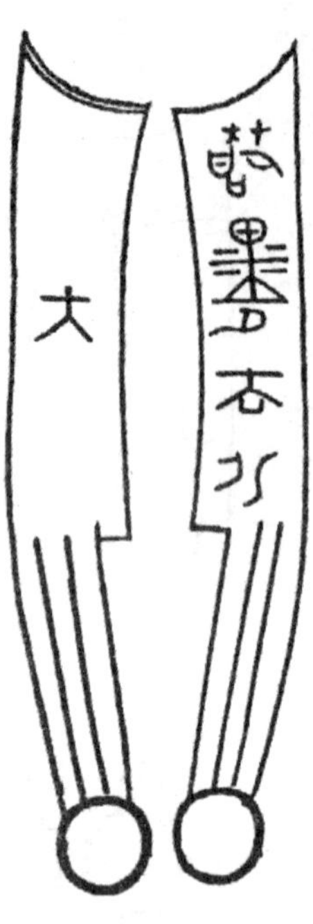

第十三

右刀文曰『節墨邑吉化』，『化』字反，背有一大字。

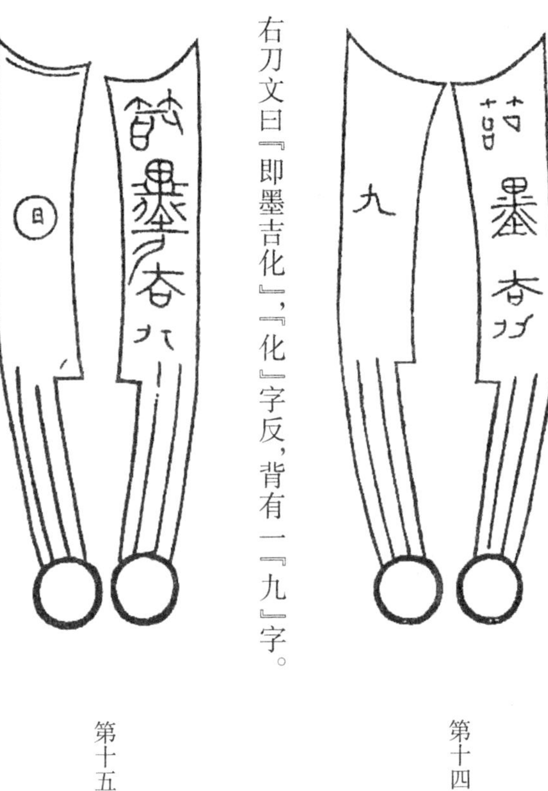

第十四

右刀文曰『即墨吉化』，『化』字反，背有一『九』字。

第十五

右刀文曰『節墨邑吉化』，背有一圜圈，中似有『日』字。

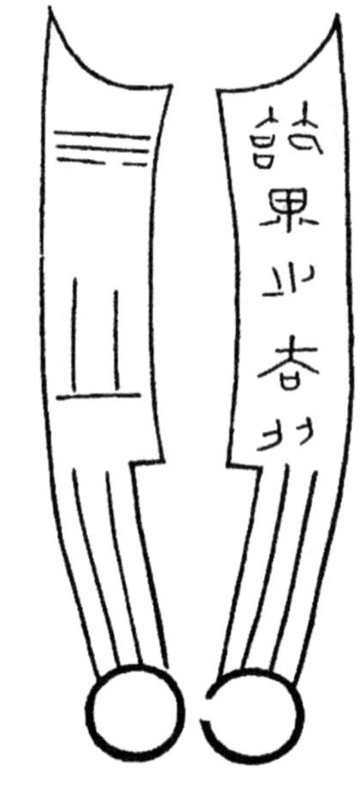
第十六

右刀文曰『節墨之吉化』,『化』字反,背無文。

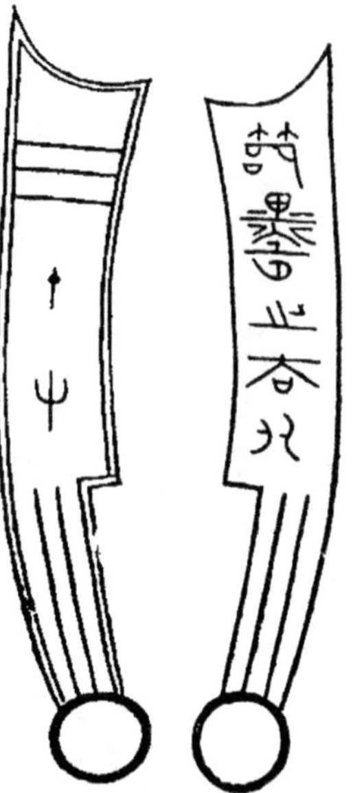
第十七

右刀文曰『即墨邑之吉化』,背有丨,似籀文『丁』字,下作ψ字。

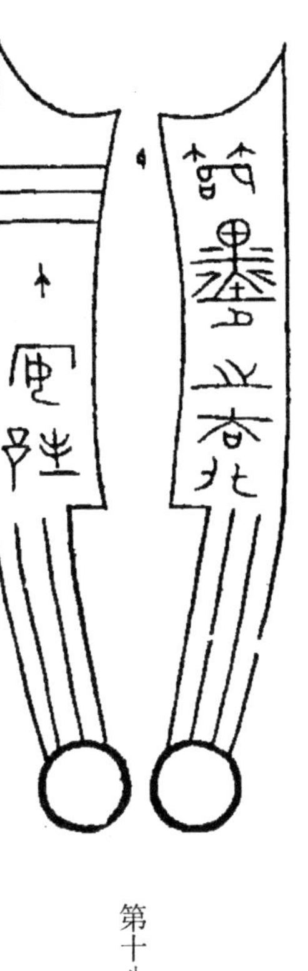

第十八

右刀文曰『即墨邑之吉化』，背作三棱釘而有首尾。按《鐘鼎款識》，凡三棱釘、圜釘而有首尾者，俱訓『十』字。第十四刀有『九』字，此有『十』字，乃笵之次第也。下有『[illegible]』二字，朱楓《古金待問録》釋『安陽』二字，朱氏又謂：『刀布凡有「陽」字者，悉屬高陽氏之幣。』據此，實不然。但漢之安陽，《地理志》及《水經注》謂隸宋州，在春秋時屬宋國，似不屬齊，而面有『即墨』二字，是齊或別有安陽矣。況刀布太公一行之於周後，惟管仲相齊行之，宋爲二王之後，不改其軌物，安得有此刀布乎？故凡有『安陽』字樣者，悉附于齊。

第十九

右刀文曰『即墨邑之吉化』，背有『十』字，下作一圜，圜中有●。

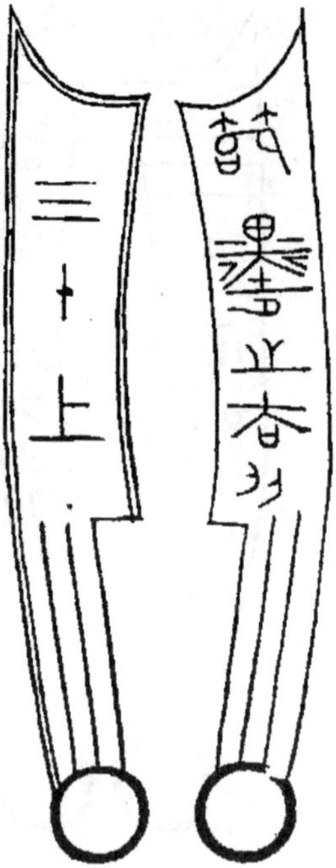

第二十

右刀文曰『即墨邑之吉化』，背有『十』字，下有『上』字。

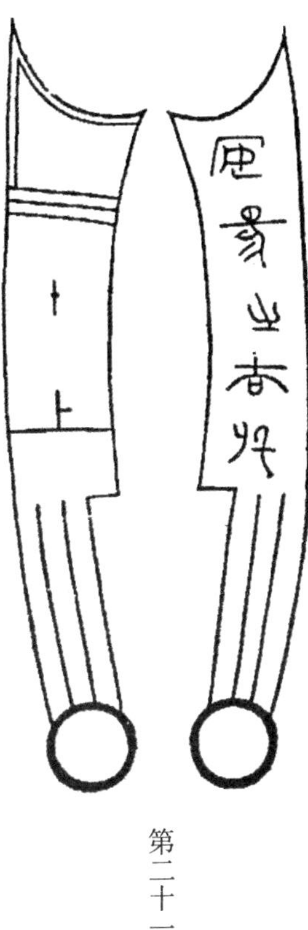

第二十一

右刀文曰『安陽之吉化』，背上有『十』字，下有『上』字，説具見前。

第二十二

右刀文曰『齊途陽□吉化』，第四字右似从『戈』，而左不可識，背有『十』字。『途陽』亦必齊之地名。

以上刀二十二種，每種見者甚多，姑各摹其一種以備其品。

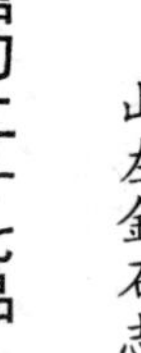

莒刀二十七品
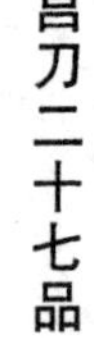

第一

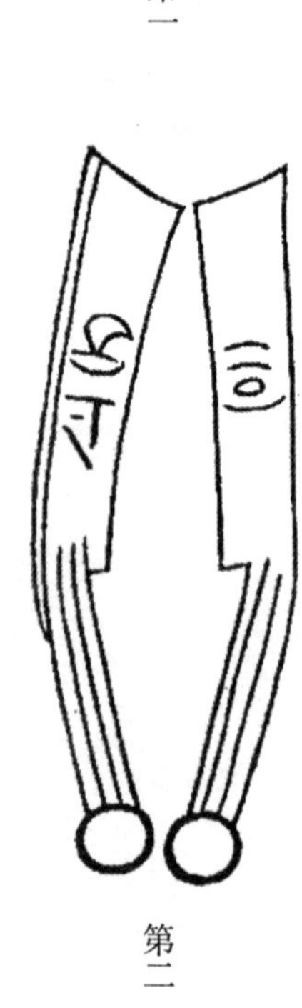

第二

第三

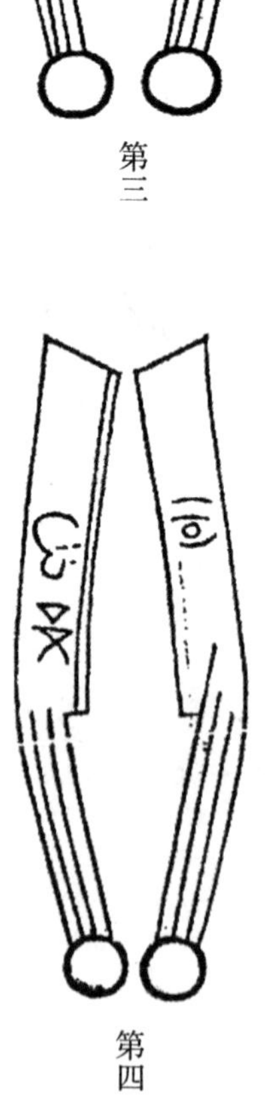

第四

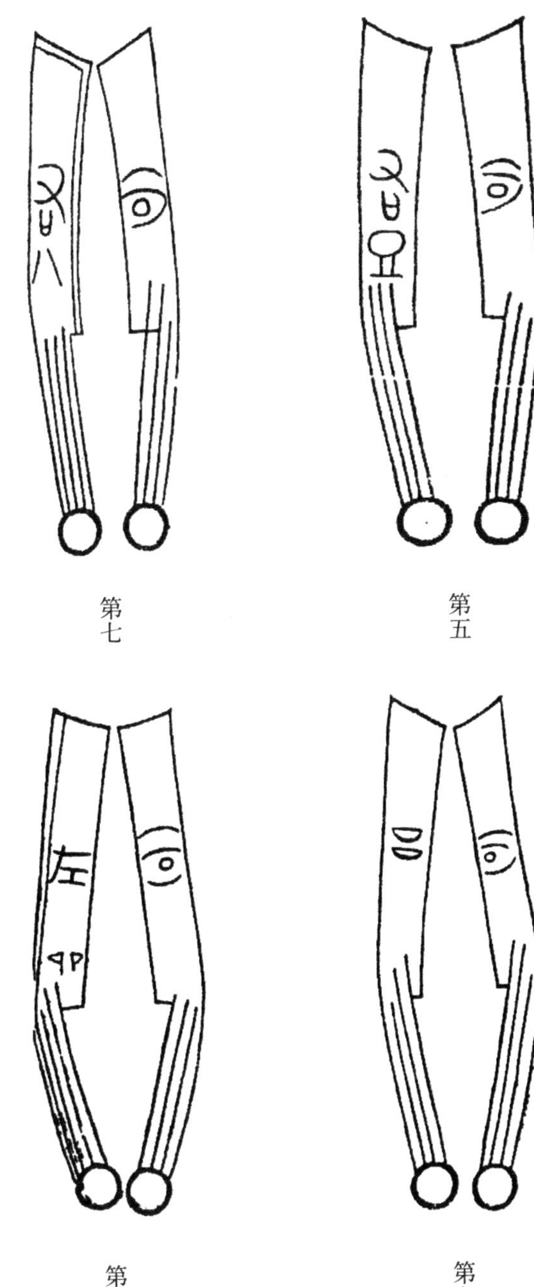

第五

第六

第七

第八

第九

第十

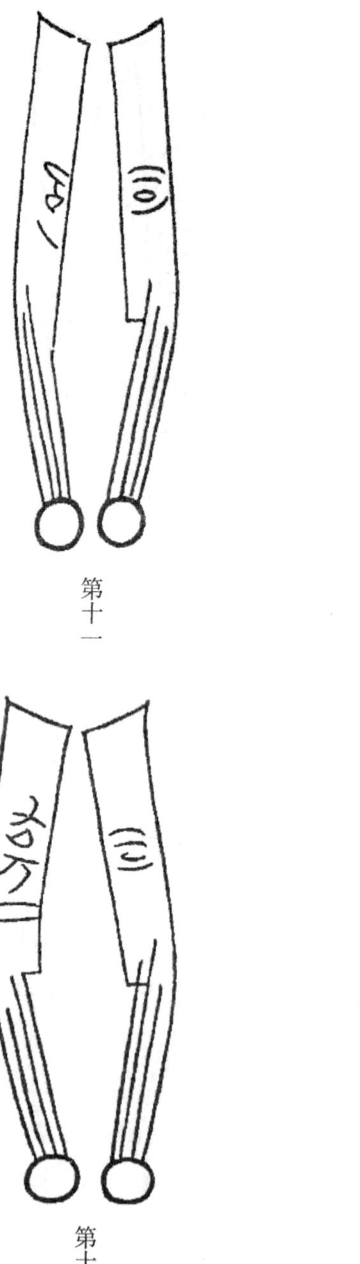

第十一

第十二

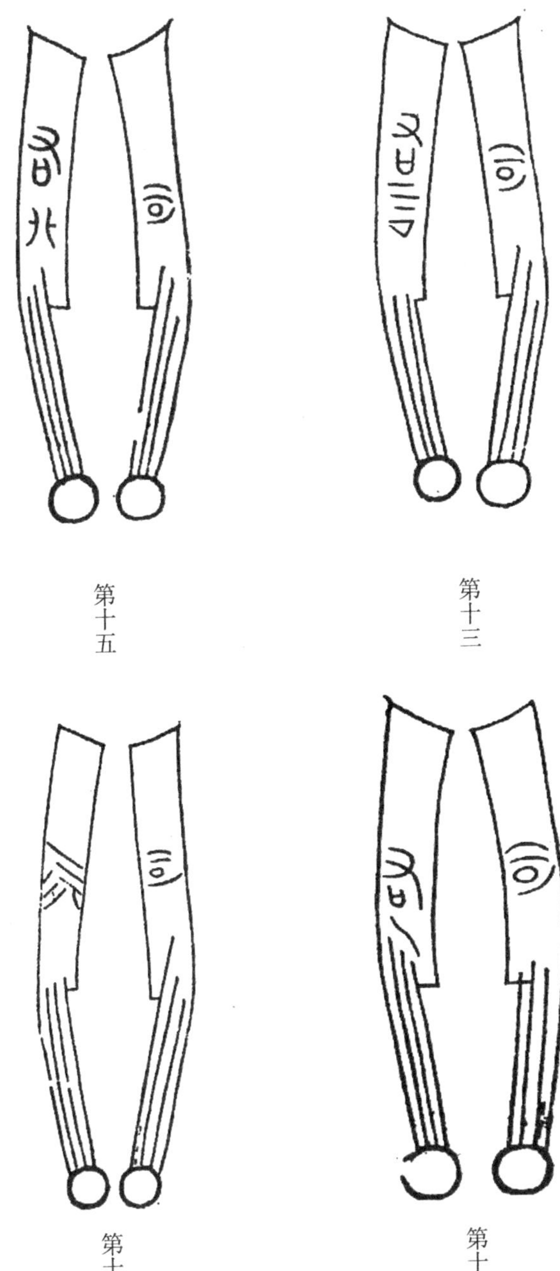

第十三

第十四

第十五

第十六

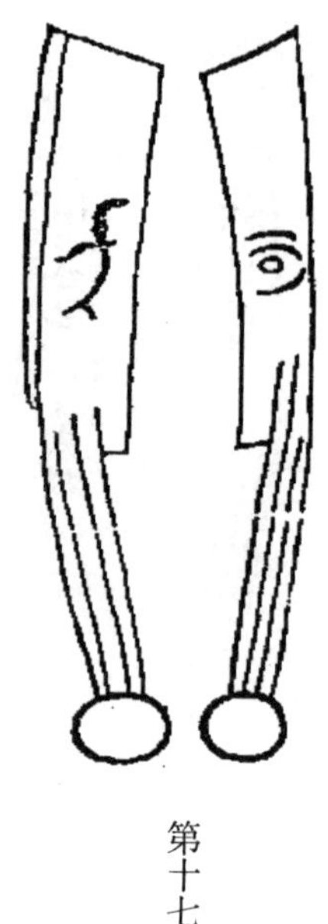

第十七

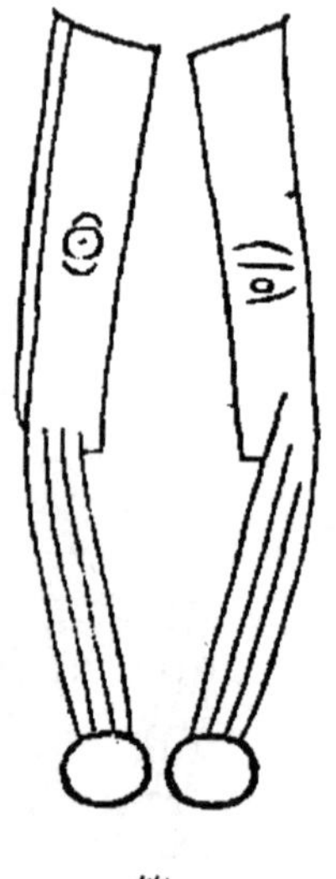

第十八

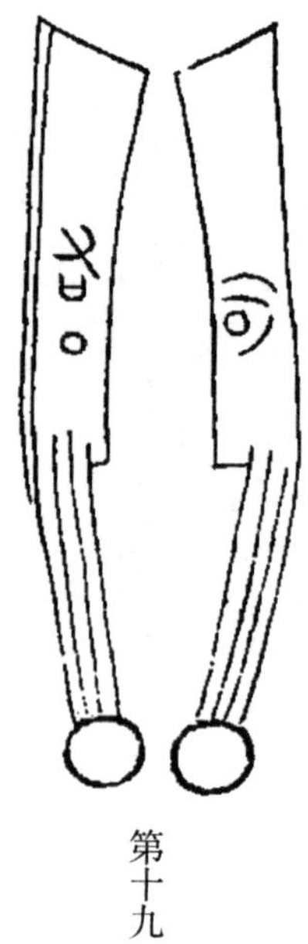

第十九

第二十

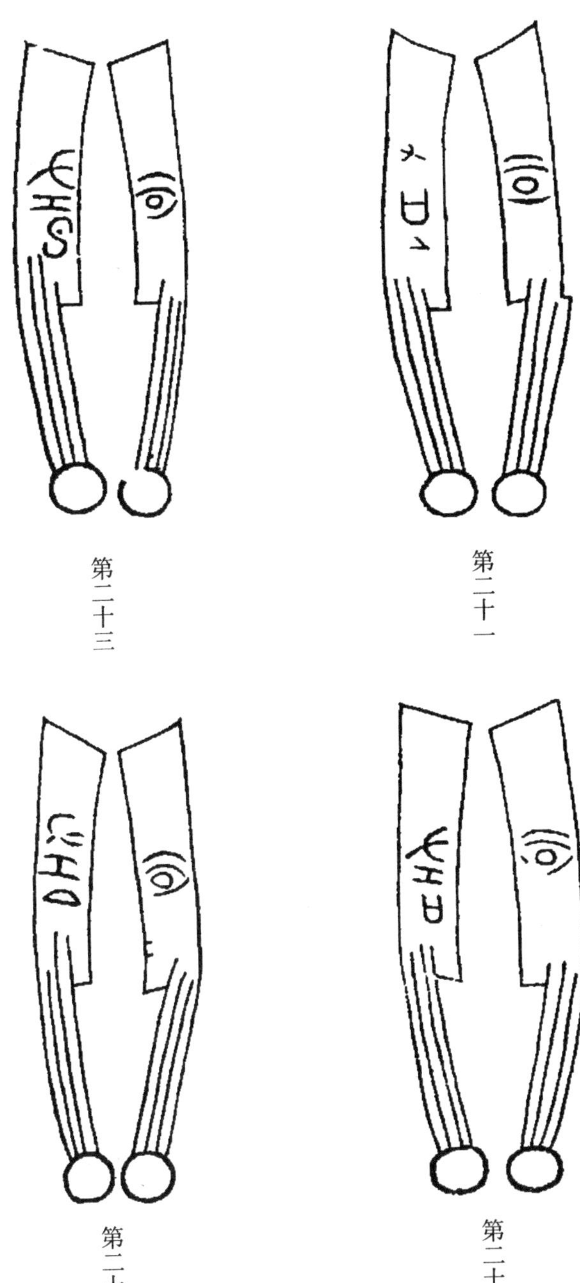

第二十一

第二十二

第二十三

第二十四

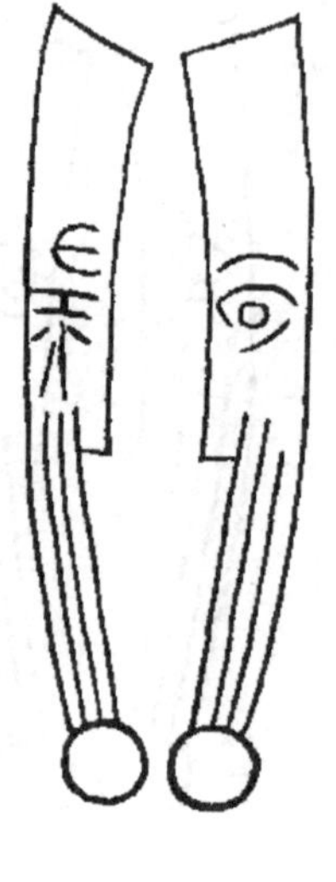

第二十五

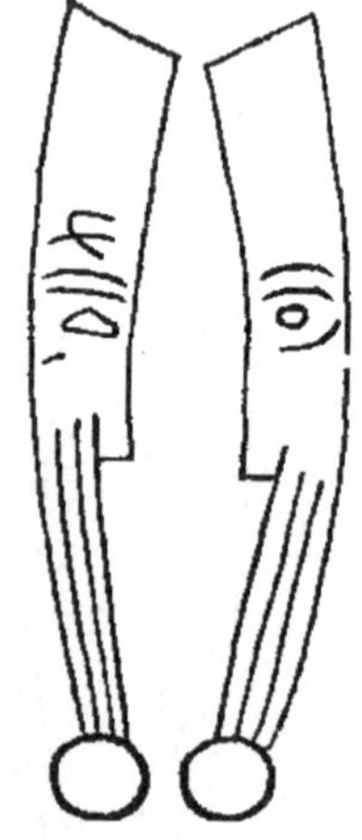

第二十六

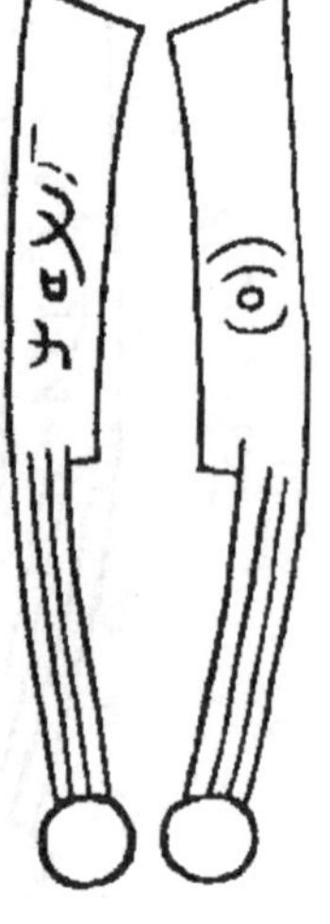

第二十七

右莒刀二十七枚，面鑄一『莒』字，一面多作『左』『右』及數目等字，間有『化』字、『邑』字、『呂』字、『臣』字、『日』字、『行』字者，大小形製并同。按：莒刀亦齊器。《戰國策》：樂毅伐齊城不下者，唯莒及即墨。是莒亦齊之大都會，故得鑄貨金也。

齊布十五品

第一

右布長一寸五分，寬八分，文曰『安陽』。布者，取其布散之義。《詩》所謂『抱布貿絲』，《孟子》所謂『廛無夫里之布』，皆指此也。

第二

右布長二寸九分，寬一寸五分，柄端有釘，文似一『安』字。

第三

右布長三寸，寬一寸七分，柄端有釘，倒書，似一『齊』字，其右有文不可辨。

第四

右布長二寸九分，寬一寸六分，柄端有釘，左一『安』字。

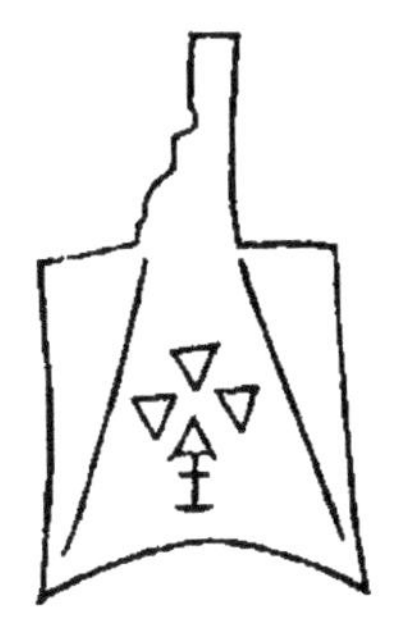

右布『齊金』二字。

第五

右布『安陽金』三字。

第六

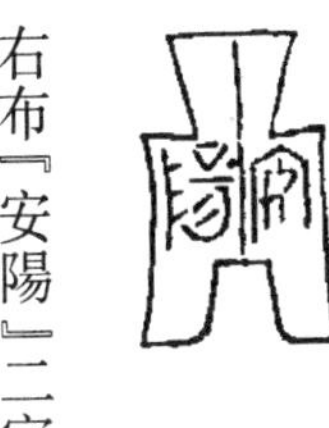

右布『安陽』二字。

第七

第八

右布『齊』字一。

第九

右布一面『安陽』二字，一面『右』字。

第十

右布一『陽』字。

第十一

右布一「即」字，右乃「刀中年」字之類，或以爲「梁邑」二字，似非。

第十二

右布左面「陽」字，右面「安」字。

第十三

右布「陽」字一。

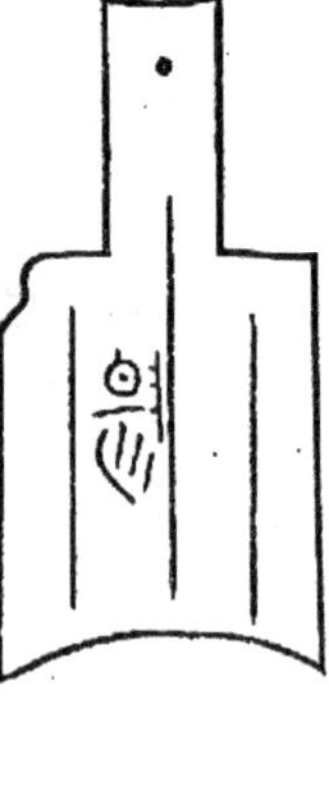

第十四

右布式如前，一反『陽』字。

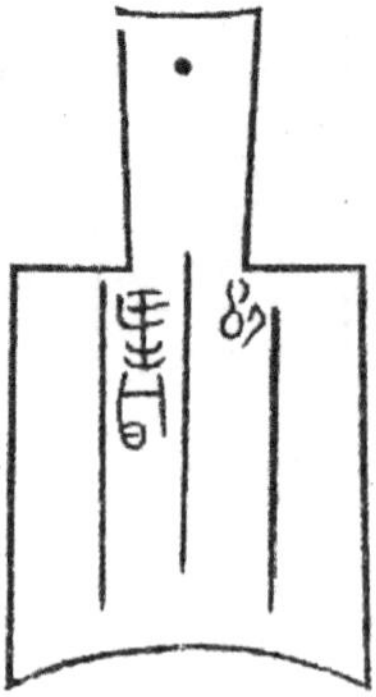

第十五

右布式如前，左似一『墨』字，右隱隱似『即』字。以上古幣十五種，皆齊地也。

【校勘記】

[一]『忽』，應爲『曶』。

卷五

鏡

漢壽光紀侯鏡

右鏡徑三寸九分，葵花鈕式，與《博古圖》所載始青鏡同。篆文，銘十三字，曰『東萊壽光紀矦鏡，如有神左左百』。按：紀，春秋時國名，至漢爲亭名。《郡國志》：劇有紀亭，屬北海國劇縣。按：劇，即今之壽光地，而《郡國志》之壽光反屬樂安國，不屬北海。西漢《地理志》壽光屬北海郡，又不屬東萊，是亭與縣、縣與郡全不副矣。諦思之，壽光在東漢屬樂安國，西漢無樂安，故屬北海。劇是侯國名，若設立亭侯爲紀，鄭夾漈《通志·略》謂：『劇』乃『紀』字之誤。即不復屬劇，鄉侯、亭侯不得稱國，所食之邑舍壽光奚屬乎？惟兩《漢志》壽光不屬東萊郡，但萊之平度、當利與壽光接壤，古人郡縣犬牙相制，變置無常，安知壽光不曾隸東萊？班、范二史偶未之及乎。西漢《恩澤侯表》有陳倉侯紀，食邑七百户，傳六世，爲其所作鏡未可知也。器在滋陽牛運震家。

漢十言鏡

十言之紀從鏡始調湅銅錫去惡宰刻鏤
均好宜孫子長保二親樂毋已壽敝金石
先王母　[illegible]
子丑寅卯辰巳午未申酉戌亥

右鏡徑七寸一分，葵花鈕，篆書十二辰，圖四靈，篆文銘四十二字，曰『十言之紀從鏡始，調湅銅錫去惡宰。刻鏤均好宜孫子，長保二親樂毋已。壽敝金石先王母』，末一句拓本破壞。『十言』者，《韓勅造孔廟禮器碑》云：『前闓九頭，以什言教，後制百王，获麟來吐。』嘉定錢辛楣宫詹云：『「什言」者，十言也。』《春秋正義》引《易》云『伏羲作十言之教，曰乾、坤、震、巽、坎、離、艮、兑、消、息』，碑蓋用其語。上二句言贊《易》，下二句言作《春秋》也。古鏡多用四神十二辰，此獨取于伏羲之十言，其爲漢器無疑。西有先音，先王母者，即西王母也。『宰』『滓』，『均』『匀』，皆古通用字。鏡存滋陽牛氏。

漢尚方十二辰鏡

尚方御竟大毋傷巧工刻之成文章左龍右虎辟不祥朱鳥玄武順陰陽
子孫備具居中央湅治銀錫清而明長保二親樂富昌壽敝金石如侯王
子丑寅卯辰巳午未申酉戌亥

右鏡徑六寸四分，鼻鈕，篆書十二辰，八乳，四神。篆文銘五十六字，曰：『尚方作竟大毋傷，巧工刻之成文章。左龍右虎辟不祥，朱鳥玄武順陰陽。子孫備具居中央，湅治銀錫清而明。長保二親樂富貴，壽敝金石如矦王。』外作菱花飾。《博古圖》曰『造化之本，莫先于天地，故首之以乾象。十二辰者，乾象也。[一]乾象者，百神之主，故以百[二]神附之。爲器如是，夫然後可以歌頌其美，故次之以詩詞[三]。頌必有致養之道，故參[四]之以牧[五]乳。而乳者，養人之道也，有所養則鳥獸草木莫不咸若，故又次之菱花等樣[六]』云云。按『長保二親』句，此鏡亦非供御之物。以下十八[七]鏡皆黄小松易得之于濟寧。

漢許氏四神鏡

許氏作竟自有紀青龍白虎居左右聖人周公魯孔子作吏高遷
車生耳郡舉孝廉州博士少不努力老乃悔吉

右鏡徑四寸二分，鼻鈕，四神，八乳，方枚，上多作『日』字，隸書，銘四十三字，曰：『許氏作竟自有紀，青龍白虎居左右。聖人周公魯孔子，作吏高遷車生耳。郡舉孝廉州博士，少不努力老乃悔。吉。』黄小松易曰：『漢人笵金制銘，句多頌美，獨許氏鏡作勉戒語，爲難得也。』按：『車生耳』，出揚子《太玄經》『積[八]次四，君子積善，至於車耳』，注曰『積善成位[九]，故車生耳，如車服以庸之義』云云。《漢書・景帝紀》：『令長吏，二千石，車朱兩轓。千石至六百石，朱左轓。』應劭曰：『車耳反出，所以爲之轓屏，翳泥塵也。二千石雙朱，其次乃偏其左轓。以簟爲之，或用革。』如淳曰：『「轓」音「反」，小車兩屏也。』此乃用之于鏡銘，知是當時尋常語爾。

漢尚方四神鏡

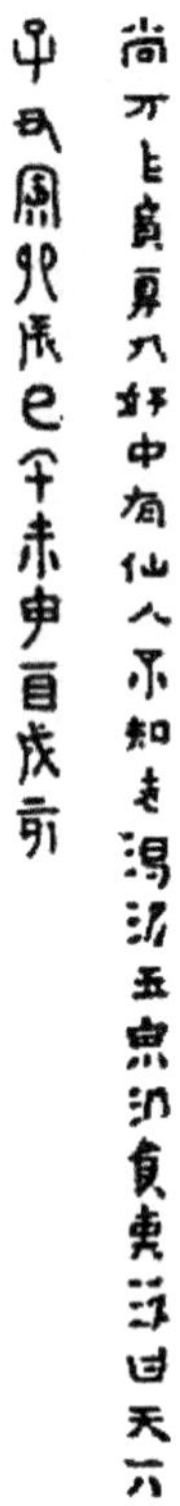

右鏡徑五寸五分，鼻鈕，四神，十二辰，篆文，銘二十五字，曰：『尚方作竟真大好，中有仙人不知老。渴飲玉泉飢食棗，浮由天下。』按《本草仙經》：三十六水法中，化玉爲漿，稱爲玉泉，服之不老。『飢食棗』者，乃《史記·封禪書》安期生食大棗之義。『中有仙人』者，乃祝鏊服御者之詞。『浮由』者，言游行天下也。《説文》：『浮，氾也。』《廣雅》『浮，游也』，又云：『浮，浮行也。』漢鏡往往作『浮游』，間亦有作『游浮』者，此鏡别作『浮由』，蓋『由』『游』字異音義同，皆有行義。《廣雅》：『由，行也。』曹植《雜詩》云『將騁萬里塗，東路安足由』，亦訓『由』爲『行』之證。《説文》作『遙，行遙徑也』。

漢馬氏龍虎鏡

右鏡徑三寸七分，鼻鈕，二龍二虎，篆文，銘十七字，曰：『馬氏作竟真大巧，上有仙人不知老。大吉兮。』『仙』省作『山』。

漢宜官鏡

君宜高官

右鏡徑三寸二分，鼻鈕，篆書『君宜高官』四字。此《博古圖》所謂：『作國史語而爲四字，用之百執者也。』

漢四神鏡

吾作明竟幽湅三商明如日月

右鏡徑四寸，鼻鈕，四神，篆文，銘左旋，凡十二字，曰：『吾作明竟，幽湅三商，明如日月。』按《儀禮·士昏禮》鄭康成注曰：『日入三商爲昏。』賈氏疏曰：『商爲商量，是漏刻之名。』然則所謂『幽湅三商』，是紀其湅冶之候也。

漢白圭鏡

尚方乍竟真大巧上有山人□□夫

白圭之乍真大工上又[illegible]

長宜孫子

右鏡徑四寸四分，鼻鈕，十二乳，鸞鳥紋。內一層，銘篆文四字，曰『長宜孫子』；第二層，篆文銘十字，曰『白圭□兮真大工上又兮』；第三層，篆文銘十四字，曰『尚方作竟真大丂，上有山人□□老』。

按：白圭，魏文侯時人，《史記》謂爲治生之祖。作鏡而推彼者，慕其貨殖也。『巧』字或作『工』，或作『丂』，『有』作『又』，『仙』作『山』，省文。飾以鸞鳥，《博古圖》以爲取諸舞鸞之説也。

漢四靈鏡

宜子孫

右鏡徑六寸三分，鼻鈕，九乳，四靈，篆文，銘三字，曰『宜子孫』。『宜子孫』者，《博古圖》所謂『用以藏家也』。

漢長宜子孫鏡

壽如金石佳且好兮

長宜子孫

右鏡徑五寸七分，鼻鈕。內一層篆文銘四字，曰『長宜子孫』；外一層篆文銘八字，曰『壽如金石，佳且好兮』。此《博古圖》所謂『單言之不足，或長言之者也』。

漢延年益壽鏡

延年益壽

右鏡徑二寸八分，鼻鈕，旁作雙龍、二虓首。篆文，銘四字，曰『延年益壽』，此祝釐之詞也。

漢衆神鏡

吾乍明竟幽湅三商周□□□□□□□□□□□□光四季□□百福增壽益

□服者侯王大吉羊

興師命長□宜高官立至三公

右鏡徑三寸五分，鼻鈕，圖衆神，方枚十二。篆文，銘可辨者八〔二〇〕字，曰『興師命長，□宜高官，立至三公』，惟一字不可辨；外篆文，銘三十九字，曰『吾作明竟，幽湅三商。周□□□，四四□樂。□□□□，□光四季。長□百福，增年益壽。服者侯王大吉羊』。按：『立』字古通『位』，『羊』字古通『祥』。

漢蝙蝠鏡

長宜子孫

右鏡徑三寸二分，鼻鈕，四蝙蝠間篆文，銘四字，曰『長宜子孫』。『子』字作肥勾。

漢長宜子孫鏡

長宜子孫

右鏡徑三寸三分，人鈕，餘略同前。

漢位至三公鏡

位至三公

右鏡徑三寸五分，鼻鈕，雙龍，篆文，銘四字，曰『位至三公』。

漢位至三公鏡

位至三公

右鏡徑二寸五分，餘同前。

漢位至三公鏡

位至三公

右鏡徑二寸八分，鼻鈕，篆文，銘四字，曰『位至三公』。外飾夔龍四，作十六出。

漢日有憙鏡

日有憙宜酒食長貴富樂無事

右鏡徑五寸七分，蟾蜍鈕，篆文，銘十二字，曰：『日有憙，宜酒食。長貴富，樂無事。』何元錫拓之于德州。錢可廬大昭定以爲漢鏡。何以明之？古『喜』字亦作『憙』。《説文》：『憙，説也。』《史記·周本紀》：『無不欣憙[一]。』《漢書·郊祀志》『天子心獨憙』，顔師古讀『憙』爲『喜』。《劉寬碑》陰『河東郡聞憙』，班氏《地理志》、司馬氏《郡國志》並作『聞喜』。此銘明作『憙』字，故定爲漢。

漢日有憙鏡

日有憙月有富樂毋事常得意美人會竽瑟侍賈市程萬物平老復丁

右鏡徑五寸，形製與前鏡不同，銘文亦異，前是方列，此是圜旋。篆文，二十七字，曰『日有憙，月有同。樂毋事，常得意。萬人亨，竽瑟侍，賈市𥘵，萬物平。老復丁。』[一二]惟『日有憙』『樂毋事』與前鏡同，因連類比附。乾隆乙卯孟冬，濰縣令莊述祖拓寄，云可與《急就章》『老復丁』相證佐也。

漢游浮鏡

作佳竟哉真大好上有仙人不知老渴飲澧泉飢食棗游浮天下敖四海壽

敝金石　保

子丑寅卯辰巳午未申酉戌亥

右鏡徑四寸九分，鼻鈕，十二辰，間十二乳，又外八乳，圖四靈。篆文，銘三十五字，曰：『作佳竟哉真大好，上有仙人不知老。渴飲澧泉飢食棗，游浮天下敖四海。壽敝金石□□保。』按《爾雅》：『甘雨時降，萬物以嘉，謂之醴泉。』《禮運》云：『天降膏露，地出醴泉。』《白虎通義》云：『醴泉者，美泉也，狀若醴酒，可以養老。』然皆从『酉』，不从『水』。惟《列子·殷湯篇》『甘露降，澧泉湧』，正从『水』，是『醴』『澧』古通用。黄小松易得之于濟寧。

漢黄帝鏡

黄帝治息大母　前日圖部不詳朱鳥玄武調陰陽子孫備具居中央爲官

貴富昌壽光王母　樂未央兮

子丑寅卯辰巳午未申酉戌亥

右鏡徑五寸七分，葵花鈕，八乳，四靈，篆書十二辰，隸書銘四十三字，曰：『黃帝治竟大吉□，□龍白覤辟不詳。朱鳥玄武調陰陽，子孫備具居中央。爲官□□貴富昌，壽先王母樂未央兮。』此《博古圖》所謂《善頌門》效柏梁體者也。作鏡而推黃帝，黃帝始作鏡也。『祥』作『詳』，借。郃陽褚峻拓于兖州。

漢宜君鏡

君宜官位

右鏡徑四寸一分，式同蝙蝠。鏡篆書『君宜官位』四字，與『君宜高官』同意。《博古圖》云：『宜君宜王，言子孫之宜也。』顏運生崇槼家藏。

漢位至三公鏡

位至三公

右鏡徑三寸，飾與銘與第一位至三公鏡同。顏運生家藏。

漢青蓋鏡

青蓋作竟自有紀辟除不祥宜吉市長保二親利孫子爲吏高官壽命久

右鏡徑二寸八分，鼻鈕，螭虯同臨池鏡。篆文銘二十八字，曰：『青蓋作鏡自有紀，辟除不祥宜吉市。長保二親利孫子，爲吏高官壽命久。』按：青蓋，天子車飾，與銘文無當。《廣韻》：青姓出何氏。《姓苑》《通志·氏族略》：青是姓，青陽氏之後，宋有青傑。《秦漢印統》有青世，然則是作鏡者姓名矣。顔運生家藏。

漢王母鏡

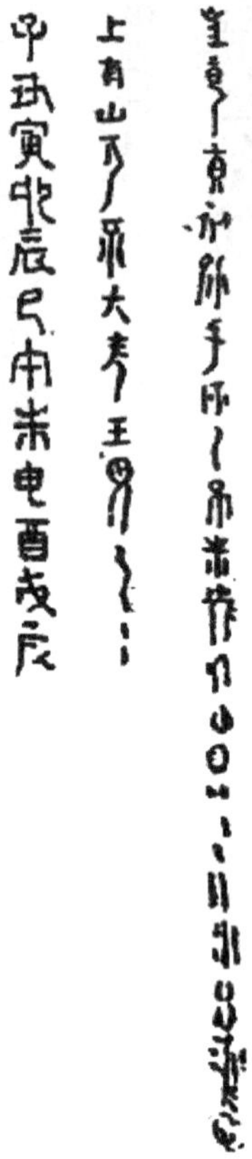

[illegible]

上有山人不大老王母[illegible]

[illegible]

右鏡徑五寸五分，式如朱壽鏡。篆文，銘三十一字，模糊不可盡識，有曰『作竟真無傷子孫，□樂未央人□□□□不□率□上有山人不大老，王母』等字，讀不可通。黄小松拓于濟寧。

漢樂無極鏡

新銀茲竟子孫衆多賀君家受大福位至公卿脩禄食幸得時□獲嘉德傳之後世樂無極大吉

甲乙丙丁戊己庚辛壬癸子丑寅卯辰巳午未申酉戌亥

右鏡徑四寸八分，鼻鈕，内篆書十二辰，外圖四靈、八乳，篆文銘三十七字，曰：『新銀茲竟子孫衆，多賀君家受大福。位至公卿脩禄食，幸得時□獲嘉德。傳之後世樂無極，大吉。』何元錫得之于山東，『𠔃』字見南宫中鼎，𠔃即『卿』，『出』即『世』，『亟』是『極』之省文。

漢高官鏡

高官

右鏡徑二寸三分，鼻鈕，篆書『高官』二字，旁作雙龍。凡鑑鑄龍曰龍護，《博古圖》曰：『唐開元間，李太者進水心鑑，背負蟠龍，蜿蜒若[一三]生。太乃[一四]表其鑑曰：龍護所作，真龍託于是焉。久之歲旱[一五]，明皇引葉法善即鑑祈禱，而雲生鑑龍之口，於是甘霖[一六]霈七日而足。』故凡有龍者，取龍護之象也。

晉張尹鏡

張尹作竟宜矦王家當大富樂未 子孫備具居中央長保
二親世世昌

右鏡徑五寸，鼻鈕，六乳，四靈，隸書銘二十七[一七]字，曰：『張尹作竟宜矦王，家當大富樂未□。子孫備具居中央，長保二親世世昌。』按：『張』其姓，『尹』必其官。古者工必有尹，故《禮記》有工尹商陽，《左氏傳》有工尹路，而漢之尚方則隸少府，無尹之稱。惟晉南渡，哀帝省中、左、右三尚方，并丹陽尹，意者爾時之所鑄歟？何元錫拓之於濟寧。

梁太平鏡

太平元年五月丙午時□□□道始興造作明
竟百湅正銅上應星宿下彰□□
□天下安□明多子

右鏡徑三寸九分，鼻鈕，衆神，八方枚。內篆文銘八字，多模糊，曰『□天下安□明多子』；外篆文銘三十一字，字多反寫，曰『太平元年五月丙午，時□□□道始興，造作明竟，百湅正銅，上應星宿，下達□□』。按：以『太平』紀元者，自唐以前凡四見，一爲吴廢帝，一爲北燕王馮跋，一爲梁敬帝，一爲楚帝林士弘。今定爲梁鏡，五月丙午鑄物，義取以火制金，故古鏡鈎鑄曰：某年五月丙午日造者。以史推之，往往其月無丙午日。侍御江秋史德量二漢銅鈎，皆言『五月丙午』，不合於史，未可疑爲僞也。此鏡銘曰『五月』，而梁太平改元在九月，即漢鈎例也。何以訂爲梁太平？以『正』字避『真』知之。梁敬帝小字『法真』，六朝人忌諱甚密，即小字，臣下想亦必謹避之矣，其爲梁器無疑。鏡元自藏。

隋六馬雙鏡

周仲作竟四夷服唯賀國家人民息　虜威天下復風

雨時節五穀熟長保二親得天力吳造陽里

右鏡徑六寸六分，鼻鈕，周作細乳，中有神像二，坐蟠匡上，八足森然而無鼇。又作轀輬車二，駕以六馬，窻櫺雕鏤甚工，間以四巨枚，外遶作細乳。篆文銘二十九[一八]字，曰：『周仲作竟四夷服，唯賀國家人民息。□虜□威天下復，風雨時節五穀熟。長保二親得天力，吳造陽里。』元按：此隋鏡，漢人于古音不少假借，『服』『息』『力』，入聲職德部；『復』『熟』，入聲沃燭部，勢不可紊，六朝人始多通用。又内有『虜』『威』『天』『下』『復』等字，又知非南北朝語。内不諱『民』字，又知非唐人所造，故臆以爲隋鏡也。鏡二枚，一爲癸丑年所得，一爲甲寅年試曹途次濟寧，購于道旁小鋪中，不惟尺寸、花樣相符，即第三句第三字模糊，亦不爽豪髮，然後知爲一笵所鎔。延津竟合，斯亦奇矣。

龍氏鏡

右鏡徑三寸七分，鼻鈕，顔運生得于曲阜。銘文四十二字，云：『龍氏□□四夷服，多賀君家人民息。□虜除□天下復，風雨時節五穀孰。蒙禄食□□□□，□□孫力得天福。』殘闕者十字，其詞與周仲六馬鏡畧同，彼既定爲隋器，此鏡當亦同時所作。

虬花鏡

右鏡徑三寸，鼻鈕，虬紋，篆文，銘曰：『長宜子孫，君宜高官。』似乎相間書之，其實有花紋以隔別也，制似六朝。何元錫得之于山東，今贈馬比部履泰。

孫氏鏡

右鏡大小、式樣如王母鏡，篆文，銘四字，曰『長宜子孫』。左有正書一『孫』字，疑六朝倣漢孫氏所作之鏡也。黄小松拓于濟寧。

吉禽鏡

右鏡徑四寸三分，鼻鈕，圖衆神，篆文，銘字多模糊，有『良日吉禽乃作缺。東王公西王母朱缺。王缺。子長邑□天公廿一作竟自有已幽湅三商母惡缺。出范見具師長其保百昌』等字。按：二十八宿，建除家謂之演禽，吉禽猶吉辰也。『其保』作『𠀠呆』者，《説文》『箕』古文作『𠀠』，籀文作『𠥱』，本一字也。『呆』，古文『保』。夏邑張度購于濟南。

日光鏡

右鏡徑四寸二分，式與日有憙鏡同。篆文，銘八字，曰：『見日之光，長母相忘。』按：『見』應讀爲『現』，『母相忘』者，取合歡之意，乃古人奩中物也。宋葆淳拓于濟寧。

日光鏡

見日之光天下大月

右鏡徑三寸八分，篆文八字，曰『見日之光，天下大月』，末一字蓋『月』字也。次句與前鏡不同，形製實相類。乾隆乙卯孟冬，濰縣令莊述祖得而拓寄。

南山鏡

右鏡徑五寸，葵花鈕，四靈，篆文，銘二十四字，模糊不能盡識，有『南山長壽，人宜官□□子孫昌□□服□無□□□□民風良』等字。今在曲阜孔繼溁家，意爲六朝器。

唐八卦鏡

天地成日月明五嶽靈四瀆清十二
精八卦貞富貴盈子孫寧皆賢英
福禄并

右鏡徑五寸四分，鼻鈕，圖山岳并十二辰像，外作八卦。篆文，銘三十字，曰：『天地成，日月明。五嶽靈，四瀆清。十二精，八卦貞。富貴盈，子孫寧。皆賢英，福禄并。』何以知其爲唐鏡也？『明』『英』通陽，『靈』通真文，不與『精』『清』爲韻，漢人分之甚晰，此唐人不知古音者所作之銘也。錢唐何元錫拓之于濟寧。

唐玉臺鏡

絶照覽心圓輝矚面藏寶匣而光掩挂玉臺而影見鑒
□□於後庭寫衣簪乎前殿

右鏡徑四寸三分，螭鈕，四獸，正書，銘三十二[一九]字，曰：『絶照覽心，圓輝矚面。藏寶匣而光掩，挂玉臺而影見。鑒□□於後庭，寫衣簪乎前殿。』外圖十二辰像。詳其銘詞，乃唐時供御物也。拓之于濟南潭西精舍。

唐青鸞鏡

月樣團圓水漾清好將香閣伴閑身青鸞不用羞
孤影開匣當如見故人

右鏡徑二寸八分，鼻鈕，正書，七言絶句一首，曰：『月樣團圓水漾清，好將香閣伴閑身。青鸞不用羞孤影，開匣常如見故人。』外折枝花四枝。按段若膺《四聲音均表》[二〇]，『清』在第十一部，『身』『人』在第十二部，然《易·彖象傳》『天』『命』『淵』『賢』『信』『民』『人』『賓』，與『形』『成』『貞』『寧』『生』『正』『平』『精』『清』等字并用，是二部古有相合字，唐人首句押韻雖不必拘拘，然未有無故牽入者。此『清』字可補其未備。顏崇槼家藏。

唐凝清鏡

光流素月質稟元精澄空鑒水照迥凝清終古永固
瑩此心靈

右鏡徑四寸六分，鼻鈕，四螭，正書，銘二十四字，曰：『光流素月，質稟元精。澄空鑒水，照迥凝清。終古永固，瑩此心靈。』銘詞近雅，乃文人筆也。宋葆淳拓之于濟寧。

唐范陽鏡

范陽官局造

右鏡四寸二分，八出，鼻鈕，雙龍，邊有『范陽官局造』五字。按：《博古圖》謂天子服御之器則飾以龍，今以節度使僭之，則方鎮跋扈之漸有由來矣。是以君子慎其微也。顔崇槼家藏。

唐臨池鏡

團〻寶鏡皎〻昇臺鸞窺自憐照日花開臨
池似月覩皃嬌来

右鏡徑四寸八分，葵花鈕，六獸，正書，銘二十四字，曰：『團團寶鏡，皎皎升臺。鸞窺自憐，照日花開。臨池似月，覩皃嬌來。』詞艷麗類六朝，然視其筆畫爲唐鏡。黄小松易拓于濟寧。

前蜀寫眉鏡

練形神冶瑩質良工如珠出匣似月停空當眉寫翠對臉傳紅綺窗繡幌俱含影中

右鏡徑五寸，鼻鈕，内作海馬、蒲萄，外正書，銘三十二字。按：此鏡與《學齋佔畢》及《太平廣記》鳳州遁跡山郭家崖景德二年軍人楊起所得之鏡銘詞并同，惟易『幌』爲『晃』，『涵』爲『含』，與《博古圖》所載瑩質第二鏡但末句『俱照秦宫』爲稍異耳。元和蔣蔣山徵蔚云：『《十國春秋》：前蜀後主幸秦州，賜王承休妻嚴氏鏡。銘詞與此正合，故定爲前蜀時物。』器爲吴江陸繩購于濟南，今贈仁和馬員外履泰。

清素鏡

清素傳家永用寶鑒

福壽平安

右鏡徑四寸八分，鼻鈕。内篆文，銘四字，曰『福壽平安』，字近義雲章篆法；外篆文，銘八字，曰『清素傳家，永用寶鑒』。似金元之物。元自藏。

【校勘記】

[一]「十二辰者，乾象也」，係衍文，《重修宣和博古圖》無。

[二]「四」，《重修宣和博古圖》卷二八《鑑總説》作「百」。

[三]「詞」，《重修宣和博古圖》卷二八《鑑總説》作「辭」。

[四]「參」，《重修宣和博古圖》卷二八《鑑總説》作「次」。

[五]「牧」，《重修宣和博古圖》卷二八《鑑總説》作「枚」。

[六]「故又次之菱花等樣」，《重修宣和博古圖》作「故又次之以龍鳳花鳥海獸也」。

[七]「十八」，細數之，當爲「十五」。

[八]「積」，係衍文。《太玄經》卷五載：「次四，君子積善，至於車耳。」

[九]「位」，應爲「名」。

[一〇]「八」，應爲「十一」。

[一一]「憙」，《史記》卷四《周本紀》作「喜」。

[一二]孫星衍《續古文苑》卷十四作「日有熹，月有富。樂無事，常得意。美人會，竽瑟侍。商市程，萬物平。老復丁，復生寧。」

[一三]「若」，《重修宣和博古圖》卷二八《鑑總説》作「舌」。

[一四]「乃」，《重修宣和博古圖》卷二八《鑑總説》作「仍」。

[一五]「旱」，《重修宣和博古圖》卷二八《鑑總説》作「大旱」。

[一六]「霖」，《重修宣和博古圖》卷二八《鑑總説》無。

〔一七〕「二十七」，可釋讀者二十七字，另有一闕字。

〔一八〕「二十九」，應爲「三十九」。

〔一九〕「二十八」，應爲「三十二」。

〔二〇〕「四聲音均表」，應爲「六書音均表」。

卷六

印

漢關中侯印

右印徑八分，白文，涂金，龜鈕。又二方，一徑八分，一徑五分。前一方孔廣㮤藏，後二方見《濟寧印譜》。濟寧人有印五百方，質于解庫。原任濟寧知州王轂贖之，作《蓮湖集古銅印譜》，後凡言『見濟寧』者，此也。孔氏《古印初集》曰：『《漢官舊儀》：「丞相、列侯、將軍，金印紫緺綬。」建安二十年，曹操定制：關中侯爵十七級，金印紫綬，不食邑。』

漢都亭侯印

右印曰『漢都亭侯』，涂金，辟邪鈕，白文，藏濟寧庳生王宗敬家。按：光武中興，大縣侯視三公，小縣視上卿，鄉亭視中二千石。都亭者，城内亭也，其城外者爲離亭，但謂之亭。考《酷吏傳》：嚴延年母『止都亭，不肯入府』。《竇武傳》：『集[一]首雒陽都亭』。在城内無疑。

漢石洛侯黄金印

右印方一寸三分，厚一寸，龜鈕，小篆，白文，曰『石洛侯印』。案漢制，天子、諸侯王皆爲璽，三公、列侯以下俱爲印。天子玉璽，諸侯王金璽，惟太師、太傅、太保、丞相、太尉、列將軍、列侯皆用金印，而御史大夫不與焉，成帝更名大司空，始用金印。其它則或銀，或銅矣。石洛是列侯，故得用金印。此印諸城人得之於城南土中，爲舉人李仁煜所得，李云：『《史記·王子侯表》：「石洛侯劉敬，城陽頃王子，元狩元年四月戊寅封。」則是石洛侯乃高祖五世孫、武帝所封者。《漢書》始封年月皆合，惟以「石洛」爲「原洛」，「劉敬」爲「劉敢」，「元狩」爲「元鼎」，蓋傳寫而異。』據此，足正班氏之誤，金石之有裨史學如此。

漢新昌里印

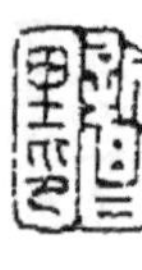

右印長八分，寬五分，篆字四，曰『新昌里印』，上二字白文，下二字朱文。按《漢書·地里志》，遼東郡縣有新昌。《唐書·兵志》：朔方經略、豐安、定遠、新昌、天柱、宥州等城，曰關內道。白居易詩『聽鍾出長樂，傳鼓到新昌』，又曰『將赴銀臺門，始出新昌里』，即謂此也。印爲顔教授崇槼所藏。

漢建義將軍印

右印文曰『建義將軍章』，孔廣㚟所藏。《古印初集》曰：『《後漢書·朱祐傳》：「祐字仲光[二]，南陽宛人」，「世祖即位，拜爲建義大將軍」。此所謂雜號將軍也。』印徑七分，龜鈕，白文。

漢偏將軍印

右印曰『偏將軍印章』，瓦鈕，白文。《後漢書·朱浮傳》：浮『初從光武，爲大司馬主簿，遷偏將軍』。『印』『章』二字連用者，猶取足五字之數也。印元自藏。

漢軍司馬印

右印曰『軍司馬印』，白文。孔廣與藏八方，見濟寧十方，大小、形製微有不同，有鼻鈕者，有瓦鈕者。孔氏《古印初集》曰：『《漢官舊儀》：「六百石、四百石、二百石以上皆銅印，鼻鈕，文曰印。」顔師古曰：「謂鈕但作鼻，不爲蟲獸之形，而刻文云某官之印」。《續漢書·百官志》：「大將軍營五部，部校尉一人，比二千石；軍司馬一人，比千石。部下有曲，曲有軍候一人，比六百石；曲下有屯，屯長一人，比二百石。其不置校尉部，但軍司馬一人。又有軍假司馬、假候，皆爲副貳。其別營領屬爲別部司馬。」按顔注六百石、四百石、二百石以上，鈕但不作蟲獸之形，則鼻鈕與瓦鈕秩相埒矣。』軍司馬之官，前漢已有之，《楊敞傳》『給事大將軍幕府』，曾爲此官。

漢別部司馬印

右印文曰『別部司馬』，白文，孔廣㚖藏八方，濟寧見五方，鈕有鼻、瓦之別，大小形製略同。

漢詔假司馬印

右印曰『詔假司馬』，瓦鈕，白文，孔廣㚖藏一方，濟寧見一方，形製同。

漢假司馬印

右印曰『假司馬印』，白文，孔廣奧藏二方，濟寧見十三方，大小微有不同。按：詔假司馬、假司馬、軍假司馬，文雖不同，同一司馬副貳官也。假司馬官，見《漢書·趙充國傳》。

漢左將別部司馬印

右印文曰『左將別部司馬』，瓦鈕，白文，孔廣奧藏一方。其《古印初集》曰：『前、後、左、右將軍，秦、漢、三國皆有之，故附于漢。』又元自藏一方。

漢駙馬都尉印

右印曰『駙馬都尉』，白文。按《續漢書·百官志》：『駙馬都尉，比二千石。本注曰：無員。《漢官儀》曰：五人。掌駙馬。』印見濟寧。

漢部曲將印

右印曰『部曲將印』，鼻鈕，白文，孔廣奐藏五方，濟寧見十四方，大小形製略同，説見『軍司馬』下。

漢騎部曲將印

右印曰『騎部曲將』，白文，孔廣奐藏二方，濟寧見三方，大小之形製略同。曰『騎部曲將』者，別『步部曲將』而言也。

漢副部曲將印

右印曰『副部曲將』，白文，形製差類『部曲將』，見濟寧。

漢騎部曲督印

右印曰『騎部曲督』，鼻鈕，白文，孔廣輿所藏一方，濟寧見二方，形製略同。曰『騎部曲督』者，別『步部曲督』而言也。

漢部曲督印

右印曰『部曲督印』，鼻鈕，白文，孔廣輿藏二方，濟寧見四方，形製略同。曰『部曲督』者，亦校尉司馬之僚佐歟。

漢軍假候印

右印曰『軍假候印』，白文，濟寧見二方，製比軍曲候印。曰『假候』，亦曲候之副貳矣。

漢軍曲候印

右印曰『軍曲候印』，鼻鈕，白文，孔廣㝢藏四方，濟寧見六方，形製略同。《古印初集》曰：『大將軍部下有曲，曲有軍候一人，秩六百石。』

漢司宮長史印

右印曰『司宮長史』，白文。按《續漢書·百官志》：『凡居宮中者，皆有口籍於門之所屬。官[三]名兩字，爲鐵印文符，按省符乃内之。若外人以事當入，本宮[四]長史爲封棨傳。』此司宮長史之職也。印見濟寧。

漢沱陽令印

右印方八分，碑鈕，白文，孔廣㷇所藏。其《古印初集》曰：『《漢書·地理志》：左馮翊，池陽。按：「沱」，即「池」之正體，《漢志》傳刻从俗作「池」。』

漢頓丘令

右印方六分，碑鈕，『頓』下一字蝕爛不可辨，白文。按《漢書·地理志》，東郡有頓丘。《續漢·郡國志》同兩漢縣名，他無冠『頓』字者，其爲『頓丘令印』無疑。孔廣㷇藏。

漢奉車都尉印

右印曰『奉車都尉』。江墨君德地曰：『《後漢·百官志》有奉車將軍[五]，此其屬也。』白文，顏崇椝藏。

漢彭城左尉印

右印曰『彭城左尉』，白文。按《續漢書·百官志》：『尉，大縣二人』。彭城，後漢爲國名，前漢屬楚國。《地理志》注：『户四萬一百九十六，有鐵官。』宜其有左、右二尉也。漢制，郡有尉，其秩比二千石，王國之制與郡略同，故有尉也。見濟寧。

漢東平陸馬丞印

右印曰『東平陸馬丞』，白文。按《續漢書·百官志》：縣丞一人，署文書，典知倉獄。今曰『馬丞』，是丞而知馬政者也。東平陸屬東平國，曰『東平陸』者，别『西河平陸』而言也。見濟寧。

漢睢陵馬丞印

右印曰『睢陵馬丞印』，白文。按《漢書·地理志》，睢陵屬臨淮郡，莽改曰『睢陸』。師古曰：『「睢」音「雖」。』《續漢書·郡國志》：屬下邳國。據此，與『平陸馬丞』印[六]知漢時縣丞專知馬政，可以補史之缺略矣。見濟寧。

漢主爵私印

右印曰『主爵私符』，銅印，鼻鈕，白文，萊州人修城掘土得之，爲澤州諸生陳秉灼明軒所藏。按《漢書·汲黯傳》，黯守東海，大治，上『召爲主爵都尉，列於九卿』。漢初有主爵中尉，景帝中六年更名『都尉』，《公卿表》有主爵中尉，不疑。曰『私符』，别官印也。

漢輕車良印

右印文曰『輕車良印』。按：孫子八陣，有輕車之陣。《續漢書·輿服志》：『輕車，古之戰車也。』《漢書·李廣傳》：廣從弟蔡，元朔中爲輕車將軍。斯印想亦任此官而名良者。見濟寧，白文。

漢盧水仟長印

右印曰『漢盧水仟長』，白文。按《漢書·地理志》『中山國盧奴』注曰：『盧水由右北平，東入海』；『北平』注曰：『又有盧水，亦至高陽入河』。是二盧水俱在冀州之北。《後漢書·西羌傳》：羌燒何豪有婦人比銅鉗者，百餘歲，多智算，爲盧水胡所擊。《晉書·紀》：永平元年，『馮翊、北地馬蘭羌、盧水胡反』。是盧水近邊，故其時部署仟長以爲禦寇之計，而有此印也。見濟寧。

漢歸義夷仟長印

右印曰『漢歸義夷仟長』，槖駝鈕，白文，孔廣袞所藏。《古印初集》曰：『《續漢書·百官志》：「四夷國王、率衆[七]、歸義侯、邑君、邑長，皆有丞，比郡縣。」按：蠻夷羌氏有邑長、仟長、伯長、師長、秋長名目。』

漢圜陽宰之印

右印方七分，龜鈕，白文，孔廣袞所藏。《古印初集》曰：《漢書·地理志》：上郡白土縣，『圜水出西，東入河，莽曰黄土』。師古曰：『「圜」音「銀」。』又西河郡圜陽縣，師古曰：『此縣在圁水之陽。』又圜陰縣，莽曰『方陰』，師古曰：『「圜」字本作「圁」，縣在圁水之陰，因以爲名也。王莽改爲「方陰」，則是當時已誤爲「圜」字。今有銀州、銀水，即是舊名猶存，但字變耳。』《水經·河水》云『又南過西河圁陽縣東』，酈注云：『圁水出上郡白土縣，圁谷東逕其縣南。《地理志》曰：「圁水出西，東入河，王莽更曰黄土也」『圁水又東逕圁陰縣北，漢惠帝五年立，王莽改曰方陰矣』。《漢書・武帝紀》：太初元年正歷，『以正月爲歲首，色上黄，數用五』。張晏曰：『漢據土德，土數五，故用五。謂印文也。若丞相曰「丞相之印章」，諸卿及守相印文不足五字者，以「之」足之。』按：此印五字，乃西漢制。小顔謂圁水當時已誤爲『圜』，得此可據。

漢劉勝印

右印曰『劉勝私印』，瓦鈕，購於濟南市。《後漢書・杜密傳》：密爲北海相，還家，『每謁守令，多所陳託。同郡劉勝亦自蜀郡告歸鄉里，閉門埽[八]軌，無所干及。太守王昱謂密曰：劉季林[九]清高士，公卿多舉之者。』是知勝亦潁川人。盛熙明《法書考》：『予得古銅章，有「劉勝私印」，前行「劉勝」二字作白文。』[一〇]而此印惟『勝』字作白文，與孔廣𦦙所藏者同。孔又云：『凡見七八鈕並同，與盛説較異。』

漢劉榮印

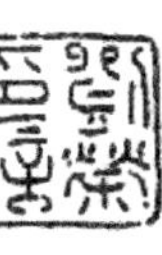

右印曰『劉榮印信』，朱文，見濟寧。按：榮，西漢時封臨江王，謚曰『閔』，見《史記》。又東漢嗣沛王亦有名榮者，謚曰『幽』。未知孰是。

漢李廣印

右印曰『李廣』二字，白文，見濟寧。按：廣，隴西成紀人，官前將軍，即數奇不得封侯者也。又東漢嗣封琴亭侯者，亦爲李廣，東萊黄人，見《李忠傳》。未知孰是。

漢孔霸印

右印曰『孔霸』二字，白文，黄司馬易得於濟寧。按《闕里文獻考》，十三代霸，字次孺，從夏侯勝

治《尚書》，昭帝徵爲博士，宣帝時授太子經，遷詹事，出爲高密相。元帝即位拜太師，賜爵關内侯，號『褒成君』，給事中。帝欲致之相位，陳讓至三乃止，上書求奉先聖祀，卒贈列侯，謚曰『烈君』。

漢張根印

右印曰『張根印信』，朱文。又一印曰『張根之印』，白文，並見濟寧。按：根，嗣富平侯張放之兄也，少病，不能嗣爵。又東漢張酺子亦名根，光和時封蔡陽鄉侯。未知孰是。

漢尹賞印

右印曰『尹賞』二字，白文，見濟寧。按：賞，字子心，鉅鹿楊人[一二]，見《漢書·酷吏傳》。

漢張山柎印

右印曰『張山柎印』，白文，見濟寧。按：山柎[一二]，字長賓，扶風平陵人，從小夏侯受《尚書》，見《儒林傳》。

漢王武印

右印曰『王武之印』，白文。又二印文『王武』二字，並見濟寧。按：武，宣帝之舅，封樂昌侯。

漢王仁印

右印曰『王仁印』，白文，見濟寧。按：仁，王譚之子，嗣封平阿侯。

漢張武印

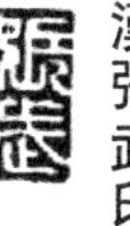

右印曰『張武之印』，白文，見濟寧。按：武，張敞之弟，官梁相。又東漢吴郡由[一三]拳人張武，嘗舉孝廉，遭母喪，哀慟絶命。未知孰是。

漢蘇章印

右印曰『蘇章私印』，白文，見濟寧。按：章，字游卿，北海人，見《鮑宣傳》。又東漢蘇章，字孺文，扶風平陵人，順帝時爲刺史，忤旨免，再徵不就。未知孰是。

漢鄭崇私印

右印曰『鄭崇私印』，雙邊，白文，極古雅，黄司馬易得之於濟寧。按《鄭康成傳》云：『八世祖崇，哀帝時尚書僕射。』作此印者，即其人歟？

漢董賢印

右印文曰『董賢印』，白文，見濟寧。按：賢，字舜[一四]卿，雲陽人，哀帝時官至三公，見《佞幸傳》。

漢劉宣印

右印曰『劉宣印信』，白文，見濟寧。按：宣，字子高，南陽宛人，故安衆侯崇之從弟，王莽時隱避林藪，光武中興襲封安衆侯爵。

漢張永印

右印曰『張永私印』，白文，見濟寧。按：永，王莽時獻符命銅璧，封貢符子，見《元后傳》。又劉宋大明時，有張永字景雲，歷官廷尉，封孝昌縣侯，元徽二年遷南兖州刺史。此印篆刻古雅，非六朝時物。

漢劉敞印

右印曰『劉敞之印』，白文，見濟寧。按：敞，東平懷王忠之子，襲封王爵，謚曰『孝』，見《後漢書·光武十王傳》。

漢楊政印

右印曰『楊政之印』，白文，見濟寧。按：政，字子行，京兆人，受《梁丘氏易》，時人爲之語曰『説經鏗鏗楊子行』是也。官左中郎將，見《後漢書·儒林傳》。

漢黄昌印

右印曰『黄昌』，白文，見濟寧。按：昌，字聖真，會稽餘姚人，見《後漢·酷吏傳》。

漢并官武印

右印曰『并官武』，白文，見濟寧。考孔子娶於宋并官氏，《漢韓勑禮器碑》作『并官』，宋祥符、元至順並有追封孔聖夫人詔，俱作『并官』，《家語》作『丌官』，《廣韻》引《魯先賢傳》：孔子妻井官氏，皆非也。此『并官武』，即其族，據此印文可證板本傳寫之誤。

漢孔少子印

右印曰『孔少子信印，大貴長壽』，白文，黄司馬易得於濟寧。文但稱『少子』，而不著其名，不知孔氏何公之少子也。製作的是漢印，因附之。江墨君德地曰：『末乃「大貴長壽」四字，漢人吉祥恒語也。』

漢大將軍竇武印

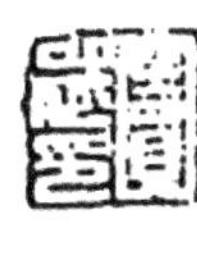

右漢大將軍聞喜侯竇武名印，白文，甲寅元得於濟南，銅質，龜鈕，較他印差大。文字整齊，毫無缺爛，非後人撥蠟所可仿佛，則金錫之齊得也。『武』字上有銅緑錮之，若剔去，則其文可顯，然未可以此損古澤。大將軍當龜鈕銀印，此用銅者，以私印之故。漢官私印中如此等章法，已屬罕覯，何况大將軍以外戚而冠清流，名節震朝野，二千年後摩挲遺範，知凜然猶有生氣焉。

漢突騎王豐印

右印曰『王豐私印』，龜鈕，白文，孔廣棨所藏。《古印初集》曰，《説文》：豊从曲，豐从曲。此印『曲』即隸書『曲』，當是豊器之豊，或云繆文。篆不守六書，如安豐令印，『豊』字作『豐』。按：漢光武爲銅馬五幡所敗，自投崖下，遇突騎王豐，授以馬。古人同姓名者多有，未敢爲突騎印也，凡私印準此。

漢白土當印

右印文曰『白土當印』。按《漢書・地理志》：白土，縣名，屬上郡，圁水所出，王莽改曰黄土矣。『白土當』者，豈以縣爲氏而名『當』耶？抑漢亦有監當之稱耶？白文。

漢觟陽充印

右印曰『觟陽充印』，白文，元購於濟南市。鄭樵《氏族略》云：『觟氏，音圭，以居觟陽，改爲觟氏。《後漢書》有觟陽鴻，爲少府，傳《孟氏易》。』按《後漢書·儒林傳》，中山觟陽鴻，字孟孫。觟从角，不从魚。注云：『姓觟陽，名鴻，不姓觟，音胡瓦反，不音圭。』且云：『其字从角字，或作鮭，从魚者，胡佳反。』姓名私印無考者原不載，以觟陽氏除鴻以外惟得此一人，且以證鄭氏之誤，故附之。

漢甘士廣母子孫印

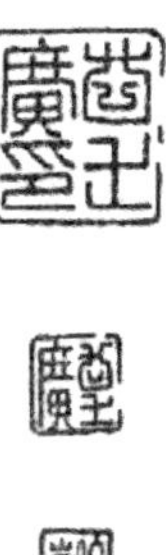

右印方六分，一母二子。大印作辟邪鈕，通身嵌金絲，印四面嵌金絲，龍鳳紋，朱文，四字曰『甘士廣印』。子亦辟邪鈕，嵌金絲，文曰『甘士廣』。內又有小子印，瓦鈕，文曰『伯貟』，『貟』應是『寛』字。按《廣韻》，漢複姓有『甘』字者凡三，見甘莊氏、甘先氏、甘士氏，是此姓惟漢有之。《說文》『廣，廣也，寛也』，『寛』『廣』同義，故字曰『伯寛』。乾隆乙卯，段赤亭得於博山，子孫二印皆銹不可出，歙吳南薌文徵運巧思，代爲出之，斯譜遂添一母生子孫之章。

漢桼疊印

右印白文『桼疊』二字，獸鈕，孔廣棨所藏，《古印初集》曰：『「疊」从三「日」，王莽改从三「田」。此印當作于居攝時。』

蜀漢虎步搜捕司馬印

右印方八分，篆文六，曰『虎步叜搏司馬』。『叜』與『搜』通，『搏』與『捕』通。按：虎步之設，不見《漢·百官》《晉·職官》二志，而《水經·渭水》『過武功縣北』下酈注曰：『《諸葛亮表》云：「臣遣虎步監孟琬[一五]，據武功水東」。』又諸葛亮與張飛書曰：『須先教中虎步兵五六千人』。則是虎步之官，蜀漢所設，内有監，有搜捕司馬也。見濟寧。

魏率善羌仟長印

右印曰『魏率善羌仟長』。按《魏志·文帝紀》：黄初三年二月，『鄯善、龜兹、于闐王各遣使奉獻詔曰：「西戎即叙，氐、羌來王，《詩》《書》美之。頃者西域外夷並款塞内附，其遣使者撫勞之。」遂通，置戊己校尉。』故有此仟長印也。見濟寧，白文。

魏屠各率善仟長印

右印曰『魏屠各率善仟長』。按：屠各，乃北方種落之名。《後漢書·公孫瓚傳》：瓚子續，『爲屠各所殺』。《晉書·載紀》：王延罵靳準，曰『屠各逆奴』。《十六國春秋·劉粲傳》：李矩曰：『劉淵屠各小醜』。此印亦置戊己校尉時所製也。見濟寧，白文。

魏烏丸率善伯長印

右印文曰『魏烏丸率善伯長』，孔廣㮣所藏。按《三國志》：太祖北征烏丸率善者，故有伯長印也。白文。

魏率善氏仟長印

右印曰『魏率善氏仟長』。按：羌、烏丸、屠各以内屬，得『率善』之名，則此率善亦必氏之新附者。見濟寧，白文。

魏母[一六]**丘儉印**

右印『母[一七]丘儉』三字，白文，孔廣棨所藏。按：儉，字仲恭，河東聞喜人，封平原侯，見《魏志》。

魏如淳印

右印『如淳』二字，白文，孔廣棨所藏。按：淳，馮翊人，官陳郡丞，注《漢書》。

晉大司馬印

右印方七分，文曰『大司馬印』。按《續漢書·百官志》：『初，武帝以衛青數征伐有功，以爲大將軍，欲尊寵之。以古尊官惟有三公，將軍始自秦晉以爲卿號，故置大司馬官號以冠之。其後，霍光、王鳳等皆然。成帝綏和元年，賜大司馬印綬，罷將軍官。世祖中興，吴漢又以大將軍爲大司馬。』《晉·職官志》：魏大司馬、大將軍各自爲官，位在三司上。晉受魏禪，因其制，石苞、義陽王望並爲之印。此篆刻異於兩漢，故定爲晉印。見濟寧，白文。

晉殿中司馬印

右印文曰『殿中司馬』，孔廣㚐藏一方，鼻鈕，濟寧見二方，形製略同。《古印初集》曰：《晉書·百官志》：『更制殿中將軍，中郎、校尉、司馬[一八]。』又《輿服志》：『次殿中司馬，中道。』按：晉置殿中司馬二員，大駕出，則居華蓋後，乘輿前，楯弩間，與殿中都尉、校尉共一行。白文。

晉臨淮太守印

右印文曰『臨淮太守章』，孔廣㚐所藏。《古印初集》曰：《漢書·地理志》：臨淮郡，『武帝元狩六年置』。又《百官公卿表》：『郡守，秦官，掌治其郡，秩二千石，景帝中二年更名太守。』《漢官舊儀》：『中二千石、二千石，銀印青緺綬，其文曰章。』《續漢書·郡國志》：臨淮更爲下邳國。《晉書·地理志》：臨淮郡，『太康元年復立』。此印篆文、形製不似西漢物，蓋晉太康元康間印也。白文，龜鈕。

晉殿中都尉印

右印曰『殿中都尉』。按《晉書·輿服志》：『次殿中司馬，中道。殿中都尉在左，殿中校尉在右，左右各四行。』印見濟寧，白文。

晉木工司馬印

右印方五分，文曰『木工司馬』。按《晉書》，司徒、司空開府從公加兵者，增置司馬一人，秩千石。晉時將作大匠不常置，而漢制司空掌營城郭，起都邑，有左、右、前、後校士。豈晉因漢制適有木工之事，而司馬督之，故刻此印歟？不然，木工司馬無專官也。見濟寧，白文。

晉歸義胡王印

右印曰『晉歸義胡王』。按：《晉書·職官志》略之，《武帝紀》：咸寧五年，『冬十月戊寅，匈奴餘渠都督獨雍等帥部落歸化』，封之。必此時事，不然，後此劉元海起，胡王不復歸義於晉矣。見濟寧，白文。

晉歸義羌王印

右印曰『晉歸義羌王』。按《晉惠帝紀》：永平六年，『秦雍氐羌悉叛，推氐帥齊萬年僭號稱帝』。則知前此，赤亭諸羌久歸義者。見濟寧，白文。

晉蠻夷率善仟長印

右印曰『晉蠻夷率善仟長』。按：《晉·職官志》略之，《武帝紀》：咸寧三年，『西北雜虜及鮮卑、匈奴、五溪蠻夷、東夷三國前後千餘輩，各率種人部落内附。』印必此時所置千夫長之所佩歟？見濟寧，白文。

晉率善氏伯長印

右印曰『晉率善氏[一九]伯長』，白文，顔崇槼所藏。説見前。

晉楊駿印

右印白文『楊駿』二字，鼻鈕，孔廣[illegible]所藏。《古印初集》曰：『晉武帝遺詔，差殿中司馬十人給楊峻，令得持兵出入。』

北魏鷹揚將軍印

右印曰『鷹揚將軍章』，白文。按：鷹揚，元魏、隋并設此官。《魏書·官氏志》：與折衝將軍等爲五品上官。《隋·百官志》叙牙門、期門、後鷹揚爲三班，謂不登二品，應須軍號之稱。見濟寧。

北魏淩江將軍印

右印徑八分，銅質，龜鈕，白文，篆五字曰『淩江將軍章』。桂未谷馥曰：『《北史》：「劉庫仁字没根，建國三十九年，昭成暴崩，道武未立，符[二〇]堅以庫仁爲陵江將軍、關内侯。」史作「陵」，誤。』濰縣友人持此見遺，稱爲漢印，余觀其鈕製，定爲魏以後物，考之果然。

北魏建威校尉印

右印曰『建威校尉』，白文。按：《魏書·官氏志》始有建威將軍之名[二二]，未云有建威校尉，然校尉乃將軍屬官，豈爾時亦可借此銜耶？印在濟寧。

北魏張祐印

右印曰『張祐印信』，白文，見濟寧。按：祐，字安福，安定石唐人，高祖時歷官左僕射，進爵新平王，謚曰『恭』。

北齊宋買印

右子母印惟有其子，二面，一面曰『宋買』，一面曰『買臣』，益都段松苓所藏，後贈於曲阜桂未谷。按：武進士億《偃師金石記》有北齊天統年間人宋買造像記，内稱『大都邑主宋買』，又稱『邑中正朱買』。或此人未可知也。皆白文。

唐金陵男典書丞印

右印曰『金陵男典書丞』。按：金陵自唐以前名秣陵，《唐書・地理志・江南道》：昇州縣上元，望，本江寧，武德三年更江寧曰歸化，八年更歸化曰金陵，九年更金陵曰白下。又《百官志》：弘文館、秘書監俱有典書丞，而王府官有典籤，無典書。又不詳五等爵所屬何官，得此可補《唐書・職官》之所未備。見濟寧，白文。

唐顏真卿印

右印方九分，厚二分，無鈕，朱文。「真卿」二字篆法不古，疑非唐製。曲阜顔運生家藏。

黄神越章印

右印兩面，圜穿前後向，一面曰「黄神越章」，一面曰「□里之印□□日□□月直己心□司□君井□□」，孔廣熉所藏。《古印初集》曰：《抱朴子》：「古之入山者，佩黄神越章之印，其闊四寸，其字百二十。」曩見黄神越章印，文亦四字，大與此印等，有鈕，皆白文。

宜爾子孫印

右印曰「宜爾子孫」，玉印，覆斗鈕，孔廣熉所藏。《古印初集》引張應文云：「漢晉印章，予所蓄所見約數千方，其文止刻姓名及字，别無閑散道號、家世、名位、引用成語，若「子孫永寳」「宜爾子孫」「子孫世昌」「日利利出」等印，即爲閑文矣。」白文。

銅節印

右節長四分，寬一分半，作虎形，僅存其半也，通高寸許，古色可愛。按《周禮》『山國用虎節』，《續漢書·輿服志》有銅、竹之分，蓋合勘以辨真僞者。淄川廩生高晏謨所藏。

銅節印

右節高七分，長五分，寬四分，作虎形，兩符間含一小虎，小虎之尾即借作大虎之尾，製作甚精。藏濟寧王宗敬家。

宋都統之印

右印方一寸九分，朱文，篆字曰『都統之印』。孔户部繼涵曰：『都統蓋沿唐制，宋建炎初置御營司，擢王淵爲都統制，名官始此。乾道三年，帝諭輔臣江上諸軍各置副都統一員。《輿服志》亦載：紹興三十年，「鑄馬軍司統制、領官朱記」。是都統當用印，統制、統領當用記也。』藏孔農部家。

宋句當公事之印

右印方寸九分，朱文，篆字六，曰『句當公事之印』。以下六印并舊藏曲阜顔教授崇槼家，今贈同里孔廣舉。翁檢討樹培曰：『《宋史·職官志》：「句當公事官二員，以朝官充，掌分左右廂檢計、定奪、點檢、覆驗、估剥之事。」屬三司使。元豐官制行，罷三司使歸户部。《廣韻·去聲·五十一候[二二]》「句」注云：句，當也，俗作勾。考太祖時，曹武惠王平江南回，榜文有云「江南句當公事」。及建炎時，以避高宗嫌諱，改「句當」爲「幹辦[二三]」，如宣撫使官屬有幹辦公事官是也』。據此，則是官設于宋初，至南渡後則不復有『句當』之名，此殆北宋初年之官印歟？

宋印造鈔庫之印

右印方一寸六分，朱文，篆字六，曰『印造鈔庫之印』。孔户部繼涵曰：『《宋史·職官志》云：「提舉茶鹽司，掌摘山鬻[二四]海之利，以佐國用，皆有鈔法。」又云：「元豐中，詔熙河、涇原、蘭州路州軍宜[二五]屬職田，每頃歲給錢鈔十千。」又《輿服志》：行在都茶塲會子庫，庫印五紐，各以「會子庫印造會子」爲文。是造鈔庫印，亦南渡後之制也。』

宋提舉城隍司印

右印徑一寸七分，朱文，上有六星，篆字六，曰『提舉城隍司印』。孔户部繼涵曰：『《宋史·職官志》有提舉常平司、都大提舉茶馬司，以至抗[二六]治、市舶、學事、保甲、河北糴便諸司皆設提舉，則割江防秋，凡築城浚隍亦當有提舉司。舊制，嶽瀆諸廟置令丞、主簿，多統于其縣，命京朝知縣者稱管句廟事，或以令録老耄不治者爲廟令，判、司、簿、尉爲廟簿也。』

宋都虞候朱記

端拱二年

上

四月鑄

右印方一寸七分，朱文，篆字九，曰『拱聖下十都虞候朱記』，上面正書『端拱二年四月鑄』七字，中又二『上』字。孔户部繼涵曰：都虞候在京、在外皆有之，品秩尊卑不一，惟殿前司爲最。所稱三帥者，都指揮使、副都指揮使、都虞候也。都指揮使以節度使爲之，副都指揮使、都虞候以刺史以上充，故元祐七年王巖叟言：『祖宗以來，三帥不曾闕兩人，若殿帥缺，難于從以[二七]超補。姚麟係殿前都虞候，合升作步軍副都指揮使。』而馬步軍、捧日、天武左右廂等，各有都指揮使，每軍有都指揮使、都虞候，每指揮有指揮使副，每都有軍使、兵馬使[二八]、十將、將、虞候、承局、押官。此十都虞候蓋每軍之都虞候十之云者，殆猶步軍之十將爾。其曰『拱聖』，《兵志》云：乾德中，選諸州縣兵送闕下，立爲驍雄，後改驍猛。雍熙中，又改拱辰，旋改拱聖。此印背所鐫乃改拱聖之後。至政和四年，詔殿前都指揮使在節度使上，副都指揮使在正任承宣使上，殿前都虞候在正任防禦使上，侍衛親軍其馬軍都指揮使副在正任觀察使上，馬軍都虞候在正任防禦使之上，步軍都指揮使副同馬軍都虞候，而開封府都虞候月給廿千，六軍都虞候月給五千，是其爲帥、爲校品秩截然。然京外職司及諸軍將校給朱記，其制長一寸七分，廣一寸六分，中興以後亦長官曰印，僚屬曰記，而《楊巨源傳》倒用『合江司朱記』，亦即其證矣。

宋寧州留後朱記

右印長二寸七分，寬一寸二分，朱文，八分書八字，曰『右宋寧州留後朱記』。孔户部繼涵曰：宋地名惟陝西永興軍路有寧州，陝西秦鳳路有西寧州，餘無以『寧』字名州者。印第二字似『宋』字，且獲之西安，或亦宋印歟？而字以八分書。《輿服志》云：『印皆有銅牌，長七寸五分，諸王廣一寸九分，餘廣一寸八分，文曰『牌出印入，牌入印出』。又『符券』條，太平興國三年，『乘驛者製銀牌，闊二寸半，長六寸，以八分書』。然皆不相合，殆士庶及寺觀私記之類歟。

宋慈聖御筆印

右印徑二寸八分，寬二寸一分，厚一寸五分，朱文，篆字四，曰『慈聖御筆』。背鐫十三字，八分書，徑二分，曰『宋仁宗曹皇后之御寶，項元汴藏』。側又有『慈聖御筆』四字，并同。按：慈聖曹后，乃贈韓王彬之孫女，景祐元年册爲皇后，後神宗立，尊爲太皇太后。『慈聖』者，謚也。后諫青苗法，擬黜王安石，垂死猶免蘇軾兄弟以詩得罪之禍，可謂賢矣。后善飛白書，《老學菴筆記》載：當時揮翰多用『慈壽宮寶』，或有别印。後來承襲，如欽宗后『朱氏道人印』，高宗吴后『賢志主人』『賢志堂印』、劉夫人『奉華堂印』，亦未可知，均已不傳。此曰『慈聖御筆』，似非生前所御之物。宋時，宸翰專閣儲藏，疑當時直閣者用以題識。元汴謂爲曹后御寶，誤矣。印係良玉琢成，惜毁於火，釁起無色，俗子冀其外乾而中强也，剖之渠眉四匝焉。藏孔廣㮤家。

宋曲阜縣酒務記

右印方一寸九分，朱文，篆字六，曰『曲阜縣酒務記』。按：此必宋真宗大中祥符五年以前印，蓋大中祥符五年閏十月即改縣曰『仙源』矣。曲阜雖置自有唐以來，然唐無酒務官，惟宋諸州軍乃設監當官，掌茶鹽酒務、徵輸及鐵冶之事，故有此鈐記，殆微員也。舊藏顔教授崇椝家，今贈山東按察司獄馮策。

元左副元帥之印

右印方三寸，朱文，篆字六，曰『左副元帥之印』。按：元帥之名，惟元有專官，廣西兩江道等五府置宣慰使都元帥三員、副都元帥二員，曲靖等路置都元帥二員、副元帥二員。既曰『二員』，則分左、右明甚。孔廣奧所藏。

泰安天仙照鑒玉印

泰安縣庫有玉印黝然，方三寸七分，高三寸餘，無鈕，爲碧霞元君印，陽文，篆字四，曰『天仙照鑒』，形色古樸，實爲宋以前物。

【校勘記】

〔一〕「集」，《後漢書》卷九九《竇武傳》作「臯」。

〔二〕「光」，《後漢書》卷五二《朱祐傳》作「先」。

〔三〕「官」，《後漢書》卷三五《百官二》作「宫」。

〔四〕「官」，《後漢書》卷三五《百官二》「宫」後有「官」字。

〔五〕《後漢書》并無「奉車將軍」一官，而奉車都尉隸屬光禄勛。

〔六〕「「平陸馬丞」印」，指的是編於此印之前的「漢東平陸馬丞」印，而此稱「平陸馬丞印」，顯然漏脱「東」字。

〔七〕《後漢書》卷三八《百官五》「率衆」後有「王」字。

〔八〕「埽」，《後漢書》卷九七《黨錮列傳·杜密傳》作「掃」。

〔九〕「林」，《後漢書》卷九七《黨錮列傳·杜密傳》作「陵」。

〔一〇〕此段引文，阮元誤認爲出自《法書考》，實則引自《印典》卷三。

〔一一〕「陽人」，《漢書》卷九〇《酷吏傳》作「楊氏人」。

〔一二〕「柎」，《漢書》卷八八《儒林傳》作「拊」。

〔一三〕「由」，應爲「有」。

〔一四〕「舜」，《漢書》卷九三《佞幸傳》作「聖」。

〔一五〕「琬」，《水經注》卷一八《渭水》作「琰」。

〔一六〕「母」，《三國志·魏志》卷二八《毌丘儉傳》作「毌」。

〔一七〕「母」，《三國志·魏志》卷二八《毌丘儉傳》作「毌」。

［一八］據《晉書》卷二四《職官》，「司馬」後有「此驍騎」三字。

［一九］「氏」，應爲「氐」。

［二〇］「符」，《北史》卷二〇《劉庫仁傳》作「苻」。

［二一］建威將軍，武官名，始見於西漢。如《漢書》卷七九《馮奉世傳》記載：永光二年，「十一月，并進，羌虜大破，斬首數千級，餘皆走出塞。兵未决間，漢復發募士萬人，拜定襄太守韓安國爲建威將軍」。可見，《山左金石志》所謂《魏書·官氏志》始有建威將軍之名有誤。

［二二］「五十一候」，《廣韵》卷四《去聲·五十候》作「五十侯」。

［二三］「辦」，《宋史·職官志》作「辦」。

［二四］「鬻」，《宋史》卷一六七《職官七》作「煮」。

［二五］「宜」，《宋史》卷一七二《職官十二》作「官」。

［二六］「抗」，《宋史》卷一六七《職官七》作「坑」。

［二七］「以」，《宋史》卷一六六《職官七》作「下」。

［二八］「兵馬使」，《宋史》卷一六六《職官六》作「副兵馬使」。

卷七

秦石

琅邪臺石刻

碑無年月，篆書，在諸城縣。

五夫=〔一〕

五夫=〔二〕 杨樛

皇帝曰：『金石刻盡始皇帝所爲也，今襲號而金石刻辭不稱始皇帝，其于久遠也，如後嗣爲之者，不稱成功盛德。』

丞相臣斯、臣去疾、御史大=[三]臣德昧死言：『臣請具刻詔書金石刻，因明白矣。臣昧死請。』

制曰：『可』。

元至山東求秦石刻，如嶧山、成山，皆久佚。泰山石刻於乾隆戊午歲燬於火，惟得舊拓本。之罘石刻墮入海，鄉福山官士訪之，終不可得。惟琅邪臺秦二世石刻巋然獨存，是神物也。甲寅春，至青州時，檄諸城學官物色之，以拓本來，遂知之甚悉。琅邪臺在諸城縣治東南百六十里，臺三成，成高三丈許，最上正平，周二百步有奇，東、南、西三面環海，迤北爲登臺沙道。臺上舊有海神祠、禮日亭，皆傾圮。祠垣内西南隅，秦碑在焉。色沈黝，質甚麤，而堅若鐵，以工部營造尺計之，後言尺寸皆用此。石高丈五尺，下寬六尺，中寬五尺，上半寬三尺，頂寬二尺三寸，南北厚二尺五寸。今字在西面，碑中偏西裂寸許，前知縣事泰州宫懋讓鎔鐵束之，得以不頹。前知縣事愴父某，於碑南面磨平迸裂痕，刻『長天一色』四隸字，自署名而隱其姓，蓋同一有事於此，而學與不學分矣。碑之秦始皇頌詩及從臣姓名久剥去，今所存者二世從官名及詔書十三行，八十六字，字徑二寸。其首行『五夫=』，二行『五夫=楊樛』，皆二世所刻從官名。《史記》所言，二世元年春，『東行郡縣，李斯從，盡刻始皇所立刻石，石旁著大臣從者名』，是也。或指爲始皇從臣姓名之末行，誤矣。自『皇帝曰』以下，與《史記》文句無少異。石上下各刻一綫爲界，下綫之下有碎點星星，殆椎鑿使然。自二行第二字至末行第一字，有横裂痕。第三行、八行、十行之前，皆有直裂至底，如雨漏痕。第十二行前裂痕半，至第五字而止。綜計每行八字，二行與三相間少遠，詔書與從臣名不相屬也。三行止七字者，爲四行始皇提行地也。後六行、八行、十三行並提行矣。末行三字，漫漶特甚，餘皆可指而識也。碑字高，跂足始可及，拓時須天氣晴朗，否則霧重風大，拓不可成。碑上薜荔皆滿，梢去周視之，實再無可辨之文，别有熙寧中蘇翰林守密，令盧江文勛模刻之本，在超然臺上，相距百餘里，與此無涉。都元敬《金薤琳琅》所載宋莒公刻本十七字，皆頌詩中語，今亦無存。元又登岱頂，見無字碑，碑之高、廣、厚，尺度一如琅邪臺碑，所差不過分寸間，由此可決無字爲秦石之立而未刻者，其刻者反在碧霞宮下耳。

泰山石刻

無年月，篆書，拓本。

□□[四]臣斯、臣去疾、御史夫=[五]臣□[六]

昧死言：

『臣請具刻詔書金石刻，因明白

矣。臣昧死請。』

聶劍光鈫《泰山道里記》云：『秦篆刻石先是在嶽頂玉女池上，後移置碧霞元君祠之東廡。石高四尺，四面廣狹不等，載始皇銘辭及二世詔書，世傳爲李斯篆字，徑二寸五分。宋人劉跂親爲摩拓，得字二百二十有三[七]。近年搴本僅存「臣斯」以下二十九字，末有明北平許□隸書跋。乾隆五年，廟災，碑遂亡。』元藏舊拓本，高三尺七寸，廣一尺一寸，存字四行，筆意同瑯琊石刻，惟字形較大，首端界一綫，中有裂痕。首行上泐二字，下泐一字，四行『請』字下有分書兩行，云：『《岱史》載秦篆碑僅存此二十九字，余至泰山頂上從榛莽中得之，恐致湮没，因□之□□，以□□古之遺跡云，北平許□并題。』字徑一寸，其城内嶽廟一石，乃從此翻出者，真優孟衣冠也。元又按[八]：嶧山石刻，乃淳化四年鄭文寶在關中搴刻徐鉉寫本，結體分行皆非秦舊，今無取焉。

西漢石

魯靈光殿磚甎

無年月，在曲阜縣顔氏。

嘉慶元年，顔教授崇槼自靈光殿故址掘得此磚，寄示拓本。沅按：磚文方徑五寸五分，四隅同作圖形如方夔，又似回文，非字也。考王延壽《魯靈光殿賦序》云：『魯靈光殿，蓋景帝程姬之子恭王餘之所立也。』《水經注》曰：『孔廟東南五百步，有雙石闕，即靈光之南闕。北百步餘，即靈光殿基，東西二十四丈，南北十二丈，高丈餘，東西廊廡、別舍中間方七百餘步。』又《縣志》載：『殿址在今城東南隅。』此磚出其地，爲漢製無疑。惟《隸續》所載古磚六種皆有題字，此無年月可系，姑録於五鳳之前，俟識者博考焉。

五鳳石刻

五鳳二年六月立，隸書。後刻金明昌二年高德裔記，行書，在曲阜縣孔廟同文門西側。

山左西漢石刻，此爲最古，筆意簡樸，非漢安以後所能及也。石高一尺一寸，廣一尺九寸，厚一尺，字刻右，方周七寸。朱竹垞以爲磚者，由未親見其石耳。

居攝墳壇二刻

居攝二年二月造，篆書。拓本俱縱廣五寸，横廣六寸，在曲阜縣孔廟同文門下。

右二石形製已詳牛空山震運《金石圖》，首題曰：『祝其卿』『上谷府卿』。卿，即丞也，洪氏於《隸續》新莽侯鉦跋内論之甚精。核近有以『卿』作『鄉』者，謂漢時官制有鄉侯、亭侯，此省一『侯』字，不知二篆實作『卿』，非作『鄉』也。古人省字義原顯明，若『鄉侯』省『侯』字，而止曰『鄉』，則不詞矣。

東漢石

延光殘碑

延光四年六月立，并額俱隸書。碑高三尺一寸餘，廣一尺四寸，四周有邊，中界直線，在諸城縣署。

此碑自乾隆十二年宫懋讓辨識之後，近日著録家所釋之字大約相同。元得舊拓本，中間泐處尚有可辨者，如第一行『是吾』上二字似『神君』；第二行『維恩』上間二字是『延平』，下一字作『卄』頭，左旁从『阝』，又下一字左旁亦作『阝』。玩其文義，此君之父卒於延平初，其母寡居，至延光四年適符。『廿年』下稱『□我都官』，乃吏民頌述其子之辭，惜姓氏無傳耳。此碑類嵩山延光殘刻，屈曲古勁，若符印文，所謂繆篆是也。碑額横書，首似『孔』字。

孝堂山畫像

無年月，題字俱八分書，在肥城縣西北六十里。

胡王

成王

相

大王車

右畫像原題四列，分見各幅。

平原濕陰

邵善君

以永建四年

四月廿四日

來過此堂

叩頭謝

賢明

安吉

右畫像續題七行，又二字，皆在第六幅。

泰山高令明永康元年七月

廿一日敬來觀

記之

右畫像續題三行，在第三幅。

按：各種畫像皆有一定次序，因未見其石，姑仍拓本原次録之，而先發凡於此。

第一幅，在石室南向正面之東，上廣五尺五寸，中幅下闕，長一尺五寸，左右俱長二尺六寸。畫像自右而左，右刻方勝文，錯綜如簟。次横直二邊刻錢文二枚、三枚相間，以線貫之。次界横直二綫，岑樓二層，左右各有阿閣二層，瓦櫛上俱綴鳥獸，而左閣畫一鷹搏兔狀，鱗瓦直文皆作曲筆。樓之上層，九人相向而坐，下層中縣弧矢，左右執版立者十二人。右閣中層二人執版，下層四人執簡策，俱左向立。左閣無之。又左岑樓二層，形製同前，衹存簷柱一邊，上、中、下及柱外人物全存者十二人，半存者三人。最下一層，車坐二人，後隨一馬車，前已闕。樓下層縣弧矢處有『定州王郡孫』字，左閣下柱有『十二月十五日』字，左樓下柱有『全文』字，蓋皆後來遊覽者所刻者也。

第二幅，在石室南向正面之西，尺寸形式同前似，連前幅而左右仍分列也。右邊樓下有『孫相二三字，左有『室弋主』三字，右閣下柱有『王』字。左樓下層七人，中間有『王回』字，左閣下柱有『建』字、『壁』字，左邊有『而』字、『生』字，亦皆後人題之。

第三幅，未詳所向。畫自右而左，上層中列五人俱峨冠盛服，右三人、左八人皆執笏侍。左首四人後有小八分三行，題云『泰山高令明，永康元年十月廿一日敬來觀記之』，頗有《褒斜道碑》筆意，如長戟快刀互相撑拄也。又間一人，内題小字一行，惟『山陽』二字可辨。又左一人冠服立，左侍三人，右侍四人。又左闕下半，惟左右向者五人可見。中層營帳數重，皆有兵士執弓向左立。又有乘騎出帳射者，帳外坐一人，背題『胡王』二字，類《曹全碑》。此與後幅『成王相大王車』確是初畫像時所刻，餘俱後來續題也。『胡王』前有一人，執笏向跪，旁有甲士三人，執弓侍立。後又二人相向坐，中置一几，各執二筯，上有物如珠。餘皆作戰馬交馳、戈刀擊刺狀。又左一人右向坐，三人反縛跪向之，若鞫訊狀，旁置一架，插二斧，縣三人頭，旁有執刀立者。下層畫出獵狀，四人荷畢，驅群鹿，一人在前似搏虎，虎後一豕，左二人乘車捕之，一張弓，一持戈。又左殘闕，但存五六人及簷柱形而已。其後人題字，則上段中幅有『不𧥛牛』字，左三人内有『汜』字。又有『庾其連㑴乃歸』等字，最左有『北十里』字。

第四幅，在石室東面西向，上鋭下平，中高二尺三寸，左右斜殺向下，平處廣六尺四寸。畫自下而上，首二層各一車一馬，車皆坐二人，御一人、騎從一人、騎導九人、執戈步導二人。第二層，空處皆綴飛鳥。三層，一人峨冠正坐，右四人、左三人皆跪侍，執戈二人在右。又其左二人，頭面如牛馬，皆跪執花枝，旁有一烏三兔，一兔作執杵搗藥狀。四層，二人各縣木，上二人向左昇跪，迎者一人，携嬰孩立其前。五层，在最上鋭處，二人左右相向跪，右一人衣冠執物向左，身如蛇尾，右旋旁有赤身童子跳躍，左一人持杖逐犬，後又有一犬隨之。此幅無題。

第五幅，在石室東間西面東向，上鋭下平，中高二尺，下廣六尺，形式同前。畫升鼎故事：中間河道甚寬，兩岸各四人曳繩，岸側壘方石爲磡。一舟二人，一執槳坐，一持竿升鼎。鼎作傾側狀，有足有耳，左耳繫繩貫於河口植木之上，穿關棙孔而出，四人曳之；右耳已斷，其耳尚在繩端，穿於右岸木上，四人曳之，則寬無力矣。按：《藝文類聚》引《南越書》曰：『熙安縣山下有神鼎，天清水澄則見鼎，刺史劉道錫嘗使繫其耳而牽之，耳脱而鼎仍沉，執靮者莫不疾耳，蓋尉佗之鼎也。』此畫頗類之。又有三舟，舟各二人，左、右舟皆持槳閑坐，惟中舟作捕魚狀。磡左飛五鳥，又一鳥落地，二人對坐，中置弩弓。磡右二鳥二獸，鳥有雙頭、有三人頭者，獸有二人頭相對、有二人頭在首尾相背者。其上一樹，花葉相交，二鳥飛翔，一人射之。人旁題字一行，云『景明二年□月十二日□□□』。『景明』爲北魏宣武帝年號。砌上平頂處，右立二人，左俯三人。下層三車三馬皆無蓋，右行車各坐二人，有執符者，後從二人，一騎一步，前導三人，二騎一步。又一人執版向左俯迎，步導二人，後題一行，云『景明二年十月』，左邊從騎之後存一『王』字。

第六幅，在石室西間東面西向，上鋭下平，中高二尺二寸，下平處廣五尺九寸，中畫大橋有闌，闌左右各植一竿，竿頂方斗各集一鳥，旁有數鳥隨之。上鋭處，堂有二龍首下垂，中坐一人，周遶雲氣，殆神佛也。橋正中一車，右行顛蹶一馬，一人曳其繩，衣冠者、御者各一人，俱墮橋下。河中四舟，舟各二人，並舉篙向上作救援狀，舟旁群魚繞之。橋上馬前更有一無鞍馬空行，蓋兩馬駕車而逸其一也。橋右三騎向左行，左五騎向右行，一人執戈步從，五騎中執戈者三人。橋下左邊題『永建四年』，八分書，七行，字徑一寸。『永建』，漢順帝年號。題云『來過此堂』，則堂之建立已久矣。橋下右題八分書『安吉』二字，筆意同上，亦一時所刻，因見墮車者已得救援，祝其安神之義。然則畫象非永建時所刻，明矣。上圓堂内有後人題細字一行，云『山東濟南府濟南衛』，旁有『郭祥』字。濟南稱府，自金始也。［九］

其右有『南陽張』字。橋右闌有『南陽』字，有『尚』字。其右三騎，上有『安』字，有『泰山安德興』字。

第七幅，在石室西間東向，上鋭下平，中高二尺八寸，下廣六尺三寸。横列五層，上一層二人向右，一執物，一兩手上舉，皆有雲氣繞之。執物者右一人端坐，又右左向二人，手執物右向，三人舉手者左有四人右向，皆執物。二層，屋一楹，簷口縣弧，中坐一人執弓左向，左柱内外二人相向立，在内者手執物。屋左一車右行，中坐一人，手執雙物如鎚，其端有孔，車上一索，貫四星下覆，車前四人曳行。又一人，足一屈一伸，兩手執器而吹，器作一榦八刺狀。車後四人隨行，内一人兩手舉盆，以頭承之，盆中栽物如蘭葉，一人荷物如榦，餘漫滅。屋之右，柱外二人執版向左立，又二人手足桎梏右向，其右四人皆各相向，有執刀者。第三、第四層，從左起，兩車兩馬向右並行，車中各坐二人，騎從、步從皆二人，騎導、步導皆四人。又前一駝一象，駝左立二人，駝後立一人，象左立四人，俱執物如鈎。象項下繫物如筐，駝、象前三人執弓步導、四人騎導，俱右向。又前二人執版左迎，内一人首題八分書『相』字，與前幅『胡王』筆意正同。此後又有執戈者四人、執版者四人，俱左向立。第五層，中一人正立，上題八分書『成王』二字，與上層『相』字同。其右執笏分左右相向侍者十七人，左執笏右向侍者八人。十七人之右，又一人彎弓右向，旁立二童子，其前一人負畢向右行，上下皆綴禽魚。此下尚微露車蓋、馬蹄及厨傳雞魚影迹，惜拓本未全。其第二層四人曳車，下有『忌日』二字。三層車馬前有『王瑑璋日榦十至』六字。四層，二人執戈前導，中有『先天二年十月廿五日』九字可辨。五層，『成王』左有『來觀』

字、『人』字，又間三人有『侯泰興□興二年三月三日』字。

第八幅，未詳石室所在，高九寸，廣三尺八寸。右列圓圖，圖中倒畫一鳥，乃日象也。圖右一鳥右飛，上有七星及雲氣繞之。圖左一女，坐機紡績，首有三星，後繞七星，一星居中，六星分左右如箕。左列圓圖，圖中蟾、兔俱倒垂，乃月象也。圖右三星，左七星。此幅無字。

第九幅，高一尺，廣五尺三寸餘，中畫二車，各二馬，車中各坐三人。二騎前導，十二騎後從，有佩弓矢者，有吹器者。後一騎執物似鎚，馬上復植一器，後車前各有一飛鳥，後車前題『十礻二浸三月』等字，皆後人所爲也。

第十幅，高一尺，廣五尺，一車駕四馬，有桯有蓋，鏤刻工細。車坐一人，一人執轡，車蓋左題曰『大王車』，與前『成王』諸題同。騎從四人，騎導十二人，前有二人步導，手各執物，近車二導騎之前有一車駕二馬，一人御車，廂哆口如箕，中坐四人各相向，如作樂狀。車中柱，一柱擎物似鼓，下繫二鈴，旁各立一人，舉物作跳舞撾鼓狀，柱端有蓋，二帶下垂。此車前後亦有後人所題『小山上紓』及『來遊』等字。

以上石室畫象凡十幅，皆前泰安令江君清次子鳳彝親至祠下手拓以歸，并繪圖記之，有未詳者，蓋偶略耳。石室二間皆南向，上用石蓋如『人』字，下覆後壁及左右二壁，畫象間以雙柱，柱間有唐宋人題字，詳載第十三卷。上横石梁承之，兩面亦有畫象。壁外左間塑神象三，俱南向。左壁西向神象二，右間塑神象一南向，右壁東向神象二，下皆有座高尺許，以土石築成。右間祠外立北齊《隴東王感孝頌碑》，後有唐開元間續記文，詳第十卷、第十二卷，此石室之製也。『郭巨埋兒』事出《搜神記》，但據《隴東王感孝頌》云『分財雙季，獨養一親。客舍凶弭，兒埋福臻』，則當時埋兒別有『客舍凶弭』之事，亦不似《搜神記》所言矣。《縣志》載：『孝堂山上有石屋，漢孝子郭巨葬母之所。』《感孝頌》又云『郭巨之墓，馬鬣交阡；孝子之堂，鳥翅銜阜』，又似指爲郭巨葬所也。陽曲申大令兆定云：『孝堂山畫象舊説是郭巨石室，案諸家金石書，載李剛、魯峻、武氏皆有石室畫象，大都雕刻聖賢故事及其人所歷官職。如《李剛刻》云「君爲荆州刺史時」，《魯峻刻》云「祀南郊，從大駕出時」，又云「爲九江太守時」，《武氏刻》云「此君車馬君爲都□時」「君爲市掾時」「爲督郵時」皆明證也。此畫象中騶騎、步卒、大車、屬車、鼓車、儀衞甚都，雖無題識，要非郭巨墓中應有，而斬馘獻俘、覆車墮河二段，亦非無謂而作。覆車著戒固是古人用心，然一車兩馬，騶從如雲，非泛常可比，意者即爲墓中人實録，未可知也。』元案：此論甚確，前幅『永建』題字有『來過此堂，叩頭謝賢明』之語，『賢明』乃感誦之辭，似非爲郭巨而作，後人失傳，以堂近郭墓，遂皆沿爲郭巨之墓耳。

此書編纂已畢，將付刊矣，丁巳三月得錢唐黄司馬易書，云：『郭巨石室尚有建安二年高令春及天保九年劉章、武定二年南青州刺史鄭伯猷題刻，鄉未見者。』又云：『近日濟南、泰安一帶，新出六朝唐人石刻甚多，皆未録入，待好古者勒爲續編。』

北海相景君碑[一〇]

漢安二年八月立，并陰俱八分書，篆額，碑高九尺九寸，廣二尺四寸餘，上鋭下方，穿居其中，在濟寧州學戟門東側。按：此碑雖甚殘缺，然以今日洗石精拓之本與《隸釋》校勘，細玩影迹所不辨者十數字而已。「乱曰」，碑文作「𤔔」，或云「辭」字，周牧敦銘「辭」字作「𤔲」，不加「辛」，碑蓋仿此字。原以此字爲「辭」，又以爲「亂」，《隸釋》則專釋爲「亂」，从《説文》「𤔔」，讀若「亂」也。銘内「恩彌」下是「盛」字，「幹楨」上是「堅」字。又「仁敦[一一]海代」，諸家皆釋爲「海外」，今按碑確是「代」字，即「岱」之省文也。碑陰列臣吏姓名五十四人，惟「行義」一人上無「故」字，未曉何義。後二行紀立碑之事，亦作韻語。「三載」下是「已究」二字，不獨碑跡顯然，義亦可通究終也。謂衛墳三載，則守制已終，當離墓側也。大興翁閣學方綱《兩漢金石記》釋爲「五究」，乃沿張力臣之誤耳。

敦煌長史武斑碑

建和元年二月立，八分書，篆額，陰正書三字，碑高六尺六寸餘，廣二尺七寸，上鋭下方，額下有穿，在嘉祥縣武氏祠。碑載洪氏《隸釋》，乾隆丙午秋，黄司馬易得於嘉祥武宅山下，今立祠内。額首「漢」字乃趙氏《金石録》所增，碑陰題「武氏碑」三字，并洪氏亦未見也。嘉定錢少詹大昕謂筆意近六朝人，斯言不誣。碑文殘泐最甚，案釋辨之，僅得三百餘字。黄君曾校正洪氏數處，重摹付梓。案：洪氏「貪其高賢」下缺二字，今碑作「力少」，疑「力」是「幼」字，謂貪慕其高賢，尚幼少也。漢順帝陽嘉元年初，令郡國舉孝廉，限年四十以上，其有茂才異行，若顔淵、子奇，不拘年齒。據《武氏石闕銘》云「宣張案斑，字宣張。仕濟陰，年廿五，曹府君察舉孝廉」云云，此爲「高賢幼少」之證。「晻忽徂逝」下缺四字，今碑第四字是「宫」字，正與韻叶。「不享缺。耇」句，今碑「耇」上作「元」，是「耆」字。「士女悽愴」下缺，今碑有「旌」字，其下「金門」，今碑作「金石」，謂旌其行於金石，故下云「令問不忘」。題名「防東長」一行，下有「嚴祺字伯魯[二三]」五字，隔越甚遠。凡此皆可補黄君所未備也。

武氏東西石闕畫象

銘題「建和元年三月造」，八分書，在嘉祥縣武氏祠前。

西闕東向，凡三層，高一丈二尺許，廣二尺。第一層，一人左向拱立，冠鋭背有毛鬣，無足有尾，右旋。二層，一龍昂首垂尾，四足向右，龍首加刻八分書「武氏祠」三字，徑五寸，蓋先有畫象而後人續題此字也。三層，一人拱立，無冠，首有紋如網，短衣露袴，背横一物如魚，足下又有一魚，鱗鬣較分明也。

西闕北向，凡六層，高廣同前。第一層，作群鳥環繞狀。二層，牛馬各一。三層，一車一馬，車坐一人，騎導一人。四層，左右凡四人，偶立相向：右一執物，有一目；一童子被髮，手執一物有柄，柄末一圈垂地；其二人各執物如刀劍。五層，一獸虎頭，兩耳中間毛鬣矗起；下二獸蟠繞如龍，身有斑文，皆掉尾銜入口中，此即翁閣學所云獸首如石闕之狀者也；最下二魚，一已漫滅。虎頭兩旁有物，若箭鏃卓立。六層，刻建和元年題字，八行，行十二字。

西闕南向，凡七層，高廣同前。第一層，一物尾足具備，頸有鱗甲，當是龍也。二層，右泐，左有一虎。三層，一人右向執物如拂，一人左向跪，右立三人，皆冕服執笏，一人隨之。四層，一車一馬，車坐一人，騎導一人。五層，六人同行，左一人執物如珪。六層，凡五人，一兜牟戎服跳躍顧盼，一窄衣結束右向而舞，一右向立，胸有一圈，圈下長幅如帨巾，一冠服向左，亦有帨巾，一被髮童子向左立。七層，一車一馬，車坐二人，騎導一人。

東闕西向，凡三層，高廣同前。第一層，有獸虎頭，下頦已泐，有一圈，中穿似璧。二層，一人峨冠左向，兩手執物如旗，漫滅大半，下刻分書『武氏祠』三字，字亦殘泐。三層，皆漫滅難辨。

東闕北向，凡五層，高廣同前。第一層，一虎左向掉尾，勢甚猙獰。二層，亦有一虎，已碎裂。三層，二人乘馬左向，左亦泐。四層，上下多漫漶，上一人向左有冠，左旁似有屋宇，一鳥昂首，僅露一目，下隱隱有車輪，其上車箱稍見，右邊刻鏤之文。五層，剥蝕更甚，有虎面及二物蟠繞掉尾之象。

東闕南向，凡七層，高廣同前。第一層，一龍左向，鱗甲分明。二層，漫滅。三層，中立一人，拱手左向，足有履，左右各侍二人。四層，一獸雙足踞地，掉尾聳尻[一三]，首攢八人，冠冕面目悉備，下各垂一綫繫於獸頸，旁又一獸露爪踞地，身有一人，正立於中，左右二人相背，又二人左向立。五層，並立五人。六層，亦並立五人，俱大半漫滅。七層，漫漶更甚，微存影迹，一車一馬，車坐二人，左又一人乘車而前，皆向左行。

西闕頂上、下層，皆高四尺許。北向上層，祇一列，中二鹿一人作徒搏狀。下層凡四列，第一列與下列相連，蓋岑樓之上層也，樓前闌檻工緻，中二人正襟端坐，頗類神佛，樓外左右相向侍二人，似各執物，惜大半漫滅。二列，爲岑樓下層，一馬左向，右似立一人，泐不可辨，樓外左右相向立武士二人，皆執戈，兩刃亦相向。三列，二人相向似武士，甲胄擐身，左則手執刀劍，象甚勇猛。又二人相向立。四列，左右相向者四人，大半殘泐。南向上層，祇一列，有朱爵，首有一羽，尾有三翎。左一龜，有蛇蟠之，蓋玄武也。左右上角各綴一鳥。下層凡四列，第一列，岑樓上層，樓中漫滅不可辨，左右簷角各立一□獸，頂左右二爵相向，柱外左右各坐一人，右又一鳥，首有一羽，餘泐。二列，岑樓下層，一馬左向，外一人執竿，竿首有物，一人雙手執物，緣梯而升。三列，一人端立，旁一人執幢覆之，又左右二人鞠躬侍立。四列，一車一馬，車坐二人，導騎一人，限於石，祇刻後半。

東闕頂上、下層，高與西闕頂同。北向上層一列，二獸向左，奔在左者狀類馬，而身有斑文。下層凡四列，第一列，岑樓上層，坐二神人，衣皆圓轉圍繞，柱外左右各一人，手捧物兩端，皆有界綫，樓頂二爵，左右向。二列，岑樓下層，一馬向左，左柱外拱立一人向右，右柱外甃以石級，一人拾級而登，大致與南向升梯者同。三列，一神端立，冠作三丫形，眉目炯然，旁一人持幢覆之，其右二人左右相向立。四列，一虎左馳。南向上層一列，二虎相向。下層凡四列，第一列，岑樓上層，樓中漫滅，柱外左右二人正立，樓頂二爵對立，右簷角蹲一獸，再右似飛一爵，向上又有二魚一爵。二列，岑樓下層，一馬向左，柱外左右各立一人，執戈相向。三列，一神拱坐，鬚眉森戟，腹間纏繞一帶，有錯綜文，其端有環繫腋下，前有二人羅拜，後一人執旗而立。四列，二武士乘馬，各執兵器，左有一人乘馬向右。

案：二石闕，方徑二尺，高一丈五尺許，三面皆畫，惟左闕之西面、右闕之東面無畫，蓋當時石室周有甃墻，此二面在墻之起處，故無畫也。闕皆疊石如柱，上半雕刻岑樓二層，間以瓦楞，形若鐙臺，故土人名其地爲鐙臺窩，由來久矣。樓之上層刻畫尺許，下層刻畫三列，其上列又作岑樓二層，中刻人馬鳥獸，畫雖不工，然筆勢奇偉可觀也。銘文八行，趙氏有專條，洪氏則附於《武斑碑》下，斑碑未詳察舉之歲，此言其年廿五則舉孝廉，後除敦煌長史薄，伐匈奴，邦域既寧，久勞於外，當有數年之事，卒時約在三十内外矣。

武梁石室畫象三石

無年月，題字皆八分書，在嘉祥縣武氏祠。

第一石，高五尺四寸，廣四尺許。第一層分三列，上列中鋭，左右斜殺，從右起有一鳥，次一人卧地，次一人半泐，次小草一本，次三小兒跌撲狀，次二人俯伏狀，以上皆右列。次坐一人，冠五梁，肩二翼，手端拱足，跏趺有座承之，座刻連環文，二獸繞其下。右侍一人左向，右肩一翼，右手拊坐者之翼。又二人左侍，一執旗，一肩有一翼，其左一龍右向，下一人仰跌在地，人面獸身，肩二翼，尾有羽。次列刻反覆連環形，下列有棗核形二，俱横貫於左，此層《隸續》無之。第二層，自右而左，後皆仿此。有二人，右爲伏羲，冠上方下圓，邊仰上，前有幅斜向冠，下有纓繫項，冠後似有約髮者，後冠式多仿此。衣長及腰，項領、兩袖亦及腰，皆刻斜文似緣邊狀，衣下有直文，縫幅痕也。伏戲時冠裳未備，此刻蓋就當時所服用者爲之，左手拊膺，右手執物似矩，所以造工[一四]業者也，下身有鱗無足，有尾環繞向左。左一人冠五梁，面泐，身同伏羲尾，亦環繞與右相交。中間一小兒右向，手拽伏戲之袖，兩足不分如尾，象天開於子生民之初也。左有八分書，題榜，下俱仿此。一行，云『伏戲倉精，初造王業，畫卦結繩，以理海内』，凡十六字。其上横列間段作山形，貫至左邊，下又横界一綫，闊四分。《隸續》載：右角有『武梁殿』三字，今不可見矣。次一人右向，冠有兩翅，面目全泐，左手舉向右，右手拊膺，衣不掩膝，足有履襪，題云『祝誦氏無所造爲，末[一五]有耆欲，刑罰未施』，凡十五字。『造』字半泐，『祝誦』即『祝融』，『耆』即『嗜』字。次一人，冠服同前，右向俯首注目視地，兩手執器，蓋耒耜之屬也。左手案其下，右手執其上，象辟土種穀之意，題云『神農氏因宜教田，辟土種穀，以振萬民』，凡十五字，『辟』字半泐。次一人左向，首戴冕旒，上衣下裳，蔽膝有芾而無綉文，左手向右指，右手拊膺，題云『黄帝多所改作，造兵井田，□[一六]衣裳，立宫宅』，凡十六字，泐一字。次一人，拱手右向，面泐，自此至帝舜，服飾並同，黄帝惟此無膝芾，題云『帝顓頊高陽者，黄帝之孫，而昌□□[一七]子』，凡十五字，泐二字。次一人，右向，兩手拊膺，自此至桀，面皆畫鬚，題云『帝佶[一八]高辛者，黄帝之曾孫也』，凡十一字。次一人，右向，左手舉向右，右手拊膺，題云『帝堯放勳，其仁如天，其知如神，就之如日，望之如雲』，凡二十字。

次一人，題云『帝舜名重華，耕於歷山，外養三年』，凡十三字。次一人，左向，冠上鋭，朱竹垞謂即《禮》所云母追者是也，服飾皆如祝誦。左手舉向右，右手執器，蓋隨栞之具也，題云『夏禹長於地理，脉泉知陰，隨時設防，退爲肉刑』，凡十八字。次一人，右向，冠如伏戲，衣裳如黄帝，右手執戈，前後二人夾輔，冠皆五梁，身著長衣，作跪受乘坐狀，左題『夏桀』二字。第三層，有機織具，一人坐於架上踏車轉籰，左手向機，右手向左，作訓示狀，首似有幘裹髮，衣同男子無裙，履約差小，足下横列題云『讒言三至，慈母投杼』八字，機後一物落地，蓋即杼也。後一人冠服跪向，上題云『曾子質孝，以通神明，貫感神祇，著早來[一九]方，後世凱式，□□橅[二〇]綱』，凡六行，行四字，泐二字。『著早來方』，『早』字舊釋爲『灵』[二一]，黄司馬易云：『以「灵」爲「靈」，後人俗體，而曾子之孝，亦不必言著靈。玩其筆法，當是「早」字，「著早」者，著曾子之孝名也，此説較長。』末句『□□橅綱』，『橅』即『模』字，《説文》云，無『或説規模字』，是『模』可作『無』，此又加『木』旁耳。横綫之下空二寸，又一横綫，綫下文如水波，此下又一横綫，俱貫左邊。曾子後，一車一馬向右行，車一轅在右，輪内繫於馬頸。凡漢畫象，車皆一轅，或左或右，不在車之正中。後皆仿此。車蓋有四等：一單擎一蓋；一蓋之四角有柱，下垂車中；一車上左右有廂板；一無蓋而蔽以篷，圓如穹廬。此車是單擎蓋也。車前坐一童子，爲閔子後母弟，車後坐一人爲閔子之父，左手挽桯，右手拊閔子之背而與語，一人跪於車輪後者，即閔子也。車前題云『子騫後母弟，子騫父』，凡二行八字；車後題云『閔子騫與假母居，愛有偏移，子騫衣寒，御車失棰』，凡二行十九字。假母即後母也，『偏』即『偏』字，漢隸往往以『亻』作『亻』。『棰』，諸家皆釋爲『稱』字，謂與『鞕』同，今黄君小松云是『棰』字，與上句『移』字爲韻，蓋即『鞭箠』字也，从『木』與从『竹』同意。次二人，坐於左上施帷幔座間，皆有雕文，座下平列題『萊子母，萊子父』，凡六字。母右一人，冠服舉袖而舞，即萊子也。又一人跪於後者，蓋萊子婦也。此上題云『老萊子，楚人也，事親至孝，衣服斑連，嬰兒之態，令親有驩，君子嘉之，孝莫大焉』，凡六行，行五字，『斑連』即『斑斕』。次一人端坐，面目、冠服不甚分明，亦有帷幔，一人冠服，拱手跪座[二二]。右後又跪一人，又有一獸似立似踞，上題云『丁蘭二親終殁，立木爲父，鄰人假物，報乃借與』，凡四行，十八字，『報』字半泐。二親終殁，而刻象衹一人，舉父以該母也。第四層，一人冠服而坐，左手拊膺，右手舉向左，榜題『齊桓公』三字。左一人俯身向右，持匕[二三]首作劫刺狀，榜題『曹子劫桓』四字。右一人，執笏侍立，榜題『管仲』二字。又一人立曹子左，冠服同齊桓公，左手舉向右，右手拊膺，榜題『魯莊公』三字。案：曹劌《史記》作沫。劫桓時，魯莊公未嘗在列，此畫魯莊者，蓋許反侵地時魯莊亦與盟也。四榜分題四人之左，此一列，上有山形，再上有横綫，又上有二棗核形，皆横貫左邊。次一人，右向坐，冠服同齊桓，左手舉向右，右手執兵器，左題『吴王』二字。前跪一人，兩手捧魚，魚下似藏匕[二四]首，胸及臂有物相夾，兩榦甚長，後有二人曳之，上題『二侍郎』三字，又題『專諸炙魚，刺殺吴王』八字。案《左傳》云：『門階户庭[二五]皆王親也，夾之以鈹。』此二人所曳者，殆即鈹也，不云『王親』而云『侍郎』，與《左傳》異。吴王之右，上綴一鳥，下有一器陳於座前，意即受食物之具也。吴王榜内有『荆』字，即下段荆軻誤刻於此。專諸本名鱄設諸，《吴越春秋》云『吴王嗜魚之炙，專諸乃去從太湖學炙魚，三月得其味』，故云『專諸炙魚』也。次一人向左，作散髮狂奔狀，榜題『荆軻』二字。一人兩手反背夾持其腰，地有一篋啟蓋，内盛人頭，榜題『樊於其頭』四字。旁伏一人，榜題『秦武陽』三字。左有一柱，柱間一刀下墜，《史記》所謂『荆軻引其匕[二六]首以擿秦王，不中，中銅柱者』是也。柱左一人，作驚避狀，榜題『秦壬』二字，秦王祇存右半，左已泐矣。其一人無題榜者，殆即侍醫夏無且歟。『其』即『期』字。案《孔子閑居》『夙夜其命宥密』，注『《詩》讀「其」爲「基」』；《士喪禮》『度兹幽宅兆基』，注『古文「基」作「期」』。是『基』『其』『期』古皆通用。『武陽』，即『舞陽』，《左傳》『蔡侯獻舞』，《穀梁》作『獻武』，是『舞』與『武』通也。『壬』即『王』字，見《魯峻碑陰》。第五層，二人乘馬向左，一人左執劍、右執旗隨之。次一車一馬，車二輪，坐二人，一轅在左，車上圓覆狀如今之席篷。次二人，乘馬列於車前，内一人腰縣弓韔。次一車一馬，車上左右有壁，覆以頂狀，如今之車廂，坐二人，次二人乘馬，皆執兵器。此層無題字，畫下横一綫，又空二寸，一横作連環形，直至左。

第二石，高五尺，廣四尺四寸。第一層，分三列，上列形式同前。從右起，有一鳥，二首一翼，尾有三羽。次一人斜撲向左，冠三梁，衣與袴連。次一人，似乘一馬向左。正中一人端坐，兩手拊膺，肩有二翼飛向上，冠作三層形。右一人跪侍，左肩有翼，冠上似有一羽後垂。左一人侍立冠服，與右同，亦有一翼，右手執物如旗。坐者之右，一鳥横飛向左，左一物首如鳥，左手摶坐者之翼，右手拊膺，衣似羽尾有斑文，飛向右。次一獸，向右，似有人乘之，泐不可辨。次四人，内一人作相搏狀，一人横撲於地，中列自右向左皆作翻覆連環形。此下空二寸，有横綫亘左，間段有二棗核形，《隸續》無此層。第二層，屋瓦鱗次，左措一柱，柱右一人右向，柱左一人冠服跪向右，手持一物如節麾，榜題『使者』二字。上端作山形，横貫左邊。次一屋，屋瓦鱗次，左右二柱，右柱一兒仆地，榜題『長婦兒』三字。一婦人被髪，從左柱入，右手欲援長婦兒，榜題『梁節姑姊』四字。後一婦人，以兩手援梁節姑姊之左手，榜題『救者』二字。『救者』上角二小兒，兩手相携，横題『姑姊兒』三字，下榜題云『姑姊其室失火，取兄子往，輒得其子，赴火如亡，示其誠也』，凡二行，行十一字。案：此事見《列女傳》，長婦兒者，長婦是梁節姑姊之嫂，兒則姑姊兄子也。室既失火，兄子與己二子俱在室中，亟往援之。先得己子，次欲援兄子，火勢已危，故救者力援之出，而姑姊不忍兄子之死，所謂『赴火如亡』也。次一人，佩劍乘馬向左，榜題『追吏』二字。一兒舉手向右，跪作求訴狀，榜題『後母子』三字。一人被髪卧地，榜題『死人』二字。一人執物向右立，榜題『前母子』三字。一婦人向右立，舉左手向右，右手拊膺，榜題『齊繼母』三字。案《列女傳》，有齊義繼母者，齊二子母也。宣王時有人鬥死於道者，吏訊之，被一創，二子兄弟立其旁，兄曰：『我殺之。』弟曰：『非兄也，廼我殺之。』期年，吏不能決，言之於相；相不能決，言之於王。王召其母，問：『何所欲殺活？』其母泣而對曰：『殺其少者，少者。妾子也；長者，前妻子也。

其父疾，屬妾善視之，妾曰：「諾。」今豈可忘人之托而不信其諾耶？」王美其義，高其行，皆赦不殺，而尊其母號曰『義母』。據此但稱『吏』，而不云『追吏』，且吏訊二子時，母未嘗在旁也。此畫蓋合前後總繪之，其云『追吏』，必有所本，《列女傳》略之耳。前母子手執之物，似即致死之械，《傳》所謂『被一創』者是也。次一室，二柱揩瓦如亭，室中一牀，卧一人，榜題『京師節女』四字，『節』字半泐。左柱外一人撲入室中，舉手向卧者，榜題『怨家攻者』四字。案：京師節女，長安大昌里人之妻也，有仇人欲報其夫，劫其妻之父，使要其女爲中譎。父呼女告之，女計不聽則殺父，聽之則殺夫。乃曰：『旦日在樓上卧者則是矣，妾請開户牖待之』。還告其夫，使卧他所，自開户牖而卧。夜半，仇家至，斷其頭去，明而視之，乃其妻也。仇家痛其有義，遂釋其夫。事見《列女傳》。第三層，左右二人相向，中一人跪向右，上題『三州孝□也』五字，泐一字，下間横綫一，空二寸，有横綫二，中作水波文，下間段作棗核，俱横貫左邊。此列自題榜『孝』字起，至下列趙襄子之『襄』字，又下列牛象之後，裂開爲二，翁閣學每誤分之，今黄小松建祠重立，始合爲一。次一人，左向坐，旁置一甕，上有瓢，榜題『義漿羊公』四字。左一人，衣冠，向右立，右手拊膺，左手與羊公手相接，榜題『乞漿者』三字。上有二獸，殆點綴物也。案：《搜神記》有楊雍伯義漿事，此作『羊』字，與彼異。次一人，拱立，執物左向，榜題『湯父』二字。左跪二人，一髮尚鬏髻，一榜題『巍湯』二字。童子上有一鳥，次鳥一人向左坐，右手拊膺，左手向下，榜題『趙□者』三字，泐二字。右一童子，右手拊坐者左肩。又右似樹一叢，棲一鳥，榜題『孝烏』

二字，『烏』字半泐。坐者上，横一獸，已泐。次一人，左向立，左手拊膺，右手向左指，榜横題『孝孫父』三字。前一童子右向，執一器，器有二足，榜題『孝孫』二字。左坐一人，右手拊膺，左手向右指，榜題『孝孫祖父』四字。其上一鳥，横飛向右。第四層，有檻如舟，檻外伏一人，檻上一人以右手捽其髮，横題『王慶忌』三字，伏者榜題『要離』二字。慶忌左右有二人，執戈夾侍。案『要離刺慶忌』事，詳《吕氏春秋》及《吴越春秋》，皆以慶忌爲吴王僚之子，出亡在衛國，闔使要離如衛殺慶忌，涉江拔劍刺之。慶忌捽要離，投之於江，未死。要離歸吴，遂自殺。此當云『王子慶忌』，而直稱爲『王慶忌』，所未解也。次一車一馬，右向，中坐二人，前一人榜題『趙襄子』三字，『襄』字僅存上半。後一人殆御者也，馬作驚躍狀，旁一人仆地而無首，榜題『豫讓殺身，以報知已』八字。豫讓右一人執劍向左立，意即襄子環侍之兵也。事詳《戰國策》。次一人，左向坐，狀甚雄偉，榜題『韓王』二字。案《國策》《史記》，聶政所刺者爲韓相俠累，此題『韓王』，與彼異。前一人，跪向，左手執劍，右手執物如琴，有圓孔，中綴五綫，榜題『聶政』二字，其後又跪一人。案《史記》云『聶政杖劍至韓，直入中[二七]階』，不言有人偕行，亦不言更執何物也。又一人執劍俯身，向聶政作欲殺狀，《史記》所謂『持兵戟而衛侍者甚衆，左右大亂』云云。此從省，祇圖一人耳。上端又有一獸，次一人右向立，左袖披物如帨巾，榜題『齊王』二字。左一女子，右向立，冠五梁，長衣，榜題『無鹽媿女鍾離春』七字。案：『媿』，即『醜』字。鍾離春，齊無鹽邑女也，貌甚陋，年四十無所容，自謁齊王，謂有四殆，王嘆納之，見《列女傳》。《隸續》誤分爲二，以右一人跪者爲無鹽娩女，左一人立者爲鍾離春，不知跪者本屬前幅，在聶政後屬此，無謂洪氏辨之未審耳。第五層，首作厨爨事，有竈、釜、瓢、杓之器及雞一、鴨一、魚二、豕首蹄各一。竈左有婦人執炊，一男子曲身伸臂作取物狀，上飛一鳥，男子左有小兒彎弓射之。次左亦一鳥，有木架横貫，一木繫以長繩，繩端有罌置井闌上，架旁一婦人右向，汲水回首顧。左一男子，執物倒垂似犬。此層畫下横綫及連環形同第一石。次一牛一車，向左行，車有厢有篷，車中人泐不可見，榜題『處土』二字。『土』即『士』字，隸變耳。左一馬一車，向右行，車有蓋，中坐一人，是御者。車前一人跪向右，兩手捧物如書幣，是迎處士者。榜題『縣功曹』三字，其上又有一獸。

第三石，祇四層，無鋭頂，高四尺，廣六尺八寸。第一層，一人左向坐，上施幃幔，左手援鏡，右手持刀，榜題『梁高行』三字。右一人執物如旗，左一人捧物跪向右，榜題『奉金者』三字。後立一人，手執節旄，榜題『使者』二字。案《列女傳》載：梁高行蚤寡，貴人多争娶之，不能得。梁王使相聘焉，高行乃援鏡操刀以割其鼻，曰：『妾已刑，□[二八]餘之人，殆可釋矣。』王高其節，號曰『高行』。此圖其事，與節姑姊一幅，並屬漢之梁國也。畫上有二横綫，中刻棗核形，下作山形，此下又横一綫，皆貫至左邊。次一車二馬，向左行，車有厢有蓋，中坐御者。左有桑樹，一婦人採之，下承以筐，首左顧，左一人冠服向之，榜題兩行『秋胡妻魯秋胡』六字。案《列女傳》載：秋胡娶婦五日去，而官於陳，五年乃歸，見路旁婦人採桑，悦焉。婦人採桑不輟，秋胡遂去。至家唤婦至，乃嚮採桑者也。婦曰：『子束髮辭親，往仕五年，乃悅路旁婦人，以金予之，是忘母也；好色淫泆，是污行也。妾不忍見子，改娶矣，妾亦不嫁。』遂去而投河死。此畫其途遇事。次一婦人，右行而首顧，左榜題『義姑姊』三字，右手抱一小兒，榜題『兄子』二字，左手下垂，援引一童子，横題『姑姊兒』三字，『姑姊』二字半泐。左一車二馬，右行，車有蓋，四角有柱，中坐二人，一是御者，一手執節旄，榜題『齊將軍』三字，『軍』字下泐。騎導一人，步騎一人，皆舉手向義姑姊。案《列女傳》載：齊攻魯，見婦人携一兒、抱一兒行，軍且及，棄其所抱，抱其所携，兒隨而啼，婦行不顧。齊將問之，對曰：『所抱者，兄之子，所棄者，妾之子，力不能兩獲，故忍棄子而行。』於是，齊將按兵而止，曰：『魯未可伐也，婦人猶持節行，况朝廷乎？』魯君聞之，賜以束帛，號曰『義姑姊』，即其事也。此列自步導一人，至下列題榜『孤』字，石裂爲二，翁閣學亦誤分之。次一室，上有瓦，右楮一柱，中坐一人左向，舉手右指，榜題二行『楚昭貞姜』四字。柱外二人，一執旗向内。按：『貞姜』者，楚昭王夫人，越女也。昭王出遊，留夫人漸臺之上，江水大至，使人迎之，忘持其符，夫人不行，使者還取符，臺崩，夫人死。昭王嗟曰：『守義死節，不爲苟生，處約持信，以成其貞。』乃號曰『貞姜』，事見《列女傳》。第二層，一婦人向右立，執杖拄地，榜題『榆母』二字。右一人，跪向右，榜題二行『柏榆傷親年老，氣力稍衰，笞之□[二九]廛，心懷楚』，凡十七字，泐一字，『傷』字半泐，蓋以『柏榆』爲『伯俞』也。跪者右肩又題一『悲』字，因前榜已足，補書於此。嚮皆未辨，乾隆癸丑，黄小松精拓見之，『悲』與『哀』爲韻，有此語，意方足。翁閣學云：柏榆上闕幾行幾字不可計，今案拓本，此二行已逼右角，其上即是横綫，無闕文也。次一室，上疊瓦，左右二柱，室中一人正坐，榜題『渠父』二字，左一人跪向右，手撫坐者之肩，左手舉雙節，榜題『邢渠哺父』四字。邢渠事，古今記孝行者遺之。次樹一叢，樹右一獸，左一車輪，一人坐於轅上，右手執杖，左手高舉，榜題『永父』三字。左一人背立，向地取物，首顧坐者，榜題『董永千乘人也』六字，『也』字半泐。左右空處各綴一獸，半泐。次一婦人，袖手向左立，榜題『章孝母』三字。一人冠服，拄劍立，榜題『朱明』二字。一人右向，一手左指，榜題『朱明弟』三字。一小兒手亦左指，足下横題『朱明兒』三字，『兒』字已泐。左一婦人，右手援兒，左手拊膺，榜題『朱明妻』三字。朱明兒上點綴一鳥，次多殘泐，惟存一人，左手撫筐内小兒，兒上題榜半存『孤』字。案《隸續》尚有『李氏遺孤』四字。考《列女傳》，東漢李固以梁冀肆惡，遺子基、兹、燮歸里。燮年十三，姊文姬爲同郡趙伯英妻，密謀豫匿，託言還京師，人不之覺。難作，州郡收基、兹，皆死獄中。文姬乃告父門人王成曰：妾委君以六尺之孤，李氏存滅其在君矣。成保全之，將燮乘江東下，入徐州界，變姓名積。十餘年，梁冀誅，乃還鄉里，追行喪服，姊弟相見，悲感旁人。桓帝詔求固，後得燮焉。以《隸續》合之，意即此事。次一室，有疊瓦，左揷一柱，室中一人，惟存上半，榜題『騎都尉』三字。左柱外一人，微露雙足，此幅亦因石裂多缺。第三層，一人冠服，佩劍左向立，左手上指，右手奉璧，榜題『□[三〇]相如趙臣也，奉璧於秦』十字，首一字闕，其下四字半泐。左一人亦冠服佩劍，向右立，榜題『秦王』二字。後一人執笏侍，上下横綫刻文，同弟二石，俱貫左邊。次一人，冠服左向立，榜題『范且』二字，『且』即『雎』字。左跪一人，榜題『魏須賈』三字，『賈』字下半泐。范雎前一人俯立，手援須賈，殆張禄門下人也。自此至左，皆有畫無題，畫有與下層相接者。此層畫樓一重，櫛上綴鳥獸四，疊瓦鱗次，細鏤欄柱雕飾，樓有四阿，左右有罘罳。下各雕刻二人，相承爲柱，兩柱左右夾輔若望樓，雕刻亦細，一人在中承之，左右二人俯身向内。樓中端坐一人，冠五梁，肩有纂組文周繞，其旁一人左向，亦冠五梁，右侍一人執旗，左侍二人亦執物。次一樹，兩枝相交，若連理木，群鳥翔集，右有人鸞弓射之。次冠服三人，二右向，一左向。三人之右，又跪二人，皆執笏左立，一人左手捧物，右手執旗，後又一人僅存其半。第四層，下横一線，空二寸，刻連環形，下又作棗核形，皆横貫左邊。右列一車一馬，向左行，車有蓋，中坐二人，一冠服執旗，一御者，馬首上綴一小兒，騎導二人，皆佩弓矢。次屋一重，與第三層之樓相接，左右二柱，上施帷幕，中間一人上下皆泐，一手似執物。右一人左向，下半泐，左一人右向，拱手跪，又一人右向立，左手執杯以獻。二柱外各一人，執笏侍。此外左右又有二柱，與第三層望樓相接。柱左一馬，又一鶴附柱立。次即連理木之下半，本榦甚巨，左枝縣一筐，上棲一鳥，下有二小兒作扳援狀，左有二物，一似繩，一似器。次列一車，有廂有蓋，蓋下殘泐，無馬。左一車一馬，與右車相接，有蓋，中坐一人，一人立車後，以左手扶車蓋之柱。

乾隆丙午秋，黄司馬小松於嘉祥縣南武宅山下搜得《武斑碑》及武氏二闕，既又得武氏祠諸象，乃移《孔子見老子》一石於濟寧州學，餘就其地建室重砌，榜曰『武氏祠堂』，别撰碑文，其助立之人皆仿漢碑陰例書名於後，誠一時盛舉也。先是，揚州馬秋玉曰璐家藏唐拓本，祇伏戲至曾子二列，視今所得三石不及十之二三，且較之洪氏所録又增補七十餘字，具載翁閣學《兩漢金石記》，翁書有失檢處，更爲校證之。漢人畫像莫古於此，其中人物、器具皆圖繪所未備，故纂録諸石不厭其詳也。唐拓本後爲汪雪礓盉購得，雪礓殁，今歸黄小松家。

孔子見老子畫象

題字三，榜八分書，在濟寧州學明倫堂壁間。

此石黄司馬易自嘉祥武宅山得之，以是聖像，敬移州學。洪氏《隸續》失載，象内二人，翁閣學已詳記之。《史記》：魯昭公與孔子一乘車、兩馬、一竪豎子，同南宫敬叔適周問禮於老子。但言適周問禮，而不言見於何地。碑狀孔子與老子皆下車相對致敬，蓋塗遇也。案《周禮·大宗伯》：以禽作六摯，大夫執雁，士執雉。孔子是時尚未爲大夫，所執者當是雉矣。空中又有一鳥，鳥下一人，石文已泐難辨，姑闕之。孔子後一人鋭首，若未冠狀，殆即竪子歟。車中人似南宫敬叔，以弟子而執御也。老子車亦有御者，車後徒步三人，皆捧簡册，榜有四，曰「老子」，曰「孔子也」，曰「孔子車」，其一無題。石縱廣一尺，横廣五尺，畫像題字尚明晰，以久埋土中，未經風雨也，今移置州學，尤爲得所。

武氏石室祥瑞圖二石

無年月，題字皆八分書，在嘉祥縣武氏祠。

第一石，高二尺六寸，廣七尺餘。凡三層：第一層，蓮臺一座，右一人右手拊之，一人在下，左手撲地，右手執物如鍬鋅，間有垂帶，右題一行，惟存『狼井』二字。案《宋書·符瑞志》云『浪井，不鑿自成』，此左旁旁不从『水』，未詳。次已殘闕，下題二行亦泐，首行存一『息』字，二行『土則至』三字。次一鼎，左題一行，云『神日[三一]□[三二]炊自孰，五未[三三]自□[三四]』，泐四字，『孰』即『熟』字。此與《符瑞志》『神鼎不炊而沸，五味自生』同義。次一獸如麟，左向，在神鼎下，題榜一行，云『□[三五]不刳胎殘少則至』，泐一字。《符瑞志》『麟不刳胎剖卵則至』，據此，首當是『麟』字也。次一物圓形有莖，似垂三椏，左題一行已泐，末似『至』字。次磨泐無存。次一榜微露『山』字。次一龍形尾已泐，左題二行，云『不漉池如漁，則黃龍游於池』，凡十一字。『如』讀曰『而』，古『而』『如』通。漉，竭也。《月令·仲春》『毋漉陂池』，謂不竭池而漁也。此左又接一行，題云『蓂莢堯時』，下缺。左蓂莢一株，一莖直立，左右各七莖，皆有圓實，共得十五莢也。蓂莢日生一莢，至十六日一莢落，此象其十五日生足之時也。右有樹一株，在龍腹下，樹分數椏，未詳其名，左榜惟存『周時』二字。第二層，右泐，左一獸，首如馬，而前有三足，後半泐，上題一行，云『六足獸謀及衆則至』，凡八字，惟『至』字半泐。次似一獸，殘泐莫辨，右題一行，云『白□□者□□則至』[三六]，泐五字。次全泐。次草數莖，莖各有葉，已殘闕，右一榜祇存『英』字。次亦全泐，似有二榜，一無文，一存『如日』二偏旁。次一鳥在上，已闕。第三層，一獸蹲伏，左題二行，云『白□□王者不暴□□□至仁不害人』，泐五字。《符瑞志》云：『白虎，王者不暴虐，則白虎仁不害物。』孫氏《瑞應圖》云『白虎者，仁獸也，一名騶虞』，即此。次一鳥，餘皆殘泐，左有二榜，一存『白□如事』三字，一存『不方』二字。又一榜存『白□，王者□□則至』[三七]五字。

第二石，高二尺五寸，廣七尺，凡三層：第一層，首一獸，祇存二足，一尾右繞，脊有毛，榜二行，存『□□，王者□□則至』[三八]四字。次一榜二行，存『□馬，□者清明尊賢□□□來□』[三九]七字，畫全泐。案《瑞應圖》云『王者清明篤賢，則玉馬出』，殆即此也。左一榜半泐，其字莫辨。次一物方形，榜題『玉英五常□□則□』，泐三字。案《瑞應圖》云『五常並修，則玉英見』，是方形，即玉英也。下一獸微露首及前二足，題榜一行，存『赤羆仁姦自』五字。此石自赤羆至後比肩獸，碎裂爲三，嚮拓本赤羆有題無畫，今合之始知玉英下獸即屬此也。次一樹，穠葉同本，雙枝，左題二行，云『木連理，王者德純洽，八方爲一家，則連理生』，凡十七字。次一璧，中作圓孔，面有方罫文，左題一行，云『璧流離王者不隱過則至』，凡十字。『流離』同『琉璃』。次一圭，上鋭下方，面有斜斗文，左題二行，云『玄圭，水泉流通，四海會同則至』，凡十二字，『海』字半泐。次一鳥，二首二足，左右二翼，尾有四羽，上題二行，云『比翼鳥，王者德及高遠則至』，凡十一字。次一獸，惟存後二足，前已泐，上題二行，云『比肩獸，王者德及鰥寡則至』，凡十一字。次一魚，右題二行，存『白魚，武津入於王』七字。《符瑞志》云：『白魚，武王渡孟津，入於王舟。』又二魚相並，各一目，上題三行，云『比目魚，王[四〇]明無不衙則至』，泐一字，『衜』即『禦』字。次一甕，右題一行，云『銀甕，刑法得中□至[四一]』，泐一字。《瑞應圖》云『王者宴不及醉，刑罰中，則銀甕出』，是也。第二層，右殘泐，僅餘二榜，一存『盈王者清廣則至』七字，一存『則至』二字。次一人，右向立，冠分四丫，下衣露其緣。次一人，左向立，左手拊膺，右手向左，其左作雙禾向上形，右題一行，存『屮主后稷』四字。次一獸，衹存後二足，次一鹿衹存其首，前一人乘鹿，冠有雙丫，衣如鳥翼，手執一竿，竿端有物纏繞如帨巾，右題一行，云『皇帝時，南夷乘鹿來獻巨暘』，凡十一字，『夷』字半泐。案《符瑞志》云『黄帝時，南夷乘白鹿來獻秬鬯』，又云『巨鬯，三禺之禾』，此蓋以『皇帝』爲『黄帝』，以『巨暘』爲『秬鬯』也。鹿首上似有題榜一行，殘泐莫辨。乘鹿者前題一行，云『渠扌來』三字。《符瑞志》云：『渠搜，禹時來獻裘。』據此，則第二字爲『搜』字無疑也。此榜在裂縫處，初拓時尚存，今重立殘損矣。次一馬，已泐，微露首及前二足，上題二行，云『白馬朱獵，□□□□[四二]良則至』，泐四字。《符瑞志》云：『白馬朱鬣，王者任賢良則至。』此以『獵』爲『鬣』也。次一馬，後足泐，右題二行，云『澤馬，王者勞來□□則□[四三]』，泐三字。次一物，形似方勝，翁閣學所謂『一物上下圓，各兩翅中有直柄』者也。右題一行『玉劵王者』四字，『玉』字下，初拓本右旁作『劵』，疑是『勝』字。《符瑞志》有『金勝』，此或是『玉勝』也。第三層，無題字，首作人物，大半殘泐。次二人，右向立。又一人，衹露下半，左一車一馬向左行，車坐一人，導騎三人。次一人，向右迎立，右有物作方斗文。

右祥瑞圖二石，其第二石初出時，拓本已裂爲三，翁閣學、黄司馬釋之頗多舛錯，然自重立之後，畫象題字更有泐蝕處，益知初拓可貴也。小松云：『此刻石背若瓦脊，是爲石室之頂，其面題刻可以仰觀。』今以拓本案之，伏戲三石當屬右室，其前後左右次序全備，當日石室規模儼如在目矣。

武氏前石室畫象十五石

無年月，題字皆八分書，在嘉祥縣武氏祠。

第一石，高一尺一寸，廣四尺六寸，上刻枣核形横界二綫，下刻山形，此下列十四人皆冠服，執簡左向立，亦有回顧及舉手者，似皆孔門弟子。

第二石，高三尺四寸，廣六尺四寸。畫分三層：第一層，上鋭下平，居中一人，冠六棱，左右二棱，各綴三珠，約冠有簪，肩翼飛起，右手拊膺，左手案膝趺坐，左有一物捧其座，右一人鳥形者横托之。一人肩有翼，執物如錐，後一龍有翼，一獸上半已泐。又三人，二作鳥形，一有二首。又蟾蜍二，一有鳥尾，皆横繞向左。左一人，肩有翼，執盂跪。後三人，皆鳥身，下有小鳥。又一人，有二首相向。一鳥三首，又一鳥有手執物，左角又一小鳥，皆横繞向右。此下横界二綫，中刻棗核形。仁和朱朗齋文藻云：『西洋各畫亦有人首而鳥翼者，正與此同。又濟寧火德廟所藏明人水陸功德象中，亦作雙人首而鳥身者，是西方異物，皆出佛經，漢人當亦本此，乃知碑中所坐者，爲佛無疑矣。』沅案：《山海經》一書所言鳥獸，多與此合，《經》云似人形者，不過略有相似，未嘗言怪也。碑或據此以圖其異，遂乃怪怪奇奇靡所不有。余校刊《山海經》，嘗論及此，書作於禹益，非後人所能及。朗齋捨此而遠引外域佛經，未免失檢，然其説不爲無據，姑坿存之。第二層，上刻山形，中列十九人，皆冠服拱立向左，亦有回首右顧及執物舉手者，似皆孔門弟子。中惟一榜題『子路』二字，子路冠作雞形，揎袂執簡，有韈履，頗似武裝。第三層，一車一馬向左行，車有蓋，中坐二人，在前者執版，題榜存一『車』字，上泐二字。導騎二人，執物如曲尺，後綴一獸。次一車一馬，蓋有五柱，中坐二人，在前者執版，榜題『此丞相車』四字，『車』字已泐。步導二人，執符執杆，後綴一小樹。次一車一馬，蓋下坐二人，前者執版，榜題『門下功曹』四字，下二字半泐。騎導二人，後綴一鳥。次一人，執版，右向立，冠有縷文。此下横界二綫，中刻鳥獸雲龍文，下刻山形。

第三石，高二尺一寸，廣四尺六寸。上兩層，上下横二綫，前段岑樓二層，左右阿閣二層，規制宏麗。下層用柱，上層及阿閣之柱皆鏤人物，揞拄之樓脊飾以鳳，閣簷飾以龍及鳥獸，闌檻、斗拱、罘罳、承霤，靡不工緻。樓中坐一人似女，冠五梁，左右各侍三人，捧盤盂者三，執符者一，拱立者二。柱外各立一人，左者執物綴三珠，右者以手接柱，中之人似皆女子。右閣外一人，一手上舉，一手接柱中人之手。下層，中施帷帳，坐一冠服者，貌甚雄偉，右手拊膺，左手案膝。下横一物如琴，中有五弦。右侍一人，右手執符，左手執物如筒帛。柱上一人首鳥身者，以尾蟠之。坐者左侍一人，似捧盤盂。次一人，冠服，執版俯立。左柱外一人，亦執版立，皆右向。後段合歡樹一本，枝葉蟠結，上有衆鳥，一人射之。樹右綴一獸，下停一車，車蓋立一獸一人，攀轅立者殆御者也。旁蹲一犬，樹左一馬，似將駕車者。車轅二木，有轡下垂。案：諸象衹用一木爲轅者，蓋從省耳。下層，一車一馬向左行，蓋有四柱，中坐二人，一執符，一御者，榜題『君車』二字。步導二人，皆執符杆。騎導二人，執戈。次二車二馬，蓋下皆坐二人，一題『門下功曹』四字，一題『門下游徼』四字。

第四石，高一尺五寸，廣一丈餘，衹二層，上下皆横界二綫，下刻人物、龍蛇、鳥獸之形。中間自右而左，一車一馬，榜題『主薄車』三字，『薄』字从『艸』，隸變也。蓋下坐二人，御者在前，主薄在後。車後一人，左手執版，右手舉向主薄。騎導四人，前二人執物如曲尺，有鏤文，上綴二鳥，下綴二小樹。次一車一馬，榜題『令車』二字，蓋有四角，中間一柱，坐者二人，在前者執符。步導二人，皆右手執符，左執木杆。右綴一小樹，騎導二人皆執戈。馬前綴一犬，馬後一鳥。次一車一馬，蓋下坐二人，在前者執版，榜題『門下功曹』四字。上綴一鳥，次一車一馬，蓋下坐二人，榜題『門下游徼』四字。車後一獸，向空舞。次一車一馬，蓋下坐二人，榜題『門下賊曹』四字。騎導二人，皆佩劍，冠皆有細鏤文，車後綴一獸，馬後綴一小樹，前一人冠帶執版向右，左角一鳥，衹露前半。

第五石，高三尺四寸，廣六尺四寸[四四]，凡三層：第一層，上鋭下平，一人中坐，上半已泐，坐下蟠以交龍，龍首昂上。右作人物游龍異獸，左作雙兔搗藥狀，中有蟾蜍捧臼，雲氣周繞。次二人，雲繞之。又一人，肩有翼，横飛右向，下有鳥二魚二。此下横界二綫，中刻棗核形。第二層，上刻山形，下列二十二人，俱冠服，拱立左向，亦有回首右顧及執物舉手者，惟右一人泐去後半。中有四旁，無題字。第三層，一車一馬向左行，榜題『主記車』三字，蓋下坐一人執版，車後坐一人，步從一人執版，榜題『此亭長』三字。次一車一馬，中坐二人，榜題『主薄車』三字，騎導二人，皆泐。次一車一馬，中坐一人執符，榜題『此君車馬』四字，一人半泐，一榜祇存『此』字。右半騎導二人，各執戈，榜題『此騎吏』三字。步導二人，亦執兵器，榜題『調間二人』四字。此下横界二綫，中鏤鳥獸雲龍之象，若近世雕闌式，惜多闕泐。下作山形，俱横貫右邊。

第六石，高二尺九寸，廣六尺四寸，凡二層：上層，一婦人向右跪，衣袂皆有緣。右武士一人，左執兵器拄地如弓，中有柄，右手舉向婦人。一人執刀盾向左，後横卧二人已逼右邊，祇存下半，皆有械如弓，執其柄，以兩足抵其空。内一人，右手執物如箭，一榜無字。婦人左一車一馬，無蓋，向左行，車坐一人，面顧右，兩手分張，一人似鳥横飛，馬項有繩，一人牽之，手執刀柄，圜有垂帶。前一人執干盾向右立，一人乘馬執刀。又二車二馬俱向右行，一榜題『功曹車』三字，蓋下坐二人，御者在前，執版者在後，一榜題『尉卿車』三字，蓋下坐二人，執符者在前，御者在後，車後綴一小樹，騎從三人，内一人執物如筒帛，左角一鳥半泐。下層，一橋有闌，中平，左右斜殺，橋上車馬奔馳，有男子、婦人，亦有步卒如交戰狀，皆執刀盾、干戈、弓矢之屬。中一器如弩，兩端上曲，中凸起，鋭首如錐，凡車六、馬十三。又二馬半泐，男婦凡三十五人，題榜五，右三曰『游徼車』『賊曹車』『功曹車』，左二曰『主薄車』『主記車」，榜各三字。左綴一鳥，右有小樹二，中一人露其上半，左似一人無首，卧橋右角。橋下亦有男婦、兵士水戰者，或乘舟，或涉水，兵器悉如橋上。凡二舟，舟各二人，戰者凡五人，中一人貌甚雄壯，餘雜畫魚鳥，有二鷺啄魚，又設魚罶二，漁者二人。此段翁閣學失記，蓋由取字而不取畫也。此下横界二綫，中刻枣核形，下刻山形。

第七石，高二尺八寸，廣七尺三寸，凡四層：第一層，一人冠服，持節旄向左立，後一人亦持節旄，長幅下垂，中有鏤文，左榜題『齊將』二字，半泐。前一婦人，抱兒向右跪，榜題『義婦』二字，『婦』字泐，旁有一兒，榜題『義婦親子』四字。次一車一馬，向左行，車有蓋，前坐一人，車後二人相向，一立一跪，立者拊跪者之背，殆即閔子御車事。後又隨二人，皆泐，前後凡三旁，俱無字。次殘泐，祇存帷帳，似有二人，一右向坐，一左向跪。右一人，手捧盤盂，未泐，左榜存『刑渠』二字，右榜存『孝子刑』三字，『刑』即『邢』字，蓋邢渠哺父事也。次一車一馬，左行，蓋下坐一人，榜題『𡈼宣蓋車』四字，上一字泐。車後一人，向右立，一人跪地拊器如缶，上半皆泐。第二層，一婦人長服，冠五梁，向右立，手向右指，榜題『伯游母』三字。右一人佩劍，跪向左，榜題『伯游也』三字。後一人，向左拱立，下半泐，左綴一鳥，次男婦二人，並坐向右，上施帷幕，榜題『萊子父母』四字。左綴一獸，右一人跪向左，手持杖，杖頭横飾鳩鳥，右手向地，下有盤盂，榜題『老萊子』三字。次一婦人，手持節旄，向左立，前一兒拱手回顧，一榜二行，首題『乳母』二字，次題『□季載』，上泐一字，『季』字半泐。案此，即文王子冉季載也。

《史記・管蔡世家》云：『同母昆第十人，冉季載最少。』此與後康叔封等稱名同。婦人右一人執版，向左拱立，次男婦二人，並坐向右，上施帷幕，一榜題『文王』二字。左一人侍立，右立九人，皆有題榜，而泐其三，存者惟『伯邑考』『□王發』『周公旦』『蔡叔度』『□寸霝』『康叔封』六榜而已。『霝』上是『叔』字，蓋即霍叔處。第三層，三人並坐向右，內一人舉手作指顧狀，座前羅列尊俎盤盂，前跪二人，一向缶舉勺，一以手指俎。一人長袖起舞，兩足立礎上。一人兩手據礎，兩足向上，倒垂其首。一兒橫伏於上，中間一盆，蓋燕饗樂舞之事也。次四人，左右相向立。次車馬各三，有蓋有厢，皆向右，祇見御者三人，餘殘泐。前後四榜，俱無字。第四層，作庖厨事，有一器如桶，二人並立，各以手拊之，上飛二鳥。次男女二人，向井汲水，綆繫木架上，架端一鳥，架旁一人，執物如犬倒垂。左一人舉手，似相助者，一盆內盛雁鶩，二人對立，同向盆中燖之。上綴一鳥，次一大盆，盛一豕，左右對立二人，一案其首，一執其蹄，上有大鳥垂翼向下。次一人，左手執物，右牽一牛，向右行，上綴一鳥，尾有三羽，次皆泐。此下有橫綫，刻棗核形。

第八石，上鋭下平，中高一尺九寸，廣六尺四寸，凡三層：上層，左二獸，右一龍一鳳一鳥，又二人皆鳥身，餘泐。中層，一人右向坐，左手指右，右手執劍，榜題『此秦王』三字。後一人，執弓矢侍立，前跪二人，一撫琴，一拍掌，皆左向。右侍一人，執刀盾。又一人，手曳其衣，上半已泐，空處綴一鳥。次二人，一冠服，一常服，相向立，榜題『侍郎』二字，『郎』字已泐。次一人，冠服，執物向左立，榜題『魯秋胡』三字。前有二婦人，皆舉手向左。又一婦人，有兒曳其衣，榜題『秋胡婦』三字。胡字从『吉』，漢鏡銘嘗有之。兒上有小鳥一。次一人，冠服，向左立，榜題『齋王』二字，『齋』即『齊』字。左一婦人相向，祇露其首，下有一物，祇存上半。齊王右侍姬二人，又一人執版拱立。下層，一車一馬左行，蓋下坐二人，一執版，一御者，騎導一人，中綴小樹，車後一人已泐。次左一車一馬，蓋下坐二人，有榜無題，騎導一人。次一車一馬，車有蓋、有厢，祇露執符一人，騎導一人，左一人執版向右立。

第九石，形製、尺寸同第八石。上層，中坐一人，肩兩翼，座下雲氣繞之。左一人，以手搏其肩。右侍一人，執符，身俱有翼。又左右向四人横飛，皆鳥形。有一龍一鳳，左角一大鳥半泐。中層，一人冠服，左向立，一手上舉。一人亦冠服，卧地，膝間一物似兵器，榜題『此齊桓公也』五字，即曹子劫桓事。右執弓、執矢、執劍者各一人，執版者三人，俱左向立。左冠服者一人，右手執弓，左手向右指，後隨三人，一執版，一兩手空舉，一曳舉手者之袂，俱右向。一人左向立，回首右顧，一手指向左，左三馬具鞍轡無人，上有小鳥，下有小樹。右角似有一人如獸，半泐。下層，一車一馬左行，車全泐，祇露執符者之袖，榜題『君爲都□時』五字，『都』下似『中』字。車後似有二人，步導二人，俱一手執符，一手執桿。次一車一馬，蓋下坐二人，一執符，一御者，榜題『五官掾車』四字，騎導一人。次一車一馬，蓋下二人皆泐，榜題『君爲市掾時』五字，步導四人，二執符杆，二執節旄，皆泐下半。

第十石，高九寸，廣四尺，上下横界二綫。一車一馬左行，蓋下坐二人，榜題『主薄』二字。車後一人，執版隨行。次一車一馬，左行，蓋有四柱，左右有廂，中坐一人執符，榜題『爲督郵時』四字。右角一鳥，長尾，口銜物，左角一鳥向上。步導二人，皆執符杆，一榜存數筆，似『二卒』二字，不類諸題，蓋後人所刻也。次一車一馬，左行，蓋下坐二人，榜題『行亭車』三字。騎導二人，車左二獸，一半泐，馬左一鳥。此石翁閣學失録。

第十一石，高二尺，廣二尺九寸，凡三層：上層殘泐，略見雲龍形。次一人，舉手向左，榜題『荆軻』二字，一人在後挾制之，手向右指。右一人執刀盾向左，荆軻足旁一人伏地，榜題『秦武陽』三字。左立一柱，柱間一匕首，柄有垂帶，下虚縣一物，蓋所絶之袂也。柱左虚設一座，鏤刻甚細，座前有雙履，上一人執刀盾向右立，前一人左奔，右手執物高舉，左無袖，殆秦王也。一榜上泐，祇存『也』字。次二人，執戈卧地。中層，一車一馬左行，車有篷，祇露御者，有榜無題，騎導一人，後綴一鳥。次一車一馬左行，車有蓋有廂，廂有牖，前坐一人，後坐一人，有榜無題。下層，一車一馬左行，蓋下坐二人，榜題『行亭車』三字，一人執版俯隨，上有一鳥，下有小樹。次一車一馬，左行，車廂上覆五席，祇露御者一人，手似執物，有榜無題。

第十二石，高二尺，廣二尺三寸，凡四層：第一層，作人獸雲龍文。第二層，二婦人捧一盤，左右相向跪，下置一物，乃承盤者。右跪三婦人，皆執鏡奩、盥盂；左跪三婦人，皆右向。第三層，一車一馬左行，蓋下前一人執版，後一人弢弓佩劍，榜題『道吏車』三字，『道』即『導』字。車後一小樹，車前一人如鳥，騎導二人，上綴一鳥。第四層，一車一馬左行，蓋下坐二人，榜題『主薄車』三字。車前一獸，騎導三人，皆模糊。此石翁閣學亦未録。

第十三石，高二尺，廣二尺三寸，凡四層：第一層，一人作鳥形，右一鳥三首，而又有一首如馬，左一大鳥雙首，又一小鳥皆左向。第二層，蓂莢一本十五葉，右一人摘之。次一樹六椏，椏各一葉下垂。次一大樹，枝葉甚茂，右一人摘之。次石甃一臺，臺中一苗向上，獨葉如焦，右一人以刀斫之，左一人兩手攀臺，身皆有翼。上有二鳥，皆具人形，左右橫飛。第三層，上施帷幕，一婦人左向坐，一人跪持匕[四五]餔，作哺食狀，左一人捧盂右向立。次上施帷幕，下有座如土阜，左一人拱跪，一婦人拱立，一樹六椏，垂四實。第四層，一車一馬左行，蓋下坐二人，榜題『賊曹車』三字，騎導二人，左一人右向立，捧物如幣。

第十四石，高二尺，廣三尺，畫甚參錯。前岑樓三層，後分四層，此樓規制宏麗，刻劃工緻。上層脊簷分立，二人上半已泐，樓前横施闌檻，檻外屋瓦鱗次，樓中一女左向坐，右一女執符侍。右柱外一人，左向立，左侍一女，持盃以獻，一女拱手隨之。左柱外一女捧盤，内有四器，一女持盃隨之，後有一缶。次一小竈釜，上有蓋，左右二人執物相向，以手拊蓋，一人執魚在後。此層之上，一人正坐拊瑟，上半泐，左一人跪扶之，旁有一器如屏，一人坐而拍掌，一人吹洞簫。樓之中層，一人冠服坐，左侍一人，持盂以獻，後隨一人，皆冠服。右柱外一人，左向立，左柱外一人，左手捧盂，右手執盃。後隨一人，左手捧盂，右手執匙，一人捧盤，中有盃筯，皆常服。後置三盂二盤，左一人作俯身取盤狀，其下限以瓦脊，别立一柱措之。下層右柱外，一人冠服左向立，柱内一人拱手跪向左，設一梯，梯立一人左向，左一人捧盤，内貯數器授之。左柱邊一人捧盂，柱外一人捧盤，内貯一尊一盂，皆右向。側柱外有竈，有釜，有水甕，甕口有瓢，一婦人俯而執炊，上縣雞一、鴨一、魚一、豕首肘各一，右一人舉手取之。

第十五石，高一尺，廣五尺，上下横界二綫。中列一車一馬，蓋下坐二人，左有一鳥，騎導一人，執物如筒帛。次一車一馬，蓋有五柱，中坐二人，有榜無題，步導二人，各執符節。次一車一馬，蓋下坐二人，騎導者一人，上綴一長尾鳥、三小鳥，下有小兒執兩物，其一如帚，又一鳥伏地。馬左一人，執版向右立，後有一兒執物覆之，形如羽扇。前後凡四榜，皆無題字。此石及第十四石，翁閣學皆未録。

右武氏前石室畫象十五石，黄小松以始獲時在武梁畫象之前，即定爲前石室。今嵌於武氏祠壁間，原次難考，嘗立時隨意標刻數目以便識記，今姑仍其次入録。然如第五石，形製同第二石，其二層列二十二人，亦是孔門弟子，不應分間也。内有刻古帝王、忠孝烈士奇跡，皆同武梁畫象，亦用分書題識其名，惟不作韻語耳。此刻洪氏未見，故《隸釋》不載。偃師武虚谷億跋云：『攷《天問章句·叙》云：「屈原見楚有先王之廟及公卿祠堂，圖畫天地、山川、神靈，琦瑋僪佹，及古聖賢怪物行事。」此亦師其意而爲之。漢人祠宇墓室大率如是，至其圖畫精古，尤足珍也。』

武氏後石室畫象十石

無題字，在嘉祥縣武氏祠。

第一石，高三尺六寸，廣四尺五寸，凡三層：第一層，自左而右皆右向，邊似有重輪者五，祇露其半，輪中皆有游魚。右雲繞一車，四魚夾轅而駕。車有蓋，有四柱，中坐二人，一執符，一御者。後一人執版隨之，前一人執版左向跪迎，有雲繞之。其餘衛士皆騎魚，似執干戈、刀盾，雜以魚龍及人首鳥身者，手足如人而魚身者。又有蟾蜍形者，有黿形者，有獸頭魚身者，皆執干戈。前導六，榜無題。第二層，自右而左，二婦人共持一器，左一婦舉手作取物狀，一婦持杵，下有臼，上有二雞。一人負物如耒耜，一婦抱兒，一人俯而操作，上有一鳥，一人俯而執斧，上亦有一鳥，多殘泐。左二人前向，有一鳥橫飛，一人手持盌，一人持勺與之。下置一甕似乞漿者，前後五榜無字。第三層，人物有冠毋追者，有執耒耜者，有冕服者，肩皆有翼。又有具冠服者，或立或跪，有婦人服者，有人首鳥身者，多缺泐難辨。二榜無字。

第二石，高三尺五寸，廣四尺六寸餘，横界一綫，分二層：上層自右而左，雲擁一車，無蓋，坐一婦人，御者一人，有三龍駕之，皆有翼。後二龍，一人騎之，一人立於上。前導三人，皆騎龍，人各有翼，一人執版右向立，餘雜綴飛龍、鳥獸及人首鳥身者。下層之上自右而左，一神正坐，冠五棱，有翼，左右各侍二人，内一人似執花枝有三實。一神亦有翼，正坐，冠頂正方下有二翅。右侍二人，分上下，執版跪。左侍一人，下有一鳥右向，有兩手若獻物者。左一車一馬，車有厢有蓋，坐一人，手攀馬尾，馬有翼，車後一人，兩手拊車。又二人，一拱手顧左，一執版，人各有翼，下雜綴雲鳥。內有二人首鳥身者，一榜無字。下層之中，一車一馬右向，馬有翼，車有厢有蓋，坐一婦人，車後一人冠服執版右向，有雲繞之。次一人執版左向，一人右向左顧，一人執版右向立，皆冠服，周繞雲鳥、人物無數，人皆有翼。下層之下，有屋半間，柱內一婦人左向立。柱外有别室，衹露一柱，中立一人常服左向。左有三帳，一帳有婦人，一帳人有翼，一帳外有二人相背立。其執干盾，皆有翼。左執戈者二人，冠服者一人，皆右向。次一車三馬，向左行，車有厢有蓋，有四柱，坐一人左向顧，右前二馬左右向，皆具鞍轡。三榜無字。

第三石，高三尺五寸，廣四尺七寸，横界三綫，分四層：第一層，自左起，一神拱坐雲端，有翼，後二人擁之，亦有翼。右三龍，皆有翼，一人攀其尾，一人人首鳥身攀其角，後又一龍隨之。次二人，皆騎龍，一人攀其首，二人攀其尾，後有雲繞之，人與龍皆有翼。次二人，騎龍而前，狀如左。又一人，龍首鳥身隨之。次二人，冠服執版，左向跪，後立一人，亦執版左向，角有一龍首下垂。二榜無字。第二層，亦自左起，一神坐雲中，首戴冠五梁，氣象威嚴，兩手執槌杵。座前有二繩分左右，各有三人傴僂用力牽之旁有二柱，柱上有物如鼓。左侍一人，作張口吹物狀。上下二小人，作攀援狀，皆有翼。右二神女，一挈瓶，一仰首執罍。前有二龍垂首著地，上交其尾，龍爪拏攫向外。上有一神，傾罍向下。龍左右二神，手執槌杵。又一神，在龍尾相交處，右手執杵，左手舉槌向下，下一人披髮伏地。右三人皆有翼，雲鳥擁蔽之。内一人執盂，餘祇露面，其下男婦小兒三人，或跪或立，皆披髮拍手。前後二榜無字。第三層，自右起，一人左向，右手舉一孩，張口嚙其足。左一人正立，人首獸身，左手執刀，右手執物，首間亦有一物，兩足皆挾兵器如弓矛。下有小鳥，一人執刀及弓錐。此三人首皆雙，了〔四六〕下有異獸。一人一手挈瓶，一手執器，形如半月。一人右執器如半月，左執器長柄端作方形，中有鏤文。一人右執器，長柄曲其項，項端著器亦方形，左執一盂，張口披髮，皆右向。下有二魚，左異獸三，下伏一孩，左一人捧罍，下一人執刀，又一人執刀立於後。凡八榜，皆無字。第四層，亦自右起，一人騎馬向左，旁綴一鳥一樹。左一人負獸如豕，一人負虎，上一人横撲之。中間又一虎，負豕、負虎者各曳其足，下有二犬，左一樹如蕉，一人兩手拔之。一獸亦如豕，右一人曳其尾，左一人搏之。下又一獸如豕，一人曳其足，一人向後推之。最左一虎，祇露其首，口銜一矢，一人右向回顧之。下又一獸，半泐。二榜無字。

第四石，高三尺，廣四尺八寸，横界三綫，分四層：第一層，自右起，雲繞一車，有厢有蓋，坐二人，車前駕三獸，一人牽之，車後二人皆騎獸。又一人左向坐，張口作吹物狀，一小人抱膝立其下。左有二獸，一鳥半泐，一人騎獸前驅，人皆有翼。又一人，冠服執版，右向立，皆有雲氣擁之。第二層，自左起，一神高坐，手執椎杵，左右二繩，六人右向分曳之，下繞雲氣，有二柱縣二物如鼓，左侍二人。右二人，各曳二帶飄向左，帶有鏤文。其下雲繞二龍，一龍上有一人，左執盂，右執瓶；一龍上二神，各執椎杵向下。下一人披髮伏地，後跪二人披髮，兩手向上，上綴雲鳥，此與第四石第二層大略相同。第三層，自右起，一人身軀特大，口作吹物狀，左雜綴雲龍、鳥獸及人身有翼者。第四層，自右起，一車一馬，車有廂有蓋，中露坐者一人，步從、騎導各一人，騎者執物，上下雜以雲龍、樹鳥及人身有翼者。左一人高坐，下遶雲氣，首冠左右髟纓如翼。座旁一繩自左繞右，直向右亘，繩貫七黑毬，狀如小鼓。末一鼓，有人以足抵之，手執一鼓。座前四婦人，皆左向，二立二跪，下有披髮者一人，僅露其面。座左三人，執版侍立，下有雲氣，餘綴龍鳥。

第五石，高三尺一寸，廣四尺八寸，横界三綫，分四層：第一層，自右起，雲繞一車，車有廂有蓋，上蟠雲文，中如雉尾，三鳥駕車，皆長尾獸蹄。車坐二人，後隨一人，前導二人，皆騎獸。中有一鳥，下有小人，左三鳥有翼，下一小人，左三龍有翼，一人攀其頸，人皆有翼。其上露一鳥首，左一人冠服右向立，手舉向右，後綴一鳥銜物。第二層，一人執矩，右一人亦執物，身皆如蛇，以尾相交，此與前伏戲象同。右侍三人，一執符左侍，二人一執符，一人首而似有二身。次九人，或左向，或右向，有一首二身者，有一首二身相交者，有兩人相背而交者，有二人作鳥形相交者，人皆有翼，雙足若鳥，尾各擁雲氣，間以小鳥。第三層，自左起，雲繞一車，三龍駕之，車有廂有蓋，中坐二人，二人騎龍從之，手執長旛，中有鏤文。右四人騎龍執旛，又一人執旛向左立，前有一小人執物跪，餘綴雲鳥，亦有攀龍行者，凡人皆有翼。第四層，自右起，四人向左立，身皆有翼，冠有髟纓者二，左皆魚鳥、雲龍及人身有翼者。又一獸有翼，一人執其耳，一人曳其尾。

第六石，高一尺六寸，廣七尺五寸，上半皆車馬導從之屬，凡五段，多殘泐，存四榜，皆無題，下半横界四綫，分四層：上刻棗核形，次反覆連環文，次水波文，次山形。亦多泐。

第七石，高三尺，廣六尺五寸，上半横界四綫，刻文同前。下半有一橋，橋上皆車馬、武士攻戰之事，橋下二舟，亦作擊刺狀。餘綴魚鳥、草樹及漁者。亦多泐，一榜無題。此與前石室第三石相似。

第八石，高二尺，廣六尺七寸，上鋭下平，上存一龍左向，餘則車馬、人物。下界一綫，亦車馬、導從、干盾、武士之類。皆泐，一榜無題。

第九石，高二尺，廣六尺七寸，上鋭下平。有一橋，左右皆車馬攻戰事，綴以飛鳥，橋下有人獸魚鳥。亦與前石室第三石相似，後半模糊難辨。

第十石，高二尺七寸，廣六尺五寸，上鋭下平，分三層：上層一神拱坐，有翼，左右人物皆泐。横界二綫，刻枣核形及山形。中層横界一綫，凡二十人，手皆執簡，似亦孔門弟子。下層，車馬導從之屬皆泐。

右武氏後石室畫象十石，亦黄小松所得，今嵌祠内壁間。畫多怪異，皆無題字，惟一斷石柱正書『武家林』三字，乃後人所刻也。

武氏左石室畫象十石

惟一石，有題字，八分書，凡十榜，在嘉祥縣武氏祠。

顔淑獨處，飄風暴雨。婦人乞宿，升堂入户。燃蒸自燭，懼見意疑。未明蒸盡，搚苲續之。

彦氵握火

乞宿婦

此三榜爲一幅，在第一石上層之右。

公子□□魏信陵君虛左扌□□□□□侯嬴□□□侯朱亥言語夕 □□□□□不改侯嬴。

此二榜爲一幅，在第一石上層之中。

王□□□[四七]獲於楚，陵爲漢□[四八]，與項相距[四九]。母見漢使曰：『□長者，国[五〇]伏僉[五一]死，以免其子。』

此一榜爲一幅，在第一石上層之左。

義才范贖，陳留外黃，兄下闕。

贖詣寺門，求代考軀，□下闕。

外黄獄史

范贖兄考

此三榜爲一幅，在第一石下層之右。

上闕。令

此一榜爲一幅，在第一石下層之中。

第一石高二尺，廣三尺六寸。首有雲文，已泐，下界一横綫，中刻棗核形，下刻山形。畫分二層，自右起，上層一室二柱，簷角飾二獸，室中一婦人拱跪，榜題『乞宿婦』三字。右一人仰面，右手執火，左手向屋角抽薪，榜題『彥氵[五二]握火』四字，上二字半泐。柱左榜題二行，凡三十二字。《詩·巷伯》傳云：『顔叔子獨處於室，鄰之釐婦又獨處於室。夜，暴風雨至，室壞，婦人趨至，顔叔子納之使執燭。放乎旦蒸盡，縮屋而繼之。』，即其事也。惟此云『燃蒸自燭』，又云『摍苲續之』，皆與彼異。案：『苲』即『笮』字，錢辛楣少詹云：『何休注《公羊》云「禮，取其[五三]廟室笮以爲死者炊沐」，則笮可爲薪矣。「摍之」，言抽，抽屋笮以當蒸燭，二文相須，其義乃備。』左一車一馬，蓋下坐一人，車後一人半泐，榜題『侯嬴』二字。前後綴二鳥，車左榜題二行，凡三十三字，泐十六字，蓋圖魏公子迎侯嬴及嬴下車見朱亥事，事見《史記》。次一人，惟存半身，及肩上一獸，右榜題二行，凡三十一字，泐五字。《前漢書·

王陵傳》云：陵，沛人也。漢王還擊項籍，陵以兵屬漢。項羽取陵母置軍中，陵使至，東嚮[五四]坐陵母，欲以招陵。陵母既私送使者，泣曰：『願爲老妾語陵，善事漢王。漢王長者，毋[五五]以老妾故持二心，妾以死送使者。』還，伏劍而死。此即其事。『獲』猶『攫』也，謂陵母爲楚所攫執也。下層，一人鬆髻左向，屈左膝，右脛間繫一木，左手案之，右手舉向左。一人俯首曲身，手執小木作欲擊狀。上一人左向，榜題『范贖兄考』四字。右一冠服者俯身，手向左指，榜題『外黄獄吏』四字。一人執版隨之，右榜題二行，存十七字。『范贖代兄』事不見記傳，『才』即『士』字。『考』字與《詩·山有樞》『弗鼓弗考』同，皆爲『攷』之假借。《説文》『攷，敂也』『敂，擊也』，今俗作『拷』字。次一室有二柱，一人冠服左向坐，右手向左指，左手拊几，一榜上半已泐，存一『令』字。右柱外一人，執物侍立，左柱外一人，冠服執版向右跪。次又一室，衹露右柱，一人執版向左立。兩室間横一獸，前後足與兩簷角相接。下有一獸，作向上攀拊狀。此石右端有州人李鐵橋東琪題八分書五行，云：『漢武梁祠畫象，洪氏《隸續》載之明矣。乾隆丙午，錢塘黄小松搜得前後石室及祥瑞圖，壘於廧壁。已酉秋七月，洪洞梅邨李克正、桂仙劉肇鏞督工建祠，續得左石室畫象十石，隸書一百六字，更爲古人所未見者，即砌壁間，書以記之。』

第二石，高二尺七寸餘，廣六尺四寸餘，上鋭下平，上坐一神，有兩翼，左右環侍人物、鳥獸，多怪異狀。横界二綫，刻棗核形及山形，又横界一綫，凡二層：上層，執簡者十八人，皆右行，亦有回顧者，似皆孔門弟子也，前後有二鳥。下層，一車一馬左行，車中二人，步從一人，執版騎導一人，執筒帛。又一車一馬左行，車中二人，執符者在前，前有一鳥，步導二人，皆執杆。又一車一馬左行，車中二人，執版者在後，騎導三人，前後有二鳥。二榜無字。

第三石，高三尺，廣六尺六寸，碑首横界四綫，中刻棗核形，次反覆連環文，次山形，下分二段，中有直線爲界。前段一牐，牐門甚狹，而河甚廣，左右兩堤如翼。牐口二人冠服，舉手相向。左右二人，執符及筒帛隨之。又右二人，左向立，皆執版。又左三人，右向立，二執版，又一人執版跪而隨之，中綴一鳥一獸。兩隄上右有三人，左四人，各以繩從牐門穿中貫出，人皆倒行曳舟中之鼎，旁綴一龍。左一車一馬，車中二人，車前一人，騎導二人。河中二舟，各有櫂，左舟尾一人持竿舉鼎，鼎中昂一龍首，一人掣其竿。舟中一人及右一舟三人皆舉首觀之。旁有魚鳥紛紛，一鷺延頸啄魚，亦有人向罾中捕魚者。此石無題榜。案《水經·泗水》注云：『周顯王四十二年，九鼎淪没泗淵。秦始皇時，而鼎見於斯水。始皇自以德合三代，大喜，使數千人没水求之，不得。』又云：『繫而行之未出，龍齒嚙斷其繫。』此鼎中有龍，當即其事，與孝堂山所畫南越尉佗鼎不同也。後段分三層：上層，自右起，三婦人向左跪，内一人鼓琴，二人拍掌，旁置二器。左三人，皆冠服右向跪，一以手指撫琴者，一吹簫，一執樂器。左置石礎五，一人横卧於礎，二人左右相向。中層，自左起，一車一馬右行，車坐二人，騎從一人。右一車一馬，車坐二人，騎導一人，手執物。下層，自右起，一人汲井，井有轆轤，旁一人屠獸如犬，雜綴三鳥一獸。左二人，向汲井者。又二人，一執盂，一曳執盂者，袖下蹲一犬，上置一盆，就盆燖雞鶩者二人，旁一人執雁。左一室，有竈有釜，有炊者，上縣雞魚蹄首之屬。屋脊有二獸。

第四石，高二尺六寸，廣二尺，橫界二綫，分三層：第一層，一人冠服卧地，左一人持器向之，右一冠服者執弓向左指，又二人執版向左行。第二層，一人舉璧右行顧左，下一人卧地，右一人執干盾左向立，左一人散髮揚手，一人抱持之。右一柱貫一匕[五六]首，又一絶袂，下有一篋函人首，一榜無字。第三層，一人執矩向右，一婦人執器向左，身皆如蛇，其尾相交向上。中間二小兒，有翼尾，亦相交，兩手相向搏。又左右男女二人，皆蛇尾有翼相依倚，俱有雲鳥擁之。一榜無字。下又橫界二綫，中刻水波文，下刻棗核形。

第五石，高二尺六寸，廣二尺，上界二綫，分三層：第一層，左右各二人，執版相向。正中一壺，壺口有物如珠，壺身蟠一蛇，左右二人顧之。兩榜無字。第二層，一車一馬左行，蓋下坐御者一人，車後一人冠服，手執匙盂，一人跪向作就食狀，旁綴一樹二鳥。車前一人冠服，執版向右立，綴一鳥一犬。前後兩榜無字。第三層，一人卧地，身蟠一蛇，上端又有四物，亦如蛇蠍。右一人左向，身軀雄偉，冠若髟纓，左手執斧，右手向左指。左一人，持槌擊蛇，蛇昂首張口逼之。左角一人，人首鳥身。右角一榜無字。此下橫界二綫，中刻水波文，下刻棗核形。

第六石，高一尺二寸，廣四尺七寸，上刻棗核形，下界一綫，刻山形。此下十三人，皆右向立，手執簡，蓋孔門弟子也。自右數至第十人，當是子路，與前石室第二石同，此惟雞冠垂尾較長耳。五榜無字。

第七石，高二尺三寸，廣二尺三寸，横界二綫，分三層：上層，一室衹露半楹，簷綴一獸，室坐一人，冠服右向。柱外一人，執版向左跪。柱間有梯，一人升梯，肩負一器，曲柄圜首。右一婦人，右向立，左手拊膺，右手執弓，膝前兩兒相向。右一人執版左行顧右，一人冠服左向。三榜無字。中層，一人執版，一人冠服，皆左向。左一小人執版佩劍，左行右顧。左三人，二左向，一右向，皆冠有髟纓，手執刀。中間一器如壺，口銜二珠，右向者手案之。三榜無字。下層，一車一馬向左行，蓋下坐二人，前有小鳥，騎導二人，一人右向迎立，似執物。三榜無字。

第八石，高二尺二寸，廣二尺三寸，横界三綫，分四層：第一層，一人右向坐，衣有回環文。右跪一人，左一老人右向坐，右跪一人，以右手拊老者之背。左一人磨淛，衹露劍首。右一人，左向跪拜，一人執器跪於後，上有二鳥。第二層，一婦人抱孩而坐，右立一婦人左向，又三人冠服，皆執版左向跪。次左坐一婦人，持鏡自照，右一婦人跪向之。又一人冠服執版，亦跪向。四榜無字。第三層，一人立座上，冠三棱，身軀甚小。右立一人，手執曲柄蓋覆之，蓋形如縣鐘。又三人執版左向立，左一人冠服捧物右向跪。又二人執版右向立。此與後卷洪福院成王、周公一幅頗相類。第四層，一車一馬向左行，蓋下坐二人，御者在前，右角露一馬首，前有一獸，騎導三人，内一人執物如筒帛。

第九石，高二尺二寸餘，廣四尺八寸，横界一綫，分二層：上層，岑樓二層，左右阿閣二層，規制略同前石室第三石。樓上層一人正坐，左右二人侍立，左執盂，右執鏡。又左侍三人，右侍二人。左柱外二人，右向侍；右柱外一人，左向侍，手執物，端綴三珠。人皆女象。左右阿閣柱外各有一人，相向立。樓下層上施帷幕，中坐一人，冠服左向，右手向左指，左手執物如簡册。座前二人，執版伏地跪拜，中置一器如斗柄。左一人右向立，冠服，執版佩劍。左柱外一人，執版右向立。座右一人左向，執物如筒帛。右柱外一人，執版左向立右顧。阿閣柱外一人，執版左向立。上層左閣外，冠服跪者五人，一人左向執物，四人右向，内三人執版。下合歡花一本，枝葉糾結，上集群鳥，左一人彎弓射之。花下左一車，右一馬，中間小鳥。下層，一車一馬左行，車有蓋，角有四柱，中坐二人，前者執符，一榜無字，步導二人皆執雙杆，騎導二人皆執旛。又二車二馬左行，車有蓋，中各坐二人，在後者執旛。一榜無字。

第十石，高三寸，廣六尺，列五銖錢九十枚，以四繩錯綜貫之。錢文『五銖』二字在面平鋪石上，錢在右則文左向，在左則文右向，以三枚、二枚相間貫之。石之兩端，凸出向下數寸，右端刻一獸形，左端刻二人半身，一正向，一左向，皆黑地白文。

右武氏左石室畫象十石，乾隆己酉秋李鐵橋等平治祠基時所得，翁閣學《兩漢金石記》未及載入，兹爲釋文於前。小松又得武祠畫象殘石二：一高四寸，廣六寸餘，中一小馬，右題『此□□金□□』，可辨者祇二字；一高三寸八分，廣四寸餘，中一婦人冠服正坐，右缺，左侍一人，又露一鳥首，與第十石兩旁凸起者相類，殆一室之物也。今製爲硯，坿記於此。

武氏祠南道旁畫象

無題字，在嘉祥縣武氏祠南三里許道旁。

右石高二尺，廣五尺。自左起，一車微露其輪，三獸駕車。右一車一獸，蓋下坐二人，騎導可見者凡十八人，皆騎獸，有角如鹿。步導一人，皆執戈矛之屬。其前大小獸皆右向，有二獸執弓執矛作擊刺狀，餘雜綴雲鳥。畫多模糊，不能詳記。

武氏祠東北墓間畫象

題字一榜，八分書，在嘉祥縣武氏祠東北半里墓間。

右石方廣二尺，橫界二綫，分三層：上層，一車一馬左行，車中二人，馬上立一人，一榜祇露『也』字，步導四人，執符執杆。中層，前段已泐，後段五人皆左向。下層，騎者三人，執杆導者二人，左二人執版立。畫俱殘泐，但存影迹。此與上一石亦乾隆己酉秋李鐵橋等營治祠基時得之。

【校勘記】

[一]『夫=』，《金石萃編》卷四《琅邪臺刻石》作『大夫』。

[二]『夫=』，《金石萃編》卷四《琅邪臺刻石》作『大夫』。

[三]『大=』，《金石萃編》卷四《琅邪臺刻石》作『大夫』。

[四]此二闕字，《金石萃編》卷四《泰山石刻》作『丞相』。

[五]『夫=』,《金石萃編》卷四《泰山石刻》作『大夫』。

[六]此闕字,《金石萃編》卷四《泰山石刻》作『德』。

[七]『三』,《泰山道里記》作『二』。

[八]『按』,原作『桉』,誤。

[九]北宋政和六年,濟南始稱府,《山左金石志》誤。據《宋史》卷二一《徽宗三》記載:政和六年八月己丑,『升晉州爲平陽,壽州爲壽春,齊州爲濟南府』。

[一〇]此碑現存濟寧博物館漢碑室,碑文漫漶殊甚,拓本收録於《北京圖書館藏中國歷代石刻拓本匯編》第一册,亦難以辨識。碑文亦載《隸釋》卷六《北海相景君銘》與《金石萃編》卷七《北海相景君碑》。

[一一]『敦』,《隸釋》與《金石萃編》均作『敷』。

[一二]『魯』,《隸釋》卷六《敦煌長史武斑碑》作『曾』。

[一三]『凥』,應爲『尻』。

[一四]『工』,據題榜文字,當爲『王』。

[一五]『末』,《隸釋》卷一六《漢武梁祠畫像》作『未』。

[一六]此闕字,據《周易·系辭下》,應爲『垂』。『垂衣裳』爲典故名,以衣在上者象天,以裳在下者象地,故衣裳製作取象乾坤,遂以『垂衣裳』謂定衣服之制,示天下以禮。後用以稱頌帝王無爲而治。

[一七]此二闕字,《史記》卷一《五帝本紀》作『意之』。

[一八]『佶』,《史記》卷一《五帝本紀》作『嚳』。

[一九]『來』,《隸釋》卷一六《武梁祠堂畫像》作『朱』。

［二〇］「橅」，《隸釋》作「無」。
［二一］「灵」，《隸釋》作「乎」。
［二二］「座」，應爲「坐」。
［二三］「匕」，原作「七」。
［二四］「匕」，原作「七」。
［二五］「庭」，《左傳》卷一〇《昭公二十七年》作「席」。
［二六］「匕」，原作「七」。
［二七］「中」，《史記》卷八六《刺客列傳》作「上」。
［二八］此闕字，《列女傳》卷四《梁寡高行》作「刑」。
［二九］此闕字，高明《漢碑集釋》作「不」。
［三〇］此闕字，《隸釋》卷一六《武梁祠畫像》作「藺」。
［三一］「⺕」，《宋書》卷二九《符瑞下》作「鼎」。
［三二］此闕字，《宋書》卷二九《符瑞下》作「不」。
［三三］「未」，《宋書》卷二九《符瑞下》作「味」。
［三四］此闕字，《宋書》卷二九《符瑞下》作「生」。
［三五］「麟」，《宋書》卷二八《符瑞中》作「麟」。
［三六］闕字未能判斷。據《宋書》卷二九《符瑞下》記載「白雀者，王者爵禄均則至」「白象者，人君自養有節則至」「白狐，王者仁智則至」「白鹿，王者明惠及下則至」「白麞，王者刑罰理則至」「白烏，王者宗廟肅敬則至」「澤馬者，王者勞

來百姓則至」,可以大致推測其意。

[三七]闕字未能判斷。據《宋書》卷二九《符瑞下》記載「白雀者,王者爵禄均則至」「白象者,人君自養有節則至」「白狐,王者仁智則至」「白鹿,王者明惠及下則至」「白麞,王者刑罰理則至」「白烏,王者宗廟肅敬則至」「澤馬者,王者勞來百姓則至」,可以大致推測其意。

[三八]闕字未能判斷。據《宋書》卷二九《符瑞下》記載「白雀者,王者爵禄均則至」「白象者,人君自養有節則至」「白狐,王者仁智則至」「白鹿,王者明惠及下則至」「白麞,王者刑罰理則至」「白烏,王者宗廟肅敬則至」「澤馬者,王者勞來百姓則至」,可以大致推測其意。

[三九]闕字未能判斷。據《宋書》卷二九《符瑞下》記載「白雀者,王者爵禄均則至」「白象者,人君自養有節則至」「白狐,王者仁智則至」「白鹿,王者明惠及下則至」「白麞,王者刑罰理則至」「白烏,王者宗廟肅敬則至」「澤馬者,王者勞來百姓則至」,可以大致推測其意。

[四〇]此闕字,《漢碑録文》卷一作「者」。

[四一]此闕字,《枕經堂金石書畫題跋》卷二作「則」。

[四二]此四闕字,《宋書》卷二八《符瑞中》作「王者任賢」。

[四三]「□□則□」,《宋書》卷二八《符瑞中》作「百姓則至」。

[四四]「尺」,應爲「寸」。

[四五]「匕」,原作「七」。

[四六]「了」,語義不通,或爲「之」字。

[四七]此三闕字,《漢碑集釋》作「陵母見」。

［四八］此闕字，《漢碑集釋》作『將』。

［四九］『距』，當爲『拒』。

［五〇］『囙』，當爲『因』。

［五一］『僉』，當爲『劍』。

［五二］『彥氵』，當爲『顔淑』。

［五三］『毀』，《春秋公羊傳註疏》卷一三作『其』。

［五四］『嚮』，《漢書》卷四〇《王陵傳》作『鄉』。

［五五］『毋』，《漢書》卷四〇《王陵傳》作『毋』。

［五六］『匕』，原作『七』。

卷八

東漢石

孔廟置百石卒史碑

永興元年六月立，八分書。碑高六尺，廣二尺八寸。在曲阜縣孔廟同文門西側。

案：魯相乙瑛爲孔廟置百石卒史，守廟，掌領禮器，典主春秋饗禮，請於司徒、司空，奏聞，制：『可』。時在元嘉三年三月廿七日。未幾，乙瑛去官，後相平以孔龢應詔，時在永興元年六月十八日，蓋一年事。至六月，則已改元矣。碑立於是時，去鍾繇甚遠，宋張稚圭題爲『後漢鍾太尉書』，何其不審耶？

孔謙碣

永興二年七月立，八分書。碑高二尺五寸，廣一尺五寸，上圓下平。在曲阜縣孔廟同文門西側。

《隸續》云：『此碣甚小，一穿微偏左，有暈一重，起於穿中。復有兩暈在右，其一甚短，與他[一]碑小異。』今以碑證之，文後尚餘兩行，穿在正中，不知洪氏何以謂其微偏也？碑中磨滅者惟『謙讓』

二字，餘皆可辨。《縣志》云不存一字[二]，殊未然矣。

孔君碣

永壽元年立，八分書，篆額。碑連座高三尺，廣一尺五寸，上圓下方，邊界二綫，周刻回文。在曲阜縣孔廟同文門西側。

孔君之墓額二行，行二字，徑二寸。

□永壽元年乙未青龍□□□□□□

□□□□孔子十九世孫□君□□好

學□□□□□□履方約身□□□□

□□□德施州里朝廷□□□□□五

官掾守長史兼行相事所在□行□□

□□□□於戲哀□□□□□□□□

吉安者□□□□刊石建□□示後□

□□字□□□□此□□□

右碑文八行，行十五字，字徑一寸。乾隆癸丑暮春，錢唐何夢華元錫得於聖林牆外，移置廟内，别立碑以識其處，元爲記之。文中可辨者五十二字，孔君名字無存，惟云『孔子十九世孫』，當是孔宙、孔彪兄弟行也。此碣規式異於諸碑，自趙氏《金石録》已云漫滅，況又閲數百年，宜其存字無多也。

魯相韓勑造孔廟禮器碑

永壽二年九月立，并陰及兩側俱八分書，碑高五尺三寸，廣二尺四寸，厚六寸五分。在曲阜縣孔廟同文門西側。

案：此碑文辭古奥，别成一體，諸家皆考核無遺。碑末自『韓明府名勑，字叔節』八字以下三行，皆捐錢諸人名氏，與碑陰、碑側連屬，間有字體參錯不齊者，皆增書也。碑陰第三列『謝伯威』『高伯世』下有『熹平三年，左馮翊池陽項伯脩來』八分書三行，凡十三字，筆畫極細。翁閣學嘗得舊拓，樵以示人。今以洗石精拓本辨之，其前後二行尚有影迹，中間『左馮翊池陽』五字則磨泐無存矣。

郎中鄭固碑

延熹元年四月立，八分書，篆額。碑高六尺，廣二尺四寸餘，上鋭下方，額下有穿。在濟寧州學戟門西側。又殘石高六寸，廣一尺五寸餘，今嵌明倫堂東壁。

右碑全文已載翁閣學《兩漢金石記》，鄉來拓本惟存上段，自雍正六年州人李鶠得下段殘石於泮池，其子東琪又於乾隆四十三年同藍别駕嘉瑄將此碑升高出土之上重立，復出中段，較洪氏《隸釋》所缺無幾。碑云『造眛俒辭』，案《玉篇》：『俒，戾也，九委切。』此與上文『犯顔謇諤[三]』之意正合。又『建□共墳』，『建』字下，洪釋闕，今驗拓本，確是『防』字。案《爾疋·釋地》[四]：『墳，大防。』李巡云：『壙謂厓岸，狀如壙墓，名大防也。』孫炎云：『謂隄也，壙之有防，所以護衛兆域者。』此因孟子祔葬，故云『建防共壙』，其義自明。又『昔姃公□[五]武，弟述其兄』，『姃』即『姬』字，乃謂周公頌述武王，於此見撰碑者爲鄭君之弟矣。銘云『頤親誨弟，虔恭竭力，教我義方，導我禮則』，又云『奉我元兄，修孝罔極』，皆其明證。又文内『琦、瑤延以爲至德不紀』云云，『琦』『瑤』當是鄭君二子之名，蓋其弟從兄子之請而撰此銘也。

泰山都尉孔宙碑

延熹七年七月立，并陰俱八分書，篆額。碑高九尺餘，廣三尺，厚六寸餘，上圓下方。在曲阜縣孔廟同文門東側。

此碑有額，而首行復作標題，漢刻中僅見也。碑陰有題額『門生故吏名』五字，與《鄭季宣碑》同，惟此作直書，與彼横書異耳。第三列，『平輿謝洋』，『輿』字碑石凹下二三分，蓋刻時因誤鑿去，復又補刻也。碑有穿，在篆額兩行之中。碑首起四暈，至篆字止。碑左側題『大中元年四月廿四日，同邑大夫臧公謁先聖陵，謹記』，正書，三行，左行字徑寸餘。又題『朝議郎、前行蘇州常熟縣令、上柱國、蔭縣男、食邑三伯户、賜緋魚袋高元度，□□將仕郎、前守宣州廣德縣尉裴章』，正書，三行，左行字徑寸許。右側題『太子中舍同判兖州梁辶、著作佐郎崔暨、四十六代孫文宣公佑，同謁先聖陵，大宋天聖元年癸亥季秋望日，進士劉炳題』，正書，二行，徑八分。皆唐宋人謁聖陵留題也。蓋此碑嚮在宙墓前，于乾隆某年間始移置廟内耳。元又案：漢碑多有穿、暈者，此沿周制也。《禮記·檀弓》曰：『縣棺而封』。鄭氏注云：『不設碑繂，不備禮。』又曰：『公室視豐碑，三家視桓楹。』鄭氏又據《周禮》及《喪大記》爲注云：『豐碑，斲大木爲之，形如石碑，于椁前後四角樹之，穿中于間爲鹿盧，下棺以繂繞。天子六繂四碑，前後各重鹿盧也。四植謂之桓。諸侯四繂二碑，碑如桓矣。大夫二繂二碑，士二繂無碑。』孔沖遠疏云：『繂，即紼也，以紼之一頭繫棺緘，以一頭繞鹿盧。既訖，而人各背碑負繂末[六]，聽鼓聲，以漸却行而下之。』據此數義，知古人墓碑有穿以貫鹿盧，其繂繞鹿盧，横而斜過碑頭，碑頭爲此暈以限繂，使之滑且不致外脱，如今石井欄爲綆所漸靡之形矣。漢碑有穿有暈，此必效三代遺制，其暈左垂者右碑也，右垂者左碑也。又《國策》曰：『昔王季歷葬于楚山之尾，欒水齧其墓，見棺之前和』。元謂『前和』即『前桓』，『桓』『和』古同聲，其通借之迹甚多。《漢書·酷吏傳》如淳注，《書》『和夷底績』鄭注。言『前和』，明有『後和』，即四植之義也。

執金吾丞武榮碑

無年月，并額俱八分書，額陽文。碑高七尺三寸餘，廣二尺六寸餘，上鋭下方，額下有穿。在濟寧州學戟門西側。

右碑文字考證，近日翁、錢諸公言之詳矣。又案：碑末『萬世諷誦』，『誦』字宜讀如『容』，始與上句『遠近哀同』叶韻。《詩·小雅》『家父作誦，以究王訩』，又《楚辭·九辨》『自厭按而學誦，信未遠[七]乎從容』，皆是也。其云『亦世載德』者，以『亦』爲『奕』也。碑無年月，文稱『遭桓帝喪卒』，則在靈帝改元之初矣，故列於建寧前。

竹邑侯相張壽碑

建寧元年五月立，八分書。碑高二尺二寸，廣二尺五寸。在城武縣學。

碑爲明人截作碑趺，祇存上段，每行十四字，中間凹處又毁四十字，視洪武所見僅三之一矣。本在學宫戟門壁間，乾隆五十六年，知縣林紹龍建亭重嵌，就碑凹處題記之。案《縣志·鄉賢》，有《張壽傳》，事迹多本此碑，惟云『累官右諫議大夫、尚書右丞』，則《志》所增也。又稱：『卒葬文亭山後，墓如陵阜。』今山在城西北一里，又名雲亭山，有古柏數株，傳爲漢唐時物，墓在與否，無可考矣。

衛尉卿衡方碑

建寧元年九月立，并額俱八分書，額陽文。碑高七尺四寸，廣三尺三寸餘，額下有穿。在汶上縣西南十五里平原郭家樓前。

此碑末行下有小字二行，云『□門生平原樂陵石朱登，字仲□□』[八]，泐三字。洪氏謂即文内采石鐫碑之人。不書于陰而坿文後，且不書故吏之名，皆漢碑中變例也。汶上尚有《衡立碑》，爲方同族，屢飭縣官，訪之未得。

魯相史晨奏祀孔廟碑

建寧二年三月立，八分書。碑高五尺五寸，廣二尺七寸。在曲阜縣孔廟同文門東側。此碑陽面附牆，陰面向外，蓋後人重立時之誤。孫退谷《銷夏録》據之，遂致前後倒置。碑下一層字嵌置趺眼，鄉來拓本難于句讀。自乾隆己酉冬，何夢華將趺眼有字處鑿開，于二行下見「崇」字，三行下見「畢」字，四行下見「自」字，五行下見「孝」字，六行下見「明」字，七行下見「歸」字，八行下見「祀」字，九行下見「而」字，十五行下見「魯」字，十六行下見「經」字。後碑亦多六字。從此，全文復顯，殊可喜也。

史晨饗孔廟後碑

八分書，高廣同前。

案：《史晨饗孔廟奏銘》刻于前碑，此後碑叙謁廟饗禮之盛及補牆垣、立會市、治瀆井、設守吏，文分六節，故字畫亦大小不等也。碑稱「守廟百石孔讚」，案《闕里文獻考》云「二十代完，襲封褒亭侯，早卒，無子，以弟讚之子羨紹封。讚字元賓，守廟百石卒史」，與此合。《文獻考》又以孔綱、孔淮爲二十代孫，又云「河南尹晨，字伯時，亦爲二十代孫」，今碑稱「史君諱晨，字伯時」，豈誤以史晨爲孔氏耶？末空處有唐武后時題名五行，拓者多遺之。

陳德殘碑

建寧四年三月立，并陰俱八分書，篆額。拓本。

右碑載牛氏《金石圖》，云：『在沂州東南數十里田間，郃陽褚千峰峻跡得之，曾拓數本，再往則土人埋之矣。自雍正六年以後，此碑遂亡。』元得舊拓本，兩面俱全，祇上段高一尺八寸，廣二尺，上鋭下方，額下有穿，其字體渾厚圓勁，洵漢刻中佳品也。近人以此爲千峯僞造，并云褚嘗親説其僞造之事，無論字之古質，非千峯所能作，且使假託漢碑，旋即自吐，亦何所樂而爲此乎？揆之於理，必無其事，故爲辨之，以諗好古者。

博陵太守孔彪碑

建寧四年七月立，并陰俱八分書，篆額。碑高八尺六寸，廣三尺一寸，上圓下方，額下有穿，兩旁有暈。在曲阜縣孔廟同文門東側。

《隸釋》云：『碑文多用經傳語，「可以託六」爲歇後之甚。』案：此與下句『諸則不宿』及『莫不歸服』爲韵，故省其字耳。『遵王之素』與古、今《尚書》不同，當即『遵王之路』駁文也。段大令玉裁《尚書撰異》未及采此。

豫州從事孔褒碑

無年月[九]，并額俱八分書。碑高七尺九寸，廣三尺一寸，上圓下方，額下有穿。在曲阜縣孔廟同文門西側。

此碑剥蝕幾盡，衹存百數十字，雍正二年始出土，故歐、趙、洪及近時亭林、竹垞皆未著録。碑無年月可系，今以其與弟融争死事在靈帝年間，故列于熹平之前。額右有二暈，起碑首，額左第二字旁亦起二暈，相連如半環，與他刻異。

司隸校尉魯峻碑

熹平二年四月立，并陰俱八分書，篆額。碑高八尺八寸，廣三尺三寸，上鋭下方，額下有穿。在濟寧州學戟門東側。

案：碑云『弸中獨斷』，《説文》『弸，弓彊貌』，言中有彊毅之性，故遇事能斷也。『遐邇忉㤞』，翁閣學云：『《詩》「倬彼甫田」，《韓詩》「倬」作「箌」，《爾雅》「箌，大也」，「箌」有「卓」「罩」二音，疑當時方言「㤞」與「悼」通。』翁説是也，『倬』字或作『箌』，則『悼』字亦可通作『㤞』。『倬』『罩』『悼』皆从『卓』得聲，古音『卓』聲、『到』聲同在一部，本與銘辭上下諸韻合。或以爲字書無『㤞』字，以音義求之，似與『怛』字同，疏矣。碑陰二列，洪氏未見，其中『定陶棣〔一〇〕真』，張力臣釋爲『棣真』，亦非是。

漢熹平殘碑

熹平□年立，八分書。碑高二尺，廣一尺九寸。在曲阜縣孔廟同文門西側。

闕。頁時榮閨閾之中□

闕。行成於内，名立聲著，當獲自天之祥

闕。入年廿有七，熹平二年十一月乙未遘

闕。府君君國濟民，以禮閭風，旌善表德，

此行無字。

闕。嘉珪璋，其質芳麗，其芔敦書，樂古如

闕。君有命必以疾辭，何辜穹倉降此短

闕。戎

此碑上、下、右側三面已殘闕，存字七行，字徑一寸，前四行爲序，後三行乃銘辭也。乾隆癸丑十月，元案：試至曲阜，適黄小松訪碑人訪得此石于東關外，急告，元命人掘土出之，舁至試院，秉燭洗土，審視得七十三字，不全者六字，其『熹平二年十一〔一一〕月乙未』下『遘』字存少半。此卒之年月，非立石年月。如魯峻卒於熹平元年□月，碑立於二年四月也。因移置孔廟，爲題識數語，刻碑後焉。

尉氏令鄭季宣碑

中平二年四月立〔一二〕，並陰俱八分書，篆額。碑高六尺二寸，廣三尺一寸，上圓下方，碑陰額上有垂虹三條，額下有穿。在濟寧州學戟門東側。

濟學漢碑惟此石質最劣，施椎即損。近日拓本較黄小松重立時已殘缺十餘字矣，其文字行次，大興翁閣學言之甚詳，並著爲圖。今細玩碑文十一行，「神人協」下有「寧」字之半，「徽五箕[一三]」上有右旁「真」字，似「慎」字。十四行首有「葬故」二字可辨，皆翁所未及也。碑中「摛」作「擒」，「馥」作「[illegible]」，「思」作「恖」，皆隸之變體，漢人往往如此，無足疑者。

蕩陰令張遷碑

中平三年二月立，并陰俱八分書，篆額。碑高七尺五寸，廣二尺五寸，首圓無穿。在東平州學明倫堂下。

案碑，遷爲穀城長，多惠政，後遷蕩陰令，吏民追思其德，立石紀之。考東漢時，東郡置穀城、東阿二縣，北齊省穀城爲東阿，宋時凡三遷，明時乃遷於穀城鎮，即今東阿縣治。今東阿屬泰安府，在唐、宋、元皆隸東平府。舊志云此碑明時掘地得之，未詳其處，意必漢時穀城舊境也。碑中通借字，近時諸家言之詳矣，惟「爰既且於君」，「既且」二字，顧寧人以爲「暨」字之分，遂疑是碑爲後人摹刻，殊屬非是。元案：「既」，終也；「且」，始也。《詩》「終風且暴」「終温且惠」「終和且平」「終其永懷，又窘陰雨」，「終」皆當訓「既」。《詩·鄭風·溱洧》：「女曰觀乎？士曰既且，且往觀乎？」「既且」即終始之誼，與此可相證也，詳元所撰《釋且》篇。

魯相謁孔廟殘碑

無年月，并陰俱八分書。碑高三尺二寸，廣二尺六寸，厚八寸。在曲阜縣孔廟同文門東側。

□□□□□□□□□吉月令辰欽謁
□□□□□覽□□□日蕩觀林木之□
□□□而□物和陰陽叺興雨假爾攸仰
□□之儒彥□之典謨聖德設章先民有
□□□□□秋□嘗幾以獲福昔在周人
□□□□□□石因而銘之咸自紀蓍夫
□□□□□□□□□□
□□□□□東海兄基人
□□□□□□東海郯人

碑陰

阝王子□□□□□　□□□□□□□□三□胡
□□□□□□□百　□□□□□氵门□五百
□□□五十□□□百　□□□□□夏□三五百

□□□□□□亻□百　□□□亘　□十□□子□百
□□□□十□阝□百　□阝□□□□□治胡子三百
□□□□□□□□百　傅□□□□□□□武光三百
□□□□□□□□百　丁古□□□□県□□三百
□□□□□□□三百　□□宀百五十□叔百五十
□□□□□□□□□　□□□百□□□□□□□

右碑見洪氏《隸釋》，今人題爲『孔宏』者，其誤蓋自牛空山《金石圖》始耳。碑陰洪氏失載，鄉來拓本亦俱無之，乾隆己酉冬，錢唐何夢華洗滌孔廟諸碑，始爲剔出，并得碑側有唐人題名，云『門人徐泗節度掌書記、殿中侍御史内供奉、賜緋魚袋杜兼童、子高質，大唐貞元七年辛未春二月八日』，凡四行。左行碑文存六十六字，較諸家所釋爲多，兹因碑陰未有著録，故并載之。『假爾』即『遐邇』，已見《隸釋》。『兄基』即『祝其』，與郯皆屬東海郡也。

竹葉碑

無年月，并陰俱八分書。碑高三尺八寸，廣二尺二寸，首圓有穿，左角殘缺。在曲阜縣顔氏。

右碑鄉來祇見碑陰題名二列，乾隆己酉冬，何夢華洗石精拓，始知陽面有字七行，漫漶殊甚，惟首行第七字是『之』，二行第六字是『祖』，三行第二字是『造』，餘皆不可辨矣。碑陰存百餘字，吏有督郵、奏曹、辭曹、賊曹、決曹、諸史，縣有文[一四]陽、蕃、薛、卞，皆魯屬，當是魯相紀德碑也。今人以泐文似竹葉，遂稱爲『竹葉碑』云。

魯王墓二石人題字

無年月，篆書。舊在曲阜縣城外，今移城内矍相圃。

府門之卒

漢故樂安太

守麃君亭長

右二石人，一人介而執殳，高六尺八寸，腰圍七尺餘，腹間刻篆書一行，曰『府門之卒』，字徑五寸。一人冕而拱手立，頷下有痕如滴淚，高七尺一寸，腰圍五尺四寸，胸間刻篆書二行，曰『漢故樂安太守麃君亭長』，字徑四寸餘。鄉在縣東南張屈莊魯恭王墓前，年久傾側，其一已斷，敲火礪角，不護將毁。元於甲寅春，飭教授顔崇槼、縣尉馮策以牛車接軸徙置今所，洗拓其文，於『門』下見『卒』字，『亭』下見『長』字，皆牛空山《金石圖》未備者。案《水經注》載，漢鄘食其廟亦有石人，胸前銘云『門亭長』。此稱『亭長門卒』，殆同義歟？

朱君長題字

無年月，八分書，三字。在濟寧州學明倫堂。

朱君長

此石嚮在兩城山下，乾隆壬子四月黄司馬易審爲漢刻，移置州學。乙卯春，元案：試過此，細玩石面多樵斧痕，其製頗類曲阜墳壇二刻。上有鑿齒一棱，似從他處脱筍而出者，想亦是墓間殘石耳。石縱廣二尺二寸，横廣二尺。

濟寧普照寺畫像

無題字。在濟寧州城内普照寺大殿基之右址。

石高一尺八寸，闊二尺。畫分三段：第一段，四邊界方斗縱横，其文中畫一車一馬向左，車有蓋，坐二人，車後一人，負弓矢隨行。第二段，邊文如前，中刻巾帶盤互糾結，委其餘于四角。第三段，邊文亦如前，中刻龍首向左，其尾盤結向右，與首齊。畫甚古拙，必是漢人石室中物，爲此寺創基，移作石材用者。曲阜孔户部繼涵曰：此刻洪氏書中未載，惜殘剥已甚，所畫車輪甚古，猶存揉木之意，輪間有苓有珥，上亦有蓋，但車大馬小，車方蓋卑，不稱耳。前馬頗類《六經圖》之俴駟，箋所謂「淺薄金甲」者是也。

濟寧李家樓畫像二石

無題字。在濟寧州李家樓土地廟門外。

右二石俱高二尺，廣一尺二寸餘。第一石，中畫一怪獸，首有三髻，上鋭，項下繫大圈。第二石，一人拱手向右俯立。畫皆質樸無文。

濟寧晉陽山慈雲寺畫象六石

無題字。俱在濟寧州晉陽山慈雲寺内。

一在天王殿，高一尺九寸，廣一尺七寸。畫三層：上層，中坐一神，二人執物侍立。又一烏二兔，兔作搗藥狀，蓋象日月也。其右二人，作交接狀，一人跪侍，其左一鳥有手，執物向之。中層，一車一馬，車坐二人，執符者在前，又二人荷戈步導，車後騎從一人。下層，二人執物如繖，前有四獸左奔，一獸右顧者有人牽之，上又一鳥，殆獵者既罷而返也。

一在大殿東牆，高二尺。廣八尺。上下界細斗、棗核文以及帷幕之屬，中二龍蟠曲相向。又有二物，身長有角無鱗，意亦龍也，其左一虎右向。

一在大殿西牆，高二尺，廣八尺。上下界文同前，中作二魚形。

一在大殿南牆，高二尺，廣五尺。上下文同前，中有蛇形蟠曲向右，有兩角；左右二物皆有尾，兩角兩足；中一物昂首如蛇，而身如龜。皆不能名也。

南牆又一石，高四尺，廣五尺。上下文同前，中二鳥相向，鳥首一羽，尾三羽，下綴物五粒如珠。

一在殿門外，高二尺，廣六尺五寸。上下文同前，中二龍升降狀，一物形如夔螭，上有二魚，首向下。後又有二龍盤曲相向，首與尾齊，二爪俱向上。

濟寧兩城山畫象十六石

無題字。俱在濟寧州兩城山。

一高二尺五寸，廣四尺。上層，堂室一楹，有臺，簷角綴以人物、異鳥，簷下圓圈即瓦當也，當下錯綜之文即罘罳也。室中一佛坐蓮花，上二人侍立，左柱外四人，右柱外三人，皆拱立。夾室左右各一人執羽扇，蓮莖中懸方燈，有雲文，下墜一物作人面，項下垂二帶，二人夾輔之，手似執物。人下各有一獸，臺端繫以二帶。中層，右有二鳥首形，二人舉手向之。又二人執干跳舞，旁觀者一人，其左二人相搏。又一人倒垂其首，旁觀者二人。下層，右一人舞躍，三人拱手向之，其左三人向右立，一人向左立。凡畫像之冠，或圓頂，或平頂，或上闕如半月，或中鋭如山形，皆與他碑異。

一高三尺，廣四尺。上層，一室，室中三人，左右柱外各立二人，又有夾室二重。中層，一物渾圓，左右分立者五人，又四人作跳舞狀。下層，一象，四人顧之。又一獸，有小獸踞其尾，一人正坐其旁。

一高一尺四寸，廣二尺一寸。三人身軀甚大，參差間立，首皆無冠，似雙髻下垂然。

一高一尺六寸，廣四尺。上層，四獸，二人射之，又有三獸前奔，上飛三鳥。下層，一車一馬，車坐二人，二人執物前導，二人車後從行。又一車二馬，車亦坐二人，前有二人騎導。

一高二尺三寸，廣二尺。上層，五獸，左右二人對射之。下層，合歡花一本，根大枝茂，花皆含蕊。上有群鳥翔集，花下休二馬，各有人守之。

一高二尺一寸，廣二尺。堂室一楹，規制同第一石，中坐二人，柱邊有一人，形甚小。又憑闌望者五人，倚垣立者一人，有二大鳥皆雙頭人面，又有一鳥在空中。庭階外水一道，穿闌而過，旁坐一人，作以瓶取水狀。舟二，皆有持篙者。水間一鷺，群魚向左避之，一人倚罶而待其遌。由上直下正書題名云『通號慧元俗名强思夫住』，凡十字。『賢』字作『夫』，書體俚鄙，蓋後人所爲也。

一高一尺七寸，廣三尺。上層，三獸，後立一人。下層二車二馬，車各坐一人，車後騎從一人。

一高一尺七寸，廣四尺。上層殘損，尚露半馬，六人乘騎繫干弢弓，俱向左行。下層露車蓋一角，駕四馬並驅向左，騎導共八人。

一方二尺五寸。上層三獸，前獸有翼，騎者一人前驅。中層，坐一人，有一鳥身人首者在其旁，左右分列四人，又二婦人各抱嬰孩。下層，大樹一本，二枝重重糾結，似連理花，葉與前合歡同，群鳥集之。衆小兒周遭遊戲，亦有兩兒相搏者，左右各立一羊，又有小兒向上射鳥者。

一高一尺五寸，廣六尺。有二龍左右分列，中間兩龍蟠結，下又有二小龍，亦相向拏攫，空處有遊魚。

一高一尺四寸，廣三尺二寸。畫三獸，一獸垂鼻似象，衹存半身。餘皆石殘難辨。

一高一尺五寸，廣六尺。二龍二小□，與第十石同，而一角增多雲氣，左角上又多一獸。

一高一尺五寸，廣四尺。上層，乘馬執戈者二人，執弓劍干盾者二人，執弓、執旗、立馬上者各一人。又有橫卧地上者，有反縛跪地上者。下層，騎馬者一人，執干盾者一人，執弓者三人，執刀者二人，反縛者三人，皆攻戰俘斬之事。其邊皆畫營帳，外列軍器，頂上二人兜牟者向右瞭望。

一高三尺，廣四尺餘。像已漫漶，似作二象相向交鼻狀，左右各一物，形似虎。又作四獸，有人立其背上。

一方二尺五寸。上層四獸，下層堂室、闌干、人物大致與第六石同，惟憑闌者六人，其後坐觀者三人。又倚垣者三人，瀕流坐者二人，漁舟一，一人持槳，一人撒綱，上一鳥，舟中人彎弓射之，與前異也。

一高一尺二寸，廣二尺五寸。石已殘闕，一虎祇存半身，一人執矛作刺虎狀。

以上諸石有在古廟者，有在道旁者，有在居民牆上者，皆據拓本先後録之，未及詳記也。

嘉祥縣署東畫象二石

無題字。在嘉祥縣署東。

一在高氏門前，高三尺六寸，廣一尺六寸。第一層，中立神人，冠有三棱，衣闊裳狹。旁侍二人，身皆斑文，鋭尾向上，如蠍無足。又一人，人首獸身，有尾蹲踞。第二層，車馬各一，車坐二人，一人騎導。第三層，一人有尾無足，揮袖而舞，一人執杆向之，旁有一獸。第四層，一樹有枝無葉，休馬其下，置鞍於地。又一獸似虎弭耳，祇露頸項。餘泐。

一在高氏對門牆上，高二尺，廣一尺七寸。上層，一車一馬，一人坐車中，一人前導。下層，三人，一鼓琴，一作拍掌狀，其一冠服聽之。

嘉祥華林邨畫象二石

無題字。在嘉祥縣華林邨。

一在真武廟内牆隅，縱廣八寸，横廣六尺。首二段及四段、五段並一車一馬，車或坐一人，或並坐二人。又有一人坐車中，一人立馬前者，唯第三段左右二人作對舞狀。

一在觀音庵牆隅，縱廣一尺二寸，横廣三尺多。縱横斜斗之文，一人執物左向，身有尾右曳，無足。又有二人横臥，一人張兩袖向之。其下刻帷幕文。

嘉祥七日山畫象二石

無題字。並在嘉祥縣七日山聖壽寺。

一高二尺，廣二尺二寸。上層，六馬右馳，一人横臥地中。中層，一神拱立，方冠，耳上垂翅，跪侍四人，内二人身有翼，有一鳥具人足者亦跪侍，旁又有一小鳥。下層，一車一馬，車坐二人，前後騎者各一人。

一高四尺，廣九寸。第一層，三人有執戈、執杆者。第二層，一車一馬，車坐一人，一人牽馬。第三、第四層，並二人執板，又有一人，石已泐。第五層，一人執板，一人旁立，餘亦泐，但見馬足二。第六層，一人高冠向左立，一人雙髻聳肩正立，下列一龍有翼，餘亦泐。

嘉祥焦城村畫象四石

二石，有題字，皆八分書。在嘉祥縣焦城村。

周王

此齋王也

一高一尺九寸，廣一尺六寸。上層，中立王者，冠五棱，端拱南面，榜題『周王』二字，左右各侍二人。中層，一車一馬，車坐二人，一人荷戈步導。下層，二人負畢，有雉兔前奔。

一高一尺九寸，廣三尺五寸。上層，樓二層，左右有夾室二重，規制甚古，簷脊飾以鳥獸。上樓縣一方圖，圖中有文形似蝙蝠，檻内坐二人，左右柱外各侍一人，夾室柱外似有二鶴；下樓左向坐者一人，右向伏地者一人，左右執版侍者六人，右柱題云『此齋王也』四字，『齋』即『齊』字，與武氏前石室畫象同。下層，中停一車，右休一馬，左一人執笏立，右二人執物立。

一高二尺五寸，廣二尺。第一層，跪者三人，餘漫滅難辨。第二層，一人鼓琴，二人作拍手狀，左似有一人，亦漫滅。第三層，二人作投壺狀，壺中三矢，有樹結實纍纍，一人舉手摘之。第四層，皆庖厨之象，一人執豕操刀，如將殺狀，竈間一禽、一雞、二魚，有炊者，有童子，汲水井上者，有二人濯物盆中者。

一高一尺九寸，廣二尺六寸。樓二層，左右夾室二重，樓下執笏跪者二人、執笏立者二人，夾室、柱外各有物。有墩二，植一竿，其端飾物，下圓上鋭。

嘉祥劉邨畫象三石

惟一石有題字，八分書。三榜皆在嘉祥縣劉邨洪福院。

成王

周公

魯公

一高三尺，廣一尺四寸。首層，一人拱立，二人散髮，一跪一立。柱縣一繩，立者右手曳之。一人蹲身，兩手抱柱，口中噴氣若火然。二層，縣一輪，輪下如月鈎反覆向背，一人曳鈎，一人執物向鈎，作劖削狀。其左有三缶，一缶中有横木，一缶有人承之。三層，中一人正立，冠五棱垂紳，兩袖下垂，身甚微小，題曰『成王』。左二人曲身拱立，袖亦下垂，一題曰『周公』，一題曰『魯公』。右二人，一執蓋下覆，一執圭左向立，皆無題。案：漢武帝嘗畫《周公負成王朝諸侯圖》以賜霍光，畫本流傳爲後世祖述。此像朝儀端肅，周公立成王右，上言左者，就今日觀拓本而言，凡著録畫象皆仿此。成王南面，則周公東面矣。古人以西爲上，臣列東向爲尊，此可驗矣。四層，一樹枝葉甚茂，形如合歡，下繫二馬。

一高三尺，廣一尺四寸，與上石並在大殿佛座下。首層，甚殘泐，惟三人下衣可辨。二層，二人形貌奇詭，有大蛇蟠左一人之身，右人手執椎杖擊之。三層，執板相向跪者四人。四層，中立兩柱，有二物如游魚，柱左右各三人曳一繩，上下多殘泐難辨。

一高一尺五寸，廣二尺，在大殿外東壁。上下皆縱横斗文，中間似有一車二馬，亦多殘泐。

嘉祥隨家莊畫象二石

無題字。並在嘉祥縣隨家莊廟門之外，去洪福寺十五里。

一高二尺一寸，廣二尺。上層，坐一人，跪者四人，手執物。中層，一車一馬，車坐二人，一人騎導，又有執板迎之者。下層，一人荷畢，一人搏獸，前有一虎三獸，俱左奔。

一高一尺二寸，廣四尺二寸。前後皆一車一馬，車中俱坐二人，一人執板從行。又前車騎從者二人，後車荷戈步導者二人。

嘉祥湯陰山畫像

無題字。在嘉祥縣湯陰山下道旁。

石高二尺，廣六尺六寸。前幅自左而右，首段，五人俱乘馬。二段，五人坐墩上，冠三棱，衣飾圓圈，皆執劍，右有二人作搗臼狀。又二人跪之，一人俯身舉手。三段，九人或立或跪，内四人手牽長繩。四段，有群獸類鹿，一人荷畢，一人執兩杆驅之。後幅自右而左，首段，三人荷戈，六人乘騎，内有一人倒墜而下者。二段，前後皆有一車三馬，前坐一人，後坐二人。又一車一馬，坐二人，二人騎導，與上段墜馬者相值作扶掖狀。又一車，衹露輪蓋及坐者二人，餘泐。三段，乘馬者凡十人，内四人佩刀。

嘉祥紙房集畫像二石

無題字。在嘉祥縣紙房集。

一在旅舍賈氏，高二尺，廣一尺五寸。上山形，中作樓閣二重、阿閣二重，樓櫛上綴鳥一獸一。上層，左柱外一人向右跪，阿閣柱外有一鶴。下層，三人各執器物，餘已缺。

一在鹽店壁間，即賈氏鄰也。高八寸，廣三尺。有一虎張口舉爪，左一人手執刀盾作刺狀，右一人乘馬逐之。畫甚殘泐，祇存形似。

師曠墓畫象

無題字，祇存畫象。在新泰縣師曠墓前。

此碑拓本四幅，皆高五尺一寸，廣二尺，不知其爲四石，抑一石而分拓也。今以意爲次述之。畫分四列：第一列四幅，皆同刻錢文，全者五，半者八，孔貫以繩，錢輪圓，徑三寸五分，無文字。第一幅二列、三列各畫一器，狀皆如鼎身，如截筒。一中界二綫，上有耳，下有足，臍有孔。一上有口，下有四足，亦有臍孔。此右有一車輪，蓋下坐二人，其馬已掩器內。第三幅，首二列皆有一車及人物，餘俱漫滅。《縣志》云：『師曠墓左有古碑，籀篆十三行，古奧不可識，未詳立於何代。』今驗是刻可辨者全是畫象，不見有籀篆之迹，碑多滴溜文，間有數筆類字形者，亦不能定其爲篆爲隸也。畫象實是漢人筆法，師曠周人，其墓有漢畫，必是漢人重修時所作耳。

汶上西鄉關帝廟畫象四石

無題字。在汶上縣西鄉關帝廟。

一高二尺三寸，廣五尺左右。闕下截岑樓二層，兩旁各有阿閣，下半已泐，柱雕人形，檐脊上皆有鳥獸。上層，施帷幕，中作饕餮之形，左右端坐三人，或正向，或左右向。左右柱外二人相向，内一人執物如匜。下層，二人相向坐，右手拊膺，左手向右指，垂紳盤於膝上。座前置一圓几，有足。左右侍二人，一執戈及旗，一執物如錐。又右一人袛露一袖，其身闕矣。又左一人俯躬執版向右拜，左柱外、閣外各跪一人，皆執版佩劍。此下一車一馬向左行，車坐二人，騎導二人執戈。又一車一馬，中坐二人。左閣之左又樓一層，施帷幕，中坐三人，下層已闕。

一高二尺，廣五尺六寸。上列三段，各界横綫，上直文斜立，中方勝斜斗文，下施帷幕。三段之下自右起，三車三馬，各坐二人，次二人並馬行。次一車一馬，車坐二人，一執符，一御者。次一車一馬，坐二人，步從一人，執版俱右行。

一高一尺九寸，廣三尺六寸。左右施帷幕，幕上斜刻直紋。中列樓二層，左右阿閣二層，脊有鳥獸。樓上層中坐五人，左右柱外各侍二人。下層，中坐一人，右二人伏地向之，左右向立者二人，左右柱外及閣柱外共侍八人，俱執版。此下又一層，自左起，三車三馬，各坐二人，騎從一人，前立一人，執版向左。

一高二尺，廣三尺六寸。上横界二綫，上方勝斜斗文，下施帷幕，幕上斜刻直文。中二層：上層一人右向立，手拊一童子，右二人左向立，左六人執版右向。下層二車二馬，各坐二人，左行。一人執版佩劍右向立，一人執戈於後。其左岑樓二層，衹存右邊檐柱。上下各有二人，執版左向立。

右畫象四石，黄小松司馬於乾隆乙卯夏遣工拓得，并繪廟圖，但未詳記某一石在某處耳，兹約略以次列之。

汶上城垣畫象二石

無題字。在汶上縣南門城垣。

右俱高一尺，廣六尺。上下横界一綫，綫外上作方勝斜斗文，下作斜披直綫。中一車一馬，蓋下坐二人，騎導二人執戈。次三車三馬，蓋下各坐二人，步導二人執戈，俱左向。左一人執版俯迎，後一車一人向右。二石俱同，一稍可辨，一已模糊，但存影迹，黄小松司馬遣拓工訪得。

曲阜玄帝廟畫象

題字八分書。舊在曲阜縣北門外玄帝廟牆下，今移置四氏學。

周公

石高三尺，廣一尺四寸。一人左向立，右題『周公』二字，徑四分。右縱横界畫九層，如屏扆，衹存右半。周公冠服，與他碑異，而題字實漢人筆法也。學内尚有畫象一石，星冠雲佩，題『石雞娘娘』四字，則後人所爲矣。

曲阜顏氏畫像

無題字。舊在兗州劉氏，今歸曲阜縣顏氏樂圃。

石高一尺六寸五分，廣二尺四寸。上橫刻斜斗文，界縱横綫，次上下及左界三綫而闕其右。中一臺，臺中植柱繫一毬，柱頂有蓋，蓋左右縣二旒毬，左右二人相向，舉手起舞。又左右二人，右手下垂，左手掩口。右一車一馬左行，車有蓋，一人執轡，與嘉祥諸石室相類。

曲阜白楊店畫象

題字二榜，八分書，徑寸。舊在曲阜縣白楊店東嶽廟，今移置城内顏氏樂圃。

石高二尺二寸，廣三尺二寸餘。分三層：上層，一人端冕垂拱，正立，榜題『楚□□平』四字，中二字不可識。右侍一人，身甚短小，手執物如囊。又一人拱手，二人執版，俱峨冠，左向立，榜題『諸從官』三字。其左侍四人，右向立，有垂紳者，有垂袖如帨者。中層，一室分上下，上三人在檐前拊闌立，下一人如小兒，手執物向下，左右拱立二人。屋脊中一小鳥，兩旁二鳳。室左右各有重樓，惟貫以柱，無欄檻，脊上皆綴鳥獸。下列左右各三人，似作相搏狀。

曲阜聖府後門畫象

無題字。在曲阜縣衍聖公府後門。

石高一尺三寸，廣二尺七寸。周無邊文，有衆蛇蟠曲形，多怪異。左二人持戈刺之，一小獸亦蛇首向左。執戈者後尚有一人，殘泐。此石未詳所自，因類漢刻，亦録存之。

鄒縣白楊樹邨畫象

題字八分書。在鄒縣白楊樹邨關帝廟左壁。

食齋祠園

右高二尺，廣一尺二寸餘。一人正立，平頂方額，兩目猙獰，短衣束要，右手執物如刀劍，右腋旁題八分書『食齋祠園』四字，徑寸五分。嘉慶丙辰仲夏，黄小松司馬自濟寧拓寄。祠園或即寢園之類，筆意極似六朝人，姑坿漢末，以俟考焉。

朱鮪墓石室畫象

惟一幅有題字，八分書。在金鄉縣城西三里石室。

朱長舒之墓

漢朱氏　始　鮪　彳　嘉

相

与可韋　分　豫　辶　葉

萬　祥

右畫象本皆連屬，拓者分爲二十五幅，上層十二幅，俱高一尺五寸，下層十三幅，俱高三尺五寸，惟横廣尺寸不等。每幅有帷幕、列屏及杯盤尊勺，皆燕饗賓客之事。凡男子冠有端冕者，有紗帽者，有如僧帽二層者，有如巾子雙梁者，有裹幘向前如彯纓者，有上仰作盂形者，有下圓上鋭者，種類不一，衣領及袖皆有褶無緣。女象首有冠髻，形圓而平，或分二鬟三髻，髻上飾釵，股間有綴珠者。惟一幅上有八分書，題『朱長舒之墓』五字，夭斜不工。下又有八分書四行，字徑三分，衹存數字，精勁獨絶，惜剥落太甚，文義難詳。案《濟寧州志》云：『漢平狄將軍扶溝侯朱鮪墓石室畫象，沈存中載入《夢溪筆談》，以爲真漢制。今以拓本驗之，全與武祠諸刻異，其中人物衣冠蕭疏生動，頗類唐宋人畫法，或是扶溝後人追崇先世而作耳。』因坿漢碑之末。

魏石

孔子廟碑

黄初元年立，八分書，篆額。碑高六尺六寸，廣二尺八寸餘，上鋭下方，額下有穿。在曲阜縣孔廟同文門西側。

此碑張稚圭以爲梁鵠書。雖不足憑，然其結體方古，或出鵠書。至以爲陳思王曹植之詞，則未可從也。碑中假借變體字，具載諸家著録，惟『揖五瑞』與今《尚書》『輯五瑞』不同。段若膺大令《尚書撰異》云：『「揖」，唐石經以下作「輯」，當是卫包改也。王肅《尚書注》：「揖，合也。」《五帝本紀》[一五]作「揖」，《正義》曰「揖」音「集」。《漢書・郊祀志》「揖五瑞」，字從「手」。凡「揖」訓「合」，凡「輯」訓「和」，似同實別。《玉篇》《廣韻》皆曰「輯，和也」，不言聚也。』案：此説甚精，今諸家□此碑，『揖』字與『輯』同，是不知『揖』『輯』二字絶不相通，且不知《尚書》本作『揖』字。其作『輯』者，唐以後訛本也。

膠東令王君廟門殘碑

黄初五年立，八分書。碑高一尺五寸，廣二尺五寸。後有近人題記八分書七行，在濟寧州學明倫堂東北隅壁間。

案：《隸續》載此碑有二石，乾隆乙未歲，州人李東琪于學宫松樹下掘得之，已亡其一矣。文中述舉孝廉凡二見，一在孝昭二年後，爲其先世；一序于勃海府丞、尚書郎二子之後，似亦其子也。額題『漢』，洪氏猶及見之，而文有『黄初』字者，當是立廟碑之年爾。

廬江太守范式碑

青龍三年正月立，并陰俱八分書，篆額。碑高三尺三寸，廣二尺二寸，額未詳尺寸。在濟寧州學戟門西側。

乾隆丙申歲，膠州人崔儒眎初得是碑篆額於濟寧龍門坊水口，遍求碑身未得。越五年，黄司馬易得泰安趙相國家藏宋拓本，雙鈎付梓。又六年，州人李鐵橋竟獲原碑殘石於學宫，雖存字不及宋拓本之半，而碑陰四列，即洪氏所誤載之魯峻斷碑陰也。數百年沈薶之迹，一旦復出於世，實爲快事。鐵橋家風好古，比來學宫新出諸碑及武氏各刻，搜羅之功稱最著云。

西晉石

任城太守孫夫人碑

泰始八年立，并額俱八分書。碑高七尺四寸，廣三尺，上鋭下方，額下有穿。在新泰縣東南張莊之原。

晉任城太守夫人孫氏之碑額三行，前二行各四字，末行三字。

夫人，濟南孫氏之中女也，實曰□姬，其□與□同姓，□别閭族，遂以爲氏。父列卿光禄大夫、建德亭矦，以儒雅稱，世濟其休。夫人少有淑質，純静不□，寬仁足以容衆，明敏足以辯物。九歲喪母，少爲父所見慈撫，終喪哀毁，坐不易位，雖有隱括傅母之訓，叐[一六]以加焉。父時未□繼室，長沙人桓伯序有寡妻伏氏，魏文帝以用妻之。伏氏柔少有國色，□非所好，而顧違尊命，莫之能定。夫人謂父曰：『何不以嘗同寮辭之？』父意乃寤。文帝詔報之曰：『生敬其人，死辭其室，追遠敬終，違而得道者也。』

父悦，入謂之曰：『昔臧武仲先犯齊壯，不令與己邑，今我不犯尊，而蒙優詔，同歸殊塗尒。』□□代伯序爲侍中，父爲侍郎，此爲同寮，故夫人□□。父爲勃海大守十餘年，政化大行，孤宣□□，□□□意。時夫人見□在家，止父令留而謂之□□感而退。雖天之遺，然事君不懟，□能□□聞。□□□爲吏部尚書，多用老成先帝舊臣，舉之□□，□必不忘君。□而□舉君爲侍中，夫人□而□過，窮理盡情，爲父所異，皆此類也。夫人在羊氏，□□有□度，承上接下，衆皆悦之。任城非□□□□生，夫人由此相帥孝□，加之謙勤，戰戰臨深，惟恐不逮。是以舅姑嘉其淑婉，娣姒宗其德音，□夫人爲婦卌餘載，言無□過，□無怨惡故也。□□且感慈□□□□，下惟詩人刑于之言，瞻前□後，率由弗違，以御于家邦，終始以孝聞，□□夫人之□。□□□□□二□，小子□明、弘哲，□□□不幸早亡。子孫皆仁厚，振振有麟止□化，皆是義形□□□□□□□。□□[一七]八年□月庚寅□，十二月甲申□，嗣子迅，哀懷永絶，□□叉[一八]極，追惟□□□□□□□方不肅之訓，□□歎曰：古者鍾鼎□□，所以章君父之令德也，又有號謚□□□□□□□我先妣立□□德，同之不朽，可没而無稱哉。於是，乃追而□□，爲之辭曰：

奂乎文母，于我夫人。潛神内識，叉[一九]不彌綸。和樂色養，□□□□。□□□□，□□是勤。昧旦□□，□問日新。喪難弘多，仍罹□□。翼翼□心，惟憂用老。□□□□，□□□□。□□□惟，□□□□。忉忉遺孤，辟踊靡及。曰古□□，□□月□，何以告哀。

錢唐黄易跋云：昔見《新泰縣志》有《晉任城太守李夫人碑》，求之弗獲。乾隆甲寅，江子秬香鳳彝拓此碑寄觀，額曰『晉任城太守夫人孫氏之碑』，始知志載誤『孫』爲『李』也。洪景伯跋《廣漢屬國侯夫人碑》[二〇]云：『漢婦人墓銘見於文士集中固不一，石刻存者獨此一碑耳。』晉碑本少，婦人墓銘則尤少，况文古書莊不減漢魏，秬香得之，欣愉何極。夫人父孫、夫羊，均失其名。『八年』之上殘闕莫辨，惟知二子弘明、弘哲及嗣子羊迅耳。考《魏志》，桓階字伯緒，長沙人，碑中以『序』爲『緒』。夫人父位列卿，封建德亭侯，夫官任城太守，爵已不卑，史傳宜有紀載，當再考之。『傅母之訓』下一字，『潛神内識』下一字，與『罔極』之『罔』同。《魏受禪表》『罔不沾渥』，省文作『冈』，此作『叉』也。『殊塗介』下作『牛』，隱隱似『羊』字，疑代伯序爲侍中者是羊君，父爲侍郎，此爲同寮，故云云。疑其父與羊君同寮，因與昏姻。夫人曾事舅姑，其舅尚在，碑中或叙及在前，所以後文止云『夫人在羊氏』，不復云何年于歸也。惜剥落難辨，不敢臆斷耳。石在荒野，風摧雨剥，漫漶太甚，精拓數勘，稍通其文，姑爲釋出。然微露筆踪之字尚在疑似，俟博雅論定焉。

偃師武億跋云：右碑額題『晉任城太守夫人孫氏之碑』，額下有孔，文凡廿行，行卅七字，字徑寸餘，惜多殘剥，爲摭其略書之。夫人，濟南孫氏之中女也，父列卿光禄大夫、建德亭侯。夫人九歲喪母，父時未有繼室。長沙人桓伯序有寡妻伏氏，魏文帝以□[二一]妻之，夫人謂父何不以嘗同僚辭之。案：伯序，桓階也，《魏志·列傳》：『桓階字伯緒，長沙臨湘人。』碑以『緒』易『序』，《爾雅》『序，緒也』，二字古義皆相通也。《階傳》言：『劉表辟爲從事祭酒，欲妻以妻妹蔡氏，階自陳已結婚，拒而不受，因辭疾告退。』是當爲階元配。此碑載伏氏年少，似是其繼室也。階身没而遺事可見如此，非惟裴松之未嘗掇拾，近如杭大宗《三國志補注》亦未見也。碑言伯序爲侍中，父爲侍郎，此爲同寮。案《階傳》『魏國初建，爲虎賁中郎將侍中』，而夫人之父官侍郎，亦同其時。其後，父歷官渤海太守、吏部尚書、侍中，則位亦顯矣，然史不爲立傳，碑亦不書名。案《盧毓傳》：文帝以毓爲吏部尚書，使毓自選代，乃舉阮武、孫邕，帝於是用邕。據碑言『父爲吏部尚書』，其時正與相近，是殆爲孫邕也。《齊王芳記》注引《魏書》：景王與群臣共爲奏，内有『光禄大夫、關内侯臣邕』，證之《論語集解序》，即孫邕。其爲光禄大夫，與碑合，而關内侯特名號侯之一，至其殁，乃獲實封，有建德亭侯爵矣。碑云『夫人在羊氏』。案：羊氏當晉時太山南城爲最著聞，今碑稱『任城太守』者，即其族，惜亦不見其名。《晉書·職官志》：王國改太守爲内史。以《宗室傳》證之，景王陵太始三年轉封任城王之國，然則任城爲王國，蓋當云『内史』。而史文往往淆亂，如桓彝，見於《武帝紀》，稱『宣城内史』，又案《桓彝傳》，則亦稱『太守』，皆此類也。碑以『中』爲『仲』，『太』爲『大』，『莊』爲『壯』，『趾』爲『止』，皆古通用字。年號已損，惟第十五行有『十二月甲申』字，逆推前文有『歲次庚寅』字，又上有『八年』字，據是則爲泰始六年，微于『六』字殘其上爾。

曲阜桂馥跋云：案《魏志·管寧傳》，侍中孫邕薦寧，邕歷官與碑同，疑即夫人之父。魏文帝《典論》：『光和中，北海王和平亦好道術，自以當仙，濟南孫邕少事之。』據此，則邕爲濟南人益可證。《鮑勛傳》：『帝屯陳留郡界，太守孫邕見。』案碑言『勃海太守』，不及陳留，或邕歷二郡，碑但舉其一爾。又云『長沙人桓伯序』，《魏志·桓階傳》作『伯緒』。案：『階』，陛也；『序』，東西墻也，當爲『序』。碑又云：『昔臧武仲先犯齊壯，不令與已邑。』考《左氏傳》，齊莊公將爲武仲田與之，言伐晉，武仲以鼠爲喻，遂不與田，碑指此事。《謚法》『武而不遂曰莊』，此『莊』字本作『壯』，晉時《左傳》本尚作『壯』，後改爲『莊』。漢趙充國、蜀漢關羽、魏曹休、桓階、許褚、龐德、徐晃、文聘、州泰，並謚『壯侯』，可據也。

沅等搜訪山左金石得一千七百餘種，勒爲志書。秦、漢、魏尚多，而西晉絶少，適柜香江君得此石於新甫山下，以補未備，殊爲增色。至文字考證已詳黄、武諸跋，兹不再及也。

【校勘記】

[一]『他』，《隸續》卷五《碑圖上》作『它』。

[二]乾隆《曲阜縣志》卷五一雲『此碑竟磨滅不存』。

[三]『諤』，《隸釋》卷六《郎中鄭固碑》與《兩漢金石記》卷八《漢故郎中鄭君之碑》均作『愕』，拓本磨泐，依稀可辨爲『愕』。

[四]《爾疋·釋地》，應爲《爾雅·釋丘》。

[五]《兩漢金石記》云：『昔「姬」下洪空二格，以今諦審石本，「姬」下是「公」字，「公」下當是「頌」字。此實石痕可髣

鬍，非以文義度也。」《隸釋》卷六《郎中鄭固碑》云：「「姃」下闕二字。」

［六］《禮記註疏》卷一〇《檀弓下》「末」字後有「頭」字。

［七］「遠」，《楚辭·九辨》作「達」。

［八］《隸釋》卷八《衛尉衡方碑》作「門生平原樂陵朱登，字仲」。

［九］《濟寧全漢碑》作「熹平四年」。

［一〇］「棣」，《兩漢金石記》卷八《漢故司隸校尉忠惠父魯君碑》作「⿰扌聿」。

［一一］「一」，原作「二」，據前之碑文正。

［一二］立碑時間存有問題，據此碑文記載可知：鄭季宣卒於漢靈帝中平二年四月辛亥，葬於中平三年四月辛酉，故吏「追頌君德，伐石銘碑」。所以，此碑可能立於中平三年四月，而非《山左金石志》所云「中平二年四月」。

［一三］「箕」，《隸續》卷一九《尉氏令鄭季宣碑》作「萁」。

［一四］「文」，應爲「汶」。據《漢書》卷二八下《地理志第八下》記載：「魯國，縣六：……汶陽，莽曰汶亭。」

［一五］「輯五瑞」并非出自《史記·武帝本紀》，而是《史記·封禪書》。

［一六］「㕚」，當爲「罔」。

［一七］此二闕字，《八瓊室金石補正》卷九《任城太守羊夫人孫氏碑》作「泰始」。

［一八］「㕚」，當爲「罔」。

［一九］「㕚」，當爲「罔」。

［二〇］此碑收録於洪適《隸釋》卷一二，本作「李翊夫人碑」。

［二一］此闕字，據碑文可知，應爲「用」。

卷九

北魏石

中書令鄭羲碑[一]

永平四年刊，并額俱正書。崖高七尺八寸，廣一丈一尺四寸。在掖縣寒同山。

滎陽鄭文公之碑額二行，左三字，右四字，徑三寸。

魏故中書令、秘書監、使持節督兖州諸軍事、安東將軍、兖州刺史、南陽文公鄭君之碑

公諱羲，字幼驎，司州滎陽開封人也。肇洪源於有周，胙母弟以命氏。桓以親賢司徒，武以善職，並歌緇衣之作，誦乎奕世，降逯於漢，鄭君當時，播節讓以振高風。大夫司農，創解詁以開經義，迹刊圖史，美灼二書。德音雲飜，碩響長烈[二]。揚州以十榮匡時，司空豫州以勳德著稱。高祖略，恢亮儒素，味道居真，州府招辟莫之能致。值有晉弗竟，君道陵夷，聰曜虔劉，避地冀方。隱括求全，静居自逸。屬石氏勃興，撥亂起正，徵給事、黄門侍郎[三]，遷侍中、尚書，贈揚州刺史。曾祖豁，以明哲佐世，後燕中山尹、太常卿、濟南貞公。祖温，道協儲端，燕太子瞻事。父曄，仁結義徒，績著寧邊，拜建威將

軍、汝陰太守。綿榮千載，聯光百世，自非積德累仁，慶屆無窮，其孰能傳輝踵美致如此之遠哉？可謂身没而名不朽者也。公稟三靈之淑氣，應五百之恒期，乘和載誕，文明冠世。篤信樂道，據德依仁，孝弟端雅，寡言愨行。六籍孔精，百氏備究，《八素》《九丘》，靡不昭達。至乎人倫禮式、陰陽律曆，尤所留心。然高直沈默，恥爲傾側之行，不與俗和，絶於趣向之情。常慕晏平仲、東里子産之爲人，自以爲博物不如也。藴斯文於衡泌，延德聲乎州閭。和平中，舉秀才，答策高第，擢補中書博士，彌以方正自居，雖才望稱官，而乃曆載不遷，任清務蔄[四]，遂乘閑述作，注諸經論，撰《話林》數弓，莫不玄契聖理，超異恒儒。又作《孔顔誄[五]》《靈巖頌》及諸賦詠詔策，辭清雅博，皆行於世也。以才望見陟，遷中書侍郎，又假員外散騎常侍。陽武子南使宋國，宋主客郎孔道均就邸設會，酒行樂作，均謂公曰：『樂其何如？』公答曰：『哀楚有餘，而雅正不足，其細已甚矣，而能久于！』均嘿然而罷。移年而蕭氏滅宋，雖延陵之觀昔詩，鄭公之聽宋樂，其若神明矣。朝廷以公使協皇華，原隰斯光，遷給事中、中書令，總司文史，敷奏惟允，國之律令，是所議定。公長子懿，邕容和令，器望兼資，早綜銓衡，能聲徽著，敦詩悦禮，尤精易理。季子道昭，博學明儁，才冠祕頰，研圖注篆，超侍紫幄。公行於前，吏部、祕書隨其後，凡厥庶寮，莫不欽其人也，於時有識比之三陳。後年不盈紀，懿給事黄門侍郎、太常卿、使持節督齊州諸軍事、平東將軍、齊州刺史。道昭，祕書丞，中書侍郎，司徒諮議，通直散騎常侍，國子祭酒，祕書監，司州大中正，使持節督光州諸軍事，平東將軍，光州刺史。父官子寵，才德相承，海内敬其榮也。先時，假公太常卿、滎陽侯，詣長安拜燕宣王廟。還，解太常，其給事中、中書令、侯如故。縱容鳳闈，動斯可則。冠婚㐫祭之禮，書疏報問之式，比之制矣，民胥行矣。雖位未槐鼎，而仁重有餘。太和初，除使持節、安東將軍、督兗州諸軍事、兗州刺史、南陽公，德政寬明，化先仁惠，不嚴之治，穆如清風，栟桒有敬讓之高，朝市無鞭戮之刑，即道之美，不專於魯矣。太和中，徵祕書監，春秋六十有七，寢疾薨於位。凡百君子，莫不悲國秀之永沉，哀道宗之長没。皇上振悼，痛百常往，遣使賵[六]襚，策贈有加，謚曰『文』，祭以太牢，以太和十七年四月廿四日歸窆乎[七]滎陽石門東[八]南十三里三皇山之陽。於是，故吏主薄東郡程天賜等六十人，仰道墳之緬邈，悲鴻休之未刊，乃相與欽述景行，銘之玄石，以揚非世之美，而作頌曰：

爰鑒往紀，曆覽前徽。有賢有聖，靡弗應時。繇賓契姒，旦亦恊姬。於穆鄭公，誕㲉應期。伊昔桓武，並美司徒。恭惟我君，世監祕書。《三墳》剋闡，《五典》允敷。文爲辭首，學實宗儒。德秀時哲，望高世楱。灼灼獨明，亭亭孤邈。戓胄三雍，鄁風再燭。作岳河兖，澤移草木。慶靈長敳，繼葉傳光。君既挺敳，胤亦含章。文義襲軌，朱紱相望。刊石銘德，與日永揚。

永平四年，歲在辛卯，刊上碑，在直南卅里天柱山之陽。此下碑也，以石好故於此刊之。

右《鄭羲下碑》，連標題、年月凡五十一行，千三百餘字，字徑二寸。後有宋人題名四行，云：『高郵秦峴、西洛馮維柜同遊神山，讀魏鄭文公摩崖碑，因刻其後，政和三年十月晦日。』凡三十三字，亦正書，徑二寸。上碑在平度州東北五十里天柱山絶頂，其山竦立如柱，昔有人訪之，未及，幾墜。下碑在掖縣城南十五里雲峰山之東，元嘗親至崖間摩挲。一過其崖，黄石堅緻，筆畫深勁，惟後幅七八行有石理坌起處自右斜向左，石工祇就平正處刻之，其文仍聯屬也。案《魏書・鄭羲傳》「父曄，不仕」，碑云「拜建威將軍、汝陰太守」，又云「羲奉使宋國，與孔道均論樂」，《傳》俱不載，可據此以補其闕也。碑多別體字，如寫「彳」爲「亻」，「亻」爲「彳」，「兖」作「兗」，「稟」作「禀」，「潁」作「頴」，「牢」作「窂」，「學」作「學」，「式」作「戓」，皆是。以「縱容」爲「從容」，以「瞻事」爲「詹事」，此亦寫者好異故，增益其偏旁耳。惟「八索」作「八素」，尚存古意。《左氏・昭十二年傳》「《八索》《九丘》」，陸德明《釋文》云：「索，所白反，本或作素。」又《文選・閑居賦》「傲墳素之場圃」，李善注引賈逵曰：「《八索》，素王之法，是《左傳》古本作《八索》也。」《周禮・栗氏》「時思文索」[九]，《詩・定之方中》《正義》亦引作「素」。「薀斯文於衡泌」，「薀」字或以爲「蘊」之別體，非是。案《説文》「艸」部無「蘊」字，有「薀」字，云：「積也，从艸，温聲。《春秋傳》曰：『昭十年，薀利生孽』」。又案《隱公三年傳》「蘋蘩薀藻之菜」，《六年傳》「芟夷薀崇之，絶其本根」，皆不作「蘊」，可知「蘊」字爲後人所增，故《廣韻》以爲俗字。「隰」作「隰」，乃省文，猶漢人「濕陰」作「漯陰」。若所著經論、賦詠及《話林》數卷，今皆無傳，是又稽古者所宜知也。

元又案：雲峰山頂有鄭公石象，高約三尺，鑿於磐石之側，身惟半截，要以下無之，左肩有「大宋」

二字，右肩有『政和癸巳』等字，餘皆漫漶，意即秦峴諸人所題。《縣志》云：白雲堂爲鄭文公遺址，旁有石龕小象，乃其子道昭爲光州刺史時刻記者。道昭子述祖時年九歲，後亦爲此州刺史，往尋舊蹟，對之嗚咽者，即此也。[一〇]

鄭道昭論經書詩刻[一一]

永平四年刊，正書。在掖縣雲峰山陰。

詩五言，與道俗□人出萊城東南九里，登雲峯山，《論經書》一首，魏中書侍郎、通直散騎常侍、國子祭酒、祕書監、司州大中正、出爲使持節、督光州諸軍事、平東將軍、光州刺史、司州滎陽鄭道昭作。

靖覺鏡□津，浮生癋人職。辟[一二]志訪□遊，雲峻期登陟。拂衣出州□，緩步入煙域。苕替□逕□，巃嵸星路逼。霞朩[一三]□[一四]□厷，鳳駕□[一五]虛垉[一六]。披衿□[一七]九賢，合盖高崱極。峥嶸非□□[一八]，林巒迭峻[一九]嶔。雙潡嵖闕承漢開，絕巘虹縈玏。澗岨禽跡[二〇]迷，竇狹鳥過亟。層穴通月辶[二一]，飛岫陵地億。迴首眄京闕，連州[二二]□萊[二三]即。還濟河漸□，□朩[二四]塵玉食。藏名隱仙丘，希言養神直。依微姑射蹤，□□[二五]朱臺日。尒時春嶺明，松沙若點屋[二六]。攀石坐危□，□□棲傾[二七]側。談對洙巘賔，清賞妙無色。啚外表三玄，經中精十[二八]力。道音動齊泉，義風光韶棘。雅[二九]會當□吟[三〇]，斯觀寧心識[三一]。目海淺毛流，□[三二]崖瞥鴻翼。相翔足終身，誰辨[三三]瑤與□。□□[三四]自玄玄[三五]，焉用掛情憶。槃桓竟何爲，雲峯聊可息。魏永平四年，歲在辛卯刊。

右刻首標題三行，銜名四行，詩二十五[三六]韻，凡十二行，末記年一行，字徑四寸。所叙官階較大基山詩刻爲詳。核之《魏書》本傳，皆合，惟『司州大中正』，傳稱『滎陽邑中正』。案：滎陽邑屬滎陽郡，爲司州所轄，道昭，滎陽人，碑舉其郡，而傳舉其邑也。道昭卒於熙平元年，距此僅五年耳。此碑從黄小松處録寄，未詳尺寸。

鄭道昭觀海島詩刻[三七]

無年月，正書。崖高四尺，廣六尺。在掖縣雲峰山之西峰。

詩五言，登雲峯山觀海岛，鄭道昭作。

山遊悦遥賞，觀滄眺白沙。雲路沉仙駕，靈童[三八]飛玉車。金軒接日綵，紫盖通月華。騰龍藹星水，翾鳳暎煙家。往來風雲道，出入朱明霞。霧帳芳霄起，蓬臺植[三九]漢邪。流精麗旻部，低翠曜天葩。此矚寧獨好，斯見理如麻。秦皇非徒駕，漢武豈空嗟。

右五言詩，九韻，十二行，字徑四寸。首標題一行，字較小，右角上微闕。筆畫嚴整有力，詩多道家語，迺鄭公與道俗紀遊之作也。『葩』即『花』字，《文選·琴賦》『若衆葩敷榮曜春風』，李善注引郭璞曰『「葩」爲古「花」字』，是也。

雲峰山鄭道昭題字六種

無年月，正書。在掖縣雲峰山。

右刻一題『雲峰山之左闕也』七字，在東峰，面西。一題『滎陽鄭道昭之山門也，於此遊止』十三字，在東峰，面北。一題『鄭公之所當門石坐也』九字，亦在東峰，面北。一題『此山(上)[四〇]有九仙之名』七字，在中峰，面西。一題『雲峰山之右闕也』七字，在西峰，面東。一題『耿伏奴從駕』五字，在雲峰山之陰，皆桂未谷馥攝掖縣教諭時親登山巔跡得之。黄小松以爲道昭所題，『伏奴』當是鄭公從游者，此刻亦從小松處録寄，未詳尺寸。

雲峰山題字三種

無年月，正書。在掖縣雲峰山之陰。

右刻一題『石工[四一]于仙』四字，徑五寸。一題『石丕[四二]于仙人』五字，徑二寸。一題『東』字，徑三寸。案：石工于仙疑即爲道昭刻石者，因坿鄭碑之後。

鄭道昭大基山詩刻[四三]

無年月，正書。崖高八尺，廣六尺，在掖縣城東二十里大基山。

詩五言，於萊城東十里，與諸門徒登青陽嶺，大基山上四面及中嶺掃石置仙壇一首，魏祕書監、司州大中正、平東將軍、光州刺史、滎陽鄭道昭作。

尋日愛丘素，嗟[四四]日開靖場。東峯青烟寺，西嶺白雲堂。朱陽臺望遠，玄靈崖色光。高壇周四嶺，中明起前嶍。神居杳漢眇，接景拂霓裳。□微三四子，披霞度仙房。瀟氵[四五]山[四六]林石，繚

□□□章[四七]。空谷和鳴磬，風岫吐浮香。令[四八]□□[四九]虚𢀖[五〇]，欝欝遶松梁。伊余莅東國，杖節牧齊[五一]壃。乘務惜暫暇，遊此無事方。依巖論孝老，斟泉語經莊。追[五二]文聽遠義，門徒森出[五三]行。躑躅念歲述，幽衿獨扶桑。栖槃時自我，豈云蹈行藏。

右刻首標題及銜名四行，詩十五韻，九行，字徑三寸。案《縣志》不載青陽嶺，意即大基山支峰也。碑寫『頂』作『頂』，『置』作『置』，『臺』作『臺』，皆别體。

鄭道昭大基山銘告石刻

無年月，正書。崖高二尺八寸，廣一尺七寸，在掖縣大基山。

右刻題云：『此太基山内中明嵎及四面巖崀上，嵩岳先生熒陽鄭道昭，掃石置五處仙壇。其松林草木有能脩奉者，世貴吉昌，慎勿侵犯，銘告令知也。』凡五行，字徑二寸，多别體。中明嵎、五仙壇今皆不傳。案《魏書·道昭傳》載其官國子祭酒，時三上表請廣人才，置博士生員，意在崇儒興學，無一語及好道棲真事。今案此刻，明是乘暇來遊，爲憩息棲止之所，慮道俗有毁棄者，故爲此告誡之詞耳。『大』作『太』，『嵎』作『嵎』，『頂』作『崀』，『置』作『置』，『貴』作『貴』，从『亻』作『彳』，皆書者隨意增損，不足爲訓也。

大基山石人題字

正書[五四]。高一尺，廣八寸。在掖縣大基山。

右題云『石人名髣髴，甲申年造，乙酉年成』，凡十三字，分三行，字徑寸五分，筆法堅勁，疑亦道昭所書，姑坿於此。道昭刻《文公碑》及雲峰諸詩俱在永平四年辛卯，此更在前，爲正始二年也。[五五]

鄭道昭白駒谷題名

無年月，正書。在益都縣西南北峰山之北白駒谷内。

右刻題云『中岳先生滎陽鄭道昭遊槃之山谷也』，凡十五字，分三行，後又題『此白駒谷』四字，皆徑尺許，筆意極蒼老。益都段赤亭松苓《益都金石記》云：『案《魏書》，道昭字僖伯，少而好學，綜覽群言，初爲中書學生，遷秘書郎，累官至秘書監、滎陽邑中丞，出爲光州刺史，轉青州刺史，熙平元年卒，「謚文恭」。又謂其好詩賦，凡數十篇，其在二州，政務寬厚，不任威刑，爲吏民所愛。此谷乃青州冰簾堂、表海亭之遺愛矣，山上有康熙時馬介石等遊記，謂公有題名在洞中，稱爲「白雲堂中解易老」，今不見，疑爲洞門所掩。白雲堂在萊州天柱山，即古之光州，《北齊書·鄭述祖傳》謂在兖州，誤。』

洛州刺史刁遵墓志[五六]

熙平三[五七]年十月立，正書。碑高二尺三寸四分，廣二尺餘。舊藏樂陵劉氏，今在直隸南皮縣高氏。

魏故使持節、都督洛兖州諸下闕。

高祖協，玄亮，晉侍中尚書左僕下闕。夫人彭城曹氏，父義，晉梁國下闕。

曾祖彝，太倫，晉侍中徐州牧司空義陽下闕。

祖暢，仲遠，晉中書令、金紫左光禄大夫、建平下闕。

父雍，淑和，皇魏使持節、侍中、都督揚豫兖徐四州下闕。徐豫冀三州刺史、東安簡公。夫人琅耶王氏，父彳下闕。

公諱遵，字奉國，勃海饒安人也。姓氏之興，録於帝圖，中葉□□□□□□□□廣淵，謨明有晉。祖父以忠肅恭懿，聯輝建侯。所見者世往傳開［五八］□□□□□□□□□之外，不復銘於幽泉也。公稟惟岳之靈，挺基仁之德，忠子本於立□□□□□□□，以小節而求名，無虚譽以眩世。少能和俗，於人無際，但昂然愕然者□□□□□□□侍中、中書監、司空文公高允，皇代之儒宗，見而異之，便以女妻焉。太和中，立□□□□，尋拜魏郡太守。寛明臨下，而德洽于民。正始中，徵爲太尉、高陽王諮議糸軍事，□□□有古人之風，器而禮焉。俄而轉大司農少卿，均節九賦，以豐邦用。莅事未朞，遷使□□［五九］都督洛州諸軍事、龍驤將軍、洛州刺史。公之立政，惠流兩壃，平陽慕化，辟地二百。方一江汅，成功告老。上天不吊，忽焉降疾。熙平元秊秋七月廿六日，春秋七十有六，薨于位。朝廷痛悼，百寮追惜，贈使持節、都督兖州諸軍事、平東將軍、兖州刺史，侯如故，加謚曰『惠』，禮也。惟公爲子也孝，爲父也慈，在臣也忠，居蕃也治。兄弟穆常棣之親，朋友著必然之信。尊賢容衆，博施無窮，載仁抱義，行藏罔滯，温恭好善，桒榆彌篤。小子子整等泣徂年之箭駿，痛龜莁之告祥，奉靈輀而號慟，遷神柩於故鄉。以二年歲次丁酉冬十月己丑朔九日丁酉，窆於饒安城之西南孝義里，皇考儀同簡公神塋之左。松門永閟，深扃長鍵，庶鐫石於下壤，仰誌悳於幽泉。其辭曰：

彼彼緜胄，帝僵之胤。驛代貞賢，自唐曁晉。明哲迭興，忠能繼儁。在洛雲居，徂楊岳鎮。氛鯨興虐，金曆道亡。於昭我祖，違難來翔。位班鼎列，朝望斯光。顯顯懿考，奉搆腰璜。依仁挺信，據德欑明。紐龜出守，入讚台衡。惠霑千里，道懋槐庭。清風遥被，徽音遠盈。曰登農哉，播稼是司。巍巍高廪，禮教將怡。邊城俟捍，戎氓佇治。秉秏肅命，董牧宣威。方叔剋莊，燕奭遐齡。庶乘和其必壽，泣信順而徂傾。攀號兮罔訴，摧裂兮崩聲。銘遺德兮心㠯糜，刊泉石兮慟深扃。夫人同郡高氏，父允，侍中、中書監、司空、咸陽文公。

右碑文二十八行，行三十三字，徑五分。文辭簡質，書更遒媚，藏樂陵劉克綸家。元至山左時，此碑已歸南皮高氏矣，因舊在山左，且得舊拓本，故爲録之。錢辛楣少詹已有攷證。又汪太史師韓《韓門綴學》、武大令億《金石一跋》亦詳論之。案《魏書·刁冲傳》載：遵將卒，敕其子孫令奉父雍《行孝論》，薄葬遺旨。此誌亦未及也。碑中「兗」作「兖」，「沔」作「汅」，「棣」作「[illegible]」，「旄」作「秏」，「龜」作「龜」，「筮」作「莁」，皆别體，惟「僵」字未詳。黄小松云：此誌有陰，刻「長兄纂奉宗早亡，妻河内司馬氏」等名，嚮所未見，俟更訪之。

兖州賈使君碑[六〇]

神龜二[六一]年四月立，并額俱正書。碑高五尺五寸，廣二尺六寸，厚六寸。在兖州府學戟門下。

魏兖州賈使君之碑額三行，字徑二寸

夫王[六二]□□氵曰方祇以斤緒□因□啓□□□德□□□□風□□□□□□□□□□□，□使□□源遐紛[六三]，轂鄰崇深，識照天璣，沖光台佁[六四]，冰清玉□，有夷齊之操。莅政□秝[六五]，□□□□□□□□□□□□□□□□作捍青蕃流愛屋之歌。垂芳河濟，欣來蘇之詠。可謂動□化□□□□□□□□□□□□□帛□□同義□□刊方來何述，前治中從事史東平內史斤昌伯東平□。祖毦□□□□，父□□□□□□□□□□□□□□威將軍、治中從事史，吳興沈預民▲▲徐貞思等，鏤石鐫□□徽□□□□□□□□□□□□□□□□□□□□。君諱思伯，字士㶳，武威姑臧人也[六六]，□太師賈他之後，□□太傅詛□□□□□□□□□□□□□□。九世祖□，魏青龍中爲幽州刺史，行達□州□州□囙□亖亡，遂即□□□□□□□□□□□□□□□□州刺史。高祖月[六七]，燕冀州別駕，宜都王司馬。曾祖宏，□有令譽，未宀[六八]早亖。□□□□□□□□□□□□□□遂□青州□□□本州□□、州主薄、齊郡太守。君童亂之中，卓然岐嶷，親隣紈綺□□亲□□，善文賦，慷慨□志□口張良□□超悵致□。太和中，趙[六九]家□奉朝請□□得優遊，雅素逍遥，集□□□□高誼□□□□相□□。雖年始弱冠，便秝然公輔之□，稍遷揚烈□□、□□校尉、□前軍將軍，□拜仍授輔國將□□□□□□ □□釒□□□□夜勤王，匪躬□著，遐迩欽風。□□引領，除河內太守，以親老□□□除□□□□□□ □□□，尋□□□將□一載召拜滎陽太守，辭不獲已，遂□所授□，任未朞，風教逯□□□□□□不□□□□□律漸□十[七〇]方之□竟有懟□矣。尋除持節□南青州諸軍事、征□將軍、南青州□□□ □□□□□□□□之□□□所頊□，丁父憂，復召拜光祿少卿，將軍如故。君諒闇在躬宿，昔皓髮□ □□□□□□□□求□□嘗□□□□□□財賑施親疎，周給門姪長幼，靡不贍郵。等其榮悴，□其豐約士□□□除持□□兗州諸軍事、左□□□□州□□亻。州土荒饉，連歲不登，又境上之民好□去□，君案之以□□之□□□□□在優十[七一]賦□于其亻，□□□歲稔□□既實□義用興閭□□仁外隣亻附民庶欣歌，士女□□□□□□□名□□□□□□□照灼英徽蟬聯懋糹德楷世□仁惟□矩聲溢遐，□□流遠，□動□□□亻言□□□□謨資□韶氣繪藻□葉綺續雕思三□□□淄澠別□思氵二□ □□□□□績既攵□□□□浪[七二]海沂換□□鄭懷芳□□□□行□義彰。詠兼糸管，□昃□堂。撫莅河濟，餝□□□。治隆王趙，□超張陸。亻湛懷[七三]翔，風□□□□。□亻既領，憲□以□。□猛相資，惠和並布。政[七四]厲秋霜，澤□春露。巖栖以空，上[七五]□知慕。異域□□，□隣□附。□謌載□，聲教靡□。□□□□，民庶未融。敬惟德化，於此知隆。□□繼響，永馥芳風。神龜二年，歲次己亥四月戊辰朔□日丁亥□□。

大義主翟旭仁，義主真定令曹安都，義主姜甫德。

碑陰

題賈使君碑陰額二行，字徑三寸餘。

余昔嘗見此碑墨本於彭城劉希道家，希道語余曰：『我先君與石曼卿善，曼卿酷愛此字，謂其行筆似褚遂良，疑褚書得此筆法。』余來兖州即訪此碑於州人，無有知者。及余重脩相悦堂，親爲經度，行堂下庖舍中，忽見此碑卧竈後，爲膳夫壓肉石矣。余使人出之于泥中，汲水濯滌，久之始可讀，比昔時所見墨本雖班班有刓[七六]缺處，而加有古氣，尤爲可愛。因募工取石爲座，刳其中以上承之，立堂之西偏，以備好事者之觀，既安固矣，庶可久無虞也。紹聖三年，丙子歲中元日，太原温益禹弼題。

右行書十行，刻於碑陰上截，字徑一寸。

重題賈使君碑陰

兖州賈使君碑，古人甚珎愛之，何隱顯之有時也。余因掌北門之管，暇行城下，見土中露石角，詢諸人，則曰：『是古碑也。』發而視之，筆法高古，昔人酷愛者，豈欺我哉？遂告知州李公，命衆舉于門之右，嵌石爲座，復立焉，更俟後之好事者知古人之用心也。旹大元至正十二年，歲次壬辰冬十一月日，兖州知州李弼、顔從恕，暨[七七]前嵫陽縣尹蘇若思儼然、蠡州同知丘鎮記。

右行書十六行，刻於碑陰下截，字徑一寸。

右碑文及年月几[七八]二十三行，行四十三字，末題義主姓名一行，字徑七分。案：賈思伯，《魏書》

有傳，此碑官秩皆合，惜文多剥蝕。碑云『魏太師賈他之後』，『他』即『佗』字。又云『□夜勤王，匪躬□著，遐迩欽風』，《傳》云：任城王澄圍鍾離，以思伯持節爲其軍司。澄失利，思伯爲後殿，澄大喜，思伯不伐其功，時論稱其長者。即其事也。立碑歲月字更漫漶，惟『神龜』下隱隱有『己亥』二字，考之知是『二年』也。碑陰有宋元人記得碑始末甚詳，其側康熙間知府金一鳳題數行，以爲三國時物，是誤以北魏爲曹魏矣，翁覃溪閣學已於跋中辨正之。

高植墓誌

神龜□年立，正書。碑高二尺五寸，廣一尺九寸。在德州田氏。

魏故濟青相涼朔恒六州刺史下闕。

君諱植，字子建，勃海蓨人下闕。茂烈皆備之

國藉家傳不復更録下闕。司□□□

之子。君秉靈原之□下闕。慧□□□

朩□□者頁賜□下闕。

求□道於勹衿始此下闕。

宣武皇□□□下闕。

皇帝□下闕。

衛下闕。

理沉下闕。

絶白駒之下闕。若□□□□我以□

方約我以下闕。心始□

姧詐之下闕。君在□

□□□嘗下闕。

□神□黐然下闕。神龜□□□□□□□

□□□□泉下闕。

至德□虛麋下闕。

名山□衢下闕。瞶兮

□□□河下闕。嚎痛彼蒼

□著天亭此明公，敻矣哲人，惟義是依，每見我君終始許師下闕。

大魏神龜□□□□□。

右碑載田侍郎雯《長河志籍考》，文二十一行，字徑六分，多漫漶，僅辨百數十字。左有直綫一行，外刻銘辭，末行紀年存『大魏神龜』四字。此碑存者，字體精整，鋒穎猶新，爲顔魯公所祖，洵可珍也。

魯郡太守張猛龍碑[七九]

正光三年正月立，并陰及額俱正書。碑高六尺二寸，廣二尺七寸餘。在曲阜孔廟同文門東側。

魏魯郡太守張府君清頌之碑額三行，行四字，徑二寸。

□諱猛龍，字神冏，南陽白水人也，其氏族分興，源流所出，故已備詳世録，不復具載。□□□□盛，蓊欝於帝皇之始，德星□□，曜像於朱鳥之閒。淵玄萬壑之中，峨巖千峯之上，弈葉清高，焕乎篇牘矣。周宣[巾十][八〇]□□□仲，詩人詠其孝友，光緝姬□，中興是賴。晉大夫張魁，《春秋》嘉其聲績。漢初，趙景王張耳，浮沉秦漢之閒，終跨列[八一]土之賞，才[八二]世卄，君其後也。魏明帝景初中，西中郎將、使持節、平西將軍、涼州刺史瓊之十世孫。八世祖軌，晉惠帝永□中，使持節、安西將軍、護羌校尉、涼州刺史、西平公。七世祖素，軌之第三子，晉明帝太寧中，臨羌都尉，平西將軍，西海、晉昌、金城、武威四郡太守，遂家武威。高祖鍾信，涼州武宣王大沮渠時建威將軍、武威太守。曾祖璋，僞涼舉秀才，本州治中□□□西海、□□二郡太守，還朝尚書、祠部郎、羽林監。祖興宗，僞涼都營護軍，建節將軍，饒河、黄河二郡太守。父生樂，□□□□□□□□□抬□□歸國。青衿之志，白首方堅。君體稟河靈，神資岳秀。桂質蘭儀，點弱露以懷芳；松心□節，□□□□□□。□□□尸自□□明，若新蘅之當春，初荷之出水。入孝出苐，邦閭有名。雖黄金未應，無慙郭氏，叒[八三]朋□□，交遊□□，□□走□，蒙笇人□。年廿七，遭父憂，寢食過禮，泣血情深，假使曾柴更世，寧異今德。既傾乾覆，唯恃坤慈。

冬温夏清，曉夕承奉。家貧致養，不辭採運之懃。年卅九，丁母艱，勺飲不入，偷魂七朝，罄力盡心，備之生死，脱時當□□[八四]無愧，深歎每事過人。孤風獨超，令譽日新，聲馳天紫，以延昌中出身除奉朝請，優遊文省，朋儕慕其雅尚。朝廷以君蔭□如此，德□宣□，以熙平之年除魯郡太守，治民以禮，移風以樂。如傷之痛，無怠於夙宵；若子之愛，有懷於心目。是使學校剋脩，比屋清業，農桒勸課，田織以登。入境觀朝，莫不禮讓，化感無心，草石知變。恩及泉木，禽魚自安，勝殘不待，賒年有成，朞月而已。遂令講習之音，再聲於闕里；來蘇之歌，復詠於洙中。京兆五守，無以尅加；河南二尹，裁可若兹。雖名位未一，風□卄□。且易俗之□，黄侯不足比功；宵魚之感，宻子寧獨稱德。至乃辭金退玉之貞耿，拔葵去織之信義，方之我君，今猶古□。詩□『愷悌君子，民之父母』，實恐韶曦遷影，東風改吹，盡地民庶，逆深泣慕。是以刊石題詠，以旌盛美，誠□能式闡鴻□，庶揚烋烈。□□辭曰：

氏焕天文，體承帝胤。神秀春方，靈源在震。積石千尋，長松萬刃。軒冕周漢，冠盖魏晋。河靈岳秀，月起景飛。窮神開照，式□[八五]英徽。高山仰止，從善如歸。唯德是蹈，唯仁是依。栖遲下進，素心若雪。鶴響難留，□音遐發。天心乃眷，觀光王闕。浣紱紫□，承華烟月。妙蔄□□，剖符[八六]儒鄉。分金沂道，裂錦鄒方。春明好養，温而□霜。乃如之人，寔國之良。禮□□□，□□□□。□□之恤，小大以忄[八七]。□□一[八八]洗，濯此羣冥。雲褰天浄，千里開明。學建禮脩，風教反正。野畔讓耕，林中□□。□□□□，□□□□。□衣可改，留我明聖。何□勿剪，恩深在民。何以□懎，風化移新。

歆河止滿，度海迷津。勒石啚□，永下闕。

盪寇將軍魯郡承北平□□□。

義主叅軍事廣平宋撫民，義主龍驤府騎兵叅軍、□威府長史、佐魯府治城軍主□□□，義主本郡

二政主薄□□□，義主顔路，義主離狐令宋承僖，汶陽縣義主南城令嚴孝武、義主□賢文，陽平縣義主

州主薄王盆生、義主宋□□

造頌四年，正光三年正月廿三日訖。

碑陰：

郡中正爰孝伯、中正顔文遠

魯郡白法相

功曹史孔暉祖、督魯弁新陽

主簿太□元哲、督汶陽弁二縣令

魯縣令杜僧壽、汶陽縣令明景欣

鄒縣令韓咸、陽平縣令衛安族

弁縣令董文定、新陽縣令崔咸

右七行，在碑額之陰，正書，徑八分。

魯郡士望等，孔文憘、韋帝、□□□、孔文□、孔□□、宋延年、王崇吉、韋文祖、韋清龍、王天念、爰景哲、條扩壽、王順義、□□□、□□□、□□□、王興□、□世遵、王文進、□□隆。

右二十一行，在碑陰額下第一列，正書，徑五分，下同。

沈羅侯、王長佐、歎祖懟、王懷月、絛甬□、王懷雍、王伯欣、柏奴□、歎武□、孔□□、孔□度。

右十一行，在第二列。

□官王玠度、百事張伯奴、録事孔神祚、□曺掾李神庯、户曺掾董榮祚、户曹掾卜僧禮、金曺掾夏暎祖、租曺掾夏驃騎、租曺掾夏榮貴、兵曺掾顔榮茂、法曺掾薛胡仁、法曺掾苗祖懟、集曺掾孔景進、集曺掾孫靈援、西曺佐星桃苻、西曺佐薛文會、西曹佐秦榮族、户曺佐卜天亻、户曺佐王德仁、户曹佐邵庯懟、户曹佐樊道融。

右二十一行，在第三列。

户曺佐任榮族、金曺佐彭神景、會曺佐張靈祚、租曺佐任文建、租曺佐夏萬秋、租曺佐張衆德、兵曺佐苗桃苻、兵曺佐夏文懟、法曺佐尚神暉、法曺佐□□□、法曺佐李智休、法曺佐常丘景祥、集曺佐王道援、集曺佐朱伯憘。

右十四行，在第四列。

魯縣族望：□戩、□從援、顔驥、白文雍、□萇生、王寄生、張神征、□廣吉、□□、任道懷、鄆天祐、高堆、柏聰明、張幂文、辛伯仁、胡外之、于曇嵩、胡方進、成灘生、顔龜。

□普憘、陳叔軌、成順之、□業治、孔騎之、顔乞、顔暈藺、張僧坦、王道林、張苟生、張閃、于景暈、成惠、高曇貴、張兆脱、許畬、孫寄生、張陸、張顯和、成洛州、王願生。

右二十一行，在第五列。

右二十一行，在第六列。

汶陽縣族望：鮑黄頭、高文景、彭定安、彭超越、孫文雋、成公興、孫文憘、若奉伯、管幽州。

右十行，在第七列。

□□族望：徐伯援。

右二行，在第八列。

陽平縣族望：吴安世、聶□。

右三行，在第九列。

弁縣族望：雋伯苻、陳道懒、公乘伏德。

右四行，在第十列。

新陽縣：田忘㐀、□□□、□□□、樊可憘、田天明、雷天寶、田肆□、雷僧强、梅天念、雷天恩、雷良振、田宜樹、萬方貴、梅僧援、雷普明、田河清、田惠明、雷乁德、田祖憘、田武男、田□□。

右二十二行，在第十一列。

右碑文廿二行，行四十六字，末題姓名、年月四行，字徑八分。案：猛龍，《魏書》無傳，其八世祖西平公，當晉崇莊老時，在凉州徵胄子五百人，立學校，春秋行鄉社禮。元魏佞佛尤甚，猛龍獨能繩其祖武，重道隆師，洵守土之賢者矣。頌後列義主十人，皆其屬吏。魏齊之世，凡斂資刊石，出資者率稱曰「主」，如造象稱「象主」，刊經稱「經主」，勸緣稱「功德主」，此則郡人頌太守之德事，近于義，故稱「義主」也。碑文雋永，開齊梁風致。其中俗字，如「因」作「囙」，「族」作「挨」，「巉」作「⿰山免」，「緝」作「絹」，「渠」作「淭」，「稟」作「禀」，「禽」作「离」，「旌」作「旍」，「冕」作「⿱冖免」，「耕」作「⿰禾井」，「龍驤」作「驪驤」，及从「亻」作「彳」，皆是。至以「磬」爲「罄」，「霄」爲「宵」，「仞」爲「刃」，乃通借字也。碑陰姓名自郡縣曹掾、曹佐，以逮諸縣士望、族望，凡十一列，每列人數多寡不齊，其中異姓官名多史書所未見，故並載之。

曹望憘造象記

正光六年三月造。石高八寸，廣二尺。在臨淄縣西桐林莊居民墻間。

右刻首題「大魏正光六年歲次□□」，又云「襄威將軍栢仁令齊州魏郡魏縣曹望憘敬造彌勒下生石像一軀」。案：「正光」爲孝明帝年號，是年六月改元「孝昌」，此碑刻于三月，故猶稱「正光」也。歲次下當是「乙巳」二字。栢仁，漢縣，《魏書·地形志》作「人」，此作「仁」，與《李仲琁碑》同。[八九]

曹氏，魏之望族，《魏書·曹世表傳》：『世表，字景昇，東魏郡魏人也。魏大司馬休九世孫，祖謨，父慶，並有學名。』望憘雖不見于史傳，爲其族人無疑。碑字秀勁，已開唐人法脈。

諸城題名殘石

無年月，正書。在諸城李氏。

右碑衹存『大魏朔廿遠等過』七字，高、廣約三寸餘，字徑六分。李仁煜得於莒州村塾中，筆法頗近《高湛墓志》。

東魏石

贈齊州刺史高湛墓誌銘[九〇]

元象二年十月立。碑方、廣一尺七寸五分，文二十五行，行二十七字，徑五分，後空一行。在德州封氏。

魏故假節督齊州諸軍事、輔國將軍、齊州刺史高公墓誌銘

君諱湛，字子澄，勃海滌人也。靈根遠秀，啓慶兆於渭川；芳德遐流，宣大風於東海。作軓百王，垂聲萬古者矣。故清公势重，鄭伯指捎師，元卿位尊，管仲辭禮，皆所以讓哲推賢，遠明風軌。祖，巢

州刾史、勃海公，文照武烈，望擲中夏，惠沾朝野，愛結周行。考，侍中、尚書令、司徒公，英風秀逸，儁氣雲馳，剄顧帝鄉，威流宇縣。君禀慶緒於綿基，挹餘瀾於海澳。幼尚端凝，長好文雅，非道弗親，唯德是与。逍遥儒素之閒，纂申穆之遺風；徘徊文史之際，追牧馬之逸藻。至扵弱春灑翰，席月抽琴，邁昔哲以孤遊，超時流而獨遠。熙平啓運，起家爲司空叅軍事，轉揚烈將軍、羽林監。天平之始，襄城阻命，君文武兩兼，忠義奮發，還城斬將，鑾左同歸。朝廷嘉其能，縉紳服其義，假驪驤將軍、行襄城郡事。君著績既崇，賞勞未允，尋除使持節、都督南荆州諸軍事、鎮軍將軍、南荆州刾史。扵時，僞賊陳慶率衆攻圍，孤城獨守，載離寒暑，終能剋保邊隍，全怗[九一]民境。復除大都督行廣州事。享年不永，春秋卅三，元象元季正月廿四日終扵家。皇上動哀，能言灑淚，迺有詔曰：『故持節都督、南荆州諸軍事、假鎮軍將軍、揚烈將軍、員外、羽林監、行南荆州諸軍事、南荆州刾刺史、當州大都督高子澄[九二]，識用開敏，氣幹英發，擁搨蕃翰，誠効尅宣。臨難殉軀，奄徒非命。言命遺績，有悼于懷。宜申追寵，式光往烈，可贈假節督齊州諸軍事、輔國將軍、齊州刾史。』粤元象二年十月十七日，遷葬扵故鄉司徒公之塋。千秋易往，萬古難留，故鎸石泉門，以彰永久。其詞曰：

丹剄降祉，姜水載清。大人應期，命世挺生。垂竿起譽，罷鈎流聲。經綸宇宙，莫之與京。胤司下蕃，公衡上宰。既顯營丘，復擲東海。四履流芳，五城降綵。繁柯茂葉，傳華無改。伊宗作輔，忠義是依。清邊昏霧，撗掃塵飛。日月再朗，六合更暈。玉帛斯集，福禄攸歸。仁壽無遠，積善空施。風酸夏草，霜結春池。崐山墜玉，桂樹摧枝。悲哉永慕，痛矣離長。

右碑錢辛楣少詹論之甚詳，湛字子澄。孝静詔字而不名，尊之之意，亦制詔異例也。碑字秀勁，爲唐時虞、褚諸家所本。其中『滌人』，即『脩人』，古多通用。至『標』作『摽』，『虯』作『虭』，『禀』作『稟』，『瀾』作『灡』，『翰』作『𨎌』，『席』作『廗』，『龍驤』作『驡驤』，『旅』作『袘』，『象』作『𧰼』，及从『亻』與从『彳』互用，皆六朝人好異，故變其體耳。末句『離長』二字倒書，碑未改正。

胡元方等造象記

興和二年立，凡四面，俱正書。高四尺二寸，各廣一尺五寸餘。在泰安縣徂來山大雲寺。

右碑剥蝕頗甚，可辨者不及十之三四。首題『大魏興禾二年□庚申歲』，其下已泐。題名中胡姓最多，惟『胡元方』三字最分明，遂以其名冠之。記稱『四面石柱一軀』，即指此刻。後云『姊妹刊石，永識後代』，即第二面雁門太守胡某之三女雲姬等也。題名有稱『維那』者，有稱『義主』者，有稱『法義』者。其字亦有別體，如『龍驤』作『驡驤』，與《高湛碑》同。

李仲琁脩孔子廟碑[九三]

興和三年十二月立，正書，篆額。碑高六尺八寸，廣二尺七寸。在曲阜孔廟同文門西側。

魯孔子廟之碑篆額二行，字徑四寸。

粤若稽古，叡后欽明，文思衡宰，邁德丕顯，九功咸事，故能庸勳親賢，官方式叙。惟大魏徙鄴之五載，皇□興和之元年，天□□咨，夤賓出日，寔唯濟岱，宣風敷化，義屬英良。以君理思優敏，實惟舊德，昇朝牧民，物望斯允，必能絃歌鄒魯，剋振斯文。□制□言冊，拜我君公使持節都督兗州諸軍事、車騎大將軍、當州大都督、兗州刺史。君姓李，字仲琁，趙國柏仁人也。其先帝高陽之□裔，柱史之胤，左車之綿緒。瑶光佅彩，赫奕於上齡；若水嘉祥，萩蕤於季葉。君以資解褐奉朝請，俄除定州平北府法曹叅軍，仍厤□□功□諮議叅軍事，定、相、雝三州長史，東郡、汲郡、恒農三郡太守，司徒左長史，中散太中大夫，營構都將，雝、兗二州刺史。所在恩□，退訓在□[九四]，□朳桂昜地而貞馥不移。君鳳舉雲翔，風期如一，斯寔天懷直置，妙與神同。悒然不樂，思仁未深，刑平惠和，言爲淳□□□毗資寵□口榮，奕葉重光之貴，氣韻優峻之奇，政績緝熙之美，既備於史傳與清頌，故不復詳載焉。君神懷疎爽，風度絶□，學業□□源並深，□橾□□松俱秀，故其隸兗部也。當未浹旬，言覲孔廟，肅恭致誠，敬神如在，遂軔車曲埠，飲馬沂流，周遊眺覽，尚□伊人，□□怛然，有□[九五]功□□之意，乃命工人，脩建容像。孔子曰：『從我於陳蔡者，皆不得及門也。』因歷叙其才，以爲四科之目。生既見從，氵□□侍。故顔氏□□□□於昜辭，起予者商，紛綸於文誥。是則聖人之道，須輔佐而成。故曰：吾有由也，惡言不聞於耳。所以雕素十子，□□其側。今於□□□□，奉進儒冠，於諸徒亦青衿青領。雖逝者如斯，風霜驟謝，而淪姿舊訓，曖似還新。至如廟宇凝静，靈姿嚴麗，□□之□無以踰，七□之房不能出。夫道繫於人，人亡則道隱。斯大義以之而乖，微言以之而絶。今聖容肅穆，二五成行，丹素陸離，□□□□。

□□亻微咲而□言，左右若承顔而受業，是以覩之者莫不忻忻焉。有入室登堂之想，斯亦化□□一隅也。天誕聖哲，作民師□□風□闕里，播□□洙泗，至於歎鳳鳥之寂寥，傷河啚之莫出，屢應聘而不遇，知道德之不行，乃正雅□，脩春秋，刊理六經，懸諸日月，□□載之□莫不遵□義以述作，服其訓以成身，咨可謂開闢之儒聖，無窮之文宗者矣。此地古號曲埠，是唯魯郶，雖宮觀荒毀，臺池□□，然其廟庭也，蔚□林於九冬，罩脩柯於百刃，類神栝之侵漢，同梧宮之臣圍，至夫鴻隨秋下，則月秀霜枝，鶊逐春來，亦風開翠葉，既□□□觀□，亦足以安樂聖靈。是以無代不加脩繕，諏億載以寧神。君清朙在躬，精思入微，功被人神，德貫幽顯，豈唯營餝宣質，經挪□□□□□如虔脩岱像，崇奉玄宗，敦素翦萼，興存癈絶，視民如傷，糸[九六]之仁壽，體亡懷以幽詣，任萬物以爲心，□[九七]直靈津孤灑，虚光□[九八]散者□[九九]！夫一月之朙，可影百川；一人之鑒，從横万趣。爰自刺舉，未或斯同，然丹青所以啚盛□[一〇〇]，金石所以刊不朽，□□不鐫，珉瑶焉□[一〇一]。府州佐□者匕□令士民等略序義目，樹碑廟庭，俾後來君子知功業之若斯焉。乃作頌曰：

二儀肇泮，人倫攸舉。邈邈玄王，誕兹聖緒。祖習堯舜，獻章文武。聲溢九天，化潭八宇。祖習□□，窮[一〇二]神盡妙。化潭伊□[一〇三]，□□存耂[一〇四]。□同麗景，榑天孤昭。無異岱宗，巖巖特峭。重山隱寳，深霞秘暉。在哀之葉，自衛言歸。德生於予，文實在兹。彝倫禮樂，刋叙書□。□□驚□[一〇五]，灰管流氣。良木其摧，緬踰千祀。以存恕亡，允諸靈意。不有伊人，孰云脩置。唯君體道，叅政優優。白鳩巢室，赤雀西樓。□[一〇六]罔不□[一〇七]，智□□□。器冠後哲，風邁前脩。既繕孔像，復立十賢。誠兼岱宇，懃盡重玄。仰聖儀之焕爛，嘉鴻業之嬋聯。長無絶兮終古，永萬□兮斯□。

興和三季十二月十一日□功。

碑陰

鎮遠將軍倉曹叅軍盖子華、前將軍功曹叅軍屈儁、征虜將軍録事叅軍李良賓、征東將軍壽陽子司馬時老生、征東將軍長史崔珎、冠軍將軍別駕從事史順陽子張敬賔、鎮遠將軍治中從事史魏子良。

右七行，正書，徑五分，下同，在碑額之陰。

輕車將軍典籤王遵、寧遠將軍典籤□□、□□□□□外奉都尉滕子充、揚烈將軍新陽令攝典籤衛恩、伏波將軍員外給事中丁貴賓、冠軍將軍長流叅軍劉孝遵、中堅將軍前平原令郄静和、明威將軍長流叅軍□□寧、典籤翟暉、伏波將軍前襄國令長流叅軍李世榮、冠軍將軍默曹叅軍張洛□、亻父令朱槃父、冠軍將軍法曹叅軍彭伯怜、征虜將軍録事叅軍張子欽、中堅將軍叅軍事王元龜、樂平令秦仲暉、中堅將軍鎧曹叅軍蘇文淵、須昌令孫世檲、平南將軍田曹叅軍劉僧仁、魯縣令宋敬遵、征虜將軍城局叅軍禹太安、前郡主簿陳祖明、平南將軍長流叅軍徐涞保、鎮城司馬何通、冠軍將軍騎兵叅軍范琚羅、主簿袁康生、輔國將軍外兵叅軍孫景貴、中兵叅軍張輔仁、平遠將軍主簿范伯珎、土曹叅軍周甑、鎮軍將軍中兵叅軍亢貴、泰山郡孛刑獄叅軍王元憘、魯郡丞孔白鳥、鎮西將軍金下闕。太守牛神、魯郡功曹韋

□孝、使持節督兖州諸軍事下闕。曰伯、泰山太守郭叔略、安東將軍下闕。榮、魯郡主簿晁□夐、前將軍東平太守□儁、魯郡五官□神穆、征虜將軍任城太守馬顯都、魯郡省事高道愍、安東將軍陽平太守高元和、魯郡録事夏盖族、前魯郡功曹吴奉祖、祭酒從事史禮當德、弥寇將軍幢主卜神景、弥寇將軍幢主高識憘、黄衣隊主鮑珎榮、部郡從事史樊□珎、部郡從事史張金樓、部郡從事史柏□嵩、征虜將軍前任城太守耿僧珎、驢驤將軍東平太守趙良征。

右三十二行，分二列，在碑陰上截。

碑側

内□書任城王長儒書碑。

右一行，正書，徑六分。

右碑文二十四行，行五十一字，末年月一行，字徑八分。所載仲琁歷官，案之《魏書》本傳多合，惟定、相、雝三州長史，《傳》無相州。又營構都將，與《北史》傳合，而《魏書》則云「營構將作」，爲小異耳。《傳》但言仲琁修改孔廟墻宇，不言廟庭配食弟子，據碑知孔廟之升祔十哲及十哲之有素像，皆自仲琁始。又聖象祇進儒冠，諸徒皆青衿青領，皆學者所宜知也。書兼篆隸，如「扶疏」作「扶蔬」，「赫」作「𧹞」，「營」作「營」，「舉」作「舉」，「爽」作「𤕠」，「學」作「學」，「眺覽」作「眺覧」，「然」作「肰」，「聘」作「娉」，「像」作「像」，「從」作「從」，「武」作「武」，皆别體。以「潭」爲「覃」，以「嬋」爲「蟬」，以『百刃』爲『百仞』，以『良木』爲『粱木』，以『熟』爲『孰』，以『啚』爲『圖』，皆通用字。『祖述』作『祖習』，『憲章』作『獻章』，與今本《中庸》異。至『焕爤』之『爤』，乃正字，今省作『爛』。『雕素』之『素』，或以爲『愫』之别體，不知『愫』本俗字，古衹作『素』。錢辛楣少詹云：『《唐青蓮寺碑》有「素畫彌勒佛」之語，是其證也。』沅案：字體之變，莫甚于六朝，然其中有用古字處未可盡非，余昔以文字異同著爲《辨證》一書，意在糾正時謬，間有未備，今更詳之。碑陰列銜中有稱『泰山郡亭』及『魯郡省事』，皆史書所略。碑側一條，尤爲著録家所未見也。

楊顯叔造像記

武定二年□月造，正書。石高四寸三分，廣一尺三寸餘。在歷城縣神通寺東四門塔内。

右刻凡十五行，行四字，徑八分，蓋楊顯叔爲其亡考忌日作也。碑中『弌』即『戊』字，『驃』即『驃』字，『忌』即『忌』字，皆别體。

路文助等造像記

武定二年十月刻。高一尺，廣七寸。在萊陽縣東南三駕寺。

右記刻於石佛背上，標題『重修崇福寺碑記』七字，文叙光州長廣郡挺縣清信亻佛弟子路文助兄弟三人，爲亡父造鐌一軀，云云。凡九行，末刻本寺四界所至。二行其上又横題『三駕寺』三字，蓋寺本名『崇福』，後改『三駕』也。長廣郡，晉武帝置〔一〇八〕，治膠東城。挺縣在漢屬膠東，後漢屬北海，晉屬長廣。光州則自北魏皇興四年分青州置，而以長廣郡領焉。《縣志》載縣東南八十里有三駕山，山有崇福寺，一名三駕寺，有小石佛一尊，雕刻甚工，背有題字，即此刻也。碑中『像』作『𨯓』，『軀』作『鏂』，『弟子』作『苐子』，皆訛體耳。

王雙虎等造像記

武定二年□月立。高二尺五寸，廣一尺七寸，厚約三寸，上鋭下平。在東阿縣張秋鎮白宿寺。

右碑左角下書記文，上節及右角下俱法儀姓名，兩側有字多漫漶。黄承玄《張秋志》云：『脩寺時，掘地得石佛，背刻「大魏武定二年」。』黄氏所言，蓋即此記也。

劉世明造像記

武定二年十二月造。石高六寸五分，廣一尺四寸。拓本。

右記凡九行，行六字，徑八分。舊在廣福寺，年久湮没，僅傳拓本。段赤亭《益都金石記》云：碑中『像』从『亻』，當時異文。『魏』字，《説文》曰：『高也，从嵬委聲。』徐鉉曰：『今人省「山」，以爲「魏國」之「魏」。』蓋亦古通用字也。元氏至武定，易魏爲齊之勢已成，劉世明雖佞佛之辭猶殷殷爲國王帝主祈福，曾無一字及霸朝，亦爾時之砥柱也。又案《魏書·劉芳傳》，其族子有名『世明』者，不言其爲齊郡太守，且卒於興和三年，似非一人。

王□叔造像記

天平四年立。石高六寸五分，廣一尺三寸。在歷城縣龍洞後摩崖。

右刻衹存上截，凡十一行，字徑五分，末二行筆畫不類，乃後人所刻也。造像者爲汝陽王□叔，而後有『車騎將軍乞伏鋭』及『征北將軍』銜名，當是助資之人。『驃』从『栗』，别體。

【校勘記】

［一］此拓本收録於『京都大學人文科學研究所所藏石刻拓本資料』第NAN0122X號《北魏中書令鄭文公下碑》，部分殘泐，兹據此加以校證。

［二］『烈』，原作『列』，據拓本正。

［三］『黄門侍郎』，原作『黄門持節』，據拓本正。

［四］『蕳』，原作『簡』，據拓本正。

［五］『詸』，原作『謡』，據拓本正。『詸』，即誅。

［六］『賵』，原作『贈』，據拓本正。

［七］『乎』，原作『于』，據拓本正。

［八］『東』，據拓本補。

［九］『時思文索』，《周禮・冬官考工記》作『時文思索』。

［一〇］由此碑跋可知，白雲堂在雲峰山頂。然而，《山左金石志》卷九《鄭道昭白駒谷題名》跋云：『白雲堂在萊州天柱山，

即古之光州，《北齊書》卷二九《鄭述祖傳》謂在兖州，誤。」可見，對於白雲堂的位置，《山左金石志》說法不一：一是《中書令鄭羲碑》的「萊州雲峰山」說，一是《鄭道昭白駒谷題名》的「萊州天柱山」說。

[一一] 此拓本收録於《北京圖書館藏中國歷代石刻拓本匯編》第三册《論經書詩》，亦收録於「京都大學人文科學研究所所藏石刻拓本資料」第NAN0124A與NAN0124B號《北魏論經書詩刻》，均殘泐較爲嚴重。另外，《八瓊室金石補正》卷一四《雲峰山鄭道昭題刻十七種》對此碑文亦有校補。兹據此加以校證。

[一二]「辟」，辨識拓本，似爲「聳」。

[一三]「木」，辨識拓本，似爲「旌」。

[一四] 此闕字，辨識拓本，似爲「照」。

[一五] 此闕字，辨識拓本，似爲「緣」。

[一六]「垉」，辨識拓本，似爲「赩」。

[一七] 此闕字，辨識拓本，似爲「接」。

[一八] 此二闕字，辨識拓本，似爲「一巖」。

[一九]「峻」，拓本殘泐，《八瓊室金石補正》作「嶢」。

[二〇]「跡」，原作「朝」，據拓本及《八瓊室金石補正》正。

[二一]「辶」，辨識拓本，似爲「遂」。

[二二]「州」，辨識拓本，似爲「川」。

[二三]「萊」，拓本殘泐，《八瓊室金石補正》作「未」。

[二四]「未」，拓本殘泐，《八瓊室金石補正》作「來」。

〔二五〕此二闕字，辨識拓本，似爲『逍遥』。

〔二六〕『屋』，辨識拓本，似爲『殖』，《八瓊室金石補正》亦作『殖』。

〔二七〕『傾』，據拓本及《八瓊室金石補正》補。

〔二八〕『十』，據拓本及《八瓊室金石補正》補。

〔二九〕『雅』，辨識拓本，似爲『此』，《八瓊室金石補正》亦作『此』。

〔三〇〕『□吟』，拓本殘泐，《八瓊室金石補正》作『百齡』。

〔三一〕『心識』，據拓本及《八瓊室金石補正》補。

〔三二〕此闕字，辨識拓本，似爲『看』，《八瓊室金石補正》作『眉』。

〔三三〕『辯』，拓本殘泐，似爲『辨』。

〔三四〕此二闕字，拓本殘泐，《八瓊室金石補正》作『萬象』。

〔三五〕『玄玄』，拓本殘泐，《八瓊室金石補正》作『云云』。

〔三六〕『二十五』，應爲『二十四』，全詩實爲二十四韻。

〔三七〕此拓本收録於《北京圖書館藏中國歷代石刻拓本匯編》第三册《觀海島詩刻》，部分殘泐。碑文亦載《八瓊室金石補正》卷一四《雲峰山鄭道昭題刻十七種》，兹據此加以校證。

〔三八〕『童』，原作『章』，據拓本及《八瓊室金石補正》正。

〔三九〕『植』，拓本殘泐，《八瓊室金石補正》作『插』。

〔四〇〕『上』，據拓本補。細審拓本，『上』字後尚有其他字，殘泐難辨。

〔四一〕『工』，《八瓊室金石補正》卷一四《雲峰山鄭道昭題刻十七種》作『匠』。

〔四二〕「丕」，《八瓊室金石補正》卷一四《雲峰山鄭道昭題刻十七種》作「匠」。

〔四三〕此拓本收録於《北京圖書館藏中國歷代石刻拓本匯編》第三册《仙壇詩刻》，殘泐較為嚴重。《八瓊室金石補正》卷一四《雲峰山鄭道昭題刻十七種》對此碑文亦有校補，兹據此加以校證。

〔四四〕「嵯」，拓本殘泐，《八瓊室金石補正》作「陵」。

〔四五〕「氵」，拓本殘泐，《八瓊室金石補正》作「瀟」。

〔四六〕「山」，拓本殘泐，《八瓊室金石補正》作「岁」。

〔四七〕「繚□□□章」，拓本殘泐，《八瓊室金石補正》作「嶚嶚歌道章」。

〔四八〕「令」，拓本殘泐，《八瓊室金石補正》作「泠」。

〔四九〕此闕字，拓本殘泐，《八瓊室金石補正》作「悲」。

〔五〇〕「昌」，拓本殘泐，《八瓊室金石補正》作「唱」。

〔五一〕「齊」，據拓本及《八瓊室金石補正》補。

〔五二〕「追」，拓本殘泐，似爲「追」，《八瓊室金石補正》亦作「追」。

〔五三〕「出」，拓本殘泐，《八瓊室金石補正》作「山」。

〔五四〕陸增祥《八瓊室金石補正》卷二二《大基山石人題字》認爲此刻書體爲八分書，云：「碑字八分，阮氏作正書，亦非。」

〔五五〕陸增祥《八瓊室金石補正》卷二二《大基山石人題字》作「元統元年」，云：「筆勢與雲峰山雲居館相類，當是述祖所題，乙酉當即天統元年。阮氏謂出道昭手，并以乙酉屬正始二年，殆未必然，道昭以永平三年任光州也。碑字八分，阮氏作正書，亦非。」《北京圖書館藏中國歷代石刻拓本匯編》第七册《大基山石人題字》云：「北齊天統元年（五六五）刻。……按此刻僅題乙酉年成，阮元著録作魏正始二年鄭道昭書。考道昭正始間尚未抵掖，而此石書法更似述祖，况與雲居館題記同出一地，當爲北齊天統元年之乙酉。」

〔五六〕此拓本收録於《北京圖書館藏中國歷代石刻拓本匯編》第四册《刁遵墓志》，殘泐較爲嚴重，碑文亦載《金石萃編》卷二八《刁遵墓志》，兹據此加以校證。

〔五七〕「三」，應爲「二」。碑文中并無明確立碑時間，依據碑文「以二年歲次丁酉冬十月己丑朔九日丁酉，窆於饒安城之西南孝義里」，可知此碑當立於北魏熙平二年十月。

〔五八〕「𠁣」，拓本殘泐，《金石萃編》作「開」。

〔五九〕第一闕字，拓本僅殘存「扌」，《金石萃編》作「持」。第二闕字，拓本殘泐，《金石萃編》亦闕，依據上下文，當爲「節」。

〔六〇〕此拓本收録於《北京圖書館藏中國歷代石刻拓本匯編》第四册《賈思伯墓碑》，但漫漶殊甚，碑文亦載《金石萃編》卷二八《賈思伯碑》，兹據此加以校證。

〔六一〕「二」，原作「三」，據碑文正。

〔六二〕「𤣩」，《金石萃編》作「琁」。

〔六三〕「糸」，《金石萃編》作「緬」。

〔六四〕「名佁」，《金石萃編》作「警智」。

〔六五〕「禾」，《金石萃編》作「化」。

〔六六〕對於賈思伯的籍貫，《魏書》卷七二《賈思伯傳》記載：「賈思伯，字士休，齊郡益都人也。」可見，《魏書》與《兗州賈使君之碑》對賈思伯籍貫的記載不同，而《山左金石志》并未指出。

〔六七〕「月」，《金石萃編》作「朕」。

〔六八〕「宀」，《金石萃編》作「宦」。

[六九]「趙」,《金石萃編》作「起」。

[七〇]「十」,《金石萃編》作「年」。

[七一]「十」,《金石萃編》作「平」。

[七二]「浪」,《金石萃編》作「良」。

[七三]「懷」,《金石萃編》作「煙」。

[七四]「政」,《金石萃編》作「威」。

[七五]「上」,《金石萃編》作「丘」。

[七六]「刓」,原作「頑」,據拓本正。

[七七]「暨」,原作「既」,據拓本正。

[七八]「几」,應爲「凡」。

[七九]此碑現存曲阜漢魏碑刻陳列館北屋西起第二六石,殘泐較爲嚴重。拓本收録於《北京圖書館藏中國歷代石刻拓本匯編》第四册《張猛龍碑》,漫漶殊甚。碑文亦載《金石萃編》卷二九《張猛龍清頌碑》,《八瓊室金石補正》卷一五《張猛龍清頌碑》亦有補正,兹據此加以校證。

[八〇]「卄」,原碑及拓本均殘泐,《金石萃編》作「時」。

[八一]「列」字下原有闕字符,據拓本删。

[八二]「乾」,原碑及拓本均殘泐,依據文義,疑爲「幹」。

[八三]「叐」,即「友」。

[八四]此二闕字,拓本殘泐,《金石萃編》作「宣尼」。

［八五］此闕字，《金石萃編》作「誕」。
［八六］「符」，原作「苻」，據拓本正。
［八七］「忄」，《金石萃編》作「情」。
［八八］「一」，原闕，據拓本補。
［八九］《山左金石志》僅是指出《魏書》與《曹望憘造象記》的不同之處，并未説明孰是孰非。不過，據《山左金石志》卷九《李仲琁脩孔子廟碑》碑文記載：「君姓李，字仲琁，趙國柏仁人也。」由此可知，應爲「柏仁」，而非「柏人」。
［九〇］此拓本收録於《北京圖書館藏中國歷代石刻拓本匯編》第六册《高湛墓志》，部分殘泐，兹據此加此校證。
［九一］「怗」，原作「怡」，據拓本正。
［九二］「澄」，拓本殘泐，依據文義，當爲「澄」。
［九三］此碑現存曲阜漢魏碑刻陳列館北屋西起第二七石，拓本收録於《北京圖書館藏中國歷代石刻拓本匯編》第六册《李仲璇修孔子廟碑》，均漫漶殊甚。碑文亦存《金石萃編》卷三一《李仲璇脩孔子廟碑》，兹據此加以校證。
［九四］此闕字，拓本殘存左半部分，《金石萃編》作「民」。
［九五］此闕字，拓本殘泐，《金石萃編》作「報」。
［九六］「糸」，《金石萃編》作「納」。
［九七］此闕字，拓本殘泐，《金石萃編》作「豈」
［九八］此闕字，拓本殘泐，《金石萃編》作「獨」。
［九九］此闕字，拓本殘泐，《金石萃編》作「哉」。
［一〇〇］此闕字，拓本殘存部分，似「跡」，《金石萃編》亦闕。

〔一〇一〕此闕字，拓本殘泐，《金石萃編》作「述」。

〔一〇二〕「窮」，拓本殘泐，《金石萃編》作「聖」。

〔一〇三〕此闕字，拓本殘泐，《金石萃編》作「何」。

〔一〇四〕「𡿨」，拓本殘泐，《金石萃編》作「教」。

〔一〇五〕此闕字，拓本殘泐，《金石萃編》作「异」。

〔一〇六〕此闕字，拓本殘泐，《金石萃編》作「仁」。

〔一〇七〕此闕字，拓本殘泐，《金石萃編》作「備」。

〔一〇八〕長廣郡初設於漢獻帝建安中，旋廢。晋咸寧三年（二七七）復置。據《後漢書集解·後漢書二十二》記載：「魏東萊郡領縣六，别立長廣郡……當時因黄巾起青徐間，郡縣寥闊難治，故置長廣郡。」又據趙一清《三國志注補》卷一二記載：「《後漢書·郡國志》東萊郡長廣，故屬琅邪。《方輿紀要》卷三十六：長廣城在萊陽縣東五十里，建安中分置長廣郡，魏晋因之。」所以，《山左金石志》此處有誤，應是晋武帝復置。

卷十

北齊石

張景暉造象記

天保五年七月立，正書。石高七寸，廣一尺四寸五分。在益都縣法慶寺。

右張景暉造象石，座凡三面，一刻記文十六行，一題名六人，一畫象并題名六人。舊在縣北三十五里平昌寺，今移法慶寺，邑人李南澗、段赤亭皆有攷證。碑文『戍』作『戊』，『朔』作『朔』，『界』作『堺』，『妻』作『㛗』，皆異體。

比丘道朏造象記

天保十年七月立，正書。石高四寸，廣五寸四分。在黄小松司馬處。

右造象記八行，字徑七分，頗秀勁。亦有别體，如『象』作『像』，『邊』作『邉』，是也。小松云得于正定友人，今作爲硯。

鄭述祖夫子廟碑[一]

乾明元年立，八分書，篆額。碑高五尺，廣二尺九寸。在曲阜縣孔廟同文門東側。

夫子之碑額二行，字徑四寸餘，陽文。

□□齊乹朙元年歲□□壘月舍中[二]□。

□□響引自□□□□□□□德所以歷□□□無淪者，其由亼彳乎衛大夂□□□□□□。□[三]祖字恭文，□□[四]開封人，即魏安□□□□□□□□□□南□□□□之孫，鎮北將軍、祕書監、青州礻□□□□、□□[五]公道昭之第三[六]子也。公乃□忠八帝，軄歷九[七]州，再□□□□□□□□日之與□□□□下能不具論□如高□長糸□□□□□□□□□□□□□□□火去盜□□既自貞諸□□□可□□□哉，雖□□殊上□三□□□□□□□□卜高公曾□□□□□女夷馭節扈羣□□□□□閣之□□軸車山石來遊□□釋□既罷，乃覩茲廢□□而體□□□□□□□□□□□□嗟嘆久之，乃顧謂□□曰豈見□□□□□□□未□□□□□□□，即命工人重爲鐫□□誌□□□距更□□□□□□尒。

□□□□□□□□揔七□□□□□□名長□□□海□□□，是以□□□□□者更□□□阝曹□□者□少，必欲□論景亓[八]□□□□□□載□□□脩言其美，率東墩之豪□以終其□，□□□□□□□□□□□□□，祠堂□有碑記，□足□□□□□□□□□□□□□存□□□今曰

□□□刊微□□□□□□□□□□□□□□二十日訖功。

右碑文十九行，行二十四字，徑寸餘。文多剥蝕，以舊拓本審之，知爲鄭述祖所立也。述祖字恭文，見《重登雲峰山石刻》。《魏書》云：道昭，熒陽開封人，歷官平東將軍、光州刺史，轉青州刺史，復入爲秘書監，卒贈鎮北將軍。今碑存字曰開封人，曰鎮北將軍、秘書監，曰某公道昭，皆與《傳》合。述祖嘗刺兖州，故有重勒廟碑之事。乾明元年爲庚辰歲，是年八月，昭帝慶立，改元「皇建」，此是八月以前所立也。《闕里文獻考》但稱爲「北齊夫子廟碑」，不辨何人所立，其釋文亦衹及今之半耳。

孝義雋脩羅碑[九]

皇建元年十二月立，并額俱正書。碑高三尺六寸，廣一尺六寸。在泗水縣泉林。

維摩經見阿門佛品第十二經文十二行，行二十三字，徑一寸，不録。

碑陰

大音鄉𩴾舉孝義雋脩羅之碑額四行，行三字，徑寸餘。

唯皇肇祚，大音受命，引軒轅之高宗，紹唐虞之遐統，應孝義以改物，揚人風以布則。扵是緝熙前緒，𣅜顯上世。雋敬，字脩羅，鑽玄蓖安，食菜勃海，前漢帝臣雋不疑公之遺孫。九世祖朗，遷官扵魯，遂住洙源。𢆯傾乾蔭，唯母偏居，易色承顔，董生未必過其行，守信志忠，投杅豈能着其心？捨田立寺，願在菩提；𨠭味養僧，纓络匪懌。救濟飢寒，傾囊等意。少行忠孝，長在仁倫，可欽可美，莫復是過。

蓋聞詮賢舉德，古今通尚，匿秀蘗才，錐囊自現。余等鄉魁壹伯餘人，目矚其事，寧容嘿焉[一〇]？敢刊石立樓，以彰孝義，非但欄[一一]名今世，亦勸後生義夫節婦。詔令所行，其辭曰：

恭恭易色，免受承顏。孝同曾閔，侍比丁蘭。待如握髮，接若吐飡。醱味救飢，解褐濟寒。披幽釋古，奉敬如來。割巳施造，傾力捨財。佟佟之念，其性可哀。鐫石壹朝，千代美哉。流芳萬古，迹絶當今。庶勸將來，誰不□[一二]心。忠孝之外，任世浮沉。絶笔刊功，志畢松林。朱陽再現，相訖[一三]南金。訪石鏤文，永保余心。懸宗殞轉，放筆留音。皇建元年，歲次庚辰，十二月戊寅朔廿日丁酉訖功。

右序銘刻於碑陰上層，凡十七行，行二十一二字不等，字徑七分。

鄉魁孔□、孫敳嵬、陳道顯、趙国□、□□□、□□達、諸葙明、陳太模、雋進可、劉當世、陳道朗、陳大曾、雋熾、龍□、諸榮祖、沈昕郎、雋金保、周榮祖、雋文度、雋力仕、彭群、沈伯周、雋竹龍、雋方芪、苗景集、沈肫生、雋文君、雋延歸、彭景達、華□[一四]達、雋衆安、陳□[一五]生、雋畢虎、趙安福、雋戢安、諸□龍、陳景祚、趙尊生、雋遊之、諸顯貴、雋安禾、趙伯玉、雋雙和、陳度世、雋□[一六]憐、陳景通、雋馬奴、魯永通、陳滕之、諸□□、雋盖周、劉子供、陳幼祖、陳天饒、雋旡□、王暉宗、雋道康、陳暉祖、雋□[一七]陽、□[一八]甫□[一九]、雋遠達、陳義和、雋方與、雋□□[二〇]、雋□[二一]生寫。

右題名六十五人，刻於碑陰之下層，字徑六分。

此碑爲顏運生教授拓寄，内稱『雋脩羅名敬，爲雋不疑之遺孫』。雋氏族望不顯於世，碑陰所列雋氏多人，可補氏族書之闕漏也。序銘極稱脩羅孝義，爲朝廷所舉，且言『纘土長安，食采渤海』，則亦有卓然可傳者，而《縣志》竟無一語及之。碑末署『雋□生寫』，亦六朝諸刻所罕見者。碑中『絶笔刊功』，『笔』乃今俗『筆』字，可見由來已久。

卜道權等造象記

河清二年立，正書。碑高三尺六寸，廣一尺二寸，上圓下方。在鉅野縣西南五十里甘泉寺。

右碑額間題『大齊河清二年歲次癸未□□□□像一匾』，凡四行，兩旁尚有字迹，磨泐難辨，下刻姓氏三列，亦多剥蝕。州人李退亭伊晉云：此碑三面俱鐫佛象，陽文隆起，鏤刻極細，兩側佛空處字若篆隸，碑陰字凡十行，率多模糊。明時土人耕地得之，久棄道旁，多致損毁，後建寺于成化二年，始移立今所云。

比丘明空造象記

河清三年三月立，正書。石高六寸，廣一尺七寸。在青州府李文世家。

右造象記十六行，字徑一寸，翁覃溪閣學云此刻可證劉仲寶筆法。

鄭述祖重登雲峯山石刻[一二二]

河清三年五月立，八分書。崖高四尺五寸，闊三尺四寸，在掖縣雲峰山之東。

大齊河清三季五月廿四日，使持節都督光州諸軍事、車騎[一二三]大將軍、儀同三司、光州刺史鄭述祖，字恭文，即魏鎮北將軍、祕書監、青光相三州刺史、文恭公、滎陽道昭之子，魏大鴻臚卿、北豫州刺史、司空□□嚴祖之第三弟。先君之臨此州也，公與仲兄豫州敬祖、叔弟光州遵祖、季弟北豫州順祖，同至此鎮。於時，公季始十一，雅好琴文，登山臨海，未嘗不從，常披鹿皮裘子，此州人士呼爲道士郎君。及長，官歷司徒左長史，再履尚書，三爲侍中，滄、瀛、兾、趙、懷、兖行正得此十州刺史。公之所撫，莫非大蕃，言及光部，恒所欽羡。只爲前蹤，誠所願也，便以此夏，斯願方遂，忻慰登途，若歸桒梓。入境歎曰：『吾自幼遊此，至今五十二季。昔同至者，今盡零落，唯吾一人，重得來耳。』於是悽感，殆不自勝。因南眺諸嶺，指雲峯山曰：『此山是先君所名，其中大有舊迹。』未幾，遂率僚佐，同往遊焉。對碣觀文，發聲哽塞，臨碑省字，興言淚下。次至兩處石詩之所，對之號仰，弥深弥慟，哀纏左右，悲感傍人，雖復曾閔之誠，詎能過也。但石詩季久，字皆癬落，賔從尋省，莫能識之。公乃曰：『此時吾雖幼小，略嘗記録，此當是與道俗十餘人論經書者。』遂□持百餘言。諸人得此，乃共披拂，從首及末，無一訛舛。久之，方昇於此。此處名曰『山門左闕』，仍仰觀斯峯曰：『此上應有「九仙之名」。』即遣登尋，果如所説。此山正南卌里有天柱山者，亦是先君所號，以其孤上干雲，傍無嵠嶇，因以名之。其山上之陽，先有碑碣，東堪石室，亦有銘焉。從此東北一十二里太基山中，復有雲居館者，亦是先君所立。其四峯之上，鎸記不少，悉有誌録，殊復可觀。今日於此，略陳彼境，兾洪聲異迹，永無淪没者矣。

右刻文二十行，行二十八、九字不等，徑一寸五分。《縣志》『古迹條』下載雲峰石刻，有河清三年光州刺史鄭述祖重登雲峰山訪父遺迹，萊人刻石記事，即此碑也。《魏書》稱：道昭子嚴祖，嚴祖弟敬祖，起家著作佐郎，爲鄉人所害，不言其官豫州。又稱：弟述祖，弟遵祖，官秘書郎，卒贈光州刺史；遵祖弟順，脱祖字。卒於太常丞。碑云『仲兄豫州敬祖、叔弟光州遵祖、季弟北豫州順祖』，皆可補《魏書》之闕也。述祖字恭文，《魏書》失載。雲峰、天柱二山，道昭所名，《縣志》亦不詳，皆賴此刻傳之。

石佛寺佛經碑

河清□年立，八分書，側正書。碑高七尺，廣二尺六寸五分，厚五寸五分。在鉅野縣石佛寺。

右碑正面刻經文八行，行二十五字，徑三寸。經句未了似非止一石。碑側有『大安元年□治十年重立』諸題名，凡四行。其下截有『大齊河清□□』六字。故據之以入北齊。

鄭述祖天柱山銘[二四]

天統元年五月刻，并額俱八分書。崖高六尺三寸，廣五尺八寸。在平度州天柱山。

天柱山銘額一行，字徑五寸。

使持節都督光州諸軍事、車騎大將軍下闕。[二五]儀同三司、光州刺史、滎陽鄭述祖作。

巖巖岱宗，魯邦仍其致祀；弈弈梁山，韓國以之□□。蓋由觸[二六]石吐雲，扶寸布雨，五岳三望，六宗九獻，祈禱斯□[二七]，□[二八]秩攸歸[二九]。天柱山者，即魏故通直散騎常侍，中書侍郎，國子祭酒，祕書監，青、光、相三州刺史先君文恭公之所題目。南臨巨海，北眺滄溟，西帶長河，東瞻大壑，斜嶺緊天，層峯隱日，尋十[三〇]州於[三一]掌内，捻六合於眼中。文鰩自此經停，精衛因其止息，始皇遊[三二]而忘返，武帝過以樂留，豈直蛾眉鳥翅，二別兩峭，對談小大，共叙優劣者也。公稟氣辰象，含靈川岳，禮義以成頫矩，仁智用爲樞機。自結衣逞譽，革履傳聲，組綬相輝，貂冤交暎。至於愛仙樂道之風，孝敬仁慈之德，張良崔廓，未足[三三]云擬，文先夏甫，何以能加？魏永平三年，朝議以[三四]此州俗闕南楚，境號東秦，田單奮武之鄉，麗其騁辯之地，民猷鄙薄[三五]，風物陵遲，詎諮俾乂，非公勿許。及駈雞御下，享魚理務，羣情款[三六]密，庶類允諧，變此澆夷之俗，侔彼禮樂之邦，懋績布在哥謡，鴻範宣諸史策。公久闊枌榆，永懷桑梓，同昇隴而灑泣，類陟岵以興嗟。於此東峯之陽，仰述皇祖魏故中書令、秘書監、兖州刺史文貞公迹狀，鐫碑一首，峯之東堪石室之内，復製其銘。余忝資舊德，力搆前基，遂秉笏朝門，榮名天府，出入蕃邸，陪從帷幄，凡諸身歷瀛、趙、滄、冀、懷及兖、光行正十州郟史，北豫州大中正，三登常佰，再履納言、光禄、太[三七]常，頻居其任，揣究庸靈，無階至此。直是遺薪妄委[三八]，餘慶濫鍾。何曾不想樹嗟風，瞻天[三九]愧日。猥當今授，踵迹此蕃，敢慕楹書，仰宣庭誨。其詞曰：

嵩高峻極，太華峭成。祈望諸素，禋禱羣經。崇哉天柱，逈出孤亭。地險欝德，藉此爲名。赫矣先公，道深義富。如桂之馨，如蘭之茂。尊祖愛親，存交賞舊。飜屬愚淺，實慙穿搆。

大齊天統元年，歲次乙酉，五月壬午朔十八日己亥刊。

右刻首題年月二行，文二十五行，行二十三字，末年月二行，字徑一寸五分。案《魏書》，鄭羲謚

『文靈』，此作『文貞』，與彼異。述祖爲羲之孫、道昭之子，祖孫父子三世皆刺東郡，可謂衣冠盛事。碑述祖父遺軌，抒寫孝思，詞旨悽惻而文采華整，書法有漢魏規矩，爲鄭氏諸碑之冠。以『扶寸』爲『膚寸』，『謳諮』爲『疇咨』，『享魚』爲『烹魚』，『哥謡』爲『歌謡』，『蕃邸』爲『藩邸』，『常佰』爲『常伯』，皆古通用字。惟『酈食其』作『麗其』，爲省文。『規』作『䂓』，『禋』作『禋』，『冕』作『冤』，『標』作『𣚃』，乃增減異體也。

鄭述祖題雲居館石刻

天統元年九月立，八分書。碑高一尺三寸五分，廣二尺餘。在掖縣雲峰山。

司徒左長史，尚書，侍中，太子少師，太常卿，車騎大将軍，儀同三司，左光禄大夫，北豫州大中正，瀛、趙、滄、𦤎、懷、兖、光行正十州刺史鄭述祖，雲居舘之山門也。

天統元年九月五日刊。

右刻十行，行六字，後年月二行，字徑一寸四分。案《北史·述祖傳》云『前後行瀛、殷、冀、滄、趙、定六州事，正除懷、兖、光三州刺史』，又云『重行殷、懷、趙三州刺史』。此碑題『瀛、趙、滄、冀、懷、兖、光行正十州刺史』，可補史傳之闕也。

紀僧諮造象記

天統三年正月立，正書。高四寸五分，廣一尺一寸三分。在益都縣學鄉賢祠。

右造象記十八行，字徑五分。舊在青州西門内人家門戺下，乾隆壬子翁覃溪閣學按試時，移於學宫。碑寫「從」作「従」，「軀」作「軀」，「含」作「哈」，「靈」作「霝」，皆别體。

胡長仁感孝頌碑[四〇]

武平元年正月立，八分書，篆額。碑高五尺三寸，廣七尺二寸。在肥城縣孝堂山石室。

隴東王感孝頌。額二行，字徑三寸六分，陽文。

惟夫德行之本，仁義之基，感洞幽明，擾馴禽獸。清音帶冰而挺潔，繁采映雪而流輝。根矩定於一丸，工吾絶於三失。開府儀同三司、尚書右僕射、尚書左僕射、尚書令、攝選、新除特進、使持節齊州刺史、隴東王胡長仁，雌黄雅俗，雄飛戚里，入膺北斗，執柄端衡，出牧東秦，揔條連率。未脱崔[四一]林之屣，聊帽賈琮[四二]之襜，視聽經過，訪詢耆舊。郭巨之墓，馬鬣交阡；孝子之堂，烏翅銜自。君王愛奇好古，歷覽徘徊，妃息在傍，賓僚侍側。辝疑秦鏡，炳焕存形，柱識荆珉，寂寥遺字。所以歛眉長歎，念昝追遠，遂若羊公登峴，還同處墨飲泉。慨賢勝之多斃，嗟至德而無紀。蘭溪儻不見松，穀城何以知石？亏時開府中兵參軍梁恭之盛工篆隸，騎兵參軍申嗣邕微學摛藻，並應命旨，俱營頌筆。以大齊武平元季正月廿二日，權輿雕瑩，表建庭宇，楝刻蒼文，檐栽翠柏。庶令千葉之下，彌振金聲，九原之中，恒浮玉樹。其詞曰：

天經地義，啟聖通神。重華曾閔，萊子樂春。時多美迹，卋有芳塵。冓漢逸杢，河内貞人。分財雙季，獨養亶親。客舍凶弭，兒埋福臻。穹隆感異，菊薄貽珍。懸車遽落，夜臺弗晨。千齡俄古，萬祀猶新。朱驂紫盖，撫俗調民。高山達節，景慕縈嚬。式憑不朽，永播衣巾。居士慧朗侍從，至能艸隸，缶人稱朗公書者是也。開府行參軍王思尚侍從，能文，有節操。下闕。

大唐開元廿三年烋七月旬有五日，朝請大夫、守濟州别駕、上柱國揚傑，因公務之下闕。人之行莫大於孝，孝莫大亐愛親。鼑郭公其人也，竭力以養，歡心而事，見分甘以下闕。達天地，至德通䰟神。埋玉彰必死之期，得金表全生之應。實可謂人所不能下闕。重叙斯文，顧封樹以常存，挹徽猷而不泯。傑聞『孝子不匱，永錫㐱類』，其郭公。下闕。

右碑詳錢辛楣少詹《金石文跋尾》，申嗣邕撰文，梁恭之書。隸於文中見之，亦變體也。碑述郭巨軼事，如『分財雙季，獨養一親。客舍凶弭，兒埋福臻』等語，皆與《搜神記》諸書異。千百載後，賴此一闡明之，尤金石文之有關風教者。碑末唐開元廿三年揚傑題記四行，趙氏《金石録》每分見之，兹因本屬一碑，故坿于後。

徂來山佛號摩崖

武平元年刻，八分書。崖高四尺四寸，廣六尺二寸。在泰安縣徂來山大般若經東面。

右刻佛號四行，字徑七八寸，凡『佛』字右筆下垂甚長。後題『中正胡賓』及『武平元年』二行，字徑五寸。

徂來山佛經摩崖

武平元年刻，八分書。崖高四尺六寸，廣一丈餘。在泰安縣徂來山大悲菴東南二里映佛岩下。

右刻經文『文殊師利』云云，凡十四行，行七字，徑六寸，即鄒縣尖山所刻，此多六十五字，然仍非全文也。另一行題『般若波羅蜜經主』七字，徑一尺餘。又一行題『冠軍將軍梁父縣令王子椿』十一字，似與前行相接。『子椿』二字分注姓下，限于石之故。又四行字徑五寸餘，首行祇存『普音[四三]』二字，次『武平元年』四字，次『僧齊大衆造』五字，次『淮[四四]郡慧遊』四字，筆法俱同經文，當是一時所刻也。

徂來山大般若經摩崖

無年月，八分書。崖高六尺四寸，廣四尺四寸。在泰安縣徂來山光化寺東南里許巨石上。

右刻經文八行，行六字，徑七寸。後『王子椿』等題名五行，別有『王世貴』三字，刻于經文第六行下，字多剥蝕。

薛匡生造象記

武平元年立，正書。在濟寧州城内鐵塔寺。

右石佛一軀，祇存其身，連座高不盈尺。記文刻於座間，凡三面，字多磨泐，大意是武平元年，薛匡生爲亡父母、亡兄、亡女造佛象，以祈祐者。乾隆癸丑夏，黄小松司馬得於本寺塔座内，乃爲補全佛首，造龕，仍供寺内。

朱岱林墓誌[四五]

武平二年二月立。碑高二尺五寸，廣三尺五寸。在壽光縣田劉村。

君諱岱林，字君山，樂陵濕沃人也。自辛朝亡曆，昌户銜書，親以建社，賢亦啟國，扶封於邾，公加茅土，方亶圻壤，□[四六]魯稱雄。別有由謚立姓，因字爲氏，斯即去邑從朱，盖是殊方共致。卯金則司空佐命，當塗即領軍贊業，愸在晉嗣美，表於趙垂名。所謂杞梓繼生，公侯間起，哲人迭挺，衣冠代襲。曾祖霸，儒該丘素，術盡從横，魏使持節平州諸軍事、安遠將軍、平州刺史。俗隣壃埸，布以恩威[四七]，酙酒空陳，疚金不受。於後謗言及樂，譏巧亂郡，僉尒鷹揚，翻然鵲起，擁鄉里三千餘户，來逝河南。值元嘉之末，朝多亡亂，不獲其賞，仍居青州之樂陵郡。祖法宏[四八]，下帷耽藝，閒静自得，舉秀才，釋褐南平王府，行叅軍，遷尚書祠部郎中。禮閣有聲，含香擅美，後遷司徒府諮議叅軍事，亡贈鴻臚卿。父孝祖，清規勝範，地美才高。俄而魏高祖孝文皇帝熊羆竟騁，蒼兕爭先，化洽江湘，令行天下，録奇異於巖藪，訪隐逸於閭閻。起家除槃陽縣令，轉北海太守。流涕孟侯，歌謡稚子，從今對古，並駕分駈。君膺兹秀氣，稟是淳和，王隸[四九]六里，方珠比玉，左智右賢，擬龍齊鳳，得嗟[五〇]蔡子，見重侯相。季始十餘，身離艱苦，晨號夕踴，柴毁骨立。遂使鳩來栖集，馬惙芻草，精通飛走，捴[五一]貫幽明。魏廣陵王愛善如蒼，好書比德，俾侯南服，妙選英佐，託以金蘭，徵爲國常侍，辭不獲已，俛僶從軄。而侯羸荷昑，難交公子；介推逃賞，終遠晉文。未踰十旬，還以兵解。後彭城王又以皇枝之貴，作牧東秦，召爲主薄，久而從命。王藉甚有素，不苦抑遣，終遂干木之心，乃申安道之志。君雅量之地，無際可尋，元昆季弟，推之京窋，同於得喪，等槩榮枯，含章韜綵，藏明晦用。兄元旭，散騎常侍，出除南兗州刺史。弟叔業，通直散騎常侍、左光禄大夫。高冠暎日，長戟陵風，譽滿京華，聲馳寓縣。縱趙孝之讓禮食，曾何足云；魯恭之就平名，詎堪方此。魏廷尉卿崔光韶，侍中賈思伯，並聰敏當世，器局標時，結四子七賢之交，飲醪投水之密，畱連宴熹，付寫衿期。黄門郎徐紇，與君意得言忘，處權居要，恒思不次之舉，還疑志不可奪，醼言之暇，聊申微旨。君荅云：『昔人有以術忓帝，或道[五二]質□[五三]王，辟之鱗羽，本乖飛伏，而平生庸短，未斋簪紱，如斯之貺，乞不加已。』紇愛人以禮，兼相欽尚，從其所好，不敢縶維。普泰之季[五四]，水德不競，蒼雲蓋野，紫日生天。烏合蟻徒，聚三齊之地；竪牙鳴角，憑十二之險。不異井中，虛言聖出；何殊轍□[五五]，妄號神人。拔本塞源，摧蘭夭桂，春秋五十有四，遐迩悲噎，聞見涕零。惟君大度不羣，峻□[五六]孤上，託宿假道，唯仁與義，規矩成則，物我兼忘，非夷非惠，不石不玉，惻隐同於子魚，友悌侔於伯雅。何忽□[五七]山石折，□[五八]士遽傾。以大齊武平二季歲次辛卯二月乙卯朔六日甲申，葬於百尺里東五里。第四子敬脩，自惟羅此荼毒，眇然咳幼，離奇以生，龍鍾而立，窮而匡子，温慙閔騫，岵山難陟，過庭無訓。攜鋤而感，言下集冠之禽；攀松弗昭，寧降成墳之鳥。空追士季瞻像，載興傷慟，日殫觀狀，益增酸哽。磬茲鄙拙，式序徽猷，思與泣俱，文兼涕落。先言多不備述，往行盡是闕如，良由才非作者，情限蕪次。從父兄敬範，史君伯第三子，脱略榮[五九]華，不應徵聘，沉□[六〇]好古，尤工摛屬，勒銘黄壤，以播清風。辭曰：

本自高門，世資陰德。從來位重，人兼才識。運海鱗奇，搏摇翅力。繁枝不已，清瀾焉息。其一。唯祖英毅，唯父深沉。飛纓鳴玉，作範垂音。仍生東箭，遂挺南金。素榮俱美，出處分心。其二。有應純和，□[六一]望餘耀。嵇風阮德，梁遊大釣。捴于君子，藝才何劭。闕里儒英，瀨鄉玄妙。其三。道王天崖，志輕人爵。菊蘂危坐，□[六二]裘採藥。楚漢兒戲，仁雄寥廓。我如曾閔，何論許郭。其四。虚言輔善，實驗無親。石鳥[六三]既落，儋山亦淪。少微之應，遂屬高人。悲王難序，痛霍何陳。其五。仁厚慶鍾，育斯才彦。歷階武目，過庭鯉眄。似鳳方鳴，如龍比絢。遺孤在笈，藐焉誰〻見〻。其六。伊何，慈顔弗覩。□[六四]朝不食，隣人罷祖。比學西河，擬文東魯。述彪者固，情深陟岵。其七。魚山本志，門豹遺風。丹青已寫，玄窆方崇。思人下淚，瞻盖悲空。山川不易，覘猷詎終。其八。嗟〻猶子，瞻儀在笞。荷恩惟訓，依斋如覿。頌雅曰詩，宏文託易。追思素道，敬鐫玄石。

右刻凡四十行，行三十四字，徑五分。文字考證已詳錢辛楣少詹《金石文跋尾》。碑云『廷尉卿崔光韶』『侍中賈思伯』『黄門郎徐紇』，案各傳載，崔光韶爲廷尉卿在孝莊初年時，賈思伯卒已三載矣，思伯仕明帝朝，終于侍講，不言其爲侍中，或史失書。徐紇爲黄門郎亦在靈太后反政之初，三人官位先後參差，蓋碑是總叙前因，約略言之，非與史異也。『二月乙卯朔六日甲申』，『乙卯』乃『己卯』之訛。『羅此荼毒』，『羅』字筆畫極明，近人釋爲『罹』，非是。段若膺大令《尚書撰異》云：『「罹」蓋「羅」之或體。「維」「惟」古通用，「離」古音「羅」，故「離」「羅」通用，而後人區別太多，失其古義古音，乃罕知「罹」即「羅」矣。』元案：此刻作『羅』，知六朝人猶用古字，益可證也。

義主造塔記[六五]

武平三年十二月刻，正書。石高二尺，廣一尺七寸。在兗州府湯氏。

大齊武平三季歲次壬辰，□[六六]十二月十六日訖功。

盖至道玄凝，幽宗理寂，三塗無樂，慾海多艱。雖復積骨成山，詎照刹那之性；血溢四河，寧窮沖甚之域。然今邑義主一百人等，置宅祇園，栖神文[六七]圃，俱明古典，常脩政法，承天之意㢱遠，去人之情久達，身懷智慧之炬，體納無[六八]盡之燈。常飲澧流，洒除心垢，故知四大虚假，五揔難親，割捨俗財，寄不熿之室，樂兹勝地，造靈塔一區。摸者[六九]王之真軌，放舍利之□[七〇]跡，巍巍势圬，顥越於雀離；崿崿陵胥，嵯高於兆率。靈像儼儼，滲度於恒沙；相好魏魏，□□□□，六吕斯上下闕。

右刻首題年月一行，文十二行，行十五字，徑一寸。『義主』下空三字，乃造塔者姓名，尚未補刻也。碑中『不熿』即『不焚』，『魏魏』即『巍巍』。『然』作『然』，『弥』作『㢱』，『巧』作『圬』，『顥』作『穎』，『胥』作『胥』，皆變體。『雀』下一字半泐，玩文義，當是『離』字，『雀離』與『雀羅』同，言塔之巧穎過於雀羅之細密也。趙晉齋魏云：『雀離，即浮圖也，當時語，又見别碑。』

臨淮王像碑[七一]

武平四年六月立，八分書，篆額。碑高一丈二尺，廣四尺九寸。舊在青州府城龍興寺，今移滚水橋北文昌祠。

司空公青州刺史臨淮王像碑額三行，行四字，徑四寸，陽文。

大齊武平四秊歲次癸巳，六月乙未朔廿七日辛酉建。

竊以万川朝海，大海終自爲陵；五雲出山，名山久而爲礪。謂天謂地，悉有時而崩毁；日乎月乎，並無救於盈缺。縱陰陽莫測，夷夏攣從，奮六□□□□[七二]，□[七三]九翼而高視，安知衆苦鱗萃，五衰波屬，儵[七四]與豪風競馳，俄將葉露俱盡。假令餌瓊髓，飛王觴，燭日月，馭風雨，車騎如雷乘，空幸延季之第；旌旗遏景浮，虚造子登之岳。陸生仙賦，僅舉一隅，張子真篇，唯明片分。皆亦馳於廢興之術，環於起滅之逵，侔蕣華之驟殞，逼藤根之易絶。茲焉㠯外，衆生何限，墨竭塵盡，所未能量，並鶩踰□□[七五]，□□[七六]累卵，電謝忩遽，泡蹔儵忽。然則莫知其去，罕見其來，灾風掃而更安，毒火焚而弗爓者，而不具八解脱，備六神通，鬱万善而茯蕤，超百非而迴越，□□□[七七]至於此也。若夫前聖後聖，天之又天，八恒之大醫王，十方之大仙主，或與定光同字，數極五千，或共弗沙等名，芉盈三億。雖應現秊别，王領處乖，而妙力神光，規重短疊，並慈雲廣庇，善雨周覃，皎智日於重昬，燃慧燈於積暗。悲河鼓浪，六度之舩併浮；熾宅揚煙，三乘之轍俱轉。威靈之大，未易等級；變化之竒，寔難思議。層山納於芥子，仍自嶔岑；巨海入於毛穴[七八]，無妨浩淼。伏闇峕之狂鳥，弭迦葉之毒龍。波旬覩而喪魂，梵志[七九]望而辟魄。誠冣尊冣勝，莫高於[八〇]法王；但非滅示滅，還失於慈父。於是鄣巖徒朗，值木終難，虛瞻白鵠之林，誰逢青雀之樹。黐令水言功德，永遏波濤，山名智慧，遂潛峯㟧。其能闡清化於將淪，振玄風於㠯墜，千秊一有，非我而誰？使持節都督青州諸軍事、驃騎大將軍、青州刺史、司空公、寧都縣開國公、高城縣開國公、昌國矦、臨淮王婁公，孕彩中岳，摛精大水，龍章外動，豹氣傍飛。妙質則囧若珠明，瓌姿則朗猶王瑩，負將相之竒器，懷社稷之高莭。經文大德，紛綸而備九；佩武殊功，雜踏而兼七。拂羽則摶風歷漢，抗足則超塵絶影。知管樂之爲小，識元愷之非大，鼓盪於天地之間，踈散於雲霞之表，排帝門而矯首，沐皇慈㠯濯鱗。裂壤分珪，旦夕兼委，儀臺服袞，造次㠯之。始暎金蟬，鄙丁劉於漢日；暫栖鵷沼，蔑陳張於晉京。履每曳於南宮，轍頻闕於北斗，迄文昌而鳳跱，入鉤陳而虎眄。穆陵而北，負海而西，分屬虛危，音中角羽。連衽與密雲爭暗，旨酒共澠流競深。其鳩曽樂於茲所，尚父經封於此域。孔融之見圍也，史慈冒難於都昌；袁譚之被攻焉，王脩赴禍於高密。聳丹山而峭立，迴紫城而鬱連，敗燕之勢未淪，巨漢之容尚在，是爲名岳，實冠諸蕃。秉刺於茲，義歸親重，故能整旗蓋而辞閶闔，節笳鐃而下營丘，帷始闢而鄉移，冕纔彰而俗變。三春未動，別鼓春飈；九冬不作，自懸冬景。齊之㠯禮，導之㠯德，寬大居先，威嚴次後，哀恤孤寘，誅鋤豪黠，傜役既擯，奸軌斯逃。持廉作寶，目弗視於金玉；匪財而富，身詎染於脂膏？遂令神雀集苑，灾蝗避域，孝子與順孫聚秀，節妻共義士相望。凡如此流，抑亦衆夥，不能備序，敢復略言。假細矦之行美稷，孟堅之案交阯，子虞稱冣於區中，梁道作法於寰内，持來況我，無不退飛。羔憤然興嘆，類羊公之陟峴；喟然垂感，切孔父之臨川。悲此有之難拘，慨茲生之易滅，常住之因遂植，弥陁之願仍起。故海岱之閒，凡諸福地，罔不傾盖，悉展慇誠。於是民吏承規，事難捨而能捨；表裏蒙化，業難行而遂行。何異草逐風伍，水從壺變，僧寶因而再盛，佛日由其更懸。南陽寺者，乃正東之甲寺也。既左通闤闠，亦右馮澗谷，前望崖磐，却隣泚瀰。層嵓邁於湧塔，秘宇齊於化宫，足使湏達羨其經啓，延壽韜其賦頌，感致之極，莫與爭先。果屈輪輿，頻脩禮謁，香甫燃而霧作，花劣飛而霰下。遂於此所爰營佛事，制無量壽像一區，高三丈九尺，并造觀世音、大勢至二大士而俠侍焉。庶國道與華胥競高，帝業共虚空比壯，含靈賦命，盡植優花。乃具以三心，成之百寶。白銀之麗咸寫，紫金之妙畢圖。豪如五嶺之旋，即之便覿；目似四溟之潔，驗之猶在。毗楞寶冠，帶左而馳耀；鉢摩突髻，據右而飛光。望舒之逈處星中，湏弥之孤暎海外，僅堪方此，何以尚茲？時長史解牀寶、司馬李元驥、別駕宇文幼鸞、治中崔文惠及諸僚佐等，並飡□□[八一]莛，賛成高義。狀鱗波之遞得，劇風毛之互舉，恐炎涼遽徙，緗竹難存，便勒業於貞石，庶永永於亁巛。

廼作鉉[八二]曰：

駛河難測，暗海無邊。津梁莫□[八三]，□□□[八四]？念念不住，苦苦相沿。生猶電轉，滅甚雲旋。昔往[八五]今來，靈仙非一。騎龍駕虎，排霄[八六]薤日。朝登王樓，夜遊瓊室。終歸聚散，安知假實。常住無我，寄在天尊。業苞真俗，事斷名言。惚峯虧搆，慧浦疎源。神儀或掩，像法弥敦。亦有人英，翹然孤上。似竹千仞，如松百丈。帶鉉[八七]之蕃，仁深譽仰。一方饒益，千城注想。覺花常吐，慜葉恒春。誓將調御，寧求轉輪。爰脩佛寶，於此東秦。項光仍射，眉相還陳。雙樹結影，三蓮接耀。五道光含，十方輝眺。果名奇特，是稱衆妙。樂地在茲，焉湏遠召。福之所暨，寧專爲我。俾斯[八八]含識，俱圓妙果。行值嵐風，方逢劫火。空餘勝績，無騫無墮。

右碑首標題一行，文二十八行，行五十八字，徑寸一分。碑已斷裂，元得舊拓本，闕字無幾，碑陰有唐人題『龍興之寺』四字，傳爲李北海書。金人摹刻此碑，隸法嚴整，有魏晉風格。段赤亭《益都金石記》云：『案于欽《齊乘》曰：龍興寺在府城西北隅脩身坊，乃《南史》劉善明故宅。宋元嘉二年但呼佛堂，武[八九]齊武平四年賜額「南陽」，隋開皇元年改曰「長樂」，又曰「道藏」，武后天授二年改名「大雲」，開元十八年始號「龍興」。有北齊八分碑，刻制精妙。』所言『府城』，似指今城，且文内稱『前望崑磐，却隣洮瀰』，是南陽寺原在今西門内淘米澗西，而碑建於其中也。碑不知何時裂斷，上截以鐵束之。李南澗文藻謂：『寺廢後，明商河王葦置城北彌勒寺，復久就圮。乾隆四十七年秋大風雨，所束鐵脫上截，岌岌欲傾，乃移於滚水橋文昌祠内。欲傾者已龜裂作七八段矣，惜無好事者創義復建之，恐此斷石不能常保也。』『爽鳩』，見《左氏傳》，未聞有讀其『鳩』者，此乃字訛耳。『繂』字，《韻會》謂：古文『率』字。案《說文》，『率』作『率』，『捕鳥畢也，象絲罔，上下其竿柄也』，今内從『言』，安得謂之古文?『宊髻』之『宊』,《金石文字記》曰:《廣韻》『肉』俗作『宊』,《越絶書》『飛土逐宊』,正作『宊』,乃俗書也。『鉉曰』之『鉉』,據文義當作『銘』。臨淮王者,婁定遠,附見其父《婁昭傳》,但云瀛州刺史,不及青州。而《和士開傳》:定遠與趙郡王叡謀,出士開爲兖州刺史。未行,士開納賄定遠得留,復出定遠爲青州刺史,責叡以不臣之罪而殺之。定遠歸士開所遺,加以餘珍賂之,乃免。錢辛楣少詹云:『定遠以是年六月造像成,立碑明年,爲穆提婆所誣,縊死,事佛之福安在哉?』元又案:『奸軌斯逃』,『奸軌』即『姦宄』。《尚書》『寇賊姦宄』,《周禮·司刑》正義引作『姦軌』。『粿』字與《説文》同,今皆作『夥』。『俠侍』之『俠』,與『夾挾』同義,《公羊傳》注『滕薛俠轂』,《士喪禮》『婦人俠床東西[九〇]』,《前漢書·叔孫通傳》『殿下郎中俠陛』,《季布傳》『任俠有名』。師古曰『以權力俠輔人也』,碑蓋本此。『妙質則囧若珠明』,囧,明皃也。《説文》云:囧,窻牖麗廔,闓明,象形,讀若『獷』。賈侍中説讀與明同。『玉』作『王』,與篆文合。至『竊』作『竊』,『逵』作『逵』,『藤』作『藤』,『扶疏』作『扶蔬』,『算』作『笇』,『衮』作『衮』,『聰』作『惚』,皆俗體也。『項光』疑是『頂光』之誤。『鉉曰』之『鉉』,拓本已泐。

比丘尼法紬造像記

武平四年九月立,正書。石高四寸,廣二尺。在青州府署財神閣下。

右造象記十七行,字徑七分,段赤亭《益都金石記》云:乾隆辛丑夏,得於府城東北隅房安恪墓間。案《齊乘》：府東北隅美政坊，古有名皇化寺者，意即其寺之物歟。

尖山摩崖十種[九一]

武平六年刻，俱八分書。在鄒縣尖山。

一刻『大沙門僧安，與漢大丞相京兆韋賢十九世孫、州主薄兼治中、鎮軍將軍、膠州[九二]長史、北[九三]肆[九四]州刺史興祖弟子深，妻徐、息欽之、休兒等，同刊經佛於昌邑之[九五]西繹嶺[九六]參山里。于時天降車跡四轍，地出踴泉一所，故記。大齊武平六年歲乙未六月（一日）[九七]』，凡九十一字，三行，字徑五寸餘。案：韋賢，字長孺，其五世祖韋孟，家本彭城，爲楚元王孫戊傅，去位，徙家于鄒，賢遂爲魯國鄒人。篤志于學，通《禮》《尚書》，以《詩》教授，號稱鄒魯大儒，仕至丞相，乞骸骨歸，事詳《前漢書》。蓋韋氏世居鄒縣久矣。《北齊書》列傳祇有韋子粲，稱：爲京兆人，兄第十三人，子侄親屬，闔門百口，悉在西魏。此碑『子深』，疑是其兄弟行也。武平六年爲齊後主嗣位之十一年，逾年亡國[九八]，韋氏諸人安居東土，奉佛刊經，若不知有興亡之事者。碑云『天降車跡四轍，地出踴泉一所』，案《北齊·後主本紀》：武平四年四月癸丑，『祈皇祠壇壝蕝之内，忽有車軌之轍，案驗旁無人跡，不知車所從來』。碑即紀此事也。『踴泉』事未詳，此與後一石皆從黄小松處借録，未及尺寸。

一高二丈二尺，廣一丈二尺。刻《波羅蜜經》六行，行十三字，徑一尺八寸。第二行泐一字，餘俱完好，與韋子深等題記相近，記云『同刊經佛于昌邑之西』，當即此也。

一高二丈二尺，廣五尺九寸。刻『文殊師利』云云，凡三十三字，分三行，字徑一尺九寸，字體與前《波羅蜜經》相同，亦韋子深等所刻也。

一題『經主韋子深、妻徐、法仙』九字，一行，字徑九寸。子深即興祖弟，已見前刻。

一刻『諸行無常，朱，生滅，寂滅，韋平振、韋玉，爲□□息□業，振息長達』，凡二十四字，徑一尺至八九寸不等。拓者分爲十幅，不能得其文義。

一高六尺六寸，廣五尺四寸，刻『經主徐時、經主韋□都□郱、經主韋子氵』，凡三行，字徑九寸。

一高七尺八寸，廣三尺八寸，刻『書，晉昌王唐邕、妃趙，儀同陳德茂，□陳德信、妃董』[九九]，凡三行，字徑一尺。『晉昌王』上有『書』字，未曉其義，或拓者有遺漏也。案：吴山夫《金石存》載北齊唐邕寫經，碑中列銜稱『特進驃騎大將軍、開府儀同三司、尚書令、并州大中正、食司州濮陽郡幹、長安縣開國侯、晉昌郡開國公唐邕，眷言法寶，是所歸依，以爲縑緗有壞，簡策非久，金牒難求[一〇〇]，皮紙易滅。于是，發七處之印，開七寶之函，訪蓮華之書，命銀鉤之迹，一音所説，盡勒名山，于鼓山石窟之所，寫《維摩詰經》一部、《勝鬘經》一部、《學經》一部、《彌勒成佛經》一部。起天統四年三月一日，盡武平三年歲次壬辰五月廿八日』云云。據此，則唐邕寫經摩崖非祇一處，惟不知鼓山石窟在何處耳。又案：山夫所載碑文稱『晉昌郡開國公』，此刻則稱『晉昌王』，與《齊書·邕傳》合，因並識之。

一高一丈五尺，廣四尺，刻『大空王佛』四字，徑三尺餘，與《韋子深題名》相近。其山土人呼爲

『大佛頂』，亦因此字而名之也。

一高五尺三寸，廣五尺六寸，刻『與大比丘僧』云云，凡六行，三十二字，徑八寸。〔一〇二〕

一高二尺，廣三尺二寸，刻『沙門僧安道壹』六字，分三行，字徑八九寸不等。安道壹，又見後周小鐵山題名，自稱『東嶺僧』，應是一人也。

公孫文哲等造象碑

無年月，并陰、兩側俱正書。在鄒縣南關外。

右碑正面鎸佛象九軀，上題『大象主公孫文哲、大象主公孫先鳥，爲母』，凡十六字，分四行，字徑五分。碑陰横題象主、菩薩主、佛主、邑子、維那等姓名凡三列，每列二十行，兩側各存象主姓名五行，字徑八分，多殘泐。無立碑年月，惟碑陰有『韋子深』姓名，故與尖山各刻連類及之。此種亦黄小松録寄，未詳尺寸。

石經峪金剛經殘字

無年月，八分書。在泰安縣泰山石經峪。

右刻字徑尺餘，年久磨滅，存者無幾，拓工以一紙拓一字，未詳文義。因取《金剛經》覈對，祇存二百九十六字。聶劍光《泰山道里記》以爲北齊王子椿書，元案：吴山夫《金石存》載北齊唐邕寫經，有《維摩詰》諸經，不止一種。今鄒縣尖山摩崖亦有晉昌王唐邕題字，筆法與此相同，或出邕書，未可知也。經中『何』作『祠』,『槈』作『㮶』,『藐』作『蕦』,皆六朝變體。

張思文等造象記

永光元年正月立,正書。凡四面,每面高五寸,廣一尺。在諸城縣李孝廉仁煜家。

右造象記二面,刻記文十四行,字徑九分。二面刻畫象并象主李道和等題名五人,字徑七分。正月乙亥爲齊幼主受禪改元之日,至二十五日巳亥,歸周而齊亡矣。國勢如此,張思文猶以『國祚永隆』『民寧道業』祝之,殊可慨也。

亞禄山宇文公碑

無年月,正書。石高一尺四寸,廣四尺。在掖縣亞禄山頂。

右題云:『光州刺史宇文公,撫育邊民,恩同赤子,治方清美,□甚文王之化。□□願樂過於□□老弱相□□故□山□□建造碑銘,万□□記』,凡十一行,字徑三寸。案:光州之名,惟北魏、北齊有之,其餘自宋迄隋皆稱『青州』也。《魏書·地形志》:『皇興四年,分青州置光州,延興五年改爲鎮,景明元年復。』自是至齊相沿不改。鄭述祖于河清三年拜光州刺史,是北齊仍稱光州之證也。府志沿革表未列北齊,疏矣。宇文氏之列正史者,《北齊書》無之,《魏書》惟宇文福、宇文忠之二傳,其先世及子孫族屬未有刺光州者,史傳闕略甚多,兹因無名氏可攷,姑坿鄭道昭諸碑後。

水牛山佛經碑

無年月，并額俱正書。碑石高六尺，廣二尺，四周有花邊。在寧陽縣水牛山洞中。

右經文十行，行三十字，字徑〔一〇二〕寸五分。碑額中刻佛像，左右刻『文殊般若』四字。黃小松藏本多碑陰題名十五行。

水牛山佛經摩崖

無年月，八分書。在寧陽縣水牛山。

右碑黃小松録寄，未詳尺寸。首曰『舍利弗』，凡五十二字，『弗』即『佛』字。

普照寺造象殘碑

無年月，并兩側俱正書。在濟寧州城内普照寺。

右碑首曰『夫□□□□□助疏難尋』等字，似北齊之刻。兩側有比丘、維那等名，及『唐太和□年』字。

富胡女造象題字

無年月，正書。在嘉祥縣七日山聖壽寺。

右題字一行，惟『富胡女』三字可識。玩其筆跡，似北朝魏齊間人所刻。

北周石

匡喆刻經頌[一〇三]

大象元年八月刻，正書。在鄒縣城東北小鐵山西側佛經之後。

觀者[一〇四]曰泡[一〇五]□不瀹[一〇六]清波而[一〇七]□□，不[一〇八]□興[一〇九]□震火光而易滅。但以四毒纏[一一〇]躬，□疵縈骨，穢納皆羅，孰有誰無？自非體括三乘，身苞十力，詎辯□□之章，自和□讒[一一一]之品者哉[一一二]。是以有信佛弟子[一一三]匡喆及弟顯，□祖珎，漢丞相衡之苗裔也[一一四]。秀德自天，英姿獨拔，知宏經尚，鞅□□紐。方傾嘆[一一五]□海猶[一一六]，遷嗟□言之□□[一一七]，棄[一一八]鳥塗而在，懷□清骹[一一九]而□府[一二〇]，於是乃與同義人李桃、湯[一二一]□奴[一二二]等，可謂門抽杞梓，家握芳蘭，颮□龍騰[一二三]，豁然鳳舉。乃率[一二四]邑人，敢欲寄杲天[一二五]沼，共汲無竭之隸。□財法肆，司以永[一二六]用之寶[一二七]，仍[一二八]割家貲，捨如霜葉。在皇周大象[一二九]元年歲大淵獻八月庚申朔十七[一三〇]日[一三一]丙[一三二]子，瑕丘更□之冋皿 達□之陽[一三三]，前觀邾[一三四]嶧峨峨，覩拂漢之峰[一三五]，却瞻岱獻魏魏，眺排雲之嶽，兼復左頁[一三六]遇[一三七]巖，右[一三八]臨傳馹[一三九]，表裏山川，林茫[一四〇]□文[一四一]。於是有齊[一四二]大沙門[一四三]安法[一四四]𦣞[一四五]者，道鑒不一，德悟一原，匪直秘[一四六]相咸韜，書工尤最。乃請伸[一四七]豪，於四顯之中，以寫大集經衆等□□九百廿字[一四八]，道□可□拔世[一四九]，遂[一五〇]乃約石啚之[一五一]，焕[一五二]納[一五三]常質。六龍上繞，口[一五四]瑩五彩之[一五五]雲，雙軀[一五六]下蟠，甲負□□□[一五七]路。縱使崐崘[一五八]玉諜[一五九]，□觀金蔺，周穆記功[一六〇]，教□□紹[一六一]，□今滕□□辟彼蔑如也[一六二]。釋近[一六三]本運[一六四]之世，工十二那由他[一六五]，衆生發菩提心一万六千，天子得無生法忍[一六六]，況此群英，聯珪共琲，同[一六七]□善心，採斑倕之巧，成斯福業者乎？從今鎸構，逢刼火而莫燒，神□一□，對炎風[一六八]而常住尔。其丹青□唯，所以[一六九]啚其盛法；金石長存，□以彫之不朽。此巖不琢，彳[一七〇]葉何觀？璋才同返，鶖藻謝跙[一七一]，猊[一七二]覽此徵，誠何堪抃躍。聊措寡豪，以申短韻，乃作頌粵：

世[一七三]茫[一七四]大道，非若□□。空來穽寂住，能卷能舒。想□□崖[一七五]，□離陌途。稱肌彳[一七六]鳥，放鴿殘軀。六度常滿，三空不缺。敢緝遺訓，式彰[一七七]餘烈。緤竹易銷，金石難滅。託以[一七八]高山，永留不絶。尋師瑶翰，□□□曲[一七九]。精[一八〇]哼[一八一]義誕，妙越英豀。如龍蟠霧，似鳳騰氰。聖人幽軌，神芝[一八二]秘法。從兹寶朩[一八三]，樹標永刼。

右刻因崖高字大，艱於椎柘，元所藏柘本衹八十字，每以未見全文爲憾。嘉慶丙辰夏，黄小松司馬録寄新拓全本，始知造經人匡喆爲丞相匡衡裔孫，書經撰頌之人已缺其姓。文凡十二行，行五十二三字，字徑七寸。摩崖上尚有篆書『石頌』二大字，各徑二尺餘。摩崖未詳尺寸。案《縣志》載：匡衡其先東海郡丞人，遷居鄒縣之羊下村，村在城北三十里元興社，匡氏子孫當北齊時或仍聚居于此。不因全拓此碑，則匡氏後人竟湮没不顯矣。

小鐵山摩崖殘字八種

無年月，俱八分書。在鄒縣小鐵山。

一刻『鄣離』二字，分拓二紙，字徑一尺二寸。在岡山石壁。

一刻『佛善』二字，分拓二紙，『佛』字徑一尺七寸，『善』字徑一尺三寸。在『鄣離』二字之右。

一刻『實性善男子菩薩』一行，凡七字，在『佛善』二字之右，尺寸未詳。凡後不言尺寸者，皆由他處録寄。『薩』字，六朝唐人皆不从『産』，孫觀察星衍云：『「薩」即「薛」字異文，故《一切經音義》作「扶薛」，蓋聲之轉耳。』

一刻『寧朔將軍[一八四]、大都督、任城郡守經主孫洽[一八五]』，凡十五字，分二行。在小鐵山石壁之左。

一刻『東嶺僧安道壹著[一八六]經』，凡八字，一行。在『寧朔將軍[一八七]』之右。安道壹已見北齊尖山摩崖，此與『寧朔將軍[一八八]』一行連屬，故仍列此。

一刻『搜揚好人、平越將軍周，任城郡主薄、大都維那閭長嵩』，凡二十一字，分三行。在『東嶺僧』之右。『搜揚好人』乃北齊所設官，即『徵求遺逸』之意，唐《房彦謙碑》云『開皇初，頻詔搜揚人物』，是隋初猶沿此制也。閭長嵩在後周時曾爲任城主薄，此與前段郡守孫洽[一八九]，皆志乘失載。

一刻『齊□任城郡』云云，凡四行，行五六字不等，在後段『佛善男子』經文之東。

一刻『佛善男子』經文五十八字，在岡山之陽，尺寸未詳。朱朗齋云：『小鐵山與岡山相連，而志乘不載，當是後起之土名也。』

崗山摩崖佛經四種

大象二年七月刻。在鄒縣城北崗山。

一刻『如是我聞』云云，凡十行，在大石東面。一刻『掌恭敬』云云，凡五行，在大石南面，此與上種末二字文義相連。一刻『二郎比丘惠暉』題名及『大象二年七月三日』云云，凡九行，第八行上有佛象一，在大石北面。以上俱八分書，字徑六寸。一刻『神通之力』云云，正書，凡五行，在崗山後面，崖高四尺一寸，廣六尺三寸五分，字徑一尺三寸。一刻『曜金千日，照炎如百』八字，分三行，書兼篆隸。『曜』字从『目』，別體。此與大象二年佛經同在一山，因坿于後。

葛山摩崖二種

大象二年刻，八分書。在鄒縣城東北葛山石壁。

一首行刻『木平維摩詰』云云，凡十一字，句義未全。次行『大象兩年』云云，凡十三字，徑一尺八寸。

一拓本二紙，一題『如來』二字，一題『可寺』二字，徑一尺五寸。此與小鐵山『鄣離』『佛善』等字筆意相同，疑一時所刻也。

隋石

□□遵妻造象題字

開皇元年十一月刻，正書。在濟寧州晉陽山石佛座間。右刻四行，多殘泐，乾隆壬子運河司馬黄小松訪得。

仲思那等造橋碑[一九〇]

開皇六年二月立，正書，碑高四尺五寸，廣二尺三寸。在鄒縣石裏村。

大隨開皇六年歲次丙午二月壬午八日己丑，兖州高平縣石裏村仲思那等卅人造橋之碑。蓋形同石火，忽有便無，命似浮泡，儵存還滅。若不傾心捨命，如薩埵之投骸，剋己精誠，狀尸毗之救鴿，自非仰習二士之功，苫海寧容可渡？然今大邑主仲思郍等卅人，謹見村南分派成池，滞水覽流，以起瀾濤之浪，阻隔長衢，致使陽朱泣分岐之淚，癥僞身形，遂登高樓，樊香啓發，捋化衆緣，四部崇助。謹於此處，敬造石橋一湇之所，急緩通傳，永絶瞀留之歎。兩[一九一]盈美麗，婉娩可觀。又椺石荆山，訪匠周隨。福力自天，名師忽至。咼龍者[一九二]若乗虚模花，衆蜂覽集。漏佛兩[一九三]坎，相同百工，左右侍衛，八部偹足，藉此橋像，福及郝等。茂若春蘭，尉殊夏馥。身比乾巛，秊同弗石。學並宣尼，仕登卿相。敬法伏摩，三途斷[一九四]絶。昔秦王越海，人鬼懷嗟，義取成功，能言羡德。其詞曰：

運石荆山，藍田採玉。接軨連轅，首尾相續。櫩桃再紅，其功始足。織女來遊，江妃屢囑。

右序銘十八行，字徑一寸，刻於上截。碑首刻佛象，左右有造象姓氏凡三行。

都維郝大督土階新蔡鎮將仲子□，維郝張仕栝，維郝仲子建，維郝周子建，維郝薩長遷，維郝王迴洛[一九五]，維郝邵洪璪，維郝仲□[一九六]闥，維郝仲長儒，維郝高□[一九七]摩，維郝高文□，維郝□□蕪，維郝□□[一九八]則，維郝邵□周，維郝孫桃□，維郝張難及，維郝□□□，維郝龐継炑，維郝張子才，維郝周士進，維郝仲金俿，維郝宋文尚，維郝孫小甑，維郝孫道乇，維郝萬□洛，維郝仲憘洛，維郝萬子高，維郝仲預璋，維郝神小甑，維郝張舍利，維郝仲長遵，維郝周多壽，維郝仲文洪，維郝薛哈，維郝仲登生，維郝仲元軓。

右題名三十六人，分十八行，字徑一寸，刻於下截。

碑側

大唐上元二年歲次癸丑八月癸丑朔，維郝子路。

右年月、題名二行，字徑一寸，碑爲顔運生教授拓本。桂未谷云：『《水經注·泗水》：又南經高平故城西，洸水注之。案：高平故城在今鄒縣南，石裏村在縣西南五十里。今仍稱石里。村臨白馬河，即洸水，此爲洸水造橋也。碑云『漏佛雨坎』，『坎』謂碑首陷處刻有佛象，『雨』即『滿』之异文，『漏佛』謂佛身雕鏤空透耳。碑又云『剋己精誠，泆尸毗之救鴿』，案《洛陽伽藍記》：惠生西行七日，渡大水，至如來爲尸毗王救鴿之處。即指此事。元案：碑中別體字甚多，皆沿魏齊之舊，惟『隨』改爲『隋』自文帝始，今碑仍題『大隨』，豈當時令甲不盡從耶？

比丘尼静元等造象記

開皇七年九月刻，正書。崖高一尺一寸五分，廣一尺一寸七分。在歷城縣佛峪。

右記十行，字徑一寸，凡偏旁从『亻』者皆从『彳』，北朝字體往往如是。

千佛山造象題字四種

開皇年刻，俱正書。在歷城千佛山洞壁内外。

一高二尺一寸，廣六寸，題『開皇八年五月□十五日□□□造象記』，凡五行，字徑七分。其上又有『唵嘛呢巴彌吽』六字，徑二寸。一高八寸，廣一尺一寸，題『開皇十年八月，李景崇造象記』，十行，字徑一寸。一高八寸，廣六寸，題『解省躬記，妻鄧同禮』，凡二行，八字，徑二寸。一高四寸，廣一寸四分，題『甲子□五』云云，一行，字徑九分。以上四種，乾隆乙卯九月，元將赴浙江，始搜得之，《縣志》皆未著録。何夢華又云黔婁洞旁尚有隋人題名數行，益嘆古迹之失于耳目前者正多也。

章仇禹生等造象碑

開皇九年□□月立，正書。碑高五尺七寸，廣二尺七寸，厚五寸。在汶上縣辛家海三官廟前。

右碑已裂爲二，正面刻《佛在金棺上囑累經》一卷，左右列大象主章仇禹生等題名，碑陰下截列邑子等名并記年一行，側有『百』『千』『万』等字二行，餘皆漫滅。經文中『垂入金棺，欲燓其身』，『燓』蓋本《説文》『燓』字之變也。『酒肉五辛』，『肉』作『宍』，乃別體。『捉筆捉鑿之具』，『鑿』，《五音韻會》以爲即『鑿』字。

雲門山造象題字十四種

開皇年刻，末種仁壽二年刻，俱正書。在益都縣雲門山陽石洞大佛龕下。

一題『開皇□年九月二日朱洞妃妻造佛一軀』云云，凡三行。一題『道元』等名，凡七行。一題『鹿潘妃』云云，凡五行。一題『供養佛』云云，二行。一題『像主蕪位』云云，凡九行。一題『象主元海』云云，凡八行。一題『亡母敬造』云云，凡三行。一題『開皇九年五月十二日，像主宋乾馳』云云，凡三行。一題『大隋開皇十八年三月八日，像主趙金』云云，凡四行。一題『開皇十九年五月一日』，九字，一行，但有年月而無題者姓氏。一題『佛弟子詹元供養』，七字，一行，此種字體與上一行相類，恐是分拓者。一題『宮頂瓌造像記』，十一行。一題『僧□□造像記』，三行。一題『仁壽二年四月十五日，陳汝珎造象記』，四行。以上凡十四種，皆段赤亭於乾隆乙卯春訪得者，故詳記之。

□照禮造象記

開皇十一年正月刻，正書。石高四寸六分，廣一尺。在萊陽縣初給事彭齡家。

右記凡十六行，字徑五六分不等。或云此是天尊造象，今所見祇拓本，形如曲尺，殆亦刻於坐間者。

陳思王廟碑[一九九]

開皇十三年立，正書，碑高五尺一寸，廣三尺二寸。在東阿縣西八里魚山陳思王墓旁。

王諱植，字子建，沛國譙人也。洪源與九泉競深，崇□□□□[二〇〇]ㄥ[二〇一]峻。自木[二〇二]與□□□□[二〇三]興焉。其亻[二〇四]建國啟基，丰日[二〇五]周室。顯霸業於東郡，彰茅封於譙邑。瓊根寶葉，蒔芳蘭如莫朽；軒□[二〇六]相傳，襲縉紳而不絕。此乃備頌典冊，聊可梗槩而言矣。逮承相參，廼成王室，道勳隆重，位登上宰，受國平陽。□□[二〇七]厥後，鳴鸞佩玉，飛蓋交映。祖嵩，漢司隸、太尉公，職掌三事，從容論道，美著阿衡之任，不亦宜乎？父操，魏□[二〇八]祖武皇帝，資神龍虎，剖判鬱[二〇九]㠯開基。名頒讖牒，謠敞真人。火運告終，土德承曆。爰據圖録，亨有天下。驟改質文，馳遷正朔。英雄之氣，蓋有餘矣。昆丕，魏高祖文皇帝，紹即四海，光澤五都，負扆朙堂，朝宗萬國，允文允武，庶績咸熙。正踐昇平，時稱寧晏。致黃龍表瑞，驗兆漳濱，玉虎金雞，恒綸宇竊。悉乃黃內通理，愠淋晗英。彀哲稟於自然，博愍由於天縱。佩金華以邁四氣，抱玉梟[二一〇]如忽風霜。綴贍藻於孩季，攝酉什於殤歲。尋聲制賦，膺詔題詩。詞彩照灼，子雲遥軓[二一一]於吐鳳；文華理富，仲舒遠愧於懷龍。又能誦萬卷於三冬，觀千言於壹見。才比山藪，思並江湖。清辭菀菀，若聚葩之蔚鄧林；緑藻妍妍，如河英之照巨海。武庫太官之譽，握促之器者也。但禄由德賞，頻亨皇爵。建安十六丰封平原侯，十九季改封臨淄侯，都不以貴任爲懷，直置清雅自得。常閑步文藉，偃仰琴書。朝覽百篇，夕存吐握。使高攦擅名之士，侍宴於西薗；振藻犭[二一二]步之才，陪遊於東閤。黄初二季，奸臣謗奏，遂貶爵爲安鄉侯。三季，進立爲王。□[二一三]京師，面陳濫謗之罪，詔令復國，自㠯懷正信如見疑，抱利器而無用。每懷怨慨，頻啓頻奏。四丰，改封東□□[二一四]。五季，以陳前四縣封，復封爲陳王。㠯讒言數搆，奸臣内興，十一季裏，頻□[二一五]徙郶，汲汲無歡，遂發憤而薨，時年卌□□[二一六]。即營墓魚山傍羊茂臺，平生遊陟，有終焉之所。既如丰代夐遠，兆塋崩淪，茂響英聲，遠而不絶。至十弍𠀍孫曹永洛等，去㘴朝皇建二年，蒙前尊孝照皇帝恢弘古典，敬立二王，崇奉三恪。永洛等于時膺荷表貢，面奉照皇，親訓聖詔。比經窮討，皆存實録。蒙勑報允，興復靈廟。饋嗣蒸嘗，四時叓謁。使恭恭嗣子，得展衷誠之願；梵梵孝孫，長畢昊天之慕。遂雕鏤真容，鐫金寫狀。庶使□一相，度永劫而不泯；七步文宗，傳芳猷於萬葉者也。其詞粤：

惟王磐石斯固，締緒攸長。波連□[二一七]渤，枝帶扶桒。分珪作瑞，建國開壃。蕙樓菌閣，遠邁靈光。其一。嚚調高奇，風革梳朗。談人[二一八]刮舌，靈虵曜掌。東閤晨開，西薗夜賞。松華桂茂，玉閏金響。其二。聲馳天下，道冠生民。才驚曠古，德重千鈞。混之不濁，磨而不磷。如何壹旦，萎我哲人。其三。山舟易失，日車難駐。壹謝人間，長遵埏路。風哀松栢，壙穿狐兔。何茈何季，還成七步。其四。廼考惟昆，廓定洪基。受圖應曆，運合紫微。一辭皇闕，永背象□[二二九]。□□□[二三〇]轉，響逐雲飛。其五。大隋開皇十三丰歲次昰□□□。

右碑有額，無題字，似有畫象，已不能辨。碑文凡二十二行，行四十三字，體兼篆隸。其中增損假借之字已載錢辛楣少詹《金石跋尾》，尚有未及者，如『茅封』作『芧封』，『典册』作『典冊』，『丞相』作『承相』，『宇縣』作『宇寱』，『蘊淋含英』作『愠淋唅英』，『西園』作『西薗』，『讒言』作『譣言』，『風格踈朗』作『風革梳朗』，皆是也。

張洪亮造象記

開皇十五年四月刻，正書。石高四寸四分，廣二尺一寸。在益都縣廣福寺。

右記首叙年月及造象之由，次列姓氏十九人，凡二十八行。造象祈福兼及州縣令長，惟有此刻，亦可見古風之淳也。『征』字、『德』字皆省筆，从『彳』。又案：《馱曹殘碑》有李荒，此云『李荒女』，可證彼是隋刻無疑。

比丘尼脩梵石室銘

開皇十五年十月立，正書。石方廣一尺四寸餘。在益都縣城内李文世家。

故比丘尼釋脩梵石室誌銘并序

比丘尼諱脩梵，俗姓張氏，清河東武城人，瀛州刺史烈之第三女。幼而爽晤，規範閑明，有同縣崔居士南青使君之第五子，以德義故歸焉，未獲偕老，而君子先逝，遂發菩提心，出家入道。不意法水常流，劫火將滅，𠂢開皇十三季八月廿三日終于俗宅，春秋九十有一。十五季十月廿四日，窆于石室，兄弟相撫，貫截肝心，烏鳥之心，終天莫報。先王制禮，抑不敢過。馮翊吉子，才高學博，請揆其詞，式昭元壤。

留城祚土，趙都建國。代有喆人，門多通德。王祖王父，有文有則。駐馬期童，褰襜述職。載挺淑質，天資柔惠。梁婦辭榮，萊妻避世。心遊正覺，行依真諦。超彼勝津，潯茲善誓。電多急影，泡是虚緣。形歸掩石，神住開蓮。春鶯朝喚，秋螢夜燃。徒令孺泣，匍匐空山。

右碑十七行，行十七字，徑七分。文頗雅潔，銘爲吉子所撰，其序又出一手也。段赤亭云：脩梵終于開皇十三年，年九十有一，是生于梁武帝天監二年、魏宣武帝景明四年，南北八朝已閱六矣。張烈，《魏書》有傳，云：字徽仙，其先清河東武城人，徙居齊郡之臨淄。烈少孤貧，涉獵經史，有氣概，以守順陽勳，封清河縣子，後爲瀛州刺史。元象元年，卒於家。所著有家誡千餘言。子二人。又案：青州崔氏，有僧淵者，《北史》作『僧深』，避唐高祖諱。曾爲南青州刺史。有六子，《魏書》俱有傳。其第五子名祖螭，普泰初，與張僧皓謀叛誅，計脩梵此時年二十九歲，其夫似即祖螭，而誌諱言之所謂使君，殆指僧淵也。

舍利塔下銘

仁壽元年十月刻，并額俱正書。碑方廣二尺五寸。在益都縣城南廣福寺。

右刻額題『舍利塔下之銘』，凡二行，徑三寸。文十一行，行十二字，徑一寸八分，有『勅使』等題名八人，分上下二層，字徑一寸。下刻『孟弼書』三字。段赤亭《益都金石記》云：寺在隋時名『勝福』，内有宋殘石幢作『廣福』，其地在隋屬臨朐。《齊乘》云：『漢置臨朐縣，屬齊郡，以縣東朐山取名，晉省入昌國縣，隋開皇六年改爲逢山縣，大業初仍改臨朐。』《碑銘》曰：『逢山』，即臨朐也，今隸益都。安丘張杞園謂此碑雖佞佛祝釐之辭，而文頗雅馴，字穠勁饒古意，非篆非隸，真八分也。新城王阮亭採入《居易録》，今驗此碑，特正書稍兼隸法耳。錢辛楣少詹《金石文跋尾》載仁壽元年六月十三日《立舍利塔詔書》，可與此刻互證也。

大業磚文

大業三年刻，正書。黄小松司馬得于濟寧鄉中，今贈李鐵橋。

右磚題『大隋大業三秊，遵德鄉故人郭雲銘』，凡十四字，三行，字徑寸四分。案：遵德鄉，《州志》失載，題曰『故人』，亦當時誌墓之物也。

陳叔毅修夫子廟碑

大業七年七月立，八分書，篆額。碑高六尺五寸，廣二尺四寸。在曲阜縣孔廟同文門西側。

修孔子廟之碑額二行，字徑三寸，陽文。

若夫惟道惟德，或仁或義，既漸散於英華，遂崩淪於禮樂。天生大聖，是曰宣尼，雖有制作之才，而無帝王之位。膺斯命世，塞厄補空。述萬代之典謨，爲百王之師表。始於漢魏，爰逮周齊。歷代追封，秉圭不絶。我大隋炎靈啓運，翼下降生，繼大庭之高蹤，紹唐帝之遐統，憲章古昔，禮樂惟新，偃伯修文，尊儒重學，以孔子三十二世孫、前太子舍人、吴郡主簿嗣悊封紹聖侯。皇上萬機在慮，兆庶貽憂，妙簡才能，委之邑宰。於此周公餘化，唯待一變之期；夫子遺風，自爲百王之則。禮儀舊俗，餘何足云。用能奉天旨，敬先師，勸孔宗，修靈廟，即曲阜陳明府其人也。明府名卝毅，字子嚴，潁川許昌人。昔堯之禪舜，實釐女於有虞；周室封陳，亦配姬於嬀滿。漢右丞相建六奇之深謀，魏大司空開九品之清議。明府即陳氏高祖武帝之孫，高宗孝宣帝之子。至如永嘉分國，代歷五朝，郭璞有言，年終三百。皇朝大統，天下一家。爲咸陽之布衣，實南國之王子。於是遊情延宇，削跡市朝；砥礪身心，揣摩道藝。策府蘭臺之秘藉，雕蟲刻鶴之文章，莫不成誦在心。借書於手，金作玉條之刑法，桐囚木吏之奸情，一見仍知，片言能折。所謂江珠匿曜，時虧淵月之明；越劍潛光，每動衝星之氣。爰降詔書，廼除曲阜縣令。風威遠至，禮教大行。政術始臨，奸豪屏息。抑强扶弱，分富恤貧。部内清和，民無疾苦。重以德之所感，霜雹無災；化之所行，馬牛不繫。鱦魚夜放，早彰桼釜之篇；乳雉朝馴，自入鳴琴之曲。遠嗤龐統，不任百里之才；俯咲陶潛，忽輕五斗之俸。扵是官曺無事，囹圄常空，接士迎賔，登臨遊賞。覩泮水而思歌，尋靈光而想賦。加以袛虔聖道，敬致明神。粉壁椒塗，丹楹刻桷。可謂神之所至，無所不爲。振百代之嘉聲，作千城之稱首，敬鐫金石之文，永同天地之固。其詞曰：

皇非常道，帝實無爲。時澆俗薄，樸散淳離。世道交喪，仁義争馳。書亡詩逸，禮壞樂虧。降生大聖，載修墳史。積善餘德，追崇不已。扵穆大隋，明命天子。新開紹聖，重光闕里。伊我陳君，清德遠聞。温温玉潤，苾苾蘭芬。淵才亮美，拔類超羣。時逢上聖，以我爲令。導之以德，行之以政。用此一心，能和百姓。子還名賈，兒多字鄭。奸雄竄伏，賦役平均。心居儉素，志守清貧。魚生入釜，雀瑞來臻。寫廟孔碩，靈祠赤弈。圓淵方井，綺窻畫壁。因頌成功，遂歌美績。共弊穹壤，永固金石。

大隋大業七年辛未歲七月甲申朔二日乙酉。

濟州秀才、前汝南郡主薄仲孝俊作文，孔子卅一世孫孔長名、卅四世孫孔子歎□□□。

右碑文十九行，行四十七字，末年月、姓名二行，字俱徑寸。碑云『孔子三十二世孫、前太子舍人、吴郡主薄嗣悊封紹聖侯』，案《闕里文獻攷·世系表》載：嗣悊，隋文帝時應制登科，授涇州司兵參軍，遷太子通事舍人。煬帝大業四年十月，詔封紹聖侯。不言曾爲吴郡主簿，可據此以補其闕也。卅一世孫長名,《世系表》載三十一代孫名長孫,當是二人耳。卅四世孫子歎,據《宗譜》,嗣悊子德倫,生二子,長崇基,襲封褒聖侯,次子歎,是子歎,即嗣悊次孫也。碑中『機』作『⿰扌幾』,『笑』作『咲』,『窻』作『悤』,『朔』作『朝』,皆別體。

隋青州默曹殘碑

無年月,并陰俱八分書,側正書。碑高一尺六寸,厚六寸。在益都縣。

□磐石秘⿸广⿱隹心之理,雖深傳通之

厲作經藏壹所,於是銅攔翅矯

未優匹以化成,我猶稱麗,且地

委雲屯,迴向之心自愍受持之

此行無字。

方滑涇觀爲虎號閣起麟名於

通論門高剖,但能迴向即堪長

寫嚴飾邁世,超倫岌峩,層攔著

濟,我之功德無量、無邊,嵐風勿

此行無字。

寅朔八日辛酉建，青州默曹。

碑陰

嚴法玉，霍憐，高戩，孫外興，孫季儒，張護，馬相，裴會，孫洪鳳，孫清醜，王舍，裴武，步中興，王裬首，嚴明珎，劉裬，馬智邇，徐法僧，曹正始，　孫葂，蘓大胡，李紹世，徐曇休，王莫遮，孫興，李黑鼠，姚胡兒，許金，霍思伯，宋普貴，陳悦，趙伯兒，張明，張倪，王牀叔，池遵，□又遠，蘓伯同，鹿惠雄，徐延，李終憘，董桃，高躭，張思，傅伯兒，劉顥榮，韓鮮脱，張大瓌，　□道益，韓興，鄭永洛，鄭湏陁，趙道始，李肫，□儉，鹿石兒，邢祖，孫太，李方顥，梁士章，□懷玉，王萇生，楊永興，王文遠，秦剎，鮑鳳，吕智，景光伯，夏都，孫婆羅，賈護，趙鳳，□臺生，封奉伯，其世明，馬社生，林珍，崔建，□□□，劉元副，高藏，王略，王洪，李荒，□□□，杏□□，□□□，□永貴，□青，瞿迴。

碑右側

王皓，孟散愁，許滂，張暉宗，楊鑾女，張□，依薩陁，淳于領民，李侯，歆胡道，孔寄生，辛田，王法寧，阿奴，路光，王興國，秦浪海，徐祖珎，朱瑗亮，胡荒，張世，菅樊，周洪，單清奴，肖伽，朱遵，石暉，□□，周質，李雯。

右殘碑文九行，字徑寸二分。碑陰姓名十五行，行六人。碑側姓名五行，行六人，字徑八分。段赤亭《益都金石記》云：此碑書法奇古，友人得於城西隅田間，意亦南陽寺中物，後爲人所毀，存者僅十之一耳。前四行爲序，空一行後四行爲銘，又空一行後題年月、職銜。陰與側雜記姓名。余考此碑，必是隋刻，得數證焉。隋承十六國之後，人名多沿其陋，内『孫清醜』『王莫遮』『李黑鼠』『韓鮮脱』『鄭須陀』『孫婆羅』等類。一也。《齊乘》謂：隋開皇元年，改南陽寺曰長樂，又曰道藏。碑云『作經藏一所』。二也。廣福寺，隋開皇造象題名有『李荒女』，此有『李荒』。三也。錢辛楣少詹跋《敬使君碑陰》云：題名有『功曹』『士曹』『鎧曹』『集曹』『默曹』，皆府屬官，而《隋書·百官志》有『墨曹』，無『默曹』，是當時借『默』爲『墨』。四也。碑中『慮』字、『茬』字、『戠』字、『裓』字、『刹』[三二]字、『歔』字，字書俱無。『儒』字、『遷』字、『儉』字必『儒』『遷』『儉』之俗書。『董』即『董』字，武梁畫象，『董永』亦作『董』。『董萯』，《集韻》音『蕹』，正《字通》以爲『蕿』之訛。『菅』與《靈臺碑》『成陽令菅遵』同，即『管』字。『餅』爲『餝』之訛體，《韓勑後碑》有『修餝』字，此作『餅』者，又其變耳。『渭』作『渭』，『論』『倫』一字，旁皆从『侖』，皆當時異文。他若借『憘』爲『喜』，借『萇』爲『長』，同《魏敬使君碑》。借『壹』爲『一』，同《隋龍藏寺碑》，而『壹』字，書作『[illegible]』，『爲』字書作『[illegible]』，真所謂隸兼篆法者矣。

蓮花洞造象題字三十種

無年月，俱正書。在長清縣五峰山蓮花洞。

右造象在洞外東壁者五種，在洞内北壁者二十三種，在洞内南壁者二種，每種五六字至廿餘字不等。内有『妻』字作『㚶』，及稱『清信女』，皆與《隋張洪亮造象記》同，遂據此坿于隋末。此亦段赤亭親至五峰搜得之，皆嚮未著録者。

薛子岫等摩崖題字

無年月，正書。崖高三尺，廣一丈二尺餘。在濟寧州晉陽山慈雲寺後石壁。

右刻字多漫滅。第一行，存『仏』字。第二行，『子裕』二字。三行，『薛子岫』三字。四行，『薛季習』三字。八行，存『都』字。俱徑尺餘，字體類六朝，因無年月可考，姑坿隋末。

晉陽山摩崖殘字

無年月，正書。在濟寧州晉陽山慈雲寺。

右殘字二紙，前一紙凡五行，字徑三寸。可辨者，次行『主』字，三行『騎』字，四行『孝約』二字，餘皆漫滅。後一紙衹一『是』字，徑八寸。黄小松司馬於乾隆癸丑五月與《薛子岫等題字》同時拓得，因並坿焉。

元家樓造象殘碑

無年月，正書。石高一尺七寸，廣二尺餘，厚五寸。在濟寧州元家樓關帝廟前。

右碑已殘闕，正面鐫像二層，佛座下截及象左右皆刻姓名，碑陰字多磨滅，右側有字四層，皆邑子姓名。碑無年月可攷，因《章仇禹生等造象》亦有邑子姓名與此同，遂坿隋碑之後。

元家樓殘碑

無年月，正書。高一尺二寸餘。廣一尺七寸餘。在濟寧州元家樓關帝廟前。

右碑正面畫象已磨滅，碑陰字十七行，徑一寸，内惟『建功十年』及『成道成聖』二語讀之成文，餘多殘蝕。碑無年月，與前刻同坿隋末。

梁王墓題字

無年月，正書。在嶧縣城西二十里梁王墓中。

右拓本從黄小松處録寄，張太守玉樹云『嶧縣新出「玉虚擒陽洞」五字，在城西院山前光莊迤南梁王墓中。墓載《縣志》，未詳梁王封號、姓名，但云蘭陵爲蕭梁故里，封王子弟，没而葬此。明正德中，盜發空其中』云云。案：嶧縣之爲蘭陵，始於荀卿適楚，楚以爲蘭陵令，即此地也。六朝時，地屬北魏，不歸蕭梁，安得復分子弟於故里，没而葬此乎？山左古墓大率出於傅會，惟查邑志，載南北朝蕭静之性好道，舉進士不第，因絶粒鍊氣，不知所終，後人或以其與梁王同姓，謬襲崇稱，而又以好道之故，遂題『玉虚擒陽』之額。歲久埋没，今復出土耳。因無年月可系，仍坿六朝之末。

洪福院佛經碑

無年月，正書。碑高四尺，廣二尺。，在嘉祥縣洪福院。

右碑正面鐫佛象五層，陰書佛經一卷，無書人姓名。朱朗齋以爲隋刻。

仰天山畫鼎

無題字。崖方廣一尺。在臨朐縣南七十里仰天山觀音洞口。

右刻鼎象一，下有三足承之，四周别無鏤文，頗似師曠墓。前漢畫筆意簡樸，斷非唐人所能及，因坿隋碑之後。

曲阜佛象石幢

無題字。高三尺四寸，廣九寸四分。在曲阜縣城内。

右佛幢六面，内一面邊有花闌，中界三段，各鐫佛像一軀，餘五面中有十字，界綫五段，每段鐫佛象二軀。雖無時代可考，觀其儀狀，似亦六朝人所爲。乾隆乙卯春，顔運生教授得於白楊店，舁入城内。

【校勘記】

［一］此碑現存曲阜漢魏碑刻陳列館北屋西起第二九石，拓本收録於《北京圖書館藏中國歷代石刻拓本匯編》第七册《夫子廟碑》，均漫漶殊甚。碑文亦載《金石萃編》卷三三《夫子廟碑》，録文亦殘缺不全。兹據原石、拓本、《金石萃編》及《魏書》卷五六《鄭羲傳》等加以校證。

［二］『舍中』，據拓本補。

［三］此闕字，疑爲『述』。

[四]據《魏書》卷五六《鄭羲傳》記載，鄭述祖祖父鄭羲爲「滎陽开封人」，故疑此二闕字爲「滎陽」。

[五]據《鄭述祖重登雲峰山石刻》記載鄭述祖乃「魏鎮北將軍、秘書監、青光相三州刺史、文恭公、滎陽道昭之子」，故疑此二闕字爲「文恭」。

[六]據《魏書》卷五六《鄭羲傳》記載，鄭述祖爲鄭道昭第三子，故疑此闕字爲「三」。

[七]「九」，《金石萃編》作「七」。

[八]「[illegible]」，拓本殘泐，似爲「行」之异體字。

[九]此拓本收録於《北京圖書館藏中國歷代石刻拓本匯編》第七册《雋敬碑》，碑文亦載《八瓊室金石補正》卷二一《鄉老舉孝義雋敬碑并維摩經刻》，兹據此加以校證。

[一〇]「焉」，據拓本及《八瓊室金石補正》補。

[一一]「[illegible]」，原作「樹」，據拓本及《八瓊室金石補正》正。

[一二]此闕字，拓本殘泐，《八瓊室金石補正》作「肅」。

[一三]「訖」，原作「託」，據拓本及《八瓊室金石補正》正。

[一四]此闕字，拓本殘泐，《八瓊室金石補正》作「方」。

[一五]此闕字，拓本殘泐，《八瓊室金石補正》作「桃」。

[一六]此闕字，拓本殘泐，《八瓊室金石補正》作「副」。

[一七]此闕字，拓本殘泐，《八瓊室金石補正》作「萷」。

[一八]此闕字，拓本殘泐，《八瓊室金石補正》作「公」。

[一九]此闕字，拓本殘泐，《八瓊室金石補正》作「榮」。

［二〇］此二闕字，拓本殘泐，《八瓊室金石補正》作『滕晃』。

［二一］此闕字，拓本殘泐，《八瓊室金石補正》作『尟』。

［二二］此拓本收録於《北京圖書館藏中國歷代石刻拓本匯編》第七册《鄭述祖重登雲峰山記》，碑文亦載《八瓊室金石補正》卷二一《光州刺史鄭述祖重登雲峰山題記》，兹據此加以校證。

［二三］此二闕字，拓本殘泐，似爲『車騎』；另據《鄭述祖天柱山銘》及《鄭述祖題雲居館石刻》，可斷定闕字爲『車騎』。

［二四］此拓本收録於《北京圖書館藏中國歷代石刻拓本匯編》第七册《天柱山銘》，碑文亦載《八瓊室金石補正》卷二三《光州刺史鄭述祖天柱山銘》及乾隆《萊州府志》卷一四《藝文·天柱山銘並序》，兹據此加以校證。

［二五］細審拓本，此處并無闕字。

［二六］『蓋由觸』，據拓本及《八瓊室金石補正》補。

［二七］此闕字，拓本殘泐，乾隆《萊州府志》作『應』。

［二八］此闕字，拓本殘泐，乾隆《萊州府志》作『禮』。

［二九］『秩攸歸』，據拓本及《八瓊室金石補正》補。

［三〇］『十』，據拓本及《八瓊室金石補正》補。

［三一］『於』，據拓本及《八瓊室金石補正》補。

［三二］『遊』，據拓本及《八瓊室金石補正》補。

［三三］『足』，原作『之』，據拓本及《八瓊室金石補正》正。

［三四］『以』，原殘作『𠃊』，據拓本及《八瓊室金石補正》正。

［三五］『薄』，據拓本補。

[三六]「款」，據拓本補。

[三七]「太」，原作「大」，據拓本正。

[三八]「委」，據拓本及《八瓊室金石補正》補。

[三九]「天」，據拓本及《八瓊室金石補正》補。

[四〇]此拓本收録於《北京圖書館藏中國歷代石刻拓本匯編》第八册《隴東王感孝頌》，碑文亦載《金石萃編》卷三四《隴東王感孝頌》，兹據此加以校證。

[四一]「崔」，原作「佳」，據拓本及《金石萃編》正。

[四二]「琮」，原作「宗」，據拓本正。

[四三]「旾」，《金石萃編》卷三四《映佛巖摩崖》作「愔」。

[四四]「淮」，拓本殘泐，《金石萃編》卷三四《映佛巖摩崖》作「維」。

[四五]此拓本收録於《北京圖書館藏中國歷代石刻拓本匯編》第八册《朱岱林墓誌》，但殘泐十分嚴重。《平津館金石萃編》卷五《朱岱林墓誌》、《金石續編》卷二《朱岱林墓誌》、《全北齊文》卷八《朱岱林墓誌銘》及民國《壽光縣志》卷一三《金石志·北齊朱岱林墓誌銘》均有録文，兹據此加以校證。

[四六]此闕字，拓本殘泐，《平津館金石萃編》、《金石續編》、《全北齊文》及民國《壽光縣志》均作「媲」。

[四七]「恩威」，拓本殘泐，《平津館金石萃編》、《金石續編》、《全北齊文》及民國《壽光縣志》均作「威恩」。

[四八]「法宏」，《平津館金石萃編》作「法宏」，《全北齊文》作「法弘」，《金石續編》、民國《壽光縣志》作「法强」。拓本磨泐，似爲「弘」。

[四九]「王隸」，拓本殘泐，《平津館金石萃編》作「王棘」《全北齊文》作「三棘」，《金石續編》、民國《壽光縣志》作「五𥸨」。

［五〇］『嗟』，拓本殘泐，《金石續編》、《全北齊文》及民國《壽光縣志》均作『嗟』。

［五一］『搽』，拓本殘泐，《全北齊文》及民國《壽光縣志》作『操』。

［五二］『道』，拓本殘泐，民國《壽光縣志》作『遁』。

［五三］此闕字，拓本殘泐，《金石續編》、民國《壽光縣志》作『辭』。

［五四］『秊』，拓本殘泐，《全北齊文》作『季』。

［五五］此闕字，拓本殘泐，民國《壽光縣志》作『下』。

［五六］此闕字，拓本殘泐，《金石續編》、民國《壽光縣志》作『懷』。

［五七］此闕字，拓本殘泐，《平津館金石萃編》、《金石續編》、《全北齊文》及民國《壽光縣志》均作『儋』。

［五八］此闕字，拓本殘泐，《金石續編》、《全北齊文》及民國《壽光縣志》均作『智』，《平津館金石萃編》作『哲』。

［五九］『榮』，民國《壽光縣志》作『浮』。

［六〇］此闕字，拓本殘泐，《平津館金石萃編》、《金石續編》、《全北齊文》及民國《壽光縣志》均作『深』。

［六一］此闕字，拓本殘泐，《金石續編》、民國《壽光縣志》作『義』。

［六二］此闕字，拓本殘泐，《金石續編》、民國《壽光縣志》作『貂』。

［六三］『鳥』，《平津館金石萃編》、《金石續編》、民國《壽光縣志》作『雞』。

［六四］此闕字，拓本殘泐，《金石續編》、民國《壽光縣志》作『忌』。

［六五］此拓本收録於《北京圖書館藏中國歷代石刻拓本匯編》第八册《邑義主一百人等造靈塔記》，碑文亦載《金石萃編》卷三四《邑義主一百人等造靈塔記》，茲據此加以校證。

［六六］此闕字，拓本殘泐，似爲『閏』。據查陳垣《二十史朔閏表》，武平三年閏十二月。故此闕字當爲『閏』。

[六七]「文」，據拓本及《金石萃編》補。

[六八]「無」，原作「无」，據拓本及《金石萃編》正。

[六九]「者」，拓本殘泐，《金石萃編》作「育」。

[七〇]此闕字，拓本殘泐，《金石萃編》作「影」。

[七一]此拓本收録於《北京圖書館藏中國歷代石刻拓本匯編》第八册《臨淮王像碑》，但殘泐缺損十分嚴重；亦收録於『京都大學人文科學研究所所藏石刻拓本資料』第NAN0646X號《臨淮王像碑》，較爲清晰完整。碑文亦載《金石萃編》卷三五《臨淮王像碑》、《全北齊文》卷一〇《臨淮王造像碑》、《益都金石記》卷一《北齊臨淮王像碑》，兹據此加以校證。

[七二]此四闕字，拓本殘泐，《全北齊文》作「轡而遠馳」。

[七三]此闕字，拓本殘泐，《全北齊文》作「蜚」。

[七四]「儵」，原作「倐」，據拓本及《金石萃編》正。

[七五]此二闕字，拓本殘泐，《全北齊文》作「接猿」。

[七六]此二闕字，拓本殘泐，《全北齊文》作「危過」。

[七七]此三闕字，拓本殘泐，《全北齊文》作「亦何堪」。

[七八]「穴」，原作「宂」，據拓本及《金石萃編》正。

[七九]「志」，原作「徒」，據拓本及《金石萃編》正。

[八〇]「於」，據拓本及《金石萃編》補。

[八一]此闕字，拓本殘泐，《金石萃編》及《全北齊文》作「下」。

［八二］「鉉」，據拓本及《金石萃編》補。

［八三］此闕字，拓本殘泐，《全北齊文》作「起」。

［八四］此四闕字，拓本殘泐，《金石萃編》作「鐙燭誰□」，《全北齊文》作「鐙燭誰燃」。

［八五］「往」，原作「住」，據拓本及《金石萃編》正。

［八六］「霄」，原作「雲」，據拓本及《金石萃編》正。

［八七］「鉉」，據拓本補。

［八八］「俾斯」，原作「但藉」，據拓本及《金石萃編》正。

［八九］「武」，《益都金石記》作「北」。

［九〇］「西」，《儀禮》作「面」。

［九一］《山左金石志》所載尖山摩崖十種，資料來源於黄易的調查，但黄氏拓本并不完整，存在問題主要有二：一是内容有零落之處。如第六種與原石不符，第七種缺少上半部，第九種不是位於尖山，而是岡山，等等。二是位置不清，如第二種僅言「與韋子深等題記相近」，大部分刻字未描述位置。李佐賢是實地考察的第二位金石學家，其記録基本可靠，在《石泉書屋類稿》卷五《跋北齊尖山摩崖古刻》跋文中詳細録載了北齊尖山摩崖刻經經文，并指出《山左金石志》對此摩崖刻經的漏載之處。其跋云：「按《山左金石志》載此刻，其録「文殊師利」云云，只三行，今實有八行。又二段，只載五行，「漢大丞相」一行失載，今實有六行。第三段，則全未載。想阮文達所見拓本不全，故不免有誤，且不能詳指其段落，故前後多舛錯，無次第也。」時至今日，尖山刻經十種除了殘留個别筆痕外，其他均已蕩然不存，兹據《山東北朝摩崖刻經全集》（齊魯書社一九九二年）所録拓本加以校證。

［九二］「州」，據拓本補。

〔九三〕『北』，據拓本補。
〔九四〕『肆』，原作『睢』，據拓本正。
〔九五〕『之』，拓本無此字。
〔九六〕『嶺』，據拓本補。
〔九七〕『一日』，據拓本補。
〔九八〕武平六年乃公元五七五年，逾年即五七六年，而北齊爲北周所滅是在承光元年（公元五七七），故《山左金石志》所云『逾年亡國』有誤。
〔九九〕此刻石不全，據《山東北朝摩崖刻經全集》所録拓本，應爲：『經主□書晋昌王唐邕、妃趙，經主□□同陳德茂，經主□□□德信、妃董。』
〔一〇〇〕『求』，原作『永』，據《金石存》卷一一《北齊唐邕寫經碑》正。
〔一〇一〕此刻石并非位於尖山，而是岡山。
〔一〇二〕『徑』，原作『經』。
〔一〇三〕『者』，原闕，據《山東北朝佛教摩崖刻經調查與研究》補。
〔一〇四〕一九八六年九月至十一月，山東省石刻藝術博物館賴非等人對鄒城鐵山摩崖刻經進行了系統調查，後出版《山東北朝佛教摩崖刻經調查與研究》（科學出版社二〇〇七年）一書，兹據此加以校證。
〔一〇五〕『泡』，原作『池』，據拓本及《山東北朝佛教摩崖刻經調查與研究》正。
〔一〇六〕『澮』，據拓本及《山東北朝佛教摩崖刻經調查與研究》補。
〔一〇七〕『而』，據拓本及《山東北朝佛教摩崖刻經調查與研究》補。

〔一〇八〕「朩」，拓本及《山東北朝佛教摩崖刻經調查與研究》作「赤」。
〔一〇九〕「興」，據拓本及《山東北朝佛教摩崖刻經調查與研究》補。
〔一一〇〕「纏」，據拓本及《山東北朝佛教摩崖刻經調查與研究》補。
〔一一一〕「自和□讒」，拓本及《山東北朝佛教摩崖刻經調查與研究》作「烏知救護」。
〔一一二〕「哉」，據拓本及《山東北朝佛教摩崖刻經調查與研究》補。
〔一一三〕「佛弟子」，據拓本及《山東北朝佛教摩崖刻經調查與研究》補。
〔一一四〕「也」，據拓本及《山東北朝佛教摩崖刻經調查與研究》補。
〔一一五〕「嘆」，拓本及《山東北朝佛教摩崖刻經調查與研究》作「嘿」。
〔一一六〕「海猶」，據拓本及《山東北朝佛教摩崖刻經調查與研究》補。
〔一一七〕「遷嗟□言之□□」，拓本及《山東北朝佛教摩崖刻經調查與研究》作「遷嗟太山言落遂」。
〔一一八〕「棄」，原作「奚」，據拓本及《山東北朝佛教摩崖刻經調查與研究》正。
〔一一九〕「青骸」，原作「青骸」，據拓本及《山東北朝佛教摩崖刻經調查與研究》正。
〔一二〇〕「府」，原作「戚」，據拓本及《山東北朝佛教摩崖刻經調查與研究》正。
〔一二一〕「湯」，據拓本及《山東北朝佛教摩崖刻經調查與研究》補。
〔一二二〕「奴」，原作「妓」，據拓本及《山東北朝佛教摩崖刻經調查與研究》正。
〔一二三〕「龍騰」，據拓本及《山東北朝佛教摩崖刻經調查與研究》補。
〔一二四〕「乃率」，據拓本及《山東北朝佛教摩崖刻經調查與研究》補。
〔一二五〕「天」，據拓本及《山東北朝佛教摩崖刻經調查與研究》補。

〔一二六〕「司以永」，據拓本及《山東北朝佛教摩崖刻經調查與研究》補。

〔一二七〕「寶」，據拓本及《山東北朝佛教摩崖刻經調查與研究》補。

〔一二八〕「仍」，拓本及《山東北朝佛教摩崖刻經調查與研究》作「乃」，拓本作「仍」。

〔一二九〕「象」，原作「像」，據拓本及《山東北朝佛教摩崖刻經調查與研究》正。

〔一三〇〕「七」，據拓本及《山東北朝佛教摩崖刻經調查與研究》補。

〔一三一〕「日」，原作「月」，據拓本及《山東北朝佛教摩崖刻經調查與研究》正。

〔一三二〕「丙」，據拓本及《山東北朝佛教摩崖刻經調查與研究》補。

〔一三三〕「瑕丘更□之冋罒達□之陽」，拓本及《山東北朝佛教摩崖刻經調查與研究》作「瑕丘東南大崗山南崗之陽」。

〔一三四〕「邾」，據拓本及《山東北朝佛教摩崖刻經調查與研究》補。

〔一三五〕「漢之峰」，據拓本及《山東北朝佛教摩崖刻經調查與研究》補。

〔一三六〕「頁」，拓本及《山東北朝佛教摩崖刻經調查與研究》作「顧」。

〔一三七〕「遇」，拓本及《山東北朝佛教摩崖刻經調查與研究》作「昌」。

〔一三八〕「右」，原字殘，僅存「冗」，據拓本及《山東北朝佛教摩崖刻經調查與研究》正。

〔一三九〕「駉」，拓本及《山東北朝佛教摩崖刻經調查與研究》作「駘」。

〔一四〇〕「茫」，據拓本及《山東北朝佛教摩崖刻經調查與研究》補。

〔一四一〕「□文」，拓本及《山東北朝佛教摩崖刻經調查與研究》作「文暎」。

〔一四二〕「齊」，據拓本及《山東北朝佛教摩崖刻經調查與研究》補。

〔一四三〕「大沙門」，據拓本及《山東北朝佛教摩崖刻經調查與研究》補。

［一四四］「法」，據拓本及《山東北朝佛教摩崖刻經調查與研究》補。

［一四五］「𦣞」，拓本及《山東北朝佛教摩崖刻經調查與研究》作「師」。

［一四六］「秘」，據拓本及《山東北朝佛教摩崖刻經調查與研究》補。

［一四七］「伸」，拓本及《山東北朝佛教摩崖刻經調查與研究》作「神」。

［一四八］「以寫大集經衆等□□九百廿字」，拓本及《山東北朝佛教摩崖刻經調查與研究》作「敬寫《大集經·穿菩提品》九百卅字」。

［一四九］「道□司□拔世」，拓本及《山東北朝佛教摩崖刻經調查與研究》作「遺斯勝句以□拔世」。

［一五〇］「遂」，據拓本及《山東北朝佛教摩崖刻經調查與研究》補。

［一五一］「之」，拓本及《山東北朝佛教摩崖刻經調查與研究》作「碑」。

［一五二］「煥」，據拓本及《山東北朝佛教摩崖刻經調查與研究》補。

［一五三］「納」，據拓本及《山東北朝佛教摩崖刻經調查與研究》補。

［一五四］「口」，據拓本及《山東北朝佛教摩崖刻經調查與研究》補。

［一五五］「之」，據拓本及《山東北朝佛教摩崖刻經調查與研究》補。

［一五六］「龜」，據拓本及《山東北朝佛教摩崖刻經調查與研究》補。

［一五七］此四闕字，拓本及《山東北朝佛教摩崖刻經調查與研究》作「三階之」三字。

［一五八］「縱使崐崘」，據拓本及《山東北朝佛教摩崖刻經調查與研究》補。

［一五九］「諜」，據拓本及《山東北朝佛教摩崖刻經調查與研究》補。

［一六〇］「功」，拓本及《山東北朝佛教摩崖刻經調查與研究》作「肋」。

[一六一]「教□□紹」，拓本及《山東北朝佛教摩崖刻經調查與研究》作「秦皇勒績」。

[一六二]「□今滕□□壁彼蔑如也」，拓本及《山東北朝佛教摩崖刻經調查與研究》作「□今勝□譬彼蔑如也」。

[一六三]「近」，拓本及《山東北朝佛教摩崖刻經調查與研究》作「迦」。

[一六四]「運」，拓本及《山東北朝佛教摩崖刻經調查與研究》作「演」。

[一六五]「工十二那由他」，拓本及《山東北朝佛教摩崖刻經調查與研究》作「□時十二那由他」。

[一六六]「忍」，據拓本及《山東北朝佛教摩崖刻經調查與研究》補。

[一六七]「同」，據拓本及《山東北朝佛教摩崖刻經調查與研究》補。

[一六八]「炎風」，據拓本及《山東北朝佛教摩崖刻經調查與研究》補。

[一六九]「所以」，據拓本及《山東北朝佛教摩崖刻經調查與研究》補。

[一七〇]「彳」，拓本及《山東北朝佛教摩崖刻經調查與研究》作「後」。

[一七一]「𧾷」，拓本及《山東北朝佛教摩崖刻經調查與研究》作「歸」。

[一七二]「猇」，拓本及《山東北朝佛教摩崖刻經調查與研究》作「猶」。

[一七三]「世」，拓本及《山東北朝佛教摩崖刻經調查與研究》作「茫」。

[一七四]「茫」，據拓本及《山東北朝佛教摩崖刻經調查與研究》補。

[一七五]「崖」，拓本及《山東北朝佛教摩崖刻經調查與研究》作「岸」。

[一七六]「彳」，拓本及《山東北朝佛教摩崖刻經調查與研究》作「代」。

[一七七]「彰」，據拓本及《山東北朝佛教摩崖刻經調查與研究》補。

[一七八]「以」，據拓本及《山東北朝佛教摩崖刻經調查與研究》補。

［一七九］「□□□曲」，拓本及《山東北朝佛教摩崖刻經調查與研究》作「區悬獨高」。
［一八〇］「精」，據拓本及《山東北朝佛教摩崖刻經調查與研究》補。
［一八一］「咵」，拓本及《山東北朝佛教摩崖刻經調查與研究》作「跨」。
［一八二］「芝」，據拓本及《山東北朝佛教摩崖刻經調查與研究》補。
［一八三］「木」，拓本及《山東北朝佛教摩崖刻經調查與研究》作「相」。
［一八四］「軍」，據拓本及《山東北朝佛教摩崖刻經調查與研究》補。
［一八五］「洽」，據拓本及《山東北朝佛教摩崖刻經調查與研究》補。
［一八六］「著」，拓本及《山東北朝佛教摩崖刻經調查與研究》作「署」。
［一八七］「軍」，據拓本及《山東北朝佛教摩崖刻經調查與研究》補。
［一八八］「軍」，據拓本及《山東北朝佛教摩崖刻經調查與研究》補。
［一八九］「洽」，據拓本及《山東北朝佛教摩崖刻經調查與研究》補。
［一九〇］此拓本收録於《北京圖書館藏中國歷代石刻拓本滙編》第九册《仲思那等四十人造橋碑》，部分殘泐難辨。碑文亦載《八瓊室金石補正》卷二四《仲思那等造橋碑》及《全隋文》卷二九《石裏村造橋碑》，兹據此加以校證。
［一九一］「兩」，原作「雨」，據拓本及《八瓊室金石補正》《全隋文》正。
［一九二］「者」，原作「看」，據拓本及《八瓊室金石補正》《全隋文》正。
［一九三］「兩」，原作「雨」，據拓本及《八瓊室金石補正》《全隋文》正。
［一九四］「斷」，原作「逝」，據拓本及《全隋文》正。
［一九五］「洛」，原作「各」，據拓本及《八瓊室金石補正》正。

［一九六］此闕字，拓本殘泐，《八瓊室金石補正》作「子」。

［一九七］此闕字，拓本殘泐，《八瓊室金石補正》作「玉」。

［一九八］此闕字，拓本殘泐，《八瓊室金石補正》作「懷」。

［一九九］此拓本收録於《北京圖書館藏中國歷代石刻拓本匯編》第九册《曹植廟碑》，但漫漶殊甚。碑文亦載《金石萃編》卷三九《曹子建碑》、《全隋文》卷二九《陳思王廟碑》、道光《東阿縣志》卷一九《曹子建墓道碑》，兹據此加以校證。

［二〇〇］此四闕字，拓本殘泐，道光《東阿縣志》作「塞與三山」。

［二〇一］「レ」，拓本殘泐，《全隋文》與道光《東阿縣志》作「比」。

［二〇二］「木」，拓本殘泐，《全隋文》與道光《東阿縣志》作「權」。

［二〇三］此四闕字，拓本殘泐，道光《東阿縣志》作「名勝乃昌」。

［二〇四］「彳」，拓本殘泐，據《全隋文》與道光《東阿縣志》作「後」。

［二〇五］「⼁日」，道光《東阿縣志》作「左右」。

［二〇六］此闕字，拓本殘泐，《全隋文》與道光《東阿縣志》作「冕」。

［二〇七］此二闕字，拓本殘泐，《全隋文》作「克昌」，道光《東阿縣志》作「自兹」。

［二〇八］此闕字，拓本殘泐，《金石萃編》《全隋文》與道光《東阿縣志》作「太」。

［二〇九］「鬱」，據拓本補。

［二一〇］「喿」，拓本殘泐，《金石萃編》與《全隋文》作「操」，道光《東阿縣志》作「藻」。

［二一一］「車」，拓本殘泐，《金石萃編》《全隋文》與道光《東阿縣志》作「塹」。

［二一二］『犭』，拓本殘泐，《金石萃編》《全隋文》與道光《東阿縣志》作『獨』。
［二一三］此闕字，拓本殘泐，《金石萃編》與道光《東阿縣志》作『及』。
［二一四］此二闕字，拓本殘泐，《全隋文》與道光《東阿縣志》作『阿王』。
［二一五］此闕字，拓本殘泐，《全隋文》作『三』，道光《東阿縣志》作『頻』。
［二一六］『卅□□』，據《三國志・魏書》卷一九《陳思王曹植傳》記載，曹植卒歲四十一。故『卅』應爲『卌』，二闕字應爲『有一』。
［二一七］此闕字，拓本殘泐，《全隋文》與道光《東阿縣志》作『溟』。
［二一八］『人』，據拓本補。
［二一九］此闕字，拓本殘泐，道光《東阿縣志》作『搽』。
［二二〇］此三闕字，拓本殘泐，道光《東阿縣志》作『風隨日』。
［二二一］『剎』，原作『刹』，據碑文改。

卷十一

唐石

神通寺造象題字十八種

俱正書，年月詳後。在歷城縣神通寺千佛崖。

一已殘泐，凡十行，存三十七字，徑六分，内有『大唐武德』云云，遂以爲諸題之冠。一題『大唐貞觀□八年，僧明德造像記』，亦殘泐，凡九行，存五十一字，徑九分。一上題『顯慶二年』四字，下列二行題『南平長公主爲太宗文皇帝敬䏲象一軀』，十六字，徑七分。案《唐書·公主傳》，太宗第三女南平公主下嫁王敬直，以累斥嶺南，更嫁劉元意。錢辛楣少詹云：『唐制，帝姊稱長公主，南平蓋長于高宗矣。「䏲」，古文「造」字。』一題『大唐顯慶三年九月十五日，齊州刺史、上柱國、駙馬都尉、渝國公劉元意敬造□像供養』，三行，字徑一寸。元意爲齊州刺史，可補史傳之闕。一題『大唐顯慶三年，行青州刺史、清信佛弟子趙王福，爲太宗文皇帝敬䏲彌陁像一軀，願四夷順命，家国安寧，法界衆生普登佛道』，六行，字徑九分。案《唐書》，趙王福有傳，失書顯慶時行青州刺史。以『国』爲『國』，唐初已然矣。一題『像主清信女段湠，爲亾父母敬艁一軀』，一行，字徑七分。『段湠』即『段婆』變體也。一題『元毛德供養、德妻田供養』，二行，字徑八分。一題『李樹生敬艁像一軀，弟子□□敬艁像一軀』，二行，字徑一寸。一題『恭禮聖像，張直方題』，一行，字徑一寸。一題『陵感敬造弥陁像一軀』，一行，字徑九分。『陵』字上當有缺泐。一題『像主劉操亡妹順妃供養』，二行，字徑九分。一題『高道丘爲比丘尼真海、沙弥感師敬造像一鋪，普及法界衆生咸同斯福』，三行，字徑九分。一題『大唐顯慶三年，僧明德敬艁』，一行，字徑一寸。此種《縣志》遺之。一題『像主前旅師、上騎都尉劉君操供養』，二行，字徑一寸。一題『像主周世軓爲父母敬造□□』，二行，字徑八分。一題『像主王元亮被蠱魅得差，艁像設齋，願合家平安，法界衆生咸同斯福』，三行，字徑八分。一題『文明元年四月，□趙昕妻羅，爲亡母敬造石佛一軀』，六行，字徑六分。一題『永淳二年六月，内爲天炎浫側近諸村史同王方□百餘人等，於朗和尚廣所祈請，遂蒙甘澤，䒦心設齋，造像造經以□□□□』，九行，字徑六分。『浫』即『汧』字省文，《玉篇》：『汧，乾也。』

贈徐州都督房彦謙碑[一]

貞觀五年三月立，八分書，篆額。碑高一丈，廣四尺二寸，厚七寸。在章丘縣西南七十里趙山之陽。

唐故徐州都督房公碑 額三行，字徑三寸五分，陽文。

唐故都督徐州五州諸軍事、徐州刺史、臨淄定公房公碑銘并序

《易》稱：《易》之爲書也，有天道焉，有人道焉。故君子居則觀其象，動則觀其變。智以藏往，感而遂通。是以進退之數有方，存亡之幾可[二]□[三]。昔賈生董相懷王佐之才，□[四]正□□□命世之道[五]，□[六]屯邅於世，故擯□□[七]當年。軼風雹以長鳴，絶雲霓而鎩翮。而樂天知命，順時守道，體忠信而夷險阻，憑清静以安悔吝。雖辶[八]寂其浸遠，而盛德久而愈新。昔之玉質金相，求益友於千載；蘭□[九]桂馥，想同氣於九原。則有之[一〇]□[一一]。□懷庶幾之道，詳觀出處之跡，可以追蹤勝業，繼踵清塵者，其惟都督臨淄定公焉。公諱彦謙，字孝沖，清河人也。七世祖諶，燕太尉掾，隨慕容氏□[一二]度寓於齊土。宋元嘉中，分□[一三]郡之西部置東冀州東清□□[一四]繹幕縣，仍爲此郡縣人。至於蔺侯，又於東廣川郡別立武强縣，令子孫居之。丹陵誕聖，祥發慶靈；虞舜受□[一五]，光啓侯服。導原注壑，若寫河漢之流；竦構干雲，如仰嵩華之峻。□□□[一六]植，公之十三世祖也，積德固其宗祊，純嘏貽其長世，公侯之門必復，繁衍之祚攸歸。高祖法壽，宋大明中州主簿、武賁中郎將、魏郡太守，立功歸魏，封莊武侯、使持節、龍驤將軍、東冀州刺史，薨贈□□□[一七]、青州刺史，謚蔺侯。《魏書》有列傳，重價香名，馳聲南北，宏材祕略，兼姿文武。曾祖伯祖，州主簿，襲爵莊武侯、齊郡内史、幽州長史、□[一八]行州事，衣□[一九]訓俗，露冕懷戎，累仁義而成基，處脂膏而不潤。祖翼，年十六，郡辟功曹，州辟主簿，襲爵莊武伯、宋安太守，居繼母憂，廬於墓次，世承冢嫡之重，門貽旌表之貺。鄉閭之

敬，有過知恥；宗族所尊，不□[二〇]而肅。□[二一]伯熊，年廿，辟開府行參軍，仍行□[二二]州清河、廣川二郡太守□[二三]。□[二四]神英邁，器量沈遠。寢門之内，捧檄以慰晨昏；山澤之間，單車以清寇亂。公稟元精之和氣，體惇粹之淑靈，心運天機，性與道合。温良恭儉，應言行之□[二五]；神采風尚，出儀形之表。博極圖書，□[二六]綜遺逸，正經義□[二七]，時[二八]所畱懷，絶蔄研幾，下帷覃思，盡探隅隩，畢詣精微，或致玄白之譏，非止春秋之僻。吉凶禮制，今古異同，莫不窮覈根原，詳悉指要。内□[二九]親表，達之[三〇]學徒，負笈擁帚，質疑去惑，公凝神□□[三一]，函丈無倦，聲□□□，山[三二]谷對盈。自遷定[三三]齊土，家已重世。班懿十紀，旍旗之盛未多；陳完八葉，鳴鳳之祥斯在。況復里稱冠蓋，庭茂芝蘭，行則結□[三四]連騎，居[三五]則撞鐘列鼎。雖范蠡貨財，本輕卿相；陰家僕□[三六]，舊比封君，□[三七]之□□[三八]。公閇心閑館，以風素自居，清虚味道，沉冥寡欲，恭敬以撙節，退讓以明禮。潛隱之操，始擅於州閭；高亮之風，日聞於海内。於是羣公仰德，邦君致禮。物□[三九]斯辯，旍□[四〇]盈塗。郡三辟功曹，州□[四一]辟主簿，其後□□[四二]而從命。公明天人之際，述堯舜之道。其處也，將委質於衆妙之門，栖神不死之地；其出也，將弘獎名教，博利生民。舟楫可期，英靈有屬[四三]，州郡□[四四]職□[四五]其志焉。然公以周隋禪代之交，紀綱弛紊，亦既從政，便以治亂爲懷。眷言州壤，在情彌切，乃整齊風俗，申明獄訟，進善黜惡，導德齊禮。雖在鄉國，若處王朝，政教嚴明，吏□[四六]悦伏。見危拯難，臨財潔已。利物之□[四七]，不自爲德，不貪之寶，必畏人知。開皇初，頻詔搜揚人物，秦王出□京洛，致書辟召，州縣並苦相敦逼，公辭以痼疾，且得遂情偃仰。其後，隋文帝忌憚英俊，不許晦跡丘園。公且□[四八]維縶，方應薦舉，七年始入京省，授吏部承奉郎。是時，齊朝資蔭，不復稱敘，鼎貴高門，俱從九品釋褐。朝廷以公望實之重，才藝之優，故别有此授，以明則哲之舉。俄遷監察御史，每杖節巡省，糾逖姦慝，心存□□[四九]，□[五〇]□□[五一]，轉授秦州總管録事參軍事。漢陽重鎮，京輔户[五二]門，管轄一方，允斯盛選。尋以朝集入京，與左僕射齊公總論考課之法、黜陟之方。齊公對岳牧以下，大相歎伏，其後具以公言敷奏。仍有十[五三]擢之辛[五四]，□非知□□[五五]主，竟不能見用，□[五六]遷許州長葛縣令。公鎮之以清静，文之以禮樂，訟以道息，灾因德弭。百姓感悦，咸不忍欺，愛之如慈親焉，敬之如明神焉。繦負知歸，頌聲載路，解代之後，吏民追思惠政，樹碑頌德。在長葛秩未滿，以考績□[五七]異，遷鄀州司馬。此州荆鄧之郊，華夷踳雜，□[五八]俗殘獷，□[五九]情儉詖。公化之以仁愛，敦之以淳厚，期月之間，咸知遷革。尋以州廢，解任言歸。夜觀星象，晝察人事，知天地之將閉，望箕潁以載懷。乃於□[六〇]山之陰，結搆巖穴，非唯在乎避世，固亦潛以相時。然大業之初，始班新令，妙選賢良爲司隸刺史，公首膺斯舉，有詔追赴京洛。公以朝綱浸以頽壞，此職亦是弘濟之一方，便起而就徵。覽轡登車，即有澂清天下之志，於是激濁揚清，風馳草偃。行能之類，望景以聽升遷；苛暴之徒，承風而解印綬。進擢者縻爵不致謝言，繩糾者受刑而無怨色。自非道在至公，信以被物，其孰能與於此焉？既而□[六一]政陵夷，小人道長，忠言靡用，正士無施。大業十一年出爲涇陽縣令，未幾而遘疾。粤以其年歲次乙亥五月壬辰朔十五日景午，終於官舍，春秋六十有九。降生一子，光輔帝唐，叶贊璇璣，參調玉燭。皇上情深遺烈，同[六二]□[六三]想於夷門；眷言才子，便有懷於袁煥。貞觀三年十有二月，迺下詔曰：『紀功褒德，列代通典，崇禮飭終，著在方策。隋故司隸刺史房彦謙，世襲簪纓，珪璋特秀，温恭好古，明閑治術。爰在隋季，時屬卷懷，未遂通塗，奄從運往，以忠訓子，義□過庭，佐命朝端，業隆功茂，宜錫以連率，光被九原，可贈使持節，都督徐、泗、仁、譙、沂五州諸軍事，徐州刺史。』四年十一月，又發詔追封臨淄公，食邑一千户，謚曰定公，禮也。粤以五年歲次辛卯三月庚申朔越二日辛酉，安措於本鄉齊州亭山縣趙山之陽。惟公風格凝整，神理沉邃，内懷温潤，外照光景。追思儀範，曖似文戍[六四]之圖；邈想風□[六五]，懔若相如之氣。時逢戰争，術益[六六]從横，或恥問仁，用安嘉遯，收文武之將墜，殊山林而忘反。是故銷聲貴里，隱異迷邦，戢曜高門，處非絶俗，優六藝，紛綸百氏，采絶代之闕文，總前脩之博物。雖昔□[六七]明實□□，□[六八]識疏屬之神，辯□[六九]鼠於漢朝，彰委虵於覇業，無以尚也。彫蟲小技，曾未□[七〇]懷，時有制述，將苻作者，致極宏遠，詞窮典麗，足以克諧聲律，感召風雲，豈唯白雪陽春，郢中熏和而已。永惟書契之□[七一]，□□□□[七二]跡，草隸之妙，冠絶當時。□□[七三]夯年孝友惇至，未離繈褓，便遭極罰，裁有所識，□[七四]訪家人，發言號絶，不自勝處。年十有五，出後傍宗，深惟鞠養之慈，將闕晨昏之禮，辭違之辰，感切行路。及就養□□[七五]，不異所生。兩門喪紀，竝逾制度，哀毁之至，聲被朝埜。□[七六]以期功之慼，甘旨未嘗，朋友之喪，遠近畢赴，人倫之紀，禮法之隆，近古以來，未之有也。且復留連宴賞，提攜臭味，登山臨水，必動咏言，清風朗月，□□□□〔七七〕。□□〔七八〕滿席，且得□□〔七九〕之孫；門□〔八〇〕□通，時許茲□〔八一〕之御。指困無倦，解哀未已，仁義□厚，資産屢空。以斯器望，窮茲至道，謂宜俯拾青紫，增曜臺階。而止類太丘，弘道下邑，遽同子産，空聞遺愛。報施之理，何其爽歟！若夫死生者形骸之勞息，殀壽者大化之自然，固知命之不憂，豈居常而爲累也？然行周於物，寒暑不能易其心；智周於身，變通不能窮其數。而靈祇多忍，幽明永隔，散精氣於風烟，委容質於泉壤，可不哀哉！於是四方同志之士，百里懷音之客，式遵盛烈，共勒豐碑。百藥爰以疇昔，妄遊蘭芷，寧謂正始之音，一朝長謝，師資之德，百舍無從。義絶賓階，哀纏宿草，思效薄技，覬申萬一。仰惟治身之術，立德之基，固繫辭可以盡言，豈言之而無媿也。迺爲銘粤：

遐觀方册，歷選人倫。名固難假，德必有鄰。顔閔遺迹，曾史芳塵。同聲比義，允屬通人。於鑠通人，□□〔八二〕膺慶。司空規矩，民胥攸訓〔八三〕。地靈貽福，天齊分命。世祚有徵，重光無競。顯允君子，丕承寵光。靈河擢秀，日觀含章。玄門味道，幽谷迷方。陸沉通德，朝隱康莊。儀鳳潛靈，彫龍振藻。弘之在人，一變至道。昭章□〔八四〕訓，寂寥玄草。文質彬彬，波瀾浩浩。齊物無待，隨時吐曜。導俗濬原，訓民居要。州將貽喜，邦君長嘯。乃眷韜鈐，還歸漁釣。三逕雖阻，八紘方密。僶俛末班，逶迤下秩。司憲邑宰，循名責實。御衆以寬，在刑惟恤。履斯異行，乘□〔八五〕丕基。才高位下，有志無時。和光偶俗，誕命膺期。□[八六]揚投賈，唯兹在兹。樹德不已，蹈仁無斁[八七]。遺搆有憑，高門以闢。眷言上壽，方期永錫。載佇太階，翻歸厚夕。義高表墓，道貴揚名。式故昭文物，用紀哀榮。抽簪故吏，制服諸生。一刊圓石，□□[八八]飛聲。

碑陰

公之將葬，恩旨重疊，賵贈優渥，□□□□[八九]。公及夫人，竝令所司營造馬轝，各給四馬，從京師、洛陽殯所送至本鄉。其車轄儀仗出懷、洛二州，給船載運，□[九〇]道□[九一]力，至於墓所。儀從錢□[九二]有闕□[九三]者，□□[九四]，又發勅令，以官物修補。又文官式令例無鼓角，亦特給送至於葬所。又於常令給墓夫之外，別加兵千功役。臨葬□[九五]復降勅，使馳驛祭以少牢，粦後爲供[九六]葬事，發勅旨行筆十有二條，近代以來恩榮褒贈，未有若此者也。中外姻戚，海内名士，并故吏門生，千里赴會，□[九七]及州里道俗二千餘人。

碑側

太子左庶子安平男李百藥撰，

太子□□[九八]□□□□歐陽詢書，

貞觀五年三月二日樹。

右碑文三十六行，行七十八字，徑八分。第二行，『擯□□當年』句，脱一字。末行『式昭文物』句，多一『故』字。碑陰題字十五行，行十三字，徑一寸五分。碑側題字三行，字徑一寸四分餘。文云：彥謙『七世祖諶，燕太尉掾，隨慕容氏南度寓於齊土。宋元嘉中，分齊郡之西部置東冀州東清河郡繹幕縣，仍爲此郡縣人』。案《宋書・州郡志》：文帝元嘉九年，分青州，立歷城，割土置郡縣；《文帝本紀》：九年六月，分青州置冀州。《元和郡縣志》同此。皆不載東冀州，攷志言立歷城，即冀州治所也，歷城在青州之西，又在冀州東，故云『置東冀州』，與《宋書》轉相證明矣。此云『東清河郡』，而志有『南清河太守』，當是『東』字訛也。碑云『植，公之十三世祖』者，《宰相世系表》『植，後漢司空』。攷《後漢書・桓帝紀》，永興元年冬十月，『光禄勳房植爲司空』，植即其名也。碑云：『曾祖伯祖，州主簿、齊郡內史、幽州長史、□行州事』。《魏書》本傳『歷齊郡內史、平原相，轉幽州輔國長史』，而《隋書・彥謙傳》載此，稱『齊郡、平原二郡太守』。據碑言『行州事』，則攝太守耳，非正官也，平原亦非幽州，是《傳》不如碑之實也。彥謙歷官所載，多與《傳》合，惟《傳》稱『大唐馭宇，追贈徐州都督、臨淄縣公』，未實其歲月。以碑證之，貞觀三年十二月下詔贈使持節，都督徐、泗、仁、譙、沂五州諸軍事，徐州刺史，四年十一月又發詔追封臨淄公也。趙氏《金石録》云『彥謙自曾祖而下三世皆封壯武侯』，隋唐史玄齡所書，皆同此碑，作『莊武』，未知孰是。』案：『壯』與『莊』，古皆通用，趙氏殆未細審也。碑陰記載賵贈會葬之盛，皆近代所無，其云：『文官式令例無鼓角，亦特給送至於葬所。』攷《舊唐書・音樂志》云：『五品官婚葬，先無鼓吹，唯京官五品，得借四品鼓吹。』彥謙在隋官終涇陽縣令，又非京官得借之例，故云『特給』也。其卒在大業十一年，至貞觀五年三月葬，當時依唐令典如是。碑側記立碑年月，并李百藥撰文，歐陽詢八分書，爲著録家所未見，尤可寶也。

岱嶽觀題名碑

凡二石，有額，俗名鴛鴦碑。俱高六尺二寸，廣一尺五寸四分，厚七寸。題字三十四段，年月、書體詳後。在泰安縣泰山下老君堂内。

一題『顯慶六年二月廿二日。勅使東岳先生郭行真、弟子陳蘭茂等造像記』，五行，正書，徑九分。在首幅第一列之右。

一題『大周萬歲通天貳秊歲次丁酉，東明觀三洞道士孫文儁造像記』，六行，正書，大小不一。在首幅第一列之左。

一題『久視二秊太歲辛丑□匝乙亥朔二㈡丙子，神都青元觀主麻慈力齋醮記』，七行，正書，徑六分。後又題祗承官銜名小楷二行，下半殘闕。在首幅第二列之右。

一題『儀鳳三年三月三日，大洞主法師葉□善造像記』，三行，正書，大小不一。在首幅第二列之左。

一題『大周長安四秊歲次甲辰十一匝癸未朔十五㈡丁酉，□□觀儀師邢虚應、法師阮孝波齋醮造像記』，九行，正書，徑五分。後又題『岱嶽觀主倫虚白』及『專當官』銜名，凡四行，正書，大小不一。

在首幅第三列。

一題『大曆八年歲次癸丑九月癸酉朔廿八日，脩功德中使、正議大夫、守内侍省内侍官□□』等題字，十五行，自左至右，正書，大小不等。在首幅第四列。

一題『大周天䆢二秊歲次辛卯二𡝝癸卯朔十𡆠壬子，金臺觀主中岳先生馬元貞設醮造像記』，十行，正書，徑一寸。後又題『宣德郎、行兖州都督府倉曹參軍事李叔度』，一行，正書，徑四分。別有一丱字在首行下，疑當時押記。在次幅第一列。

一題『長安元秊歲次辛丑十二𠥱己亥朔廿三𡆠辛酉，道士金臺觀主趙敬等齋醮造像記』，十一行，正書，徑八分。後又題『專當官』等銜名，四行，正書，大小不等。末有『詹』字，未詳。在次幅第二列。

一題『大唐神龍元年歲次乙巳三月庚辰朔廿八日丁未，大弘道觀法師阮孝波等齋醮記』，末題『給事郎、試太子中允劉琇良書』，凡九行，正書，徑五分。在次幅第三列之右。

一題『檢校尚書、駕部郎中、使持節、都督兖州諸軍事兼兖州刺史、侍御史、充本州團練使任要，貞元十四年正月十一日立春祭嶽，遂登太平頂宿。其年十二月廿二日立春，再來致祭，荼宴于兹，同遊詩客京兆韋洪』云云，凡六行，自左至右，正書，徑六分。在次幅第三列之左。案：是年閏五月，故兩度立春。

一題『大唐景龍二年歲在戊申二月甲子朔十二日乙亥，設醮記』，九行，正書，徑五分，下截殘闕，是記景龍二年齋醮薦璧之事。末行作韻語『太山巖巖兮，陵紫雯中有羣仙兮，乘白雲陳金荐璧兮，下闕。』，惜未得記頌原委也。在次幅第四列之右。

一題『臘月中，與韋户曹遊發生洞，徘徊之際，見雙白蝙蝠三飛洞口，時多異之，同爲口號。任要：山翠冪雲[九九]洞，洞深玄想微。一雙白蝙蝠，□度向明□。雖言有兩翅，了自無毛衣。若非飽石髓，那得流[一〇〇]□□。偶見歸堪説，殊勝不見歸。同前。韋洪：欲驗發生洞，先開氷雪行。窺臨見二翼，色異飛無□。狀類白蝙蝠，幽感騰化精。應知五馬來，啓蟄□春榮。露冕□之久，鳴騶還慰情。』詩二首，凡八行，行書，徑七分。在次幅第四列之左。以上第一石題字十二種。

一題『大周璽曆元季歲次戊戌臘𠥱癸巳朔貳𡆠甲午，大弘道觀主桓道彦造像記』，九行，正書，徑七分。後有『兖州團練使、都虞候、銀青光禄大夫、試衛尉卿、上柱國高晃，兖州團練使、押牙、忠武將軍、守左武衛大將軍、上柱國趙俊，專當官博城縣尉李嘉應』銜名，五行，左讀，亦正書，徑七分。在首幅第一列。

一題『大周長安肆季歲次甲辰玖𠥱甲申朔捌𡆠辛卯，勑使内供奉襄州神武縣雲表觀主、玄都大洞叄景弟子、中岳先生周元度齋醮記』，十一行。後有『專當官、朝散郎、行參軍燉煌張浚并書』，及『專當官、文林郎、守博城縣主簿韓仁忠，專當官、宣德郎、行□□□劉元機』銜名，三行，俱正書，徑六分。在首幅第二列。

一題『大唐景雲二年歲次辛亥八月癸卯朔十四日景辰，蒲州丹崖觀上坐吕皓仙』云云。後有『朝議郎、行倉曹參軍陸大鵜，朝議郎、行兵曹參軍高岋，通直郎、行參軍袁幹時，宣義郎、行瑕丘縣丞裴遇等，奉都督齊國公崔處分令，此起居吕尊師，時屬仲秋，謹題斯記』，十二行，正書，徑六分。在首幅第三列。

一題『大唐大曆七年太歲壬子正月癸未朔廿三日乙巳，奉勑於岱岳觀脩金録齋醮』云云，三行，正書，徑一寸。後有『修功德中使、内侍魏成信』等銜名，九行，正書，大小不一。在首幅第四列。

一題『鴻臚少卿□偃』等銜名，九行，正書，徑一寸二分，下截殘闕。在首幅第五列。

一題『大唐景龍三年歲次己酉三月戊午朔十九日景子奉勑令，虢州龍興觀主杜太素等齋醮記』，十三行。後有『户曹盧遠□』等銜名，三行，俱正書，徑六分。在次幅第一列。

一題『景雲二年六月二十三日，皇帝敬憑太清觀道士楊太希於名山斫燒香供養。惟靈藴祕凝真，含幽綜妙，類高旻之亭育，同厚載之陶鈞。蓄洩烟雲，蔽虧日月，五芝標秀，八桂流芳。翠嶺万尋，青溪千刃。蜺裳戾止，恒爲碧落之庭；鶴駕來遊，即是玉京之域。百祥覃於遠邇，五福被於黎元，往帝所以馳心，前王由其載想。朕恭膺寶位，嗣守昌圖，恐百姓之不寧，慮八方之未泰。式陳香薦，用表深衷，實冀明靈，降兹休祉。所願從今以後，浹寓常安。朕躬男女六姻，永保如山之壽；國朝官寮萬姓，長荷擊壤之歡。魚鳥遂性于飛沉，夷狄歸心於邊徼。實希靈鑒，用副翹誠，今因練師遣此不悉』，凡十二行，正書，徑五分。在次幅第二列之右。此睿宗手勅也，詞句工麗，因全載之。

一題『開元十九年十一月，都大弘道觀主張遊霧，京黄龍觀大德楊琬及專當官、朝散郎、曲阜主簿上官賓，登仕郎、乹封縣尉王去非』題名，四行，正書，大小不等。在次幅第二列之左。

一題『歲六月，我皇有意於神仙，勅使正議大夫、内給事梁思陁，寺伯俱元明』等修廟之詞，又云『嘗未浹日，厥功已成』，末有『開元八年歲次庚申七月壬子朔廿日辛未，畢此功也』，凡十五行。另一行題『□□尉攝此縣盧煜』八字。俱正書，徑七分。在次幅第三列。

一題『淄川刺史王圓□□□徇，山人王□宇，大曆十四年二月廿七日，同登泰嶽』云云。末有『驅使官樂壞』題記，七行，正書，徑六分。在次幅第四列之右。

一題『開元廿年二月□□，勅使内侍省、内謁者監胡寂，判官、掖庭局監作甯君愛□，上騎都尉王元□，專知官、登仕郎、行乹封縣尉王去非』，凡五行，左讀，正書，徑八分。在次幅第四列之左。

一題『祭岳使』『亞獻』『觀察』『終獻』『禮部』等銜，十行，姓名皆闕，末行存『建中元年』四字，正書，徑一寸餘。在次幅第五列。以上第二石題字十二種。

一首行題『五言』二字及『早春陪勅使麻先生祭岳，行博城縣令馬友鹿』云云，次行詩云：『我皇盛文物，道化天埊先。鞭撻造[一〇一]神鬼，玉帛禮山川。忽下玄洲使，來赴[一〇二]紫洞前。青羊得處所，白鶴恡時還[一〇三]。虔翺飛龍記，昭彰化鳥篇。巖風半山水，墟氣總雲烟。虬[一〇四]抱□中㔾，霞明五色天。山横翠微外，宇臨緑蘿邊。侵幕灰團暖，焚林火欲然。季光著草樹，春色換山泉。伊水來何[illegible]，嵩巖去幾千。山對[一〇五]小天下，壁是會神仙。葉令乘凫入，浮丘駕鶴旋。麻姑幾秊歲，三見海成田。』凡五行，正書，徑八分。在上列。

一題『平盧□□支度判官、中大夫、檢校尚書、工部郎中兼侍御史敬誓，節度押牙、中大夫、試殿中監馮珣，山人呂滔，文林郎、守兖府兵曹參軍田浩，文林郎、任城縣尉高鍠，朝散大夫、行任城縣令、權知乾封縣令楊序，節度驅使官、朝散郎、試光禄寺主簿明幹，唐建中元年二月廿九日，同□□□，因訪瑤池，故志之』，凡六行，正書，徑五分。在下列。以上第一側題字二段。

一題『徂徠山人高季良，岱嶽山人王寓，渤海高暉，岱嶽觀上座董太虛，岱嶽寺主良素』，四行，行書，徑一寸二分。在第一列。書法超逸，得右軍遺意。

一題『户曹參軍魏嘉禮，檢校齋解張寰，觀主趙元，監齋許林、齊仁、王瑶、王希嶠』，五行，正書，大小不等，末有舛字、押記。與前同在第二列。

一首行題『五言』二字及『贈諸法師宣義郎、行博城縣丞公孫杲』云云，次行詩云：『駕鶴排虹霧，乘鸞入紫烟。凌晨味譚菊，薄暮玩峰蓮。玉葉低梁下，金飃引窻前。嘯傲雲霞際，留情鱗羽年。』五行，正書，徑七分。『潭』字作『譚』，書法秀勁有法。末又一行題『大曆七年正月廿五日，□□文來記』，十四字，字體不類，乃續題也。在第三列。

一題「乾封縣令劉難石□潘仙觀岳，守鄆州盧縣丞、權知岱嶽令畢從勸，羊希復，天師下行官邊阿秀，張友朝，大道弟子鄭仙芝，岱嶽觀主道士趙昌元，使下行劉伯川」，凡五行，字體參差，疑非一時所刻也。在第四列。

一題「萬歲觀主、道士□□□，上清玄都大洞三景弟，下闕。真君廟院主、檢校道門道士卜皓，岱嶽觀三洞法師王□」，凡五行，正書，徑七分。在第五列。

一題「長清董元康權宰奉高，受代將歸，同王彥文遊。政和甲午重九日，崇道繼至」，凡七行，字徑一寸。在上層空處，宋人題名，因坿於後。以上第二側題字六段。

一額面題「轉運使、尚書工部郎中宋禧，因巡歷遊岱嶽觀，皇祐四年三月二十有二日題。時奉符宰、殿省丞張周偕行」，凡八行，正書，徑八分。

一額面題「州從事李陟，因幹事至邑，率巡山供奉何懷智、前巡山侍禁李安龔、丘簿胡稷臣、符離進士張埱屢遊。時皇祐壬辰歲仲夏月十有一日陟題石，觀主王歸德，道士李若清」，凡九行，正書，徑五分，末二行字較小。

右雙碑合而爲一，以石束之，凡四幅，及碑側、碑額題字三十四段，文字大小參差不一。顧亭林《金石文字記》云：碑凡大周年者，「天」作「𠀑」，「地」作「埊」，「人」作「𤯔」，「聖」作「𨲢」，「臣」作「𢘑」，「年」作「𠡦」，「月」作[illegible]，亦作「𠥱」，《韻會》以「𠥱」爲「生」字，誤。考此碑及《順陵碑》，「𠥱」字并是「月」

字。日作「𡆸」，「星」作「〇」，「正」作「𠙺」，「授」作「𥡝」，《契苾明碑》「授」作「𥠢」。「初」作「𡔈」，唯「㞋」字無可考，疑是「應」字。凡數字壹、貳、叁、肆、捌、玖等字，皆武后所改及自制字。其壁曆年記有云：「設金籙寶齋河圖大醮桼𡆸。」「桼」，古「七」字。《太玄經·玄攡》曰：「運諸桼政。」《玄棿》曰：「棿擬之二桼。」《方言》曰：「吴有桼娥之臺。」晉束晳《玄居釋》：「夕宿七娥之房。」《王莽候鉦銘》，「重五十桼斤」，是也。後人不知，妄於左旁添鑿三點，淺而大，又稍偏，知非一筆。唐碑書「七」字亦有作「漆」者，今《墨子》書：「周公旦朝讀書百篇，夕見漆十士。」張參《五經文字》，「七」作「漆」，後人省筆作「柒」，「柒」即「漆」之草書。趙古則謂：以「七」「漆」二字合成造之，非也。《山海經》「剛山多柒木」，《水經注》「漆水」下有柒縣、柒渠、柒溪，字皆作「柒」。今作「柒」，又「柒」之省。武虛谷云：文中數目字作「壹」「貳」「叁」「肆」「捌」「玖」等字，亭林謂皆武后所改。又證以《演繁露》，謂古已並作此字，唯古文經史凡書「千」「百」之字，無有用「阡陌」之「阡」、「伯叔」之「伯」者。以余攷此書，「阡陌」，《字經》或無文，然記傳蓋有之矣。《管子·四時篇》「修封疆，正千伯」，注「千伯」即「阡陌」也。董仲舒云：「富者連田仟伯。」《過秦論》：「起仟伯之中。」《漢書·食貨志》：「商君壞井田，開仟伯。」此數字雖不專以數目言，然「仟伯」與「阡陌」古亦同用。至《志》下文云「商賈亡農夫之苦，有仟伯之得」，師古曰「『仟』謂仟錢，『伯』爲伯錢」，則數目字亦作「仟伯」。如是見於史者，非其徵與？《周書·克殷解》：命南宫百達遷九鼎。楊用修云：「百達，即伯達，『百』與『伯』亦同用。」又顧氏引《册府元龜》：「文宗大和二年十月，詔天[一〇六]后所撰十二字並却，書其本字。今案景龍以後碑誌之文，固皆書其本字矣，不知何以復有此詔？』予檢《容齋隨筆》，唐中宗既流殺五王，再復武氏陵廟，右補闕權若訥上疏，以爲：『「天」「地」「日」「月」等字皆則天能事，賊臣敬暉輕紊前規，削之無益于淳化，存之有光於孝理。』疏奉手制褒美，據此則僞撰字已復行，至文宗，乃見於詔文，始以掃除其跡耳，顧氏殆亦未之詳也與。元案：此碑著録自國朝顧亭林始，予至山左更搜拓全本，較顧爲多。内稱『大曆十四年二月廿七日，同登泰岳，爲淄川刺史王圓』，案：天寶元年改刺史爲太守，此當大曆時稱刺史，由至德二載，官名復舊也。又『建中元年二月，有節度判官、中大夫、檢校尚書、工部郎中兼侍御史敬騫』，見《唐書・宰相世系表》，『騫[一〇七]，建州刺史』，書『謇』爲『騫』，《表》誤也。又有『朝散大夫、行任城縣令、權知乾封縣令楊序』，序亦見《表觀王房》，但未著其歷官，亦有闕漏也。又有『文林郎、守兖州府兵曹參軍』，兖州爲大都督府，故有府稱，其稱『節度驅使官』者，藩鎮自所署置，威權移於此矣。顧氏自述來遊數四，募人發地得其全文，今元更爲補遺如此，益嘆搜奇難盡也。

王知慎等題名

乾封元年二月刻，正書。崖高三尺八寸，廣二尺六寸，在泰安縣岱頂仰天洞西。

第一行模糊不能識。

判官兼□□羽儀作宮府寺丞王知慎。

城作坊檢校造封禪□御作布政府□□□幹信□宣德郎行宫門整備大下闕。

行内府監主簿王知敬，兵下闕。道，内府監録事左君植。

左下闕。□中尚監作吕鐵拴下闕。

上闕。皇甫瞻，主簿敬孝友，□□司户許行真，高陵縣主。下闕。

判官郊社令薩□□，行□官署令上□□□貞。

掌□事李，下闕。紀□張統師。

乾封元年二月一日記。

上闕。西臺主書□都尉王行直、馮承素、孫表□。

上闕。□乾封元年□月十五日從祭至此，故記。

上闕。乾封元年二月十□日，奉勅投龍璧於介丘，記。

上闕。少監□□智。下闕。

上闕。令崔元泰下闕。

岱岳令牛成。

右題名俱爲明人加刻之字所掩，細爲諦審，僅録如右。案《舊唐書·高宗紀》：麟德三年春正月戊辰朔，車馬至泰山頓；壬申，御朝覲壇受朝賀，改麟德三年爲乾封元年，意此皆從封諸臣，故有宫、府、寺、丞、檢校、造封禪、行宫門整備大使等官也。行内府監、主簿王知敬，見《新唐書·王友貞傳》，云：父知敬善隸，武后時仕爲麟臺少監者，即其人也。又西臺主書、□都尉王行真者，案《職官志》，龍朔改中書省爲西臺，其屬中書舍人，下有主書四人，即此西臺主書也。又有『奉勅投龍璧於介丘』者一人，投璧似即封禪瘞玉之事。益都雲門山有《北海太守趙居貞投龍詩碑》，序云『趙居貞登雲門山，投金龍環璧，奉爲開元天地大寶聖文神武皇帝祈福也』，事與此同。服虔《漢書注》云：『介，大也；丘，山也。介丘，猶言太山也。』諸人姓名王知慎居前，故取以冠題。

劉仁願等題名

乾封元年二月刻，正書。崖高三尺六寸，廣二尺。在泰安縣岱頂仰天洞。

□□衛將軍、魯成縣開國公、上柱國劉仁願，潁川郡夫人陳大□□□出身□□，二男懷、瓚，任弘文館學生，女一人，新婦竇二，新婦于，乾封元年二月十九日上記。

盥䧢，排兒，高益富，吕小隴，奉母聶阿稔，笙博士㴓小奴。

右題名亦爲明人刻字所掩。『笙博士』乃專業者之名，亦起於唐。如大曆《同光禪師塔銘》有『造塔博士』，皆此類也。

贈泰師孔宣公碑〔一〇八〕

乾封元年立，并陰俱八分書，篆額，碑高一丈八寸，廣三尺八寸，在曲阜縣孔廟大成門前南第三樓内。

大唐贈泰師魯先聖孔宣尼碑額四行，字徑三寸二分，兩旁人物畫像極工細。

大唐贈泰師魯國孔宣公碑，祕書少監、通事舍人、內供奉臣崔行功奉勑撰文，奉勑直祕書、行祕省書學博士臣孫師範書。

臣聞形氣肇分，宗匠之塗遂廣；性情已著，名教之理攸興。是故雕刻爲妙物之先，粉澤成真宰之用。若其聃語弃智，則聖非攘臂之端；莊寄齊諧，禮必因心之範。雖九流爭長，百家競逐，而宗旨所歸，典墳取俊。夫軒羲已謝，子姒迭微；步驟殊方，質文異轍。及流彘起譟，箕服傳訞；憲章版蕩，風雅淪喪。然而千齡接聖，崇朝可期；五百見賢，伐柯未遠。粤惟上哲，降生圮運，理接化先，德充造物。財成教義，彌綸之跡已周；組織心靈，範圍之功且峻。利仁以濟幽顯，垂訓以霑動植。自歎起臨川，道窮反袂。西峰琰玉[一〇九]，幾燼蒼山；東野柔桒，多塵碧海。屬混元再造，休明一期，雅頌之音復聞，郊禋之禮還緝。跨巢胥之逸軌，邁龍鳥之遐風，瞻白雲而昇介丘，翼蒼螭而過沂上。而令千祀之外，典册遂隆；九泉之下，哀榮方縟。斯廼命爲罕説，道不預謀。豈如箕山之魂，空成寂漠；信陵之墓，徒復經過。將知龍虵之蟄，潛契於天壤；聖智所遊，高懸於日月。言之不可極，其唯孔泰師乎？泰師諱丘，字仲尼，魯國郰人，有殷之苗裔也。分於宋，則孔父嘉爲大司馬，弗父何以國讓其弟厲公。正考父佐戴、武、宣而受三命，居於魯，則有防叔、伯夏、叔梁紇。紇生泰師。若夫天命玄鳥，玉[一一〇]

筐隆其濬哲；瑞啓白狼，瑶臺繁其錫類。武王覆夏，仍遷象物之金；有客在周，復奏桒林之樂。兹恭喻尸臣之鼎，高讓挹延吴之風。令緒昌源，焕乎已遠。至如象緯凝[一一一]質，則傅説、巫咸；嵩華降神，而申伯、吉甫。在於郊臨巨跡，鬱符中野之□[一一二]；水帶丘阿，遥均反宇之慶。韞乾坤之精粹，陶陰陽之淑靈。度九圍十，河目海□。放勛文命，有喻於儀形；子産臯繇，微詳於具體。孟孫言其將聖，泰宰辯其多能。神關繫表，性與道合。時初撰屨，已訓魯卿；年未衰□[一一三]，先窺周室。猶且學期上達，業遵下問。龍如藏史，或訪禮經。碧准萇弘，言詢易象。曲臺相圃，廣陳揖讓之容；師摯師襄，屢辯興亡之極。罔羅六藝，經緯十倫，加以思入無方，情該至賾。陳庭矢集，懸驗遠飛；季井泉開，冥□[一一四]幽恠。新莽汎日，能對於楚賔；舊骨淪風，旋訓於越使。藏往知來之際，微妙玄通之旨，不可以龜策求，不可以筌蹄得。及其譽聞曲自，南宫展師資之敬；應務中都，西隣化諸侯之瀍。冬官效職，五土得其攸宜；秋令克宣，兩觀展其刑政。溝疏墓道，且抑季桓；田歸汶陽，遂淩齊景。尊君卑臣之訓，自家刑國之術。每惆悵於興周，亦留連於韶管。然而高旻不惠，彼日浸微，起哀怨於王風，絶歸飛於鳴鳥。是邦可化，斯道欲行。暖席興憂，問津匪倦。俎豆嘗説，空及三軍之容；季孟有言，不接雙雞之膳。晏平推士，尚或相排；子西讓王，終成見拒。亦有宋朝司馬，喬木難休；衛國匡人，逆旅焚次。荷蕢微者，翻嗟擊磬之心；儀封細人，潛明木鐸之意。既而在斯興感，用輟棲遑。狂簡斐然，彌嗟穿鑿。旋驂舊館，掃筵闕里。杏壇居寂，緇林地幽。知十稽微，得二承妙。科斗所載，方閲舊文；雎鳩在篇，遍詳雅什。河漢軺鼓，鏗鏘之響復傳；宗廟衣裳，升降之儀還序。博約無倦，誘喻多方。后稷躬耕，近關勵物；伯夷餒死，猶可激貪。周公其人，則神交於夢想；管仲小器，歎微之於征伐。信立德立言，泰上謂之不朽；曰仁與義，前哲以之周旋。覆簣爲山，喻天階而不陟；讀易無過，假日蝕以鳴謙。茨嶺峒山，寄言於獨善；□[一一五]情風御，未涉於通莊。妙臻數極，作伻易簡。是知縫掖廼兼濟之塗，華衮非爲政之要。及其愚智齊泯，椿菌如一。南楚狂狷，舊辯鳳衰；東魯陪臣，奄成麟斃。晨興負杖，知命發於話言；夕寐奠楹，將萎傷其濇慮。崇山□□[一一六]，□□[一一七]下而無由；隕石沉星，架大梁而何有？門人議服，俱緾至極之哀；國史制詞，永錫憖遺之誄。及埏深夏屋，樹列遠方，五勝迭遷，六籍無准。席間初閏，已舛微言；入室且分，遄乖大義。秦人蛙沸，遺燼翳然；漢代龍驤，挾書未翦。元封有述，殘闕載陳；甘露嗣蹤，搜揚復起。春陵受命，先訪於膠庠；譙郡膺符，多招於文學。逮江馬南度，泉鶁北飛，鴞入環林，鯨衝聖海。有隨交喪，中原翦覆。東序南雍，鞠爲茂草；六樂五禮，皆從燬室。欽若皇唐，肇膺明命，祖武宗文之業，天成地平之勳。圖書因樂推重，干戈由寧亂集。刳舟創浮，芹藻之詩先遠；戎衣初卷，羽籥之節旋興。皇上以聖敬而撫琁圖，文明而膺寶曆。夏□[一一八]挹□[一一九]光兆，姬誦讓其惟清。化入龍沙，風移鯷海；金丘展賮，瓊田薦賝。潛馬飾黃芝之封，浮黿吐緑文之籀。虞庠殷塾，廣賓龙叟；蓬嶺石渠，朋延悙誨。垂衣裳而凝想，虚旒纊以永懷。至於大道浸微，小康遂往。嬴讖紫□[一二〇]，□[一二一]踐云阿。劉風白金，徒遵高里；

黃初正始，時多間然。建武永平，業非盡善。而廼作樂崇德，殷薦之禮畢陳；有孚載顒，觀下之訓齊設。肆類羣望，孝享之義益隆。歸功三后，尊祖之誠逾切。詔寰中而徵萬王，□□□□［一二二］召百靈。一茅分茹，雙鶼共羽。翠華遠昇，秸席虛位。上帝儲祉，泰壹有暉，山祇傳聲，海神會氣。九皇之況榮可嗣，三代之闕典還屬。廼使朱鳥詳日，蒼威戒路；七萃騰景，八鑾鏘風。過大庭以省方，掩洙上而□□［一二三］。□［一二四］居莫辯，祠堂巋然。見馬鬣於荒墳，識槐檀於古燧。歎重泉之可作，聞盛德而必祀。言敷典訓，廣命杍材，贈以泰師，式旌幽壤，改製神宇，是光令德。于時皇唐之御天下四十有九載，即乾封之元年也。攝提□［一二五］歲，句芒獻節。兗州都督霍王元軌，大啓藩維，肅承綸誥，庀徒揆日，疏閑薙遠。接泮林之舊壝，削靈光之前殿。徂來新甫，伐喬木而韻流嚶；岱畎泗濱，採恠石而喧浮磬。頳紫施絢，黝黛飛文。沓拱重櫨，春窻秋幌。陰楣積霧，複閣懷煙。几仍度室，席遵函丈。壽宮澹然，睟容有穆。至如襄城有訪，七聖接其騑驂；汾水言遊，四子冥其衡軛。將謂布衣黃屋，名器則殊；卷領素王，感召宜一。顔子侍側，似發農山之談；季路承閒，如興浮海之説。西華束帶，尚以要賓；言偃裼裘，猶爲得禮。避席延其不敏，捨瑟睠其幽情。共列昇堂，齊參覩奥。歲時蘋藻，復雜昌蒲。平日絃歌，還聞絲竹。皇儲一德，聿隆三善。博望邀裾，肅成講義。發揮鎔造，幽贊事業。而以周穆之觴王母，尚勒西弇；漢帝之展稷丘，因書東嶽。遂廼思建隆碣，上聞天扆；言由國本，理會沖情。副震宮之德聲，命芸閣以紬頌。玄堂闢兮神靈僾，揚教思兮兩儀配。煽皇綱兮融帝載，堯可履兮舜爲佩。

晝而明兮夜而晦，于嗟業兮麗萬代。其詞曰：

赫赫上帝，悠悠天造。神集鴻名，聖居大寶。循性稱教，率性爲道。政若鎔金，化侔偃草。爻畫先起，律吕創陳。禮節天地，樂和人神。成期用簡，業尚日新。綷無聲臭，騭有彝倫。水火朝變，憲章時革。周廟傷禾，殷墟悲麥。褒豔紕雅，嬴荷淪隤。散亂記言，支離方册。自天生德，由縱成能。賓筵恪嗣，銘鼎家承。蹲龍運舛，振鐸冥膺。闕典攸緝，斯文載興。廣訓三千，偏于[一二六]七十。歷階東會，藏書西入。楚將分社，齊聞與邑。接輿自狂，長沮空執。在智伊妙，惟神迺幾。羊因魯觸，鳥向陳飛。聃傳頌管，編照書韋。卜商承絢，顏子參微。堯則不追，昌亦遂往。名教潛發，心靈汎奨。德配乾坤，業暉辰象。麟悴遥泣，山隤憂仰。三統昌日，千齡聖期。禋宗有昊，展禮崇基。覲宣時邁，神緘孝思。絳螭承軛，翠鳳翻旗。上浮龜蒙，遥集鄒魯。翹勤真跡，惆悵今古。舊壁迷字，荒墳翳斧。綸賁宗師，詔緝靈宇。虹梁野搆，翬翼林舒。雕櫳繡桷，圓井方疏。沂童浴早，泮鳥鳴初。俎豆颻絜，丹青藹如。墨檢前蹤，莊放遺轍。於昭遐訓，允歸聖烈。肅穆仁祠，陰沉像設。隨四序以潛運，懸三光而不跌。

碑陰

大唐武德九年十二月廿九日下，太宗文武聖皇帝詔曰：宣尼以大聖之德，天縱多能，王道籍以裁成，人倫資其教義，故孟軻稱『生人以來，一人而已』。自漢氏馭歷，魏室分區，爰及晉朝，暨于隨代，咸相崇尚，用存享祀。朕欽若前王，憲章故實，親師宗聖。是所庶幾，存亡繼絶，抑惟通典，可立孔子後爲襃聖侯，以隨故紹聖侯孔嗣悊嫡子德倫爲嗣。主者施行。

皇帝以乾封元年正月廿四日下，詔曰：朕聞德𢍰機神，盛烈光於後代，化成天地，玄功被於庶物。魯大司寇宣尼父孔丘，資大聖之材，屬衰周之末。思欲屈己濟俗，弘道佐時，應聘周流，莫能見用。想秉桴以永歎，因獲麟而興感。於是垂素王之雅則，正魯史之繁文，播鴻業於一時，昭景化於千祀。朕嗣膺寶歷，祗奉睿圖，憲章前王，規矩先聖。崇至公於海內，行大道於天下，遂得八表乂安，兩儀交泰。功成化洽，禮盛樂和。展采東巡，廻輿西土，塗經兹境，撫事興懷，駐蹕荒區，願爲師友，瞻望幽塋，思承格言。雖宴寢荒蕪，餘基尚在，靈廟虚寂，徽烈猶存。孟軻曰：『自生人以來，未有若孔子者也。』微禹之歎既深，襃崇之道宜峻，可追贈太師。庶年代雖遠，式範令圖，景業惟新，儀刑茂實。其廟宇制度卑陋，宜更加修造。仍令三品一人，以少牢致祭。襃聖侯德倫，既承胤緒，有異常流，其子孫竝宜免賦役。主者施行。

兖州孔廟碑此一行字體不類，疑後人所刻。

右皇太子弘表稱：臣聞周師東邁，商閭延降軾之榮；漢蹕西旋，夷門致抱關之想。況泣麟曾躅，歌鳳遥芬，被縟禮於昌辰，飾殊榮於窮壤者[一二七]。伏惟皇帝陛下，資靈繞極，稟粹登樞。乃聖乃神，體陰陽而不宰；無爲無事，均兩[一二八]露之莫和[一二九]。六符薦而太階平，百寶臻而天祚永。靈臺所以偃伯，延閭由其增絢。尚齒尊賢，邁鴻名於萬古；興亡繼絶，騰峻軓於千齡。大矣哉！茂實英聲，固無得而稱矣。日者封金岱畎，會玉〔一三〇〕梁陰，路指沂川，塗經闕里。迴鑾駐宇，式監堯禹之姿；闢纊凝旒，載想温良之德。於是特紆宸渙，贈以太師，爰命重臣，申其奠醊。廟堂卑陋，重遣修營。褒聖侯德倫子孫，咸蠲賦役。臣恩均扈從，迹濫撫軍，舊烈遺塵，躬陪瞻眺，雩壇相圃，欣覩前聞。又昔歲承恩，鹵胄膠塾，歷觀軒屏，貝到門徒。想仁學〔一三一〕於顔曾，彌深景慕；採風猷於竹帛，冀啓顓蒙。所以輕敢陳聞，庶加褒贈。天慈下濟，無隔異時，咸登師保，式光泉夜。敢以前恩，重茲干請。竊謂宣尼之廟，重闡規摹，桂奠蘭羞，永傳終古，崇班峻禮，式賁幽延〔一三二〕，而翠炎莫題，言猷靡暢，詢諸故實，有所未周。且將聖自天，惟幾應物，拯人倫於已墜，甄禮樂於既傾。祖述勛華，三千勵其鑽仰；憲章文武，億兆遵其藏用。豈可使汾川遺碣，獨擅於無慙；峴岫餘文，孤摽於墮淚？伏見前件孔廟，營搆畢功，峻業曾徽，事資刊勒。敢希鴻澤，令樹一碑。徂遼海□〔一三三〕夷，九無徵發，山東豐稔，時踰恒歲。況鄒魯舊邦，儒教所起。刊勒之費，未足爲多，許其子來，不日便就，乞特矜照，遂此愚誠。臣識味恒規，言慙通理，塵黷聽覽，追贈悚戰。勅旨依請。

右二詔一表，八分書，二十五行，行五十五字，刻於碑陰上截，字徑寸餘。

維乾封元年，歲次景寅二月弋弋朔二日己亥，皇帝遣司稼正卿扶餘隆，以少牢之奠，致祭先聖孔宣父之靈。惟神玉鈎陳貺，靈開四肘之源；金薜流禎，慶傳三命之範。神資越誕，授山岳以騰英；天縱攸高，藴河海而摽狀。折衷六藝，宣創九流，睿乃生知，靈非外奬。於是考三古，褒一言，刊典謨，定風什。莊敬之容畢備，鐘鼓之音載和，父子爰親，君臣以穆。蕩乎焕乎，樂正雅頌，各得其所，可不謂至聖矣！夫膌以寘德，嗣應神器，式崇祇配，展義云亭。感周禮之尚存，悲素王之獨注。抒軸洙泗，如挹清瀾；畱連舞雩，似聞金奏。昌門曳練，徒有生茥之疑；漢曲移舟，非復祥蓱之實。慨然不已，爰贈太師。堂宇卑陋，仍命修造。褒聖子孫，合門勿事。庶能不遺百代，助損益之可知；永鑑千年，同比肩而爲友。聿陳菲奠，用旌無朽。梅曙霞梁，松春月牖。德音暢而無斁，形神忽其將□〔一三四〕。儻弗沫於生前，亦知榮於身後。尚饗。

右祭告文八分書，二十五行，行十二字，刻於碑陰下截，字徑寸餘。

儀鳳二年七月訖功。

右八分書一行，刻於碑陰末行之中，字徑一寸。

明昌二年七月一日，暴風折木，壓其碑，仆於地，龜趺分爲二，碑與字俱無害，豈陰有所相而然耶？

九月一日，復命工易以此座云，提控修廟、朝請大夫、開州刺史高德裔記。

右行書二行，刻於碑陰上截表文之後，字徑一寸。

此碑文凡三十一行，行八十二字，徑一寸二分，崔行功撰文，孫師範八分書。王元美云：孫師範嘗書《開元寺千佛記》，無書名，而此碑分隸，是初唐筆法，尚有漢魏遺意也。文中凡『太』字皆作『泰』，『磬』字作『罄』。銘云『循性稱教』，『循』與『脩』通，漢碑多以『修』爲『循』也。『爻書先起』，依文義，當作「爻畫」，蓋刻者誤耳。文末作韻語，又銘詞四字爲句，末二句忽六字，初唐人體格不拘，類如此。碑陰太宗封孔嗣悊爲褒聖侯詔一，高宗新廟致祭、免子孫賦役詔一，皇太子弘請立碑表一，乾封祭告文一。末行但書「儀鳳二年七月訖功」，無書人姓名，筆意頗似前碑，惟字多別體及錯譌。通借者如「商」作「啇」，「極」作「極」，「稟」作「禀」，「雨」作「兩」，「薦」作「薦」，「偃」作「偃」，「齒」作「齒」，「罕」作「罕」，「具列門徒」，「具列」作「貝到」。「甝」作「䡾」，「久無徵發」，「久」作「九」，「矜」作「矜」，「追增悚戰」，「增」作「贈」，「戊戌」作「弋戌」，「鼒」作「鼒」，「莊」作「莊」，「鼓」作「皷」，「朕以寡德」，「朕」作「賸」，「寡」作「寡」，「嗣膺神器」，「膺」作「應」，「牖」作「牖」，皆是。按：太宗以武德九年即位，詔下於是年十二月，尚未改元，其稱太宗文武聖皇帝，據上元元年改謚爲文也。《舊唐書·高宗本紀》「乾封元年正月丙戌，發自泰山，甲午次曲阜縣，幸孔子廟，贈追太師，增修祠宇，以少牢致祭，其褒聖侯子孫並免賦役」，與碑合。是年正月戊辰朔甲午，次曲阜，在廿七日而詔，以廿四日下，蓋未至曲阜之前也。祭告文云「皇帝遣司稼正卿扶餘隆」，攷《舊唐書·職官志》，「龍朔二年二月甲子，改百司及官名，以司農爲司稼，卿爲正卿」，亦與碑合。乾封元年，詔令三品一人致祭，司稼正卿即三品也。皇太子請立碑敕旨，依請，即崔行功所撰者是也。是碑文字無缺，尚資攷證，而不遭明昌之仆折，誠如高德裔所記，有鬼神陰相之者矣。

棲霞寺造鍾經碑[一三五]

儀鳳四年四月立，八分書，碑高四尺五寸五分，廣二尺七寸。在魚臺縣西北十八里棲霞寺。

大唐方與縣故棲霞寺講堂佛鍾經碑

□□□進士、登仕郎朱懷隱撰文，宣德郎、騎都尉徐伯興書，太原王客師鐫。

蓋聞香山聳構，如來開説法之堂；雪嶺疏基，菩薩起安居之寺。𨫼龍宫於月路，架迴舒丹；浮鴈塔於雲□，横空疊翠。是□[一三六]重臺累榭，必控圓泉；梵宇祇園，多連山岳。依而悟道，就以知真。至如四月王宫，六年法樹。尊三乘之軌躅，闡八正之□□。得其門者，則豁尒天開；迷其路者，則窅然雲合。雖復銀函東度，玉字南翻，象負之所不勝，龍藏之所未盡，莫不絶□問□□□義高□□□揚煙戾止。蔭菩提之巨澤，盡芬子於方城；遊無礙之遐疆，承天衣於磐石。欲明常住，覺體生光。將説真空，□□微[一三七]□。□□□養之國，□[一三八]入祇洹之城，遂得夙悟苦空，堅持戒行。去妻子如脱屣，委家馬若遺塵。竝託真乘，咸歸正覺。側聞造像沙門獲□□□緬鏡成龕。羅漢取雄黄之樹，敢緣斯義。竊景前修，各捨寶財，俱爲净業。靖信士張師曠，騎都尉王善義、邵行等，敬造□□□□□□置梟撰[一三九]日開基。擢脩幹於松巒，採規模於梓匠。梅梁結影，望琁極以通光；芰井披英，泛銀河而蕩色。虬檐霧闢，鳳幌□□。□□□臨，似度金娥之影；霞窗曉徹，疑窺玉女之容。講座衆於燈王，聽筳多於方丈。開寶丞之奥典，闡金字之微言。顯證一□□□□□慧[一四〇]□頁各解俱會真如。清信士閻文褒、王孩、王慈、騎都尉司馬感、張智静、司馬明遠等，敬造一佛、二菩薩，洪鍾一□，《多心經》□[一四一]部。□刻浮檀，如彫水玉，毫光夕泛，愛月凝輝，紺彩晨明，慈雲結方。洪鍾曉韻，風傳浮磬之濱；法鼓齊驚，聲颺孤桐之嶺。停酸□劫[一四二]，拯汅[一四三]大□。聞之者揮慈劍而斷惑繩，聽之者摇智鈎以離魔網。洞崩雲之秘體，葉字相暉；極垂露之華蹤，煙文交暎。抑[一四四]□□□□慮，託六念以矜懷。望樹階梯，歸依勝業。上爲天皇、天后、皇太子藉此莊嚴，□[一四五]斯法本，神明翊衛，幽顯扶持，括地開源，張□□極，定門□於寶思，苞宇宙於神襟。恒遊波若之舩，永蔭菩提之日。況乃圓泉隱暎，密尒猴池，高木森疎，依然龍樹。波含日□，□蕩菱[一四六]光，朩[一四七]□天衣，仍佰蓋影。前臨酆邑，星弩開五色之疆；却背砂丘，天孫標九河之鎮。迴接獲麟之野，俯枕觀魚之臺。孔宣□[一四八]□□存魯□之望斯在。周遊□□，藻月思於煙花；登陟□[一四九]□，暢風襟於露葉。雲如鵬翼，忽已垂天；樹異若華，翻能拂日。足使廬山□□[一五〇]精舍均芳；□[一五一]□籠□，仙都比麗。庶憑靈鑒，共建豐碑。行方與縣令通□[一五二]郎宋元鳳，銜命西秦，佩銅□□□職出宰□□□，墨綬而司官，寬猛相□[一五三]，韋弦并□，導之以廉恥，敦之以孝慈。禮讓風行，仁恩雨布。□[一五四]巨鱗於魚[一五五]甸，局逸翰□□敷化一□□□舞鸞之化，調風百里，風均□蝗之風。潔類冰壺，處脂膏而不潤；明齊水鏡，照隱伏[一五六]而猶神。静訟圓狴騰□[一五七]□□丞鄭元□□□□尉□□操。竝冠蓋八川[一五八]，羽儀四海。含輝荆岫，出則連城。孕彩隨□[一五九]，生而照乘。五墨究其枝派，九易竭其泉源。水溢方[一六〇]□□□□□[一六一]□□□□[一六二]□團扇泛娥影而動仙歌。六藝兼須，三端乂備。咸□□[一六三]情，慧各降意禪門，屢陟雲樓，頻依日[一六四]殿，如來半影□[一六五]□□□室之未修，舍□全身之函，恨珠臺之未就。俱抽正俸，并起亶[一六六]心，以儀風四年歲次己卯四月庚戌朔八日丁巳畢功。□[一六七]□□□，□移河内之灰；長嬴戒辰，氣改淮南之燧。交河合浦，玄兔朱鳶，并入法流，同聞甘露。縱使蕭丘永扇，毒火不然，閶闔長開，業□□□。託斯妙力，遐栖兜率之宫；馭彼勝因，遠庀净居之域。曬通賢之綺構，偶福地之韶規。雖敏悪終疑，未擇菁於義窟；思非揚鳳[一六八]，闕絢藻於詞林。□□[一六九]□物緘丹誠連[一七〇]□議因機染素竊會□林[一七一]輒扣庸音。聊□腐翰，式旌盛事，迺緝銘云。其詞曰：

星光早落，劫燼初開。□□□度，白馬西來。祇洹有廟，波若成臺。方逢飛錫，乃遇乘柸。其一。妙覺是生，真如首出。德侔造化，功苞權實。横流法雨，高浮慧日。□□□魂，優填喪律。其二。神工構極，净域開場。日華蓮井，霞照梅梁。雕楹玉[一七二]鎊，鏤檻金裝。應龍若動，威鳳疑翔。其三。天孫却背，星弩前通。扣□梟驛，扰[一七三]輢龜蒙。同[一七四]山清露，磬水吟風。高平草緑，大野花紅。其四。納衣梵志，蓮花長者。望月知虚，聞鍾識假。竝甘蟬蜕，咸能喜捨。永留天供，長充鹿野。其五。梁岑勒峻，燕嶠銘勳。矧伊綺構，闕紀餘芬。才非擲地，念[一七五]悪臨雲。聲騰永劫，義屬斯文。

右碑孫淵如觀察於嘉慶丙辰訪得，拓寄，文二十九行，行四十九字，徑七分。按：唐武德四年置金州，領方與、金鄉二縣，五年改金州爲戴州，廢爲縣，同方與，隸兗州。至寶應[一七六]初，始改方與爲魚臺縣。此碑題曰『方與』，正與戴縣同隸兗州之時也。碑載縣令宋元鳳及縣丞、尉政績，頗有可傳，而縣志皆不載其姓名，何耶？

調露造像殘碑

調露元年七月立，正書。碑高七尺，廣二尺。在濟寧州河長口關忠義廟。

右碑首題『□唐調露元年歲次□卯七月己卯朔』云云，餘皆漫滅，可辨者祇百餘字，多不成句。末行有『張君』字，造象者蓋即張君矣。

省堂寺殘碑

永隆元年四月立書。在莒州泰山東麓。

右碑爲州牧許紹錦訪得，以州境僻遠，拓工難覓，手録此文寄予。其文云：第一行，剥泐不可辨；第二行，可辨者，『廻山掀海，經天緯地』等字；第三行，有『密州莒縣慕賢里』等字；第四行，有『正議大夫王須達、孫定國，東莞縣正甯道顯』等字；第五行，有『武騎尉孫子貴、飛騎尉徐道』等字；第六行，有『張仕達、唐德威、副督公亮』等字；第七行，有『合三十六人等，共捨五家之財，建立佛堂』等字；第八行，有『於是，運石他山，求師外國』等字；第九行，有『丹道崑崙』等字；第十行，有『雕題刻削』等字；第十一行，有『妝婧以洛浦之珠，雕繪以藍田之寶』等字；第十二行，有『輕雲暎月』等字；第十三行，有『伏惟國主、帝王』等字；第十四行，有『沸騰』『縱横』『崔嵬』等字；第十五行、十六行，有『瓊田香草，繡栢文桐，交柯相映』等字；第十七行，有『鳧雁鴛鴦』等字；第十八行，有『重申言頌，其詞曰』等字；第十九行，有『元氣混屯之初，陰陽創建，𡆠居𠥱諸』等字；第二十行、二十一行，有『東西正直，南北相當，如來湛湛，菩薩陽陽』等字；第二十二行，有『不敷春秋，不落秋冬』等字；第二十三行，止半行，文更漫滅；第二十四行，有『大唐永□元年歲次庚□四月』等字，餘皆不可見云。案：所録皆審正無訛，惟『不敷春秋，不落秋冬』上句重一『秋』字，當是『夏』字之訛。又『永』下空一字，唐以『永』紀號者凡六：永徽、永隆、永淳、永昌、永泰、永貞。惟永隆元年是庚辰，此碑『元年』下有『庚』字，爲『永隆』無疑也。

王寶詮等造像碑[一七七]

證聖二年八月立，正書，篆額。碑高三尺五寸五分，廣一尺八寸。未詳立石所在。

割牛溝小石橋之碑額二行，長一寸五分，横一寸二分。

大周𨹗𨲢元年歲次乙未八𠥱景子朔二𡆠丁丑。

若夫三空凝冢[一七八]，至僞之理難窮；四諦沖玄，真如之宗莫（測）[一七九]。下闕。解猶迷[一八〇]□喪之津；千葉高尻，未静輪迴之□[一八一]。至若表[一八二]風下闕。或究有象自□乍證無[一八三]生法忍自非理心□□寸慧□[一八四]於下闕。慈福已辜於既往。是以花臺瑶塔，孰有想於知歸？舟下闕。迷，復使靈功永著者，其熟能尚於津梁乎？□割牛溝壞石下闕。以要盟之代南北爲争長之途，市義之□□西作送迎之下闕。人馬駢闐，駉傳□郵停驂駐軾，斯橋所主，□[一八五]始於兹代。序下闕。以□移壑變，刊創莫知。義[一八六]跡玄功，徽音不嗣。我大唐下闕。大平乘龍埊輔駕象□□道□□元仁流下□五神人侍下闕。撿玉云亭，鏘金岱嶽。乾封元年二𠥱南廵，龍輿戒此以下闕。直東津，棧木爲梁。既聖迹神行，不敢湮廢，以𤤿𨲢元年下闕。蕞爾□地□前臨廣□炎精曜魄之場，却負蕃郊。維周卜下闕。磬□□湍□□瀨而流音左帶□□石暎霞而照錦，實聖賢下闕。之□□者焉。有清信士王寶詮、朱元英、韓宏澤、朱元弉、廿下闕。天之莫報，知罔極之難追。爰發菩提，共崇斯果，恐高岸爲谷，下闕。地□人□，敬刊真[一八七]石，冀騰名于万古，慶千齡而不易，迺爲銘下闕。昧，三空妙黑。鶴林隱駕，龍宮秘識。閲此輪迴，孰知其極。下闕。有□□□□劬三途𠥰墜肇建𠥰梁□崇遐懿恐波遷下闕。

右碑篆額兩旁及上截皆刻姓名，下截文十九行，字徑八分。首題『大周𤤿𨲢元年歲次乙未八𠥱』云云。按：『𤤿𨲢』爲『證聖』制字，是年九月即改元『天册萬歲』矣。

李弼徽造像碑

長安二年十一月立，并側俱正書。碑高六尺五寸，廣一尺六寸。在金鄉縣寨里廢寺。

若夫温席扇枕，養性之道存焉；塗車蒭靈，送終之儀見矣。然未能棺中説法，置親於忉利之宫；埊下乘杯，救母於阿鼻之獄。名言之所不測，報應之所潛通。唯我大雄□斯普濟，金鄉縣垤溝村李弼徽孝心而至，純德賓符。追惟顧腹之恩，願假菩提之力，謹爲亡考、見存母鐫碑像一龕。□□踊出，石□□□□光吐而世界□□□□而魔波伏。以斯功德，□報劬□，惟願五濁恒清，三灾不染。乘斯寶筏，迥入禪河；因彼□輪，遐超火宅。上沾有頂，下漏無垠，俱就福田，咸昇彼岸。以大周長安二年歲次壬寅十一月甲子朔十五日戊寅，其功方就。託此□因，爲聖神皇帝，下爲含識，俱登正覺。銘曰：

孝子不匱，菩薩□生。以斯法忍，□護慈下闕。

右碑分三層：上層刻佛像，兩旁各題字一行，上端又有明人續刻十六字，座間横列惟『弼徽』數字可辨；中層刻《心經》一卷；下層即所録叙銘一段，不著書撰姓名。文中多武后制字，兩側施主姓氏亦磨泐。文中『土月』是『十一月』。

長安造像殘碑

長安二年十二月刻，正書。石高一尺八寸，廣一尺七寸。在曲阜縣。

右造像殘碑中幅刻佛像，左題『大周長安年月』一行。碑陰存字十四行，字徑一寸。立碑姓名皆殘闕。朱朗齋從它處借録，並云舊在兖州牛氏，今爲顔運生携歸曲阜。

駝山造像題字十五種

年月書體詳後。在益都縣駝山。

一題『長安三十月十九日，李懷膺造象記，高文熊書』，凡三行，行書，大小不等，在北洞石壁。『三十』脱二『年』字。

一題『像主比丘僧法韶』，七字，正書，徑一寸五分，在南洞石壁。

一題『像主張真妙敬造無〔一八八〕量壽一軀』，二行，正書，徑寸，在南洞佛龕下。

一題『像主冒忽爲亡父母敬造無量壽』，二行，正書，徑寸，在南洞佛像旁。

一題『長安二年辰□七月庚辰朔五日壬子，青州益縣佛弟子尹思貞造像記』，九行，行書，徑八分，在北洞南石壁。『益縣』蓋是『益都縣』省文耳。

一題『像主馬摩耶敬造無〔一八九〕量壽一軀』，二行，正書，徑寸，在南洞佛像旁。

一題『□□□比丘僧供養佛，時』，二行，正書，徑寸，在南洞佛像旁。『時』字下似紀年月，惜文未全也。

一題『像主比丘尼道仁』，一行，正書，徑〔一九〇〕八分，在南洞石壁。

一題『像主樂安郡沙門都僧蓋』，二行，正書，徑寸三分，在南洞佛像下。字畫端正，『門』字從篆法。案《舊唐書・地里志》：『樂安，隋縣，武德二年屬乘州，州廢屬青州。』此稱『樂安郡』者，庸僧不諳掌故，妄以千乘有『樂安』之名，遂加『郡』字也。『沙門都』，當如《元魏・釋老志》『沙門統』之謂。《唐史》無文可藉，以補之。

一題『大像主青州總管、柱國平棊公』，三行，徑一寸五分，在南洞佛座下。案《元和郡縣志》：武德四年[一九二]，海岱平定，改爲青州總管府。《舊唐書·地里志》：武德四年，置青州總管府；七年，改「總管」曰「都督」。則此稱「青州總管」者，不出武德五六年間矣。「平桒」，即「平桑」，隸書變體。

一題「長安二年三月廿日戊辰，廿六日癸巳，前羽林郎任元覽奉勅於紫象軍御敬造觀世音菩薩一軀」云云，十二行，正書，徑五分，在北洞石壁。任元覽稱羽林郎，案《唐書》，左、右羽林軍有左、右中郎一人，紫象軍或疑「象」是「蒙」字。段赤亭云：唐制，天下十道，置府五百六十四，軍、衛各有名號，如參旗、鼓旗、天紀、天節之類，不悉載於《兵志》。此云「紫象」，亦足以廣見聞也。廿六日癸巳，則戊辰當是朔日。

一題「潘乂爲父母、法界衆生造彌勒一軀」，二行，正書，徑八分，在南洞佛象旁。

一題「潘乂妻王爲亡父母敬造像一軀」，二行，正書，徑一寸餘，在南洞佛象旁。

一題「比丘尼先等造像」，四行，正書，徑一寸五分，在南洞旁佛像下。

一題「儀同三司、青州總管府長史趙良供養，儀同婁郡君張供養佛」，五行，正書，徑七分，在南洞佛像旁。案《唐書·職官志》，總管後改爲都督，其屬有長史一人。據此碑，則未改之時已設此員久矣。《地里志》：武德四年置總管府，七年改爲都督。《職官志》作「武德四年又改爲都督」者，誤也。

城北社施門記

長安三年刻，正書。石高九寸，廣八寸。在益都縣雲門山陽佛龕下。

右刻凡七行，首題『城北社衆共施門記』，次施主姓名十人，後題『大周癸卯歲記』。癸卯乃武后長安三年也。

僧九定等造象記

先天二年九月刻，正書。石高八寸五分，廣一尺二寸。在兗州府興隆寺大殿壁間。

右石中鑿爲龕，刻佛象五軀，四周題『大唐先天二年九月十二日，僧九定等造象記』。其中『后』字作『石』，『匠』字作『近』，皆別體。

晉陽府君精舍碑

無年月，正書，額八分書。碑高七尺三寸，廣二尺〔一九二〕六寸，在濟寧州晉陽山慈雲寺。

右碑文凡二十三行，書兼隸體，磨泐已甚，祇存百餘字，有『開皇九年』及『任城尉』等字，惜上下皆缺，不能詳考也。碑額題『晉陽府君精舍之碑』，四行，八分書，字徑四寸。兩旁刻『願皇帝萬年，天后萬歲』，正書，二行。黃小松司馬於乾隆戊申六月過此山搜得之。

太清觀殘碑

神龍元年九月立。拓本高二尺五寸，廣一尺三寸。在蒙陰縣南樓社太清觀。

大唐沂州下闕。

粤以仙圖寂寞下闕。

規玉府將成不滓之下闕。

教淪胥法□無觸石之期，慾火起炎崐之焰。其後馬鳴龍下闕。

葉之□言，摩騰、法蘭傳貫花之寶偈，爰有清信仕顔文資廿餘下闕。

等并兒隣松、男慈兒三人，居郡瑯琊兄文枋陸□□鯉躍孝悌下闕。

義□鄉，孔子龍蹲禮樂詩書之國。共成勝業，載結良緣。捨難捨下闕。

□成未成之業。□於英固之力，聖水之際，奉爲皇帝、師僧、父母敬造老子三尊。一□刊□以畢

莊嚴乃成，僉下闕。

以蜀□唐德□有□施真宗□勒鄭□理□□旋法力式旌其事。□下闕。

乃作銘曰：□□下，雞足巖□。三尊既立，勝業横開。斜臨下闕。

鳴花過秋蜂□□□斯畢，妙福長該。□我功德，□我能□。業超十下闕。

□□□三天唯則□空□盡劫未灰燃庶瓊碑□下闕。

□金□□，神龍元年歲次乙巳九月戊寅朔。

右碑存字十四行，字徑七分，下截殘損。標題但有『大唐沂州』四字，惟末行神龍年月猶全。

范洪恩等造象記

神龍二年九月立，正書。石高一尺二寸五分，廣一尺四寸五分。在滋陽縣馬青邨。

右刻『大唐神龍二年歲次景午九月壬寅朔廿五日景寅，范洪恩内外眷屬等，敬造七級浮圖一所，石像三軀』云云，十行，字徑九分。末一行刻『八月十日起手，十月了』九字。

鄧邨造塔記

景龍三年五月刻，正書。石高二尺一寸，廣一尺四寸。在益都縣福勝院。

右碑文并施主姓名凡十行，後刻云『金明昌五年三月再建』。案記云：『維大唐景龍三年歲次己酉五月丁巳朔二十三日己卯，諸鄧邨老幼，咸願普皈争解之心，敬造五級石塔一所，并彌勒像一鋪，上爲膺天皇帝陛下』云云。攷《唐書·中宗紀》，神龍元年十一月戊寅，上尊號曰『應天皇帝』；景龍元年八月丙戌，上尊號曰『應天神龍皇帝』。記文在景龍三年，不書四字尊號，又『應天』訛作『膺天』，皆鄉人無知者所爲也。後文『北接雙堂，南府樂安府』，亦『俯』字之訛。諸鄧邨者，段赤亭據《北齊書·幼帝紀》云：周師漸逼，太上皇置金囊于鞍後，與韓長鸞、淑妃等十數騎至青州南鄧村，爲周將尉遲綱所獲。既云南鄧村，必對北鄧而言，故碑以諸鄧概之也。

神通寺四門塔造象記

景龍三年七月刻，正書。石高四寸二分，廣九寸五分。在歷城縣神通寺東四門塔内。

右刻首題『維大唐景龍三年歲次己酉七月戊午朔四日甲寅，比丘尼無畏、沙彌尼妙法』云云。造象記十二行，正書，大小不等。此刻《縣志》失載。

紀元大造象碑

景雲元年十一月立，正書。碑高三尺六寸，廣一尺八寸。在鄒縣東北土汪村天齊廟。

右碑額鐫佛象三軀，右有題字三行，云『□梁郡上柱國、右下闕。□前天兵軍扶餘□艸奏部□□□□波若□□□□史陳寶田菩薩十地』，文義皆不聯貫。佛象下題記九行，是敘述造象緣起。『其詞曰』之後尚有五行，俱漫滅不能摹録。此碑大略紀元大之祖有願建廟，未遂而卒，元大奉遺命成之。又稱亡祖卒于私第，則碑額所載天兵軍云云，當即其祖宦迹，惜無從得其原委矣。

萊州刺史唐貞休德政碑[一九三]

無年月[一九四]，八分書，隸額。碑高五尺一寸，廣三尺。在萊州府治聽事西墻下。

大唐萊州刺史唐府君德政碑額四行，字徑三寸。

大唐萊州刺史唐府君德政碑空五字。□□□郎行□□都督府功曹參軍下闕。

□□□王之經始萬國平章下闕。岳之下闕。

□□及□□□之刺永□又下闕。

□□之□姓□□間□□□乎佩玉釒金□代而下闕。

□□□西遷濟州萊□□□背□不顧淮南之師下闕同下闕。

開國公食邑五百户□□[一九五]忠武。曾祖陵，幼負雄□□□。祖下闕。公下闕。

□雍容□[一九六]文雅□□道入朝□欲□以文□之任辶下闕。
平壽公□[一九七]曰[一九八]達□[一九九]□□從□□□舍人華州華陰縣令長岑住下闕。夜下闕。
尚書虞部員外郎，出爲簡州長史。器□中□神用下闕。主下闕。
致醇醴邦族榮之。公則簡州長史之第二[二〇〇]子也。□骨不□□□□異俗□□□度下闕。
之座暗訁[二〇一]通家過蔡邕之門，遥聞倒屣，聲華藉甚。朝野下闕。
州司功參軍事。州癈，改授華州司倉參軍事。户役□□□[二〇二]甲[二〇三]茲鴻漸下闕。而下闕。
鑾輿傾[二〇四]動，將幸離宫，乃先授公岐州扶風縣令。公上□□□□[二〇五]顔下矜下闕。
異政聞，恩勅加公朝散大夫、雍州奉天縣令，屬空三字。大[二〇六]聖皇后薨[二〇七]下闕。
拜空一字安國相王府諮議參軍事，俄遷尚書比部郎中。朝辞蘭菀，夕趣芸閣下闕。
州洛陽縣令。□[二〇八]滿親勲，里徧豪貴。萬方都會之邑，百賈駢羅之所。公冰鏡照人下闕。
之未直坐堂無訟，近巷有歌。久之，下制曰：『洛陽縣令唐□□[二〇九]理□[二一〇]精密幹能下闕。
持節萊州諸軍事、萊州刺史。』公拜受空四字。王命，長駈棨服，亦既下車，即敷惠理。訓下闕。
學行務農桒，□[二一一]四壁之孤貧，資其食業，變一出之□□[二一二]，勸以淳和，設法而惡子革心下闕。
數多徵剥尤切。公審知難辨[二一三]，表請延期，遂得物免流離，人鋭耕□，風雨調順，禾□盈

□□□□之惠也。加下闕。

從[二一四]於私門，□[二一五]紛争於公室。不然官燭，但飲吴水。文翁之臨蜀郡，曷足可稱；□□[二一六]之牧□[二一七]川下闕。

國家妙擇人英，樹之司牧[二一八]。貪官黠吏，□[二一九]以澄清。特制加公通議大夫、使持節（都督）[二二〇]下闕。

三品，所管州刺史有犯，停務奏聞。長史以下，便令解任，仍令馳驛赴職。合下闕。

卧途不遂，吴郡之牽留伯道，擁舳何追，乃相與言□[二二一]□□易□□□□[二二二]久頌下闕。

唐之□姓，物難稱者。國自堯封，家分周社。世載英彦，門傳下闕。貽厥下闕。

睢園，夕遊璅問[二二三]。棄岱難理，委之□末。其二。下車敷化，威[二二四]動神行下闕。城俗下闕。

歲，遽聞□[二二五]牧。念彼何親，奪我何速。□[二二六]子懷戀，卧途興哭。翠琬下闕。

右碑文二十八行，字徑七分，下截漫滅，撰書姓名及年月俱不可見。錢辛楣少詹攷證此碑，以趙氏《金石録》有《萊州刺史于府君碑》，沙門重閏八分書，開元十年七月立。今按此碑亦八分書，以年代攷之，正相近，疑德甫所收即此，後人轉寫，誤『唐』爲『于』爾。元案：碑言『□州司功參軍事。州癈，改授華州司倉參軍事』，下云『鑾輿傾動，將幸離宫[二二七]，乃先授扶風縣令』。案：扶風與麟遊比近，以《新唐書·地里志》徵之，麟遊有九成宫，永徽二[二二八]年曰萬年宫，乾封二年復曰九成，又西三[二二九]十里有永安宫，蓋當時有事幸此，因以貞休吏幹豫爲之供張歟。又云『拜安國相王府諮議參軍事』，《舊唐書》：中宗初即位，相王加號，安國及貞休由萊州刺史遷都督以去，亦在景雲二年六月壬午，依漢代故事，分置二十四都督府後也。貞休居官更歷高宗、中宗、睿宗三帝，事迹可推者如是。是碑舊在萊州府署大門外，多爲民吏污毀，徐太守大榕始拂拭之，遷置聽事西牆下。

平昌寺造象記

景雲二年□月刻，正書。石高三寸五分，廣一尺四寸。在益都縣平昌社彌勒寺。

右題『大唐景雲二年歲次辛亥□月景□朔廿四日□亥，平□□村』等云云，造象記十五行，行四字，徑八分。朱朗齋云：『此刻書法端勁，酷類景龍觀鐘銘，唐人造象中以此爲最。』

【校勘記】

[一]此碑原存山東省濟南市歷城區彩石鎮東北的趙山之陽，二〇一八年，當地文管部門將之移至歷城博物館，殘泐嚴重。《金石萃编》卷四三《房彦謙碑》、《八瓊室金石補正》卷二九《臨淄定公房彦謙碑并陰》、《全唐文》卷一四三《唐故都督徐州五州諸軍事徐州刺史臨淄定公房公碑》、《金石存》卷一二《唐臨淄郡公房彦謙碑》及道光《章丘縣志》卷一四《金石録·房彦謙碑》等，均對此碑文有載録。其中，《金石存》的記載最爲詳盡，作者吴玉搢特意從康雍乾時期著名金石文字學家程從龍處借得珍藏的原碑拓本，對其原貌予以載録，此拓本真實記録了清初期之前《房彦謙碑》的原貌，這一點也是其他金石文獻所不具備的。美中不足的是，《金石存》没有對碑陰内容予以載録。另外，此拓本亦收録

于《北京圖書館藏中國歷代石刻拓本匯編》第一一册《房彦謙碑》，漫漶殊甚。兹據以上諸多文獻加以校證。

［二］『可』，《金石萃編》作『有』。

［三］此闕字，道光《章丘縣志》作『見』。

［四］此闕字，《金石萃編》與道光《章丘縣志》作『子』。

［五］『道』，《金石存》與道光《章丘縣志》作『運』。

［六］此闕字，《金石萃編》與道光《章丘縣志》作『並』。

［七］此二闕字，道光《章丘縣志》作『廢於』，《金石萃編》作『厭□』。

［八］『辶』，《金石萃編》作『逝』。

［九］此闕字，《八瓊室金石補正》與道光《章丘縣志》作『薰』。

［一〇］『之』，據拓本補。

［一一］此闕字，道光《章丘縣志》作『矣』。

［一二］此闕字，《八瓊室金石補正》與道光《章丘縣志》作『南』。

［一三］此闕字，《八瓊室金石補正》與道光《章丘縣志》作『齊』。

［一四］此二闕字，道光《章丘縣志》作『河郡』。

［一五］此闕字，《金石萃編》與道光《章丘縣志》作『終』。

［一六］此三闕字，道光《章丘縣志》作『漢司空』。

［一七］此三闕字，《金石萃編》與道光《章丘縣志》作『前將軍』。

［一八］此闕字，《金石萃編》與道光《章丘縣志》作『仍』。

〔一九〕此闕字，《金石萃編》作「錦」，道光《章丘縣志》作「端」。
〔二〇〕此闕字，道光《章丘縣志》作「嚴」。
〔二一〕此闕字，道光《章丘縣志》作「父」。
〔二二〕此闕字，《金石萃編》《金石存》與道光《章丘縣志》作「本」。
〔二三〕此闕字，《金石萃編》與道光《章丘縣志》作「事」。
〔二四〕此闕字，《金石萃編》與道光《章丘縣志》作「風」。
〔二五〕此闕字，《金石存》與道光《章丘縣志》作「端」。
〔二六〕此闕字，《金石萃編》《金石存》與道光《章丘縣志》作「兼」。
〔二七〕此闕字，《金石萃編》與道光《章丘縣志》作「訓」。
〔二八〕「時」，《金石萃編》作「持」，《八瓊室金石補正》作「特」。
〔二九〕此闕字，《金石萃編》與道光《章丘縣志》作「外」。
〔三〇〕「達之」，《金石萃編》《金石存》與道光《章丘縣志》均作「遠近」。
〔三一〕此二闕字，《金石萃編》與道光《章丘縣志》作「虚受」，《金石存》作「虚授」。
〔三二〕「山」，《金石萃編》《八瓊室金石補正》與道光《章丘縣志》均作「幽」。
〔三三〕「定」，《金石萃編》《金石存》與道光《章丘縣志》均作「宅」。
〔三四〕此闕字，《金石萃編》與道光《章丘縣志》作「駟」。
〔三五〕「居」，《金石萃編》與道光《章丘縣志》作「處」。
〔三六〕此闕字，《金石萃編》《金石存》與道光《章丘縣志》作「隸」。

［三七］此闕字，《金石萃編》與道光《章丘縣志》作「不」。

［三八］此二闕字，《金石萃編》與道光《章丘縣志》作「過也」。

［三九］此闕字，道光《章丘縣志》作「色」。

［四〇］此闕字，《金石萃編》與道光《章丘縣志》作「賁」。

［四一］此闕字，《金石萃編》《金石存》與道光《章丘縣志》作「再」。

［四二］此三闕字，《金石萃編》與道光《章丘縣志》作「不得已」。

［四三］「屬」，《金石萃編》《金石存》與道光《章丘縣志》作「感」。

［四四］此闕字，道光《章丘縣志》作「之」。

［四五］此闕字，《金石萃編》《金石存》與道光《章丘縣志》作「非」。

［四六］此闕字，《金石萃編》與道光《章丘縣志》作「民」。

［四七］此闕字，《金石萃編》與道光《章丘縣志》作「能」。

［四八］此闕字，《金石萃編》作「權」，《金石存》作「罹」，道光《章丘縣志》作「懼」。

［四九］此二闕字，《金石萃編》與道光《章丘縣志》作「公正」。

［五〇］此闕字，道光《章丘縣志》作「義」。

［五一］後二闕字，道光《章丘縣志》作「中和」。

［五二］「户」，《金石萃編》與道光《章丘縣志》作「西」。

［五三］「十」，《金石萃編》《金石存》與道光《章丘縣志》作「升」。

［五四］「辛」，《金石萃編》作「辟」。

〔五五〕此二闕字，《金石萃編》與道光《章丘縣志》作「己之」。

〔五六〕此闕字，《金石萃編》與道光《章丘縣志》作「左」。

〔五七〕此闕字，《金石萃編》《金石存》與道光《章丘縣志》作「尤」。

〔五八〕此闕字，道光《章丘縣志》作「習」。

〔五九〕此闕字，道光《章丘縣志》作「物」。

〔六〇〕此闕字，《金石萃編》與道光《章丘縣志》作「蒙」。

〔六一〕此闕字，《金石存》與道光《章丘縣志》作「朝」。

〔六二〕「同」，《金石萃編》作「用」。

〔六三〕此闕字，《金石萃編》《金石存》與道光《章丘縣志》作「佇」。

〔六四〕「戍」，《金石萃編》《金石存》與道光《章丘縣志》作「成」。

〔六五〕此闕字，《金石萃編》《金石存》與道光《章丘縣志》作「猷」。

〔六六〕「益」，《金石萃編》與道光《章丘縣志》作「匪」。

〔六七〕此闕字，《金石萃編》《金石存》與道光《章丘縣志》作「之」。

〔六八〕此三闕字，《金石萃編》《金石存》與道光《章丘縣志》作「沈之崇」。

〔六九〕此闕字，《金石萃編》與道光《章丘縣志》作「鼶」。

〔七〇〕此闕字，道光《章丘縣志》作「在」。

〔七一〕此闕字，《金石萃編》《金石存》與道光《章丘縣志》作「始」。

〔七二〕此五闕字，《金石萃編》《金石存》與道光《章丘縣志》作「乃眷蹠跣之」。

［七三］此二闕字，道光《章丘縣志》作「爰自」。
［七四］此闕字，道光《章丘縣志》作「詢」。
［七五］此二闕字，《金石萃編》《金石存》與道光《章丘縣志》作「左右」。
［七六］此闕字，道光《章丘縣志》作「益」。
［七七］此四闕字，《金石萃編》《金石存》與道光《章丘縣志》作「未空樽酒」。
［七八］此二闕字，《金石萃編》與《金石存》作「賓游」，道光《章丘縣志》作「賓幾」。
［七九］此二闕字，道光《章丘縣志》作「王公」。
［八〇］此闕字，《金石萃編》與道光《章丘縣志》作「閥」。
［八一］此闕字，《金石萃編》與道光《章丘縣志》作「明」。
［八二］此二闕字，《金石萃編》《金石存》與道光《章丘縣志》作「纂尧」。
［八三］「訓」，《金石萃編》與道光《章丘縣志》作「證」，《金石存》作「咏」。
［八四］此闕字，《八瓊室金石補正》《金石存》與道光《章丘縣志》作「誥」。
［八五］此闕字，《金石萃編》作「世」，道光《章丘縣志》作「此」。
［八六］此闕字，道光《章丘縣志》作「鷹」。
［八七］「歎」，《金石萃編》《金石存》《全唐文》與道光《章丘縣志》作「歎」。
［八八］此二闕字，道光《章丘縣志》作「萬世」。
［八九］此四闕字，道光《章丘縣志》作「特异恒御」。
［九〇］此闕字，《金石萃編》作「絶」，道光《章丘縣志》作「迎」。

〔九一〕此闕字，《金石萃編》與道光《章丘縣志》作「人」。
〔九二〕此闕字，道光《章丘縣志》作「幣」。
〔九三〕此闕字，道光《章丘縣志》作「乏」。
〔九四〕此二闕字，《金石萃編》與道光《章丘縣志》無，依據文義，當爲二空格。
〔九五〕此闕字，道光《章丘縣志》作「日」。
〔九六〕「供」，道光《章丘縣志》作「送」。
〔九七〕此闕字，道光《章丘縣志》作「喪」。
〔九八〕此二闕字，《金石萃編》作「中允」。
〔九九〕「雲」，《金石萃編》卷五三《岱岳觀碑》作「靈」。
〔一〇〇〕「流」，《金石萃編》卷五三《岱岳觀碑》作「騰」。
〔一〇一〕「造」，《金石萃編》卷五三《岱岳觀碑》作「走」。
〔一〇二〕「赴」，《金石萃編》卷五三《岱岳觀碑》作「游」。
〔一〇三〕「還」，《金石萃編》卷五三《岱岳觀碑》作「季」。
〔一〇四〕「虬」，《金石萃編》卷五三《岱岳觀碑》作「光」。
〔一〇五〕「對」，《金石萃編》卷五三《岱岳觀碑》作「疑」。
〔一〇六〕「天」，原作「太」，據《金石文字記》卷三《岱岳觀造像記》正。
〔一〇七〕「騫」，原作「謇」，據《新唐書·宰相世系》改。
〔一〇八〕此碑現存曲阜孔廟十三碑亭南面西起第三亭内，西起第二石。拓本收録於《北京圖書館藏中國歷代石刻拓本匯編》第一五册《孔子廟碑》，均有所殘泐。碑文亦載《金石萃編》卷五五《贈泰師孔宣公碑》、《全唐文》卷一七五《贈太師魯國孔宣公碑》，兹據此加以校證。

［一〇九］『琰玉』，原作『炎王』，據原碑及拓本正。

［一一〇］『玉』，原作『王』，據原碑、拓本及《金石萃編》正。

［一一一］『凝』，原作『疑』，據原碑、拓本及《金石萃編》正。

［一一二］此闕字，原碑及拓本殘泐，《全唐文》作『祥』。

［一一三］此闕字，原碑及拓本殘泐，《金石萃編》與《全唐文》作『裳』。

［一一四］此闕字，原碑及拓本殘泐，《全唐文》作『占』。

［一一五］此闕字，原碑及拓本殘泐，《全唐文》作『岐』。

［一一六］此二闕字，原碑及拓本殘泐，《全唐文》作『化谷』。

［一一七］此二闕字，原碑及拓本殘泐，《全唐文》作『小天』。

［一一八］此闕字，原碑及拓本殘泐，《金石萃編》《全唐文》作『啓』。

［一一九］此闕字，原碑及拓本殘泐，《全唐文》作『其』。

［一二〇］此闕字，原碑及拓本殘泐，《全唐文》作『色』。

［一二一］此闕字，原碑及拓本殘泐，《全唐文》作『謬』。

［一二二］此四闕字，原碑及拓本殘泐，《全唐文》作『譯荒外以』。

［一二三］此二闕字，原碑及拓本殘泐，《全唐文》作『觀藝』。

［一二四］此闕字，原碑及拓本殘泐，《全唐文》作『晏』。

〔一二五〕此闕字，原碑及拓本殘泐，《全唐文》作「貞」。

〔一二六〕「于」，原作「千」，據原碑、拓本及《金石萃編》正。

〔一二七〕「者」，《全唐文》作「哉」。

〔一二八〕「兩」，《金石萃編》作「雨」。

〔一二九〕「和」，《全唐文》作「私」。

〔一三〇〕「玉」，原作「王」，據原碑及《金石萃編》正。

〔一三一〕「學」，原碑及拓本殘泐，《金石萃編》作「孝」。

〔一三二〕「延」，原碑及拓本殘泐，《金石萃編》作「埏」。

〔一三三〕此闕字，原碑及拓本殘泐，《金石萃編》作「清」。

〔一三四〕此闕字，原碑及拓本殘泐，《金石萃編》作「久」。

〔一三五〕此碑文載《八瓊室金石補正》卷三八《栖霞寺講堂佛鐘經碑》、《全唐文》卷一八九《大唐方與縣故栖霞寺講堂佛鐘經碑》及光緒《魚台縣志》卷四《金石志·唐栖霞寺造像鐘經碑》，兹據此加以校證。

〔一三六〕此闕字，《八瓊室金石補正》作「知」。

〔一三七〕「微」，《八瓊室金石補正》作「成」。

〔一三八〕此闕字，《八瓊室金石補正》作「似」。

〔一三九〕「撰」，《八瓊室金石補正》作「揆」。

〔一四〇〕「慧」，《八瓊室金石補正》作「意」。

〔一四一〕此闕字，《八瓊室金石補正》作「一」。

[一四二]「劫」,《八瓊室金石補正》作「切」。

[一四三]「⿰氵弓」,《八瓊室金石補正》作「溺」,《全唐文》作「泓」,光緒《魚台縣志》作「漲」。

[一四四]「抑」,《八瓊室金石補正》作「仰」。

[一四五]此闕字,《八瓊室金石補正》作「乘」。

[一四六]「菱」,《八瓊室金石補正》作「雙」。

[一四七]「札」,《八瓊室金石補正》作「松」。

[一四八]此闕字,《八瓊室金石補正》作「之」。

[一四九]此闕字,《八瓊室金石補正》作「永」。

[一五〇]此闕字,《八瓊室金石補正》作「女」。

[一五一]此闕字,《八瓊室金石補正》作「台」。

[一五二]此闕字,《八瓊室金石補正》作「直」。

[一五三]此闕字,《八瓊室金石補正》作「循」。

[一五四]此闕字,《八瓊室金石補正》作「縱」。

[一五五]「魚」,《八瓊室金石補正》作「禹」。

[一五六]「伏」,《八瓊室金石補正》作「狀」。

[一五七]此闕字,《八瓊室金石補正》作「歌」。

[一五八]「川」,《八瓊室金石補正》作「州」。

[一五九]此闕字,《八瓊室金石補正》作「庭」。

[一六〇]「方」,《八瓊室金石補正》作「文」。

[一六一]此闕字,《八瓊室金石補正》作「而」。

[一六二]此闕字,《八瓊室金石補正》作「霖」。

[一六三]此二闕字,《八瓊室金石補正》作「以留」。

[一六四]「日」,《八瓊室金石補正》與光緒《魚台縣志》作「月」。

[一六五]此闕字,《八瓊室金石補正》作「之」。

[一六六]「亶」,《八瓊室金石補正》與《全唐文》作「檀」。

[一六七]此闕字,《八瓊室金石補正》作「小」。

[一六八]「鳳」,《八瓊室金石補正》作「國」。

[一六九]此二闕字,《八瓊室金石補正》作「然則」。

[一七〇]「連」,《八瓊室金石補正》作「違」。

[一七一]「□林」,《八瓊室金石補正》作「芻襟」,《全唐文》與光緒《魚台縣志》作「□林」。

[一七二]「玉」,原作「王」,據《八瓊室金石補正》《全唐文》與光緒《魚台縣志》正。

[一七三]「抌」,《八瓊室金石補正》與《全唐文》作「枕」。

[一七四]「同」,《八瓊室金石補正》與《全唐文》作「桐」。

[一七五]「念」,《八瓊室金石補正》作「志」。

[一七六]「應」,原作「歷」,據《舊唐書》正。據《舊唐書·地理一》記載:「貞觀十七年,戴州廢,縣入兗州。寶應元年,改爲魚臺。」

［一七七］此碑原存滕州張汪鎮壩陵橋，後移至滕州文公臺碑廊内，殘泐十分嚴重。碑文亦載《金石萃編》卷六一《小石橋碑》、《全唐文》卷九九〇《割牛溝小石橋碑》與道光《滕縣志》卷一二《藝文上・割牛溝碑》，兹據此加以校證。

［一七八］「㒸」，《金石萃編》作「象」，《全唐文》作「寂」，道光《滕縣志》作「宗」。

［一七九］「測」，據《金石萃編》《全唐文》與道光《滕縣志》補。

［一八〇］「迷」，《金石萃編》與《全唐文》作「述」。

［一八一］此闕字，道光《滕縣志》作「難」。

［一八二］「表」，《金石萃編》《全唐文》與道光《滕縣志》作「毒」。

［一八三］「無」，原作「无」，應爲「無」。

［一八四］此闕字，道光《滕縣志》作「業」。

［一八五］此闕字，《金石萃編》《全唐文》與道光《滕縣志》作「蓋」。

［一八六］「義」，道光《滕縣志》作「茂」。

［一八七］「真」，阮書作「真」，其他書作「貞」，一般稱爲「貞石」。

［一八八］「無」，原作「无」，應爲「無」。

［一八九］「無」，原作「无」，應爲「無」。

［一九〇］「徑」，原作「征」，誤。

［一九一］《元和郡縣圖志》記載：「武德二年，海岱平定，改爲青州，置總管府。」《山左金石志》誤「武德二年」爲「武德四年」。

〔一九二〕「尺」，原作「寸」，誤。

〔一九三〕此拓本收録於《北京圖書館藏中國歷代石刻拓本匯編》第二二册《唐貞休德政碑》，但漫漶殊甚。碑文亦載《八瓊室金石補正》卷五一《萊州刺史唐貞休德政碑》、《金石續編》卷六《萊州刺史唐貞休碑》與《全唐文》卷九九〇《大唐萊州刺史唐府君德政碑》，兹據此加以校證。

〔一九四〕關於該碑刻立時間，錢大昕《潛研堂金石文跋尾》及陸增祥《八瓊室金石補正》等考定爲開元十年七月，而孫星衍、邢澍《寰宇訪碑録》與吴式芬《攟古録》均作「開元七年七月」。

〔一九五〕此二闕字，《八瓊室金石補正》與《金石續編》作「謚曰」。

〔一九六〕此闕字，《八瓊室金石補正》作「富」。

〔一九七〕此闕字，《八瓊室金石補正》與《金石續編》作「謚」。

〔一九八〕「曰」，原作「日」，據《八瓊室金石補正》與《金石續編》正。

〔一九九〕此闕字，《八瓊室金石補正》作「祖」。

〔二〇〇〕「二」，《金石續編》作「三」。

〔二〇一〕「訁」，《八瓊室金石補正》與《金石續編》作「許」。

〔二〇二〕「户役□□□」，《八瓊室金石補正》與《金石續編》作「展彼鵬圖」。

〔二〇三〕「甲」，《八瓊室金石補正》與《金石續編》作「申」。

〔二〇四〕「傾」，原作「慎」，拓本殘泐，根據阮元按語，當是「傾」字。

〔二〇五〕此四闕字，《八瓊室金石補正》與《金石續編》作「衹天」二字。

〔二〇六〕「大」，《八瓊室金石補正》作「天」。

[二〇七]『蕘』,據《八瓊室金石補正》補。
[二〇八]此闕字,《八瓊室金石補正》與《金石續編》作『地』。
[二〇九]此二闕字,《八瓊室金石補正》與《金石續編》作『貞休』。
[二一〇]此闕字,《八瓊室金石補正》作『識』。
[二一一]此闕字,《八瓊室金石補正》作『簣』,《金石續編》作『及』。
[二一二]此二闕字,《八瓊室金石補正》作『强暴』。
[二一三]『辨』,《八瓊室金石補正》與《金石續編》作『辦』。
[二一四]『從』,《八瓊室金石補正》與《金石續編》作『託』。
[二一五]此闕字,《八瓊室金石補正》與《金石續編》作『息』。
[二一六]此二闕字,《八瓊室金石補正》與《金石續編》作『黄霸』。
[二一七]此闕字,《八瓊室金石補正》與《金石續編》作『穎』。
[二一八]『牧』,原作『改』,據《八瓊室金石補正》正。
[二一九]此闕字,《八瓊室金石補正》與《金石續編》作『委』。
[二二〇]『都督』,據《八瓊室金石補正》與《金石續編》補。
[二二一]此闕字,《八瓊室金石補正》與《金石續編》作『曰』。
[二二二]最後一闕字,《八瓊室金石補正》與《金石續編》作『可』。
[二二三]『問』,《八瓊室金石補正》與《金石續編》作『閶』。
[二二四]『威』,《八瓊室金石補正》與《金石續編》作『風』。

［二三五］此闕字，《八瓊室金石補正》作「遷」。

［二三六］此闕字，《八瓊室金石補正》與《金石續編》作「弃」。

［二三七］「宮」，原作「官」，誤。

［二三八］「二」，原作「三」，據《新唐書》正。

［二三九］「三」，原作「二」，據《新唐書》正。

卷十二

唐石

醴泉寺誌公碑[一]

開元三年十月立，正書。碑高五尺五寸，廣三尺三寸。在鄒平縣城西南三十里鬢堂嶺下。

大唐齊州章丘縣常白山醴泉寺誌公之碑額八分書，六行，字徑二寸，中間造像三軀。又比丘道寂、主藏義浄題名二條。

□□京大薦福寺□□[二]勅昭慶□綴文沙門玄□[三]位下闕。大薦福寺勅翻經院校勘，沙門正智寺都維那僧道寂建此寺及此碑。

伊昔□□□□[四]，□□□[五]寂滅之名；覺日猶□，昌[六]□[七]識□[八]空之相。□夫金□[九]下降，舍□[一〇]□淨月之光；寶教旁流，□□受元□[一一]之潤。三車□駕，火下闕。香不息。所以化身周流於刹土，神足遍□[一二]於塵沙。或十大[一三]聲聞駐形□[一四]里，一方菩薩納景涼臺。觀□背嶺以宣慈，清辯赴。[一五]下闕。朱□曰□[一六]，□游佛法之美；翠塗丹□，咸□玉成之舍。蓋利生□

道，稱境發緣，□不人□其符，□能使諦幢高建者矣。今此醴泉寺者，是宋齊下闕。者□□□□卽□□身之菩薩□遊神境，來屆茲山，棲託□[一七]阿，盡[一八]修禪寂。以爲此地玄武之分，青龍所憑[一九]，□□首以開疆，□[二〇]天齊而劃野。却下闕。司□[二一]之□居；九合一匡，齊桓公之霸國。爾其常白山者，迺摩天□地，晻映蔽虧，抱泉石以娱神，出雲霞而□[二二]性。山毛地髮，名花將軟草連芳；下闕。此人□□□□□形勝□建招提。自後七級崇圖，□起舍□[二三]之構；五層峻闕，重標戴勝之門。海□[二四]山亭，妙相殫於變態，虹梁鳥革，大壯下闕。綴□霞□□晝□□麈尾[二五]□□香壚，水調八解之聲，風□五音之説。息心之輩，見流注以超昇；迴向之徒，仰幽岡[二六]而悟入。時逢□卷代屬下闕。林□□寥落幽巖。我國家□[二七]頂四天，纂圖千帝。以佛乘爲舄馬，因[二八]道品爲城郭。八方起塔，□□遺[二九]形；九□聚鑑，情殷造下闕。於□廟□□佛並□此□□[三〇]□通堯日。三齊□□[三一]，□[三二]梵境以翹誠；四履□昌，仰釋天而矯首。又屬中宗孝□[三三]皇帝龍興，漢道馬入天經下闕。互周法界去。景龍二年歲次景午，爰有齊州正智寺都維僧仁方[三四]，俗姓李，字道寂，慨茲隤墜，抗表興崇。天鑒至誠，特賜名額，条校□應建下闕。而還泰，靈山[三五]掩以重開。法俗歡康，人神舞悦。初，師之行進□[三六]也，夢乘舡上山。及翌日赴朝，听[三七]削無□[三八]，□□[三九]興廢默定，通□懸期。故能下闕。俶裝[四〇]東[四一]上，將欲赴州□□三藏□□[四二]淨法師，俻代高僧，天下重德，先奉勅於大薦福寺翻超經律，以□□□□覩此勝緣□城在東倍增下闕。四□，□□[四三]五濁。德□人天之表，名揚宇宙之間。□[四四]應難□，神功叵測。及將命星□[四五]，載達章[四六]□□□香緣天□□臨□□時方□令楊□□代傳下闕。絃歌。□□□□，卽以二月八日親率闔境老幼，大會新寺，表慶天恩。又於靈廟之前，尊卑就列，雁行齊聽，魚貫□□其令迺下闕。見□[四七]醴泉流□，修廣三四尺，深淺二[四八]尺餘，色淨□[四九]甘，□□[五〇]瑞典，挹酌同飲，咸覺蠲痾。莫[五一]不以□福□圓，三靈允荅，光揚寶□，滋液金埸。下闕。州□上聞，聖情垂感，有勅改名爲『醴泉寺』。仍更□[五二]入册九僧住持行道。自玄波再委，碧題重開，日殿赫而柍昇，月宮華而桂滿。若有[五三]下闕。海□□[五四]以齊深。戒月澄空，□□密霧；禪燈焰室，□[五五]避輕風。濯□路之龍津，洗毗曇之鳥眼。長袪五住，遠効四周[五六]。刷鴻鴈以飛雲，蠁下闕。結[五七]生之地，續柱□□；有情根□之[五八]方，□鳴金□[五九]。樹功不朽，流播無窮。斯並先帝之本願莊嚴，法師幽贊威神之所致也。又師遊戲生死，下闕。如親對。卽平時所將□□[六〇]，亦糸且[六一]例厥□□無願不從。迺至有患心痛者，但取□[六二]前少土，和水服之，應時便愈。□[六三]形是託，神靈保持，由是下闕。寺。久[六四]傳師本俗姓朱氏，金城人也。少出家，止[六五]京道林寺，僧儉法師爲和上，業存禪□。長□[六六]始初，漸彰異□[六七]，居止不定，飲食無時，長髮跣足，每下闕。詞同讖記，言[六八]不□[六九]發，應驗如神。或□視通□[七〇]北都，分□[七一]遍□[七二]南國，奇怪忽恍，不可殫論。以天監十三年歲次甲午十二月八日，□內下闕。相，奄然[七三]示終，時有異香[七四]，□□芬馥。特勅厚加殯送，葬於鍾山獨龍阜，仍於墓所立開善精舍，勅陸倕製銘於冢內，□□[七五]勒碑於寺門[七六]。下闕。化生，及其去也，以積[七七]靈度物，哀□廣積[七八]，福祚皇王。且彼託鍾山，此依常白；彼葬龍阜，此瘞□[七九]臺。前王□[八〇]風，建開善於墳側；後帝傾景，闢醴下闕。至今大唐太極元年歲次壬子，皇帝御天下之三載，凡一百九十九年。化化之緣，古今無盡；明明之德，日月□[八一]新。其所變現之梗概，猶下闕。之□□所□諒[八二]。恭敬者隨時受福，疑慢者應念立徵。事跡繁夥，不可備載。當嘉聲上徹，先帝令□[八三]臺監察御史于[八四]務先親加檢覆，被繡下闕。八正所以知歸，一屬昔緣，獲未曾有。以後復命，倍□[八五]天心。刺史楊□[八六]禧，分符北極，露冕東藩，靈雨逐於行車，仁風隨於轉扇。黃金捧下闕。牆新法城追爲□[八七]於上乘，□□□□不翅，絣繩寶地，助動天宮，薦瑞香園，延光帝載。縣□[八八]、主簿、縣尉□含章□學，行道入□，俱齎財集下闕。以□□羣物，揚舲彼岸。録事□宰鄉□等門滋蘭畹，行擢檀芽，忠信滿於州閭，因果達於古後。被命委□□奉□□隨攜朋下闕。暗□大地荷於津通。貝樹根[八九]春，帝王之□[九〇]文秩矣；金□□界，諸佛之正道通矣；迷津□路，菩薩連[九一]載之乘行矣。齊□短□衆生趣入之下闕。範，況玄天大造，充溢於盡空；淨域鴻緣，牢籠於無外。昔迦葉□下，如來垂讚嘆之鴻；彌勒堂[九二]□，善財表□[九三]揚之偈。若稽古訓，式樹□碑，仍於下闕。遂銘曰：

義天兆昧，優花未披。但迷五蘊，孰辨三伊？厥□火宅，耀我金儀。神足繼軌，□子揚□[九四]。其一[九五]。□有□□[九六]，觀方擇土。載表□[九七]□，旋間下闕。綱。燬我寶地，壞我金場。花殘鷺沼，烟□[九八]龍香。霞標歇滅，石徑荒涼。其二。万寓乘星，千齡慕帝。日月連璧，飛行□契。比念新□，□□□□。高梯下闕。精標五門。玉墀俶感，錫□輿存。其五。欲赴天泉，□規國德。寄誠墳廟，傳詞翰墨。瑞醴通流，嘉祥允塞。重光佛□，□題宸極。其六。□[九九]軒加飾，□盛下闕。其七。先帝聖靈，聿資神鏡[一〇〇]。真□[一〇一]默讚，分形散影。既墓彼山，又墳茲嶺。寶鐸雙振，金繩其炳。化變新新，真身永永。其八。初□泉佛，時□□□。天□降下闕。宣，聞諸典故。鐫金鏤玉，道該緇素。式讚元[一〇二]猷，爰□淨度。勒像賢切，刊碑覺路。其十。

開元三年歲次乙卯十[一〇三]月己酉朔十五日癸亥立。下闕。

右碑文三十六行，字徑八分，下截已斷，陷入趺中，文字殘蝕不全，每行祇存五十四字。寺在鄒平縣，碑額則稱章丘縣。據《鄒平縣志》載：饗堂嶺在城西南三十三里，距章丘三十里，以山脊爲界，西屬章丘，東屬鄒平。今醴泉寺在饗堂嶺之東麓，宜屬鄒平，想唐時，章丘界址必逾嶺而東也。長白山，碑作『常白山』；醴泉寺，碑作『醴原寺』。皆通用字。醴泉在寺右百步石壁下，讀此碑，知醴泉之出始於道寂。修寺之年，碑云『景龍二年歲次景午』。案：中宗神龍二年是丙午，若景龍二年爲戊申，不知碑何以致誤也。

贈歙州刺史葉慧明碑[一〇四]

開元五年七月立，八分書，篆額。碑高七尺二寸，廣二尺九寸。舊在金鄉縣治，今佚。

唐歙州故葉府君之碑篆額三行，字徑三寸。

大唐贈歙州刺史葉公神道碑并序。

江夏李邕□，國子監太學生[一〇五]

公諱慧明，字德昭，南陽郡人也。其先系自軒后，彌于周文，聃季食沈，子[一〇六]高封葉，因爲氏矣。逮問政□[一〇七]孔，好龍得真，代有聞也。昔者惟帝興運，乃聖炳靈，風雲相從，卜夢通感，閒氣駿發，良弼大來，有開必先，憑物爲象，□目[一〇八]然矣。則我使君降□[一〇九]府，乘道流，追蹤隱淪，叶契幽叟，結廬澗沚，考盤巖椒，同人利貞，遁代勿用。雅好酒德，尤邃老經，話言解頤，精□[一一〇]絶倒，誘進不倦，虚納盡□[一一一]，好事集門，長者闐里。每至升月帷户，味風林薄，植杖嘯谷，席皮琴山，泰然樂生，澹乎忘老。方□[一一二]維性壽，遡神僊，侚赤松之遊，縱黄□[一一三]之術，外身先物，歸根致柔，緣以大均，持以大定，色理不盪，寵辱不驚，繩繩焉，熙熙焉，孔德之容，网[一一四]可測已。故師長旌禮，邦族與化，智者謂智，仁者謂仁，雖褐塞桑樞[一一五]，紵衣韋帶，必避途加敬，裒風愓息焉。是用克聞于家，大育厥胤，則我越公襲上德，延慶靈，生而知之，學而習之，有專門之資，得丕承之業。纔亂狃道，既冠同玄，訊遠岳之福庭，覯幽尋之方士。陳呪雷駭，吐刃電光，沈海莫濡，蹈冶匪爇。呵萬鬼，溺[一一六]百神，啟陰官之符，變冥司之籙，追究[一一七]往事，坐知來兹。膏肓無所遁其形，霧露不能滋其疾，奇跡多緒，嘉聲日聞。是以大君孔休，辟令荐至，入自卧内，問以咎徵，造膝必誠，遇事偕中。時更四紀，代且五王[一一八]。順風以請天師，敷衽以近皇極。緇素莫能出右，公卿是惟虛左。國家有事天地，將旅海岳，公嘗致禮加璧，能事潔羞，傳駟載途，郡邑迎謁者，歲四三焉。自項賊□嗇禍[一一九]，小人吹蠱，敢爲戎首，興此厲階，天步未亨，人事將殆。公乃極陳幽贊，大啓聖猷，枚卜撰辰，并走羣望。作爲邦翰，先□[一二〇]主憂，殄勦元兇，翼扶皇統。是嘉厥異，式揚爾忠，爵賞懋於身，寵贈光乎考，匪此父也，曷訓其子？匪此子也，曷揚其親？松楸已行，碑板未立，永念終古，追存孝思。驟請闕廷，苐如江介，遠訪才子，扛[一二一]逮鄙夫。趙括論兵，多缺舊學；班固述史，實賴家書。顧惟成章，實愧貞石。其詞曰：

真隱夷軏，默僊解形。倬哉獨立，企古遐征。殆庶玄德，升覩丹經。服鄉不涅，光昧無營。築卜岑渚，上藥侍琴。徐嘯風谷，緩步月林。白雲怡意，清泉洗心。曷勝不往？曷奇不臨？迹因神遠，情隋[一二二]地深。舉代方籍，皇□[一二三]未軾。肇□[一二四]懿子，載揚令德。左慈致物，越人辨色。司察鬼謀，役使神力。寵被五君，聲聞八極。日嘗薄蝕，國有多難。兇慝□揚[一二五]，忠烈憤惋。亦既先覺，克圖幽贊。皇哉神武，赫然天斷。薄言即戎，于以戡亂。帝念疇庸，典開烈土。豈曜厥身？寔贈于父。未藩乃錫[一二六]，紫綬是與。存致殁榮，忠伸孝舉。烈烈桐[一二七]柏，緒風興悲。表墓有闕，紀德無詞。哀哀嚴蔭，欒欒孝思。孰傳終古，是建豐碑。贈慧明銀青光禄大夫[一二八]、歙州刺史。子道士瀍善，授鴻臚卿，封越國公。

開元五年太歲丁巳鶉尾七月夷則七日甲辰建。闕。□州張□□□□□檢校樹碑侍者洪州翊真觀主盧齊物□。

此碑元藏舊拓本，文二十行，行五十字，徑一寸三分。次行標題下有『江夏李邕□，國子監太學生闕。』，則撰書明是二人。趙明誠《金石録》以爲韓擇木撰并八分書者，誤也。《唐書·越公傳》云括州括蒼人，而此碑云南陽郡人，蓋碑溯始封，傳據譜籍，故不同耳。

修闕里孔子廟碑[一二九]

開元七年十月立，八分書，篆額。碑高一丈二尺，廣四尺四寸，厚一尺八寸五分。在曲阜縣孔廟大成門前。

魯孔夫子廟碑額三行，字徑四寸。

嘗觀元化陰藏，上帝玄造，雖道遠不際，而運行有符。揚搉大柢，宣考神用[一三〇]，建人統之可復，補天秩之將積，其揆一也。昔者蚩尤怙賊，厥弟驕兵，巨力多[一三一]徒，合緒連禍，則黄帝與[一三二]聖，首出羣龍，推下濟以君人，儆勤略以戡亂。逮至横流方割，包山其咨，轉死爲魚，鱻食不粒，則堯禹竝跡，扶振隱憂，道百川，康四國。粤若殷禮缺，周德微，宋公用鄁，楚子問鼎，則夫子卓立，粲然成章，闢邦家之正門，播今昔之彝憲。此天所以不言而成化，聖所以有開而必先。其若是也！故夫子之道，消息乎兩儀；夫子之德，經營乎三代。豈徒小説，蓋有異聞。夫亭之者莫如天，藉之者莫如地，教之者莫如夫子。且沐其亭而不識其道，則不如勿□[一三三]；荷其藉而不由其德，則不如勿運。固曰消息乎兩儀者也。夫博之者莫如文，約之者莫如禮，行之者莫如夫子。且會其文而不揚其業，則不如勿傳；經其禮而不啟其致[一三四]，則不如勿學。上代有以焯序，中代有以宗師，後代有以丕訓，固曰經營乎三代者也。意虞舜之美不必至是，贊而大者，進聖君也。夏桀之惡不必至是，擠而毀者，激庸主也。伊尹之忠不必至是，演而數者，勉誠節也。趙盾之逆不必至是，抑而書者，誅賊臣也。至若論慈廣孝，輔仁寵義，職此之由。於是君臣之位序，父子之道明，友朋之事興，夫婦之倫得。雖朖日開覺，膏雨潤黷，和風清扇，安足喻哉！借如九皇繼統而政醇，七聖同年而道合。雖事業廣運偕理，濟□[一三五]時未有薄遊，大夫僻居下國，德敷既往，言滿方來。廟食列邦，不假手於後續；君長萬葉，畢歸心於素王。若此之盛，是以騰跨百辟，孤絶一人，曷成名可稱取興爲大者已。我國家儒教浹寓[一三六]，文思戾[一三七]天，仲吏曹以追尊，逮[一三八]禮官以崇祀，侯褒聖於人爵，尸奠亨於國庠。是用大起學流，錫類孝行，敦悅施於方國，光覆彌於胤宗。三十五代孫嗣褒聖侯璲之，字藏暉，洎族賢元亨等，或專門碩儒，罔[一三九]墜于緒；或餘波明準，克揚厥聲。乃相與合而謀曰：夫墟墓之地，《禮》曰自哀；聽訟之樹，《詩》云勿翦。一則遇事遺愛，一則感物允懷。矧乎大聖烈風，吾祖鴻美，故國封井，舊居川嶽歟？宜其悚神馳魄，膝行膜捧，陳齋祭，首嚴祠，樹繚垣以設防，刊豐石以爲表。兖州牧京兆韋君元珪，字空五字。王國周親，人才懿德，明啟風績，休有名教。長史河南源晉賓，字光國，賢操孤興，清節相遠，納人以禮，成俗於師。司馬天水狄光昭，字子亮，相門克開，雅道踵武，聞義必立，從事可行。錄事參軍東海徐仲連，功曹成陽蓋寡疑，倉曹太原王道淳，弘農楊萬石，户曹博陵崔□[一四〇]連，弘農楊履玄，兵曹太原王光超、范陽張博望，法曹安定皇甫悛、東海于光彦，主[一四一]曹滎陽鄭璋，參軍事博陵崔調、扶風竇光訓、河東裴瓚、隴西李紹烈、□□□□儀博主、南陽樊利貞、曲阜縣令鴈門田思昭，丞河間劉思廉，主薄吴興施文尉、清河晏弘楷等，宦序通德，儒林秀生，昇堂覩奥，遊聖欽風，僉同演成，乃□系□[一四二]。其詞曰：

元天陰騭，大明虚鏡。神不利淫，物將與正。凡曰投艱，在此逢聖。吞沙荐虐，軒黄底定。襄陵兆災，夏禹文命。周道失序，夫[一四三]子應聘。删詩述史，盛禮□[一四四]樂。雅頌穆□[一四五]，訓詞昭灼。片言一字，勸美懲惡。誘進後人，啟明先覺。六順勃興，四維偕作。元功濟古，至道納來。首出列聖，席卷羣才。大名震曜，廣學天開。蒸嘗□[一四六]寓，誦習窮垓。帝念居室，以光壽宫。建侯于嗣，環封厥中。孫謀不泯，祖德斯崇。乃刊聖烈，克廣休風。

朝散大夫、使持節、渝州諸軍事、守渝州刺史江夏李邕文，正議大夫、使持節宋州諸軍事、守宋州刺史、上柱國范陽張庭珪書。

大唐開元七年歲在己[一四七]未十月乙酉朔十五日巳亥建。

碑陰正書十一行，行十五字。

僕鄉爲令長山，被檄泰安，嘗謁宣聖廟。歷觀前人碑志，自漢魏以來，代無不修，其舊制稍隘，未足以副天下之望。兹者朝廷右文，命開州刺史高公曼卿特爲增葺。凡弊者新之，狹者廣之，下者高之，舊所無者創之，莫不曲盡其善。僕與公有一日之雅，喜而謂曰：公爲吾儒獲膺此委而能大其規橅，俾雄麗如此，可謂無負矣。明昌辛亥，復因奠拜過此，安陽赫㻌十月二十有七日題。

碑左側宋、金、元題字凡六段。

中山趙充馳馹道出曲阜，敬謁先聖祠下，時承安改元之明年秋二十有四日題，漁陽李奕、里人郝無咎與焉。

轉運使王純臣奉詔專詣登、萊、密三州賑䘏，恭謁先聖祠下，嘉祐癸卯正月廿三日。

宋熙寧六年，館閣校勘吕升卿奉勑察訪京東路，十月初六日自郡率官屬同謁祠下。勾當公事官律學教授方希益，監南京鴻慶宫蔡堪，潁州推官陳祐甫，真州楊子縣令歐陽成，縣主簿龔衍聖公孔若蒙，許州舞陽主簿王佐同來。

明昌二年十二月初四日，范陽王肩元奉命過魯，祇拜林廟。

奉政大夫、應奉翰林文字同知制誥兼國史編修李子易，因馳驛至，同朝散大夫、泰寧軍節度副使兼兖州管内觀察副使劉瑋，恭拜廟下，大定十七年四月初九日。

維年月日國子助教、除山東東西道肅政廉訪司照磨于欽，謹昭告于大成至聖文宣王：維王德同太極，道侔元氣。集厥大成，垂訓萬世。於赫事功，拔聖之萃。王祀萬年，魯廟有巋。泰山可頹，魯宫巍巍。河海可竭，魯墳業業。望魯有年，今始魯遊。春風沂水，瑟音悠悠。登降有嚴，洋洋珮璆。敢不肅恭，以承神休。

延祐庚申春二月，詔振臺綱，山東廉訪司照磨于君思容，乘傳經曲阜，適上丁，有事于先聖，以使禮與祭。衍聖公謂君令儒，嘗師成均，特具章服行事，爰有祝文，孔顔孟三氏子孫教授王不矜、學正藍民信，謹誌于石。君益都人，思容，字也。

碑右側。唐、宋、金、元題字，凡七段。

政和丙申浴沂之月，莆陽陳國瑞按行學政，取道闕里，修謁廟庭，觀手植檜及連理木，從至者屬官焦百禄。

宣義郎、權發遣提舉京東西路學事程振，率州學教授辛炳同謁先聖廟下，因奠林冢，政和元年九月廿六日。

明年四月十二日，振以職事再過闕里，同管句文字官劉詢奠謁冢廟。

政和改元，被旨修飾祠宇，京東路轉運使陳知存點檢役事，恭謁宣聖，時季秋廿八日謹題，姪鐸侍行。

門人徐泗節度、掌書記、殿中侍御史、内供奉賜緋魚袋杜兼，童子高質，大唐貞元七年辛未歲二月八日，祗謁拜奠。

朝請大夫、東平少尹兼山東西路兵馬副都總管、提舉學校事李機説，被檄之徐州，因得奠拜聖師林廟，明昌二年十月初七日。

真州吏劉宗煥，馳驛押運碑亭木植至闕里，瞻拜林廟，至元六年八月十二日記。

右碑文二十一行，行六十字，徑寸許，李邕文，張庭珪八分書。案《舊唐書·邕本傳》云：開元三年，擢爲户部郎中，左遷括州司馬，後徵爲陳州刺史。十三年，玄宗車駕東封回，云云。據碑立于開元七年，邕署銜爲渝州刺史，當由左遷括州司馬時已轉渝州，而史失書也。《廷珪傳》：出爲沔州刺史，又歷蘇、宋、魏三州刺史。與碑言『守宋州刺史』合，惟勳爲上柱國，亦從略爾。廷珪與邕親善，屢上表薦之，邕所撰碑文，必請廷珪八分書書之，今此廟碑亦其一也。碑載三十五代孫嗣褒聖侯璲之，字藏暉。《宰相世系表》：璲之，字藏暉，都水使者，襲文宣公。考璲之襲封褒聖侯，當開元五年，其進封文宣公，在二十七年，故碑惟言其初襲封也。碑中列：『兖州牧京兆韋君元珪，字王國。長沙河南源晉賓，字光國』『司馬天水狄光昭，字子亮』。元珪，附子堅《傳》云：先天中，銀青光禄大夫，開元初，兖州刺史，即稱兖州牧，是也。志稱京兆、河南、太原等府，三府牧各一員，兖州既升爲大都督府，宜有牧矣。狄光昭，見《世系表》，云：字子亮，職方員外郎。碑後又載『録事參軍東海徐仲連，功曹成陽蓋寡疑，倉曹太原王道淳，弘農楊萬石，户曹博陵崔□□，弘農楊履玄，兵曹太原王光超、范陽張博望，法曹安定皇甫恮、東海于光彦，士曹滎陽鄭璋，參軍事博陵崔調、扶風竇光訓、河東裴璿、隴西李紹烈、□□□□儀傳□、南陽樊利貞，曲阜縣令鴈門田思昭，丞河間劉思廉，主簿吴興施文尉、清河晏弘楷』

等名。案《職官志》，大都督府録事參軍事二人，兖州既屬上都督府，此碑列録事參軍惟徐仲連一人，與中、下府同。功、士二曹各一員，餘曹各二員，正與《志》符。至《志》載：開元元年十二月，改録事參軍爲司録參軍，今碑在開元七年，猶稱『録事』，所未審也。碑陰文十一行，行十五字，正書，徑一寸五分。辛亥爲明昌二年。案：明昌元年三月，詔修闕里孔子廟，降錢七萬六千四百緡，據此題乃知，董其役者高曼卿也。兩側題名自上而下，以次録之，凡十三段，明以後概不及。何夢華云：『碑陰額間尚有元人題名墨迹數行，惜無人拂拭之。』

龍興寺陀羅尼經幢

開元九年六月立，八分書。凡八面，高七尺六寸，廣一尺二寸。在淄川縣龍興寺。

右經幢無書人及施主姓名，經後題『大唐開元九年歲次辛酉六月丁丑朔二十六日壬寅建』，又有天祐元年續題一行。《府志》以此幢爲唐開元二年立者，誤也。

普照寺陀羅尼經幢

無年月，八分書。凡八面，高七尺八寸，廣一尺二寸。在淄川縣普照寺。

右經幢每面下截皆有施主題名，俱正書，雖無立幢年月，驗其書體，與龍興寺幢相似，故連類及之。

洪福寺陀羅尼經幢

開元九年立，正書。高七尺，圍四尺三寸五分。在新城縣洪福寺。

右幢前刻經文，後題施主姓名，字多漫滅，惟中一行有『大唐開元九年歲次辛酉』，字極明顯，知爲唐人所立。

老子孔子顔子讚

開元十一年八月立，八分書。碑高四尺七寸[一四八]，廣二尺六寸。在金鄉縣學。

老子讚

睿宗大聖真皇帝製。

爰有上德，生而長年。白髮遺象，紫氣浮天。函關之右，經留五千。道非常道，玄之又玄。

孔子讚

同前製。

猗歟夫子，寔有聖德。其道可尊，其儀不忒。刊詩定禮，百王取則。吾豈匏瓜，東西南北。

顔回讚

御製。

杏壇槐市，儒述三千。回也亞聖，丘也稱賢。四科之首，百行之先。秀而不實，得無慟焉。

以上第一列。

孔子讚、老子讚

右修書副使□子、右贊善大夫、麗正殿學士張悱奏稱：先奉恩勅，令臣檢校搭御書睿宗大聖真皇帝集。臣伏見集中具載前件讚文，又見孔子廟堂猶未刊勒，臣竊以爲尊儒重道，褒賢紀功，本於王庭，以及天下，一則崇先師之德，一則紀先聖之文。其兖州孔子舊宅、益州文翁講堂，經今千有餘載，皆未題頌，臣特望搭御書讚文及陛下所製《顏回讚》，并百官撰七十二弟子及廿□賢讚，令東都及天下諸州孔子廟堂，精加繕寫，御製望令刻石，百官作望令題壁。陛下孝理天下，義冠古今，使海内蒼生欣逢聖造，冀敦勸風俗，光闡帝猷。勅旨依奏，開元十年六月十日。

開元十一年歲次癸亥八月甲午朔十六日己酉。

以上第二列。

朝散大夫行令武元禮，朝議郎行主簿樂思問、朝議郎行尉鄭仙丘，朝議郎行尉盧懷秀，朝請郎行尉。下闕。

以上第三列。

右刻分三層，上層三讚，凡十八行，行十字。前二讚睿宗製，後《顏子讚》稱『御製』，謂玄宗也。二層，奏章勅旨十七行，行十五字，末紀年一行。三層，列令簿尉銜名五行。唐時州縣未立學校，而孔子廟堂則在在有之，據大觀元年《金鄉縣學記》稱：城西夫子舊祠，唐開元中所爲，讚碣猶在，即是刻也。

王無競墓志殘石[一四九]

開元十二年十月立，正書。方廣一尺八寸。在掖縣西關閣上。

公諱無競，字仲烈，其先瑯琊人也，因官遂居東萊。自宋太尉弘[一五〇]至棣州司馬佀十一世，世濟其美，不隕其名。公即棣州府君之次子也，克廣前烈，於昭令聞，翩翻海瀕，焜燿京國。夫乂用三德，正直居首；子有四教，文行爲先。公蔚其文，高其行，據於直，歸於正，生而知之，實稟其性。弱冠以應制擢第，解褐授趙州欒城縣尉，歷麟臺正字，轉右衛倉曹、洛陽縣尉、監察御史、殿中侍御史、太子舍人。神龍初，坐以嘗詆權幸，貶於嶺外，終於廣州，春秋五十四。工文則學必從之，故登麟臺侍龍樓也；好直則威必濟之，故吏京邑秉天憲也；行高則衆必庇[一五一]之，故陷非罪謫殊方也。噫！良工能爲闕五字。順，君子能爲道而不能爲容。士師黜，宣尼困，屈原逐，賈生憤，公其近之矣。初，天册中，公與故人魏州牧獨孤莊書，忿林胡之猖[一五二]狂，哀冀北[一五三]之阢隉，誡以軍志，示之死所。客有薦其書者，則天見而異之，有制召見，驟膺寵渥。相如之賦感人主，未云速也！洎者恩澤侯張昌宗，位極太[一五四]官，寵震群后。公著書東觀，與之聯事，曾是貽籍，未嘗暱就，色莊見憚，象恭益深。長孺之抗禮將軍，曷足議也？公嘗執簡中禁，司察位班。時三事大夫有族談錯立者，公進而言曰：『朝有著定，所以道威儀；邦之具瞻，所以[一五五]昭軌物。□導不恭，不昭不□，其□□莫不肅然就列矣。□次。[一五六]公之舉劾大臣，庸可冀[一五七]也。嗚呼！及今有□[一五八]，其[一五九]猶不朽，公則具舉□[一六〇]，其誰□□[一六一]？公生於齊，長於魏，不忘吾常[一六二]，□[一六三]操士風。嗣子日新等，虔卜遠日，□[一六四]成先志，以開元十二[一六五]年歲次甲子十月丁亥朔廿三日巳酉，徙殯於魏國，□葬於東萊山之正原，禮也[一六六]。夫人范陽□[一六七]氏祔焉，□□[一六八]也。窀穸之事，可無紀乎？其銘曰：

萬靈秀，百夫特。□多才，宅弗克。[一六九]詩可興，筆餘力。人之望，邦之傑[一七〇]。□□□，□□棘[一七一]。厄炎厲，喪明德。卜佳城，于舊國。銘景行，永無極。

右刻祗存後段十行，字徑五分。武虛谷《金石續跋》云：畢湖目檢《文苑英華》孫逖所撰《王無競墓誌》，後半與此石現存數行同，因定爲《無競墓誌銘》。考無競，見《舊唐書·文苑傳》：初應下筆成章舉及第，解褐授趙州欒城縣尉，歷秘書省正字，轉右武衛倉曹、洛陽縣尉，遷監察御史，轉殿中丞，又轉爲太子舍人，出爲蘇州司馬，再貶嶺外，卒。即約孫逖此文爲之，而《傳》言秘書省，《誌》言麟臺省，皆可以通名；《誌》言右衛，不如《傳》言右武衛之審矣。孫逖亦見《文苑傳》。

紀泰山銘[一七二]

開元十四年九月刻，并額俱八分書。崖高三丈一尺二寸[一七三]，廣一丈六尺一寸。在泰安縣岱頂大觀峰東嶽廟後石崖，南向。

紀泰山銘額八分書，二行，字徑一尺八寸。

紀泰山銘，御製御書。

朕宅帝位，十有四載，顧惟不德，懵于至道，任夫難任，安夫難安。茲朕未知，獲戾於上下，心之浩盪，若涉於大川。賴上帝垂休，空六字。先后儲慶，宰衡庶尹，交修皇極。四海會同，五典敷暢，歲云嘉孰，人用大和。百辟僉謀，唱余封禪。謂孝莫大於嚴父，謂禮莫尊於告天。天符既至，人望[一七四]既積，固請不已，固辭不獲。肆余與夫二三臣，稽《虞典》，繹漢制，張皇六師，震疊九□[一七五]，旍旗有列，士馬無譁，肅肅邕邕，翼翼溶溶，以至于岱[一七六]宗，順也。《爾雅》曰：『太山爲東嶽。』《周官》曰：『兗州之鎮山。』實惟天帝之孫，羣靈之府。其方處萬物之始，故稱岱焉；其位居五嶽之伯，故稱宗焉。自昔王者，受命易姓，於是乎啟天地，薦成功，序[一七七]圖録，紀氏號。朕統承先王，茲率厥典，實欲報玄天之眷命，爲蒼生之祈福，豈敢高視千古，自比九皇哉？故設壇場於山下，受羣方之助祭，躬封燎於山上，冀一獻之通神。斯亦因高崇天，就廣增地之義也。乃仲冬庚寅，有事東嶽，類於空四字。上帝，配空六字。我高祖，在天之神，罔不畢降。粵翌日，禪於社首，侑我聖考，祀於空四字。皇祇，在地之[一七八]神，罔不咸舉。暨壬辰，覲羣后，上公進曰：『天子膺天符，納介福。』羣臣拜稽首，千萬歲。慶答歡同，陳誡以德。大渾叶度，彝倫攸敘，三事百揆，時乃之功。萬物由庚，兆人允植，列牧衆宰，時乃之功。一二兄弟，篤行孝友。錫類萬國，時惟休哉。我儒制禮，我史作樂，天地擾順，時惟休哉。蠻夷戎狄，重譯來貢，空五字。累聖之化，朕何慕焉。五靈百寶，日來月集，會昌之運，朕何感焉。凡今而後，儆乃在位，一王度，齊象灋，搉舊章，補缺政，存易簡，去煩苛，思立人極，乃見天則。於戲！天生蒸人，惟后時乂，能以美利利天下，事天朙矣；地德載物，惟后時相，能以厚生生萬人，事地察矣。天地朙察，鬼神著矣。惟空五字。我藝祖文考，精爽在天，其曰：『懿余幼孫，克享空三字。上帝。惟空五字。帝時若，馨香其下。』不乃曰：『有唐氏文武之曾孫隆基，誕錫新命，纘戎舊業，永保天禄，子孫其承之。』余小子敢對揚空四字。上帝之休命，則亦與百執事尚綏兆人，將多于前功，而毖彼後患。一夫不獲，萬方其罪予；式人有終，上天其知我。朕維寶行三德：曰慈、儉、謙。慈者覆無疆之言，儉者崇將來之訓，自滿者人損，自謙者天益。苟如是，則軌速易循，基構易守。磨石壁，刻金記，後之人聽詞而見心，觀末而知本，銘曰：

維天生人，立君以理。維君受命，奉天爲子。代去不畱，人來無已。德涼者滅，道高斯起。赫赫高祖，朙朙空六字。太宗。爰革隨政，奄有萬邦。罄天張宇，盡地開封。武稱有截，文表時邕。空六字。高宗稽古，德施周溥。茫茫九夷，削平一鼓。禮備封禪，功齊舜禹。巖巖岱宗，衎我神主。空六字。中宗紹運，舊邦惟新。空八字。睿宗繼朙，天下歸仁。恭己南面，氤氳化淳。告成之禮，畱諸後人。緬余小子，重基空四字。五聖。匪功伐高，匪德矜盛。欽若祀典，不承永命。至誠動天，福我万姓。古封太山，七十二君。或禪弈弈，或禪云云。其速不見，其名可聞。祇遹空六字。文祖，光昭舊勳。方士虚誕，儒書齷齪。佚后求僊，誣神檢玉。秦災風雨，漢汙編録。德未合天，或承之辱。道在觀政，名非從欲。銘心絕巖，播告羣獄。

大唐開元十四年歲在景寅九月乙亥朔十二日景戌建。

碑後從臣題名八分書，字徑一寸四分，字略方格，凡四列。

開府儀同□□□□□□□臣憲□□□□

岐王臣範太子□□□□□□□司空邠□□

此行全泐。

鄂王臣涓□□□□□□□□□亻王臣氵

□王臣□永王□□□王臣清延王臣氵

盛王臣沐□王臣□行太子少詹事貟外□

□正貟嗣韓王臣訥□正卿貟外置同正貟嗣

□王臣□□衛尉□□王臣□□太子□

□悳貟外□同正貟□□□□□守右衛□

軍嗣□王臣□□州刺史嗣□王臣□□□

正卿貟外置同正貟嗣鄭王□□□□□□

軍貟外置□□□□□□□□□正卿貟外置

同正貟嗣□王□臣□□□□□外置同

以下泐八行。

□□□□□□□□□□□□□□□開□

□□□□□□□□□□□丞□□□□□□

此行全泐。

臣盧從愿　寺中

以下泐二行。

舍人

以下泐二行。

舍人　貟外郎

臣　中

臣盧龍秀

大夫臣

以上第一列。凡三十四行，行十九字。

首泐二行。

右拾遺

賣□

御史大夫臣程□

此行全泐。

御史

此行全泐。

□儀同三司太僕卿霍國

置同正員駙馬都

志　　卿

庭珪

大　　員外

以下泐十五行。

□開國公臣李仁德，□□

開

置同正

□□守左領軍

右領　　負外置□□□□

開國公臣王

以上第二列。凡三十四行，行十六字。

首行全泐。

□□義　　領軍□將軍□□

此後泐六行。

置同

　　將軍負外置同

門

□□□□□

開　臣

以下廿一行全泐。

以上第三列。存十六字。

□國□遙知　　侍中□□

同

遥知造碑使、中大夫、守中書侍郎□□

□左中書門下平章事、上柱國、臣李元紘

以下泐三行。

將軍　行左武衛將軍負

作大□依舊□仗

内作上柱國□陽縣開

使　朝議大

柱國臣孫元慶

將作監右□

左補

臣陸去泰

縣主簿臣

臣□

賢院臣劉崇

臣尉大雅
胡
賢院臣王敬之
尉臣衛
下

都檢校
王府
朝散大夫行中書
玉册官
書
大夫　主
登山□玉册官□□
書臣譚崇德
大夫

以上第四列。共三十二行，行十八字。

右刻並標題、年月凡二十四行，行五十一字，徑五寸五分。此文《唐書》所載不全，《岱史》及《泰安志》亦有駁異，今悉從拓本録之。舊《濟南府志》云：碑下截剥落，明葉彬補書百八字，形似小異。武虚谷億《金石續跋》云：『《舊唐書・禮儀志》：玄宗製《紀太山銘》，御書，勒於山頂石壁之上者是也。今以其文與志參較，「朕宅位十有四載」，石本作「宅帝位」；「若涉大川」，石本「涉」字下多「於」字；「宰相庶尹」，石本「相」作「衡」；「禮莫盛於告」，石本「禮」字上多「謂」字，「告」字下多「天」字；「震讋九寓」，石本作「震疊」；「以至岱宗」，石本「至」下多「于」字；「實萬物之始」，石本作「實惟天帝之孫，羣靈之府。其方處萬物之始」；「爲蒼生而祈福」，石本「而」作「之」；「呼萬歲」，石本「呼」作「千」；「慶合歡同」，石本「合」作「荅」；「廼陳誠以德」，石本無「廼」字；「懿爾幼孫」，石本「爾」作「余」；「刻金石」，石本「石」作「記」；「冀後人之聽詞而見心」，石本無「冀」字，又作「後之人」；「衛我神主」，石本「衛」作「衎」；「中宗紹運，舊邦惟新」，石本於此下多「睿宗繼明，天下歸仁」二句；「或禪亭亭」，石本「亭亭」作「弈弈」；「儒書不足」，石本「不足」作「齷齪」。案：文之異者，容所據見或有不同，若銘列祖而獨遺睿宗，則下文「恭己無爲」［一七九］正以睿皇禪位爲詞，若接屬中宗，義便不相屬。又「儒書齷齪」，盖指議封禪儒生所録，故以「齷齪」鄙之，作史者嫌其過詆儒書，遂刪易以「不足」當之，斯不達其旨矣。銘後題「開元十四年」，銘叙又作「十四載」，「年」「載」通稱互文，非如天寶元年改「年」爲「載」［一八〇］，始有專名也。』元案：虚谷此跋，足補前人所未及。碑後刻諸王、群臣題名凡四列，字徑一寸四分，有方界格，皆爲明人加刻。大字横貫交錯，遂使湮毁無傳，兹就空隙處細爲審辨，補圖于右，庶使後之覽者得有依據。上列『開府儀同』，下有『憲』字，以《唐書》傳紀證之，憲爲睿宗長子，讓皇帝憲也。『岐王臣範』者，睿宗第四子，本名隆範，後避玄宗雙名，改稱『範』，睿宗踐祚，進封岐王。『太子』下空五格，存『業』字。業，睿宗第五子，本名隆業，後改單名，睿宗時進封薛王，開元八年遷太子太保，是缺處當作『太保薛王臣』也。『司空邠』，案章懷第二子，名守禮，神龍中遺詔進封邠王，先天二年遷司空，後以開元二十九年薨。『司空邠』下字雖殘闕，爲『守禮』無疑。《玄宗紀》：開元十三年，改豳州爲邠州。此刻於十四年，故從新改作『邠』。『阝[一八一]王臣涓』，即鄂王涓，玄宗子，初名嗣初，後改名瑶。『亻王臣氵』，恐是『儀王臣濰』，玄宗子璲，初名維。『永王□』下，案玄宗子璘，封永王，初名澤，殆即其人。『□王臣清』，玄宗第十八子瑁，初名清，封爲壽王也。『延王臣』下祇存『氵』旁，案玄宗第二十子玢，初名洄，封延王。『盛王臣沐』，玄宗第二十一子沐，封盛王，改名琦。『嗣韓王臣訥』，《宗室世系表》有『嗣韓王太僕卿訥』。以上諸王名號皆與史傳合。後段姓名可辨者，惟盧從愿、盧龍秀二人，龍秀附見《唐書·桓彦範[一八二]傳》，中宗時官監察御史，《傳》作『龔秀』，當依石刻爲正。次列可辨者，庭珪、李仁德，庭珪闕姓，殆即張庭珪也。三列姓名皆殘毁。四列有李元紘、孫元慶、陸去泰、尉大雅、王敬之、譚崇德諸銜名。案《本紀》，十四年四月丁巳，『户部侍郎李元紘同中書門下平章事』。碑稱『遙知造碑使』者，似非扈從之臣。陸去泰附見《唐書・儒學・褚無量傳》，歷官左右補闕内供奉，今銜名存『左補』二字，正相合也。

聖壽寺石壁題字

開元十八年四月刻，正書。在嘉祥縣七日山聖壽石龕之右壁。題字凡三段，第一段，首題『唐開元十八年歲次□□四月乙卯十六日庚午』，後列造象男女姓名。次段，姓氏多磨滅，惟後梁龍德紀年尚可辨。三段，首題『咸平二年』，後有『見充金鄉鎮將司空李潤妻張氏』云云。以鎮將兼司空銜，所未悉也。

雲門山功德記[一八三]

開元十九年刻，行書。在益都縣雲門山之陽洞西大佛龕下。

青州雲門山功德記

承議郎、行益都縣令曹□高[一八四]

夫代上以役，人間□□[一八五]，茫是非之環，均□□[一八六]之海者久矣。六代祖，□□[一八七]使持節青州諸軍□[一八八]、青州刺史，諱輪，□投絜□[一八九]，道被東□[一九〇]。□[一九一]從祖□[一九二]孝卿，剖苻□□[一九三]大府[一九四]久暨紉[一九五]□□身體[一九六]□□是郡莫□□[一九七]丕□□[一九八]以冥護[一九九]□□□□□嗟嗟□□□□淨業□□□□□□羣生□□善□□[二〇〇]大千之化[二〇一]觸□□[二〇二]□初翹勤宀□□□□[二〇三]嵯峨逮業□[二〇四]□□□□汩沉養[二〇五]□□□□□冈測惟像□[二〇六]能□[二〇七]□□。

開元十九年歲辛□□□□丑朔十五日辛卯，京兆□子□□。

右碑字多剥蝕，兹就可辨者録之。『歲辛』下闕字當是『未』字，開元十九年爲辛未歲也。段赤亭云：『案《唐書·百官志》，散官承議郎同出身正六品，上縣令品從六，中下縣令品俱從七品，以正六品爲之，故曰行也。』

齊州神寶寺碑[二〇八]

開元二十四年十月立，八分書，篆額。碑高七尺八寸，廣四尺，厚九寸。在長清縣神寶寺。

大唐齊州神寶寺之碣（篆額三行，字徑五寸。）

上闕。神寶寺記碣釒□月下闕。字寰篕兼書

觀夫三皇五帝氏王，夏殷周漢氏作，淳源竭[二〇九]而不流，澆俗紛其方扇。雖□[二一〇]門[二一一]將聖，老氏谷神，遊龍之《道》《德》西汙，歎鳳之《詩》《書》不[二一二]返。竟不能庇交喪，拯□□。駈彼㪍俗[二一三]，登兹仁壽，徒存紫氣之言，終絶素王之筆。曷若金□□[二一四]跡，超十地而孤尊；寶樹應期，乘四輪而廣運。大雄有已見□[二一五]生溺之苦海，於是虗横寶筏而濟之；大雄有已見諸子迷之朽宅，於是虗駕舟杭而出之。視之以五藴皆空，明之以諸漏以盡。洎玉毫騰彩，現賢力[二一六]之象位；金儀入□，現神通之日月。經傳白馬，眇闍崛以移來；刹起青龍，□[二一七]閻浮而錯峙。遂令有國有家者，得其道而四海以寧；元元□□[二一八]者，得其門而六塵高謝。豈與夫向時之二教，同日而言焉？神寶寺者，寶山□[二一九]面[二二〇]，岱宗北陰，岡巒隱□[二二一]而石壁萬尋，林藪蒙□[二二二]而□□[二二三]千仞。貔豹躑躅，人絶登臨，虺蟒縱橫，鳥通飛路。粤有沙門諱明，不知何許人也，□[二二四]師德隆四輩，名優六通，僧徒興□，羣生宗仰。晨□棘□[二二五]，四念經行，夜宿榛檀[二二六]，六時禮敬。貔豹枕膝，禪心宋而不驚；虺蟒縈身，戒定澄而不亂。水瓶朝滿，羽仗夜來，事跡非[二二七]凡，故非凡測。親題□[二二八]記，自敘因由曰[二二九]：明以正光元年，象運仲烁，于時振□錫登臨，思同鷲嶺，徘徊引望，想若雞□，欻彈指發聲，此爲福地。遂表請國主，駈宋[二三〇]人神，立此伽藍，以靜□[二三一]爲號。自梁齊已來，不易題榜。屬隋季經綸，生人版蕩，革鼎推變，真俗盈虚，今之所存，殆將半矣。至我空六字。大唐御宇，重遷九鼎，再修二□，四海廓清，萬邦臺統。用光正道，建三寶以傳燈；化洽埀衣，統□[二三二]生於壽域。迺格命天下，有固癈伽藍，先有額者，並使屯脩。于時有鄉人王阝應苔州縣申聞，以此寺北有寶山，東有神谷，因改爲神寶寺爾。其寺也，望魯開基，臨齊作鎮，堂宇宏壯，樓閣岧嶤，砌□□璜，階塗金碧。□容有晬，瑞相無違，發妙彩於天金，罄奇遺於龍石。手輪含字，臨□[二三三]綴而披網；眉宇舒毫，鑒璧瑠而上月。寺內有石浮啚兩所，各十臺級，舍利塔一所，衆寶莊嚴。胡門洞啓，石户交暉，返宇鏘鏘，飛檐巘巘。半天鵬起，遥遥煙霧之容；壹地龍盤，宛宛丹青之色。挹朝霞之昈昈，湛夜月之濯濯，風牽則寶鐸鎗鎗，日照則花盆皛皛。迢迢亭亭，鬱鬱青青，皓皓旰旰，煥煥爛爛。遠而望之，炳若初日照灼皎扶桑；近而察之，皿[一二三四]似素雲霮䨴朏夕陽。□[一二三五]之鴈塔，有似飛來；辟以化城，還疑踴出。寔瞻仰之形勝，是歸依之福田。寺内先代大德僧明幹，提智惠燈，□無明闇。僧彦休，護惜浮囊，微塵不犯。僧元質，積行勤苦，軌範僧倫。僧神鮮，□樹論幢，摧諸憍子。僧弘哲，持經得驗，舍利猶存。僧惠冲，殷念西方，期心安□，所造功德，觸類滋多。僧景淳，釋户綱宗，玄門樞紐。僧貞固，□心弘護，結志修營。僧瀍將，齠齓出家，童顔落彩。三齊負笈，猛探麟角之先；九洛□□，迥出牛毛之外。並俱沐聖恩，僉成道器。忽鷇□風急，鹿苑霜飛，早謝傳燈，空懸錫影。現在諸大德寺主僧慧珍，戒珠□[一二三六]月，道骨含星，堤[一二三七]忍作衣，瀍空成座。六時禮念，脇不至床；壷壹食摽□[一二三八]，□不再歆。是慈悲父，是良福田，廣濟蒼生，普心供養。□□維那□□沼[一二三九]，摽□千仞，崖岸萬里。吐妙瀍於脣吻，納山岳於心胷，縱横道門，□達無礙。上座僧塵外，戒香紛馥，有寘頭盧之軌儀。都維那僧敬祥，惠劒如霜，繼舍利弗之談説。僧敬崇，柰苑良材，横愛河而濟羣溺。僧智山，祇園杞梓，敞瀍宇而庇蒼生。並騰麟俊藪，矯鳳□□，飾厚柱於春臺，撫定輪於烌駕。□煙飛錫，來遊歡喜之園；宴坐經行，寔名和合之衆。故同鐫寶碣，高旌福門。空六字。大唐開元神武皇帝陛下，朝宗萬國，□頓八宏。金鏡合七曜之輝，玉燭和四時之氣。慶雲澄彩，瑞□呈祥，仁動上玄，力侔大造。瀚海天山之地，盡入隄封，龍庭□宂[一二四〇]之鄉，咸霑□化。封金岱嶺，刻玉遷[一二四一]閒，藻鏡乾坤，光華日月。刺史盧諱全□，門有卿相，家襲銀璜，强幹則不發私書，清肅則遽然官燭。矜孤恤隱，愛士慕賢，故□詠入來□[二四二]，詞登至晚。山荏縣□令梁曰大夏，幹□貞□[二四三]，神情警悟。風琴寫韻，則瑞雉爭馴；氷鏡澄清，則祥鸞自舞。誠梵王之福地，真釋帝之名區。爾其澗户深沈，山扉窅窱，玉床雷乳，問抱朴而□[二四四]疑；石壁鏨經，訪嚴遵而不識。奇卉恠木，如窺須達之園；瑞藥僊苗，似入提伽之院。爲王獻菓，下甘露於珠盤；鳳女持花，拂靈香於寶帳。迦□頻伽之鳥，百囀閒關；優曇鉢羅之花，九光凌亂。漢臯遊女，對玉洞以傾心；季梁賢臣，仰瓊堂而頓首。庶使文殊過去，憶妙[二四五]説之清塵；彌勒下生，覓神功於貞石。式鎸寶碣，而爲頌云：

人雄降跡，菍山本元。□有三界，非無二門。不生不滅，若亡若存。遍看郡有，無如我尊。鴈門惠遠，罽賓羅什。明公繼兹，茄藍此立。俗户易窺，真門難入。遁□龍爲，冓後相及。大唐壽命，當宇握鏡。化洽萬邦，功齊七政。録圖舒卷，紫雲迴暎。惠日再暉，薰風在詠。門庭華敞，房宇輪焕。蓮臺晝閣，危樓飛觀。竹韻宫商，花然灼爛。僧衆虔仰，士女稱歎。亭亭妙糸，灼灼精廬。彫盤瞰壄，鏤檻凌虚。珠懸日静，鐸迥風□。□甍栖鳳，到井□[二四六]渠。峩峩寶碣，落落神軒。邪山整岫，苦海澄源。錦雲震烈，縠霧風翻，此中何地，給孤獨園。

維開元廿四秊，歲次景子，十月丁未朔五日[二四七]辛亥，樹工畢。

上闕。僧惠□，僧下闕。右大德等並名繼此寺，□□遷申[二四八]勒之在銘，紀於來代。

碑側

《佛説蜜多心經》一卷。經文不録。

右碑文三十五行，行五十四字，徑一寸。碑側書《心經》一卷，七行，行書，徑一寸。碑記神寶寺所起，先有沙門諱明，以正光元年象運仲秋立此伽藍，以静□爲號。大唐御宇，以寺北有寶山，東有神谷，因改爲神寶寺。案《史記·天官書》：『斗爲帝車，運于中央，臨制四鄉。分陰陽，建四時，均五行，移節度，定諸紀，皆繫於斗。』所謂『象運仲秋』，即斗運也。此寺舊額爲静□，惜闕下一字，無從考證。

任城橋亭碑[二四九]

開元二十六年閏八月立，八分書，篆額。碑高六尺七寸，廣二尺四寸，字徑一寸。在濟寧州學泮池。

任城縣橋亭記額二行，字徑四寸。

橋亭記，空六字。將仕郎守尉游芳篹文，朝散郎行尉華容縣開國男瑯琊王子言書。

唐再受命，能事脩於開元。乃十有三年，告成於岱。空四字。翠華之往也，則北巡濟河；空四字。玉軑之旋也，則南指陳宋。故空三字。行宫御路，次夫任城焉。陽門槗者，跨泗之别流，當魯之要術。初隨時以既濟，因大駕而改功。觀其壅川爲池，因地設險，削金堰於空三字。馳道，甃石門以飛槗。夾以朱欄，揭以華表，炳若星漢，拖如虹蜺。盖空十字。乘輿乃以陽朝御六龍，翊萬騎，聲明紀律，文物比象，迴空四字。睿覽於洲渚，駐空七字。天蹕於川梁。空六字。先時望君之來也，則金繩以界之，鐵鎖以扃之；

厥後榮空七字。君之顧也，則浚池以廣之，築館以旌之。經始兹宇，惠而不費。當儲峙之末，有芻粟之餘；散之則人獲壹錢，鳩之則勤以千計，請爲亭館，以壯槁池。故鄉老老白於吏，邑吏謀於府，因人之欲，得事之宜，鼛鼓不勝，互[二五〇]力徒競，鬱爲層搆，左[二五一]水之陽。□[二五二]鮮原以迥出，亢[二五三]古埔而却倚。危檻巘巘，反宇峨峨，勢摇煙潭，岌若飛動。南軒虚明以晃朗，北室懿湋而清泠。自堂徂亭，邐迤幽徑，上覆藤篠，前臨芰荷，憑高佇目，萬象皆見。夫河南之勝有三，槁亭得其一。梁園有□[二五四]王之迹，圃田有僕射之陂。平池曲榭，美則美矣，豈與夫島嶼開合，林嶂蔽虧，旁薄大荒，吐納霞景？畫橋南度，像清洛之規；虚館□臨，叶滄洲之趣。有是夫！有是夫！任，風姓之國也，謡俗古遠，其太昊氏之遺人。富而教之，合於《魯頌》，當空三字。太平無事，而朝野多歡。不然者，此池何以得花縣之名？吾寮何以得仙舟之目？不其木[二五五]而時則有若？邑大夫榮陽鄭公延華，信昭盈乍，道契虚舟，禮樂之行，仁德歸厚。丞范陽盧瓚、主簿平昌孟景、尉瑯琊王子言、尉河東裴迥，皆士林英華，學府金碧，能勤在公之節，無廢會友之文。嘗授簡於芳，以爲之記，會芳有公車之召，請俟於異時。金鄉尉頴川韓邠鄉舍於裴氏，言於衆曰：『游子之讓斯文，以諸公在此。諸公之意也，子何辭焉？』因命秉燭，俾芳操翰，夜而成記，翌日遂行。開元廿六年秋七月旬有四日云。

大唐開元廿有六年閏八月五日建，空三字。通直郎、行方與縣尉王日雲篆額。

上闕。禺槁刂下闕。二一下闕。[二五六]

右碑文十九行，行四十一字，徑一寸。後列銜名有尉河東裴迴[二五七]，《唐書·宰相世系表》稱「迴司封員外郎」；亦見《地里志》：河南有「伊水石堰，天寶十年尹裴迴置」。即其人也。碑末尚有小八分書一行，祇存「禺」「槁」「刂」「二」等字，字徑六分，筆意同前，疑亦一時所刻。碑書字頗肥勁，大似史惟則一派，亦開元時風尚也。

兖公頌碑[二五八]

天寶元年四月立，并側俱正書，額八分書。碑高六尺三寸，廣二尺七寸，厚五寸。在曲阜孔廟同文門。

兖公之頌横列，字徑二寸。

兖公之頌，空四字。朝議郎行曲阜縣令張之宏撰，空七字。包文該書。

若昔帝軌覆，王綱頹，則孔聖挺生，而憲章克復。故能羞人極，酌彝倫，聲明有度，文武不墜，講德泗上，横經淹□，□□□□，□□□代。嗚呼！毆儒墨，蹈仁義，曠志鵬海，服膺蠖術，瑳琢金玉，鑽仰情性者，其唯兖公乎？公姓顏名回，字子泉，魯人也。□□□□□□十□惠，困而能通，休休焉拾塵著德；貧而不仕，衎衎焉鼓琴自娱。雖行藏坐忘，黜聰墮體，確乎不拔，澹乎自持，猶以豊[二五九]□□□□□談岱嶽辯星精之騎。及夫杏壇花白，素王哀一辟之交；槐市葉青，丹史焕四科之首。輝光昭晰，芝蘭鬱芬，年代浸遠，久□□□，□[二六〇]哉偉歟！美哉偉歟！之宏刻鶴見嗤，雕龍寡譽。昔往神仙之郡，未繫想於王喬；今來禮樂之鄉，猥飛聲於宻賤。徒以絃哥汁□，□□翟之朝飛；水鏡澄明，希阜鸞之曉舞。而都督渤海李公，諱庭誨，八命分憂，兩岐摽慶，海澄泓量，月灼貞明。德之至則膏□□軒，令惟行則仁風發扇。實來茲邑，泛覽川原，企佇丘墟，慨然永歎。曰：『城郭猶是，鶴鳴千歲之歌；陋巷空存，人響一瓢之樂。淥池春盡，白露秋生，古往今來，曷惟其已？皇上禮行鄒魯，思闡文明，則夫子乘通三之尊，兖公列惟五之長。』乃顧而謂之宏曰：『張令文蔚國章，智樹仁策，撝光可大，譽望克韶。宣王既以銘焉，兖公豈宜闕爾？恭惟嘉命，勒茲徽猷，俾夫亞聖，同之前美。』由是也，故得繚宫牆，殖庭宇，撩鳳翼，瓦魚鱗。清泠萃風，曈曨照日，緑樹靃靡，紅藥鬖髿，林霽囀鸎，階香舞蝶。宴於斯，餞於斯，器用陶匏，粢食不鑿。命曰稱兖公之德歟！遂吮墨含毫，聆奇瞬美，綱鳳筞，獵麟書，牽彼朱絲，緯茲黄絹。其頌曰：

珠毓滄溟，鳳飛丹穴。况德君子，聞諸往説。彼美兖公，儒林秀傑。惠和天授，聲聞風烈。道成四友，德浮十哲。魯明御敗，衛通哀洩。宛爾龍盤，颼然鶴髪。噫天喪予，芳蘭已折。其一。聖皇有道，四隩攸同。空三字。恩覆天宇，令發春風。緬懷泗上，空三字。睿相淹中。俯徵魯禮，贈此兖公。天書戾止，儒術昭融。弁冕載頒，威光自雄。空三字。皇情有實，陋巷何空。其二。昭昭良牧，彬彬文質。熊軾躪風，準旟蹔日。嶽鎮鄒魯，道流溟渤。神秀疎聳，靈鑒朗逸。德柔去殺，仁深濟物。來斯懷古，中心壹鬱。麦秀已謡，黍離云述。爰命作頌，傳諸故實。其三。瞻彼魯國，地固人安。軀皃鬱氣，洙泗鳴湍。

禮經雲委，物産星櫕。伊予作宰，諒匪能官。蒲城愧仲，河陽謝潘。棼絲可理，製錦良難。儉懷簞笥，禮想雩壇。塗荒露浥，樹古風殘。愛而不見，慨然永歎。棟宇是葺，金石斯刊。悠悠千載，其芳若蘭。

徵事郎行丞隴西牛孝麟，文林郎守主薄平陽寉庭玉，登仕郎行尉廣平宋休光，尉天水趙再良，將仕郎守尉員外置同正員高陽許瑾，郕王文學文宣公孔璲芝。

天寶元年歲次壬午四月乙亥廿三日丁酉建。

碑側

大和九年六月八日奠謁題，張咸。

右一段二行，在碑側上截。

大中八年正月七日題，

緱山處士張隱，

兖海節度推官試祕書省正字鄭繁。

右一段三行，在碑側下截左行。

右碑文二十二行，字徑一寸。文詞工麗，字亦遒勁有法。李公諱庭誨，諱字下空二格，亦變例也。末題『郕王文學文宣公孔璲芝』，考闕里世系，孔子三十五代孫璲之，字藏暉，開元五年襲封褒聖侯，授國子監四門博士、郕王府文學、蔡州長史，二十七年詔謚孔子文宣王，進封璲之爲文宣公兼兖州長史。又《唐書·宰相世系表》亦作『璲之』，當以石刻爲正。顏子贈兗公，亦開元廿七年事。子淵作『子泉』，避唐高祖諱，與《顔氏家廟碑》同。『宻賤』即『宓賤』，案《顏氏家訓》云：『虙子賤即虙羲之後，俗字爲「宓」，或復加「山」。今兗州永昌郡爲古單父地，東門有《子賤碑》，漢時所立，乃云「濟南伏生，即子賤之後」，知「虙」之與「伏」古來通用，誤以爲「宓」耳。』錢辛楣少詹云：『今本《史記·仲尼弟子列傳》作「宻不齊」，此碑亦用「宻賤」字，正之推所譏爲俗字也。』又云：『碑後列名有尉員外置同正員高陽許瑾，案《唐六典》：上縣，尉二人，中下縣，尉一人。曲阜爲緊縣，故得員外置尉也。』

靈巖寺碑[二六一]

天寶元年立，行書。舊在長清縣靈巖寺，今佚。

靈巖寺碑并序。靈昌郡太守□

邕，以法有因，福有象[二六二]，故[二六三]得真僧戾止，神人告祥，宜□或真空以悟聖，或宻教[二六四]以接凡[二六五]，謂之靈巖，允矣。真□晉宋之際，有法定禪師者，景城郡人也，嘗行蘭若□若是者歷年，禪師以[二六六]勞主[二六七]人，逝將辝去，忽有二居士□建立僧坊，弘宣佛法，識者以爲山神耳。因□夫山者，土之至厚；谷者，虛[二六八]之至深；水者，因定而清。林□貝茱之經，衡岳[二六九]廓蓮花之會[二七〇]，獨人存法立事，著名揚□空，矧乎辟支佛牙，灰骨起塔，海龍王意，貿金□仍舊。昔者州將厚貝[二七一]，邑吏孔威，廣□支供[二七二]，多供[二七三]器物，□□□□□□□

解脱禪師以杖叩力士脛，曰：『令尔守□〔二七四〕而送之。』仍施絹五十匹。□若武□〔二七五〕阿閣，儀鳳堵波，□祖削平初，乃發宏願。高宗臨御之後，克□〔二七六〕光堂。大悲之脩，舍利之□，報〔二七七〕身之造，禪祖之崇，山□功宇内舍郙之構□身鐵像，次者三軀大□金剛□〔二七八〕□。□□□也，雲霞炳煥於丹霄；，即而察之，日月照明□□道。此皆帝王之力，捨以國財，龍象之□〔二七九〕□□□二□□客〔二八〇〕植之不生，汎於草間，穢於壠上。職由□保眾，發慮道摧。扌清浄之田，解昏迷之縛。不然曷□〔二八一〕律，住持入慧之境，□繁文字，削〔二八二〕筆杪於連章，思廣闕遺〔二八三〕，刻□陰於別傳。大德僧浄覺，敬惟諸佛下闕。〔二八四〕。上座僧玄景、都維郙僧克〔二八五〕祥，寺〔二八六〕主安禪，或上首□空，或出□□義。僧崇憲、僧羅喉，僧零範、僧月光、僧智海、僧□□〔二八七〕等，永言悟入，大啓津梁，咸高梯有憑〔二八八〕，勝宅〔二八九〕自照，仍依俗諦，□□豐碑，宛委昭宣，弘長增益，桃源失路，迷秦漢而□〔二九〇〕天長。其詞曰：

倬彼上人，巍乎曾嶺。冥立福地，神告□□。爰□幽居，逝言遐馳。寂用内照，塵勞外屏。其一。□□□〔二九一〕宮。歲寺建置，今古齊同。磴道邐迤，霞閣晗曨。其二。□□效靈，觸類示相。扶持浄域，警誡州將。延集下闕其三。□□〔二九二〕岳寺，台之國□。岱之北阜，蒲之西〔二九三〕陘。是人依法，即〔二九四〕事聯聲。宜□□二，誰云與京。其四。碩德勤脩，爽下闕。〔二九五〕哉傳〔二九六〕覺，以極斯萬。其五。

大唐天寶元年歲次壬午□□月壬寅朔十五日景辰建〔二九七〕。

右碑見趙明誠《金石録》，云『《唐靈巖寺頌》，天寶元年李邕撰并行書』，未詳所在。國朝徐壇長集云『李北海書《靈巖寺碑》在長清縣長白山寺中，尚完好』，云云。案：長白山在長山縣境，距靈巖尚遠，此必有誤。《寶刻類編》亦載是刻，下注『齊』字，蓋此碑在長清本寺也。元至山左，屢飭拓工訪求，未得，嗣見趙晉齋魏所藏舊本，魄力雄偉，爲北海得意書，惜秖存上半，下截已闕，每行剪襟多誤，不能定其原次，兹姑仍襟册録之。趙君，仁和廩生，好古士也，收藏金石至四千餘種，近無其匹。

寧陽造像殘碑

天寶二年刻，行書。碑高二尺九寸，廣一尺九寸。在寧陽縣西關。

春秋之

書之表記惟公承禮樂

潔身□義不踐□□□□服指□天道於無物宿至下闕。

□□俗□□□□□□滅跡□□渾下闕。

□智與時同體□之識□□以爲凡亦以下闕。

□□□飲者繼□乃云濟人之急豈無救下闕。

□境□丘□□邑居□臨□□勝勢□度命工鑿井下闕。

□□□□見底紅欄□丬倒影涵空□緑楊以垂下闕。

□□□陰故事□□在□於□汲引□□縛□不下闕。

□净□□之如□豈非至人之□云爲於斯□大者下闕。

藥□不□價西蜀賣□錢隹百文皆德臧公亦庶幾下闕。

晏如蹶塵不雜猗歟□□□□□焦氏更著精誠下闕。

朩圓□天啓□□性□□□□煩惱無怖□以不下闕。

住能到本處豈惟□□□□□□□□□□夫下闕。

重□其於女□□□及□□□□□□□□哉下闕。

聖文神武皇帝爰及七□□□□□□□□眷屬□其上下闕。

相好斯具□大海成田□□□□□□□□在下闕。

大唐天寶二年歲維鶉首月在林□□□□□□申建也

右殘碑存字十八行，字徑一寸，江秬香搜得拓寄，嚮未見於著録也。

石門房山造像題字二十九種

年月、書體詳後，在寧陽縣[二九八]石門房山北石壁。

一題『大唐天寶六□□□丁亥三月丁丑朔廿□□□□廣饒□□□守志造像記』。正書，十二行，自左至右，《記》中『尚』字即『上』字之通用。

一題『仙□李令璋、妻吕造像記』。正書，八行，《記》中『菩薩』倒作『薩菩』。

一題『濟南郡清信仕□行廉造像記』，後書『天寶九□□月』。正書，凡六行。

一題『佛弟子□□仁造像記』，後書『天寶七載九月』。正書，凡三行。

一題『像主監希莊天寶六載□□丁亥三月壬午朔廿八日癸卯造像記』。正書，三行。

一題『山石造像記』，正書，四行。

一題『清信士李□□、妻王氏』。正書，五行，可辨者惟此七字。

首行存『白馬』二字，三行存『君無其』三字，餘皆漫滅。

一題『□川□□□□昇造像記』，後書『天寶六載十月四日』。正書，凡十一行。

一題『佛弟子李□賓等造像記』，後書『天寶□載十二月卅日』。正書，凡五行。

一題『釒□合子女天寶[二九九]□七載四月』。正書，三行，上下皆有殘闕。

一題『佛弟子杜二朗、妻阝氏造像記』，後書『天寶□載十一月十日記』。正書，凡三行。

一題『佛弟子兵部常選、上柱國韓嘉昕造象記』，後書『天寶七載二月記』。正書，凡四行。

一題『清信佛弟子孟士□造像記』，後書『天寶六載五月四日記』。正書，凡五行。

一題『孫□如來弥陁像一』。正書，八字，上下俱闕損。

一題『臨淄縣李要、妻王十二娘造像記』，後書『天寶六載』。正書，凡五行。

一題『佛弟子□□□爲祖母傅敬造□□弥陁像一』。正書，三行。

一題『□大唐天寶六□歲次丁亥四月丙午朔六日辛亥，阝城郡□濰縣人車懷璧造像記』，末行紀年止存『十一月』十四字。正書，凡七行。

一題『生父母□在眷屬，咸同斯□六載三月二日建』。正書，二行。

一題『弟子郭德禮造像記』。正書，五行。

一題『佛弟武令本造像記』。正書，二行，佛弟下脱『子』字。

一題『清信仕上柱國王道成、妻張氏造像記』，後書『天寶九載三月建』。正書，凡六行。

一題『維大唐天寶六載歲次丁亥三月丁丑朔廿九日□□□鑄□人盧大娘女等造像記』。正書，五行，自左至右。

一題『維大唐天寶六載歲次丁亥三月丁丑朔廿九日乙巳，廣德鄉人王克勤造像記』。正書，七行，自左至右。

一題『□□令、妻□□造像記』，後書『天寶□載九月□七日記』。正書，凡二行。

一存『男難金□像一』。正書，五字，餘俱漫滅。

一題『大唐天寶□□□□房造像記』。正書，九行。

一題『□□□□□李思□造像記』。正書，二行。

一存『男□弟，天寶六載三月』。正書，八字，餘俱漫滅。

右造象記二十九種，文多殘闕。中稱『佛弟子兵部常選、上柱國韓嘉昕』，案常選之名，見《唐書·宰相世系表》，竇氏令琇、令瓌並兵部常選，令瑜吏部常選，下又有汪渙並兵部常選。《孫志廉墓誌銘》有『文林郎行文部常選、上柱國韓獻之』。《張希古墓誌銘》：『子，長曰行瑾，次曰崇積，並武部常選。』又《百官志》：『酬功之等，有見任、前資、常選，曰上資。』蓋應選士人隷文選，則爲吏部常選；隷武選，則爲兵部常選。于時猶未注官也。然勳已爲上柱國，竟至十有二轉，視從二品名，爵之濫于斯甚矣。又《記》書『監希莊』，『監』爲『藍』字之省；『蒼生』作『滄』，則別體也。諸記向無人尋拓，今搜得之，爲存其概如此。

贈東平太守章仇玄素碑[三〇〇]

天寶七載十月立，八分書，篆額。在濟寧州城北三十里耿務村南道旁。

大唐贈東平郡大守章仇府君神道之碑篆額，四行，徑四寸。

大唐贈東平郡太守章仇府君神道之碑，□□院學士、知史官事韋辶撰[三〇一]，翰林院學士、内供奉、左衛率府□□□東蔡有隣書[三〇二]。

嘗聞祀盛德者，必及百世；承大勳□，□□□□。□□□□□□錫胤繁茂，在商則爲申爲吕，在周則爲齊爲許。枝分派別，更盛迭貴，則太守章仇府君是其後也。君諱玄素，字立[三〇三]素，

□□□□□□□□□□于紀裂繻去國，筮仕于周，世守保章，因官爲姓。秦項之際，有雍王章邯，爲漢□併于□□□位降處仇山，取因生之舊名，增卜居之新號。章□□□□焉，自是流離荒服六百餘載。魏氏徙跡平城，建都河洛，君之六代祖馥□參□督，始歸中原，仕至寧南大將軍、徐兖青齊相五州刺史。馥□□州任城郡守，挹鄒魯之舊風，慕洙泗之餘俗，遺命留葬，因而家焉。復因武陽遠於□部代爲魯郡□□任城人也。大王父魏郡太守諱夔，大父萊州□□□政，烈考博陵郡録事參軍諱孝方，皆以友悌博雅，德良清白，增修其勛，克開厥後。君即博陵府□之弟三子也，稟粹含和，中温外朗，行必誠信，□□□□之經；學無浮華，莫匪詩書之奥。弱冠以孝廉登科，授將仕郎。無幾，將有捧檄之□□□艱不赴□□免喪，迺喟然而嘆曰：『士之所以降志辱身者，□□□□，然則隱居行義，不患無位，蓋所貴在乎全其道也。故富貴非道則不取，貧賤非道亦不去。齊景千駟，不如縫掖之一賢；王氏五侯，孰與單□□□□。□關却埽，拒絶辟命，澹然歸真，以壽而歿。君子以爲鴻飛寥廓，罕能測其所至哉。夫人渤海吴氏，合宫丞少明之妹也。嬪風婦則儀□□□□□□□□家終率禮而偕老。嗣子銀青光禄大夫、户部尚書兼殿中監内外閑廐等使兼瓊，積祉所鍾，濟美必復，匪躬是徇，爲國藎臣，拔自郎□□□□□□□□董戎駈輶軒而案俗。自褒斜之外、邛笮之内，萬里澄清，人安訟息。間者□戎負德，蟻聚□山，職貢不供，兵車屢駕。稟聖皇之英筭，震大國之威靈，一舉而□□□□，再□□□其噍類。罷析置吏，班師舍爵，天子議以殊賞，酬其懋勛，迺推錫類□□□追遠□寵。開元廿九載秋七月詔曰：『益州大都督府長史兼□御史中丞、持節劍南節度□使、營田副大使、本道兼山南西道採訪處置使□□□［三〇四］瓊父故將仕郎玄素，氣含純粹，才擅奇特，資禮樂而秉彝，負文詞而擢秀。議能多通，稟命不融，德建昭代，久淪幽壤。雖馳暄易遠，松檟成行，而餘□□鍾，芝蘭克茂。瞻言胤子，每効忠公，揔節制之師，致疆埸之捷。行賞爲重，爰贈尒先，俾自葉而流根，庶慰存而榮殁，可贈宋州司馬。』天寶三載秋九月詔曰：『蜀郡大都督府長史兼御史大夫章仇兼瓊祖故博陵郡録事參軍孝方、父贈睢陽郡司馬玄素等，□才繼跡，雅操弘風，累德成名，克家存□。□生令胤，幹用於時，揔戎懋其勳績，秉憲肅其綱紀。榮親廣行，既資孝以爲忠；自葉流根，載敷澤而彰善。宜加禮贈，俾昭餘烈。孝方可贈汲郡司馬，□□［三〇五］可贈使持節東平郡諸軍事、東平郡太守。』又詔曰：『兼瓊□祖母王氏、故母吴氏，女則懿範，母儀盛德。何□嘉慶，傳嗣徽音，誕此良才，克昭遺訓。□□褒賢之贈，錫其有禮之封。王氏可贈太原縣君，吴氏可贈勃海郡夫人。』初，尚書既孤，伯父麻城令崇節及麻城之夫人馬氏親加訓育，恩逾所生。洎□獻凱策勳，泣奏其事，上爲之憮然，特詔追贈麻城府君爲楚州刺史，馬夫人爲扶風縣君。嗚呼！厚於仁者，□其□愛其親者及其類，所謂孝□□□也。故得明主感歎，嘉迺誠心，贈策□□哀榮荐至。非夫慈惠恭儉，福履所積，肹蠁感通，明神所勞，則孰能臻於此哉？於是載美簡策，流芳琬炎，永□□裔。豈惟太原有道，無媿□□之詞；南陽文學，空傳子□之頌。其詞曰：

系自炎皇，惟裔之□。□□□□，去紀爲章。拒漢協楚，失其封疆。言避華夏，□潛要荒。魏氏徂南，卜遷嵩邙。我宗復昭，列于周行。纂□軒裳，□□□□。□□東平，皎如琳瑯。□□□□，□□五常。辞禄顧道，戢耀含芳。積善□裕，克生才良。準繩憲府，恢復戎場。勳績所酬，寵贈惟光。迺立廟祧，以榮邦鄉。□□□□，□□□□。俾□休烈，如川之長。臣烈不揚，臣忠不彰。子孫是詹，永思勿忘。天寶七載，歲在戊子十月戊戌朔二十。下闕。

右碑磨滅幾盡，又裂爲三，無可辨識，惟碑額四行尚完好。偶檢國初葉林宗萬《金石文隨録》載此碑全文，亟爲補録。案李白《答杜秀才詩》云：『聞君往年遊錦城，章仇尚書倒屣迎。』注謂：『章仇，兼瓊也。』今據此碑，兼瓊即玄素子，官益州大都督府長史、持節劍南節度使，政績著於西蜀，而史書不爲立傳，其祖、父名字微此碑幾湮没無聞矣。

薛待伊造石浮圖頌[三〇六]

天寶九載十月刻，正書。在濟寧州晉陽山下張家村關帝廟前。

大唐□□[三〇七]九載，歲次庚寅十月景辰朔十八日癸酉，□□斯□亡□□原。夫超三界、越四生者，非至真至聖，其能免□□至真如何？無[三〇八]不著；至聖如何？無求不救。是故欲拔苦縂[三〇九]，當憑真正。仗有爲之相，功德是修；究無爲[三一〇]體，理嘿[三一一]虚運。粤[三一二]有處士薛待伊者，望河東汾陰人。門盈組綬，冠冕相輝；雄氣過人，志節逾衆；承家孝友，奉公罄誠。故詔□如之境如危難吨久。緬祖德之餘訓，懷父母之鞠育，思報恩昊天無極。遂獨深願，敬造七級石浮圖一一[三一三]，

□[三一四]見存父母爽福善，齊眉百齡，嘉祐日新，永招餘慶。爲亡□□□□□氏樂安□□□功德願力冥枎[三一五]永拔三塗，長昇五□□前外内眷屬等，同茲□□□負乃材極崑珉，匠窮異術。方如珪者，爲彫□級，緻如形者，□□□信，莫不瞻仰發念，頂禮消僁。不曰云□□□□果恐浮□□□□□勒頌貞碣，以表將來。其詞曰：

至真□[三一六]象，浮啚示形。□□□華，鈴韻□□。頂[三一七]撞影，泉壤拔靈。含化□仰，通幽洞冥。其一。至人真□，(□)[三一八]心遠盈。涅而無緇，□濁能清。倜儻博物，□□孔明。一□(□)[三一九]勝，跨□鈞□。

碑側

唐處士薛待伊者，世居□村。禀性至孝，爰自天寶九年爲雙親特□言願，遂立此碑及浮圖七級，曲盡爲子之道。計其到今時近四百矣，無何中間連值兵火，摧墜淵塹，文漸湮微，僅等雖鄙朴無堪，然每讀其碑，其意莫不氵善，重羡以慕薛公一孝之誠，安認坐視凋壞，使斯人之行不□□□□久乎？僅等遂廼協力召僧希庯再立於是，蓋非要□庶久其傳者云。大齊阜昌八年五月初八日，本村音糸首劉僅謹記，同建立人劉興、劉□、劉□、劉全、劉□□、劉□、彭立、王□、張全、王昌、王□神□□□□、王□□□□、張□、劉迪、曹□、劉□、仇□、程□、王□□。

右碑朱朗齋從他處録得，未詳尺寸、行款。首行『九載』上闕二字，以歲次庚寅攷之，當是『天寶九載』也。碑側上下皆列姓氏，中刻僞齊阜昌二年劉僅重立碑記，亦附載之。

常董生等造象碑

天寶十一載八月立，正書。凡二石，俱高三尺，廣一尺。在濟寧州城内普照寺校武場壁間。右二碑，一題『惟天寶十一載歲次壬辰八月乙亥朔廿六日庚子，□主常董生』云云，八行；一題『施石人孫法』云云，八行。皆施財同造象之人也。

雲門山造象題字七種

天寶十一載十二月立，俱正書。在益都縣雲門山陽石壁佛龕下。

一題『大唐天寶十二載歲次癸巳十一月戊戌朔廿一日戊□，清信士□□□造像記』，十三行。

一題『□性千秋供養』，六行。

一題『故人王昨造像記』，横列十行。

一題『比丘尼世僧造像記』，四行。

一題『天寶十一載十二月，季思敬供養』，一行。

一題『天寶十二載二月，清信仕□□□造弥陁像記』，五行。後又題『造定光像記』，七行。

一題『天寶十二載二月十五日，北海縣尉李栖梧記』，二行。後刻維那一人、女弟子十八人、男弟子十人。末有『大宋國青州大中祥符九年三月二十八日記』，十七行。李栖梧官北海縣尉，攷《舊唐書・地理志》：北海，『武德二年，於縣置濰州。八年，廢濰州，仍省營丘、下密二縣，以北海屬青州』。故縣尉得於此題名也。

右造像七種，皆段赤亭親至雲門拓歸者。

雲門山投龍詩刻

天寶十一載立，正書。崖高四尺五寸五分，廣二尺。在益都縣雲門山洞西關帝廟後北壁。

上闕。北海郡太守趙居貞述，渤海吴□書，郡人李元珄鐫。

上闕。辜《全唐詩》無此字。月己巳，中散大夫、使持節北海郡諸軍事、守《全唐詩》無此字。北海郡太守、柱國、天水趙居貞登雲

上闕。奉爲

上闕。大寶聖文神武□□皇帝祈福也。先是投禮，太守不行，以掾吏代之。余是年病月《全唐詩》作『病目』。戾止以爲

上闕。代，固《全唐詩》無此字。非禮也。當是時上元投禮猶未備，余責璧觀之皆不肖，於是詰《全唐詩》自『當是時』至此二十一字[三二〇]皆無。

上闕。撰良日，躬詣祈福。《全唐詩》四字無。爰及中元、下元，並躬行下闕。

此行全泐。

上闕。□祝拜焚香，投龍璧。《全唐詩》無「璧」字。禮畢，有瑞雲從洞門而出，五色紛郁，迴翔空中，有《全唐詩》無「有」字。聲曰：「上闕。一万一千一百歲」。頁禮者□聞之。余乃手舞足蹈，賦詩以歌其事，遂於巖前刊《全唐詩》誤作「刻」字。石壁以紀之。

□□[三二一]雲門山，直上壹千尺。絶頂彌□[三二二]聳，盤途幾傾窄。前對竪裂峰，□□[三二三]削成壁。陽□[三二四]靈芝秀，陰崖仙乳□。《全唐詩》作「陰崖半天赤」。□□□群山，遠望何所隔。太陽未出海，曠晃半天赤。《全唐詩》闕上四句。大壑静不波，渺溟無際碧。《全唐詩》作「極」字。是時雪初霽，沍寒氷更積。「氷」，《全唐詩》作「水」。恭《全唐詩》誤作「披」。展送龍儀，寧安服狐白。□□[三二五]惟聖主，祈福在方伯。三元章醮昇，五域□□《全唐詩》闕此二字。覲。帝幕翠微亘，机□[三二六]丹洞闢。□□[三二七]鳴天鼓，拜傳端素册。霞間□□□[三二八]，嵐際黄裳襞。玉□[三二九]《全唐詩》作「策」。□□[三三〇]信，□□□[三三一]奔驛。□[三三二]氣入岫門，瑞雲出巖石。至誠必招感，大福旋來格。空□□□□[三三三]，帝壽萬千百。《全唐詩》亦止此。

上闕。陳方外、□相、長史□□□楊幼玉、李潤、司馬段□

上闕。録事叅軍崔晏，司功□克烈，益都令裴昇，丞李俊□□□張思□、□尉裴冀。

上闕。軍王□文、鄭廷杞以下闕。

右碑文十八行，行三十九字，徑一寸。段赤亭嘗以《全唐詩》校之，頗多異同，兹皆注於本文之下。前稱『北海郡太守趙居貞述，渤海吴□書』，文可見者，『辜月己巳，中散大夫、使持節北海郡諸軍事、守北海郡太守、柱國、天水趙居貞登雲闕奉爲闕大寶聖文神武□□皇帝祈福也』。案《全唐詩》載此序，『辜月』上有『大唐天寶玄黓歲』七字，攷《舊唐書·玄宗紀》：天寶七載三月，『群臣請加皇帝尊號曰「開元天寶聖文神武應道」，許之』；八載，『群臣上皇帝尊號爲「開元天寶聖文神武應道皇帝」〔三三四〕』。今是碑所書尊號與《紀》合，又歲在壬曰玄黓，十一載爲壬辰，居貞以是年到官，則爲十一載無疑矣。段赤亭據《文獻通攷》中宗先天元年舉手筆俊拔科有趙居正同杜昱等及第，『正』即『貞』，避宋仁宗廟諱也。又言：《全唐詩》：『居貞鼓城人，任吴郡採訪使，天寶中官北海太守』，斯言可徵其實。

興國寺碑〔三三五〕

天寶十三年十月立，正書，有額。碑高四尺一寸，廣二尺三寸。在滕縣靳村西北十五里興國寺。

亡父棻。下闕，正書。

天寶十三載歲次甲午十月癸亥廿五日□亥建立，施主□□□□男李客□張生□□□□□□□施三。下闕。

原夫大道冲玄，皎三徽於秘象；真□齊滅，窮四諦於宏津。故知化軌〔三三六〕天中，證涅槃而□解脱，神遊□□□□劫而□因緣，寶介福而無量。寄花奉佛，功猶未泯，福不唐捐，是知教自東□□雲雷之化〔三三七〕，□道光南土□極樂之門，巍巍乎□將聖之迷路，蕩蕩乎扇□□〔三三八〕之無珎。乃使四地不住，二暑〔三三九〕無停，誰律管以□年，轉五行而司氣〔三四〇〕。有靈之□，莫貴於人；人輪之重，莫先於孝。今有清信佛弟子上谷郡□□成公曰：思□〔三四一〕周公之胤緒，奕葉相承，更有志成。桑公曰：□〔三四二〕生□同□□一堂，生居徐部，皆是種植□，□〔三四三〕識苦海之難，□知法船之運，已早覺火宅以□熖□□之□□也，不才□□□〔三四四〕之門。諸宣考取藉其詞，雖聞人□陵雲□□童□之□□□思□□賈□於詞林，冀□伐之台〔三四五〕芳，保介福而無量，遂去□九載□日□□，忽夢寐□□□□境，施伽藍地一所，號曰神花〔三四六〕。又建立神碑一□，造阿弥陀像一軀，上爲□□□□安樂，天下廓清，師僧、父母常保康□，見存眷屬□□十□七代先□□□□其碑，乃真匠刊琢，藻績瑩然，立岌乎狀蓮蕚而□雨露，璀璨乎若□山而控瓊樹。其龍也，莊嚴煥然，暉赫曜□〔三四七〕，即得□□〔三四八〕□輪復□爛，□〔三四九〕之眼眩，思之意亂。其像乃光明赫易〔三五〇〕，□弊衆星。其地也，左望連青之□，右眺休〔三五一〕城，前林滕邑〔三五二〕，却□〔三五三〕敬夫其時，信仕□□咸曰：□□□人傾邦俱稱□大，乃爲詞曰：空二字。

古照三空，□玄閴寐。智度□普，□□□□。□中貞□，孝□□聞。造像建立，□□同□〔三五四〕。其一。

三界眇芒，四大成虛。取□□□，貞心未餘。□□□海，入清净廬。三乘一合，不住□□。其二。

□由□易，陵谷無恒。匪下闕十一字。妙法真能。天□地□，□相常存。其三。

□□佛堂，匠卲□建宮。

右碑文二十行，字徑八分，文多佛氏語。內言『福不唐捐』者，《一切經音義》云：『唐，徒也；徒，空也。』《說文》：『捐，棄也。』以『人輪』爲『人倫』，乃別字。

高乾式造象碑

天寶十三載閏十一月立，正書。在濟寧州城北興文鎮佛寺内。

右碑額間刻像一軀，中分二層，亦刻佛像。左邊題『心主高乾式爲亡考[三五五]敬造神碑一所，上爲國主，下及師僧、父母、七世先亡、見存眷屬，同登正覺』，右邊題『唯[三五六]天寶十三載歲次甲午閏十一月壬戌朔廿四日建立』，餘皆施主姓氏，惟中有小楷一段，皆漫滅不可詮次。朱朗齋云：『此碑高六尺，廣二尺六寸。』

興文鎮佛寺殘碑

無年月，正書。石高五尺六寸，廣二尺。在濟寧州城北興文鎮佛寺大殿下。

右碑殘闕殊甚，細玩文義，有『長沙太守』及『林藪三族』等字，又有『夫人』字、『節行』字、『不負松筠』字，銘詞有『靡蕪葉盡』及『靈柏』字，似頌婦人節操之辭。前則追敘其先世也。碑無年月可系，以其與《高乾式碑》同列，因附于後。

東方朔畫像贊[三五七]

天寶十三載立，正書，篆額，陰額八分書。碑高八尺一寸，廣三尺九寸。在陵縣城東北二十五里祠内。

漢大中大夫東方先生畫贊碑額六行，篆書，徑四寸。

漢太中大夫東方先生畫贊，并序。晉夏侯湛撰，唐平原太守顔真卿書。

大夫諱朔，字曼倩，平原猒次人也。魏建安中，分猒次爲樂陵郡，故又爲郡人焉。事漢武帝，《漢書》具載其事。先生瓌瑋博達，思周變通，以爲濁世不可以富貴也，故薄遊以取位；苟出不可以直道也，故頡頏以傲世；傲世不可以垂訓也，故正諫以明節；明節不可以久安也，故詼諧以取容。潔其道而穢其跡，清其質而濁其文。弛張而不爲邪，進退而不離羣。若乃遠心曠度，贍智宏材。倜儻博物，觸類多能。合變以明筭，幽贊以知來。自《三墳》《五典》《八索》《九丘》，陰陽圖緯之學，百家衆流之論，周給敏捷之辯，支離覆逆之數，經脉藥石之藝，射御書計之術，乃研精而究其理，不習而盡其功，經目而諷於□，過耳而闇於心。夫其明濟開豁，包含宏大，陵轢卿相，嘲哂豪傑，籠罩靡前，跆[三五八]藉貴勢，出不休顯，賤不憂慼，戲萬乘若寮友，視儔列如草芥。雄節邁倫，高氣蓋世，可謂拔乎其萃，遊方之外者也。談者又以先生嘘吸冲和，吐故納新；蟬蜕龍變，棄世登仙；神友造化，靈爲星辰。此又奇怪忽怳，不可備論者也。大人來守此國，僕自京都言歸定省，覩先生之縣邑，想先生之高風。徘徊路寢，見先生之遺像；逍遥城郭，觀先生之祠宇。慨然有懷，乃作頌焉。其辭曰：

矯矯先生，肥遁居貞。退不終否，進亦避榮。臨世濯足，希古振纓。涅而無滓，既濁能清。無滓伊何，高明克柔。能清伊何，視汙若浮。樂在必行，處儉冈憂。跨世凌時，遠蹈獨遊。瞻望往代，爰想遐蹤。邈邈先生，其道猶龍。染跡朝隱，和而不同。棲遲下位，聊以從容。我來自東，言適兹邑。敬問墟壙，企佇原隰。墟墓徒存，精靈永戢。民思其軌，祠宇斯立。徘徊寺寢，遺像在圖。周旋祠宇，庭序荒蕪。榱棟傾落，草萊弗除。肅肅先生，豈焉是居？是居弗形，悠悠我情。昔在有德，罔不遺靈。天秩有禮，神鑒孔明。髣髴風塵，用垂頌聲。

碑陰

有漢東方先生畫贊碑陰之記 額六行，八分書，徑四寸。

東方先生畫贊碑陰記，唐平原太守琅邪顔真卿撰并書及題額。

東方先生畫贊者，晉散騎常侍夏侯湛之所作也。湛，字孝若。父莊，爲樂陵太守。因來覲省，遂作斯文。贊云：『大夫諱朔，字曼倩，平原猒次人。魏建安中，分猒次爲樂陵郡，又爲郡人焉。』猒次今移屬樂安郡，東去祠廟二百里。故猒次城今在平原郡安德縣東北廿二里，廟西南一里。先生形像，今則揑素爲之，并二細君侍焉。郡嘗爲德州，其贊開元八年刺史韓公思復刻于石碑。真卿去歲拜此郡，屬殿中侍御史平公洌，監察御史閻公寬、李公史魚，右金吾胄曹宋公謇，咸以河北採訪使東平王判官巡按狎至，真卿候於境上，而先生祠廟不遠道周。亟與數公泉家兄淄川司馬曜卿、長史前洛陽令蕭晉用、前醴泉尉李伯魚、徵君左驍衛兵曹張璲麟、遊尉韋宅相、朝城主簿韋夏有、司經正字畢燿、族弟渾、前叅軍鄭悟初，同兹謁拜，退而遊于中唐，則韓之刻石存焉。僉歎其文字纖靡，駮癬生金，卌年間已不可識。真卿于是勒諸他山之石，盖取其字大可久，不復課其工拙，故援翰而不辭焉。至若先生事迹，則載在《太史公書》《漢書》《風俗通》《武帝内傳》《十洲記》《列仙》《神仙》《高士傳》，此不復紀焉。有唐天寶十三載季冬辛卯朔建。

右畫贊文凡二十二行，碑陽十八行，『和而不同，棲遲』止；碑陰四行，『下位，聊以從容』起。後刻記文十四行，行皆三十字，徑二寸。《縣志》載：東方先生祠在神頭店，即漢之厭次縣也，顔書八分，惟見此額，筆勢雄勁可貴。錢辛楣少詹云：《記》中『採訪使東平王』者，安禄山也。平冽、李史魚二人，名見《唐書·禄山傳》，碑建於天寶十三載季冬，其明年禄山亂作矣。

鄒縣天寶造象記

天寶十五載三月刻，正書。在鄒縣。

右碑題『像主朱五娘造象記』，後書『天寶十五載三月廿三日建』，凡四行。此亦朱朗齋從他處借録，未詳尺寸。

【校勘記】

［一］此拓本收録於《北京圖書館藏中國歷代石刻拓本匯編》第二一册《醴泉寺志公碑》，漫漶殊甚，碑文亦載《池北偶談》卷一九《志公碑》、《金石萃編》卷七〇《醴泉寺志公碑》、《八瓊室金石補正》卷五〇《醴泉寺志公碑》與《全唐文》卷九九三《齊州章丘縣常白山醴泉寺志公碑》等，兹據此加以校證。

［二］此二闕字，《池北偶談》與《金石萃編》作一「奉」字。
［三］此闕字，《池北偶談》《金石萃編》與《八瓊室金石補正》作「傘」。
［四］此四闕字，《池北偶談》《金石萃編》與《全唐文》作「昙花未出」。
［五］此三闕字，《池北偶談》《金石萃編》與《全唐文》作「庯詎知」。
［六］「昌」，《池北偶談》《金石萃編》與《全唐文》作「曷」。
［七］此闕字，《池北偶談》《金石萃編》與《全唐文》作「嘗」。
［八］此闕字，《池北偶談》《金石萃編》與《全唐文》作「苦」。
［九］此闕字，《池北偶談》《金石萃編》與《全唐文》作「儀」。
［一〇］「舍□」，《池北偶談》《金石萃編》與《全唐文》作「含靈」。
［一一］此闕字，《池北偶談》《金石萃編》《八瓊室金石補正》與《全唐文》作「雲」。
［一二］此闕字，《八瓊室金石補正》作「見」。
［一三］「大」，原作「六」，據《池北偶談》《金石萃編》與《全唐文》正。十大聲聞，即釋迦牟尼高足中最杰出的十大弟子。
［一四］此闕字，《八瓊室金石補正》作「仁」。
［一五］「赴」，《池北偶談》與《金石萃編》作「起」。
［一六］「朱□曰□」，《池北偶談》《金石萃編》與《全唐文》作「未掩白足」。
［一七］此闕字，《池北偶談》《金石萃編》與《全唐文》作「岩」。
［一八］「盡」，《池北偶談》《金石萃編》與《全唐文》作「聿」。
［一九］「憑」，《八瓊室金石補正》作「化」。

［二〇］此闕字，《池北偶談》《金石萃編》與《全唐文》作「據」。

［二一］「司□」，《池北偶談》《金石萃編》與《全唐文》作「尚父」。

［二二］此闕字，《池北偶談》《金石萃編》與《全唐文》作「養」。

［二三］此闕字，《池北偶談》《金石萃編》與《全唐文》作「佉」。

［二四］此闕字，《池北偶談》《金石萃編》與《全唐文》作「目」。

［二五］「尾」，《池北偶談》與《金石萃編》作「凡」。

［二六］「岡」，《池北偶談》與《金石萃編》作「闕」。

［二七］此闕字，《池北偶談》《金石萃編》與《全唐文》作「灌」。

［二八］「因」，《池北偶談》《金石萃編》與《全唐文》作「用」。

［二九］「遺」，《池北偶談》與《金石萃編》作「道」。

［三〇］此二闕字，《池北偶談》《金石萃編》與《全唐文》作「精廬」。

［三一］此二闕字，《池北偶談》與《金石萃編》作「族姓」，《全唐文》作「俗姓」。

［三二］此闕字，《池北偶談》《金石萃編》與《全唐文》作「向」。

［三三］此闕字，《池北偶談》《金石萃編》與《全唐文》作「和」。

［三四］「方」，《池北偶談》《金石萃編》與《全唐文》作「萬」。

［三五］「靈山」，《池北偶談》《金石萃編》與《全唐文》作「山靈」。

［三六］此闕字，《池北偶談》《金石萃編》與《全唐文》作「表」。

［三七］「听」，《池北偶談》與《金石萃編》作「所」，《全唐文》作「斫」。

［三八］此闕字,《池北偶談》《金石萃編》與《全唐文》作『礙』。

［三九］此二闕字,《池北偶談》《金石萃編》與《全唐文》作『豈非』。

［四〇］『俶裝』,據《池北偶談》《金石萃編》與《全唐文》補。

［四一］『東』,原作『車』,據《池北偶談》《金石萃編》與《全唐文》正。

［四二］此二闕字,《池北偶談》《金石萃編》與《全唐文》作一『義』字。

［四三］後二闕字,《池北偶談》《金石萃編》與《全唐文》作『降靈』。

［四四］此闕字,《池北偶談》《金石萃編》與《全唐文》作『聖』。

［四五］此闕字,《池北偶談》《金石萃編》與《全唐文》作『發』。

［四六］『章』,《池北偶談》《金石萃編》與《全唐文》作『京』。

［四七］此闕字,《池北偶談》《金石萃編》與《全唐文》作『有』。

［四八］『二』,《池北偶談》《金石萃編》與《全唐文》作『三』。

［四九］此闕字,《池北偶談》《金石萃編》與《全唐文》作『味』。

［五〇］此二闕字,《池北偶談》《金石萃編》與《全唐文》作『爰符』。

［五一］『莫』,《池北偶談》《金石萃編》與《全唐文》作『豈』。

［五二］此闕字,《池北偶談》《金石萃編》與《全唐文》作『抽』。

［五三］『有』,《池北偶談》《金石萃編》與《全唐文》作『乃』。

［五四］此二闕字,《池北偶談》《金石萃編》與《全唐文》作『精勤』。

［五五］此闕字,《池北偶談》《金石萃編》與《全唐文》作『巧』。

〔五六〕「周」，《池北偶談》《金石萃編》與《全唐文》作「心」。

〔五七〕「結」，《池北偶談》《金石萃編》與《全唐文》作「捨」。

〔五八〕「□之」，《池北偶談》與《金石萃編》作「軌足」。

〔五九〕此闕字，《池北偶談》《金石萃編》與《全唐文》作「鼓」。

〔六〇〕此二闕字，《池北偶談》《金石萃編》與《全唐文》作「黑犬」。

〔六一〕「且」，《池北偶談》《金石萃編》與《全唐文》作「具」。

〔六二〕此闕字，《池北偶談》《金石萃編》與《全唐文》作「廟」。

〔六三〕此闕字，《池北偶談》《金石萃編》與《全唐文》作「遺」。

〔六四〕「久」，《池北偶談》與《金石萃編》作「史」。

〔六五〕「止」，據《高僧傳》卷一一《釋保志》補。

〔六六〕「長□」，《池北偶談》與《金石萃編》作「宋太」。

〔六七〕此闕字，《池北偶談》《金石萃編》與《全唐文》作「跡」。

〔六八〕「詞同讖記，言」，據《池北偶談》《金石萃編》與《全唐文》補。

〔六九〕此闕字，《池北偶談》《金石萃編》與《全唐文》作「虚」。

〔七〇〕此闕字，《池北偶談》《金石萃編》與《全唐文》作「於」。

〔七一〕此闕字，《池北偶談》《金石萃編》與《全唐文》作「形」。

〔七二〕此闕字，《池北偶談》《金石萃編》與《全唐文》作「於」。

〔七三〕「相，奄然」，據《池北偶談》《金石萃編》與《全唐文》補。

［七四］『香』，原作『百』，據《池北偶談》《金石萃編》與《全唐文》正。
［七五］此二闕字，《池北偶談》《金石萃編》與《全唐文》作『王筠』。
［七六］『門』，《池北偶談》與《金石萃編》作『陰』。
［七七］『積』，《池北偶談》《金石萃編》與《全唐文》作『精』。
［七八］『哀□廣積』，《池北偶談》《金石萃編》與《全唐文》作『哀憐庶類』。
［七九］此闕字，《池北偶談》《金石萃編》與《全唐文》作『龍』。
［八〇］此闕字，《池北偶談》《金石萃編》與《全唐文》作『挹』。
［八一］此闕字，《池北偶談》《金石萃編》與《全唐文》作『彌』。
［八二］『之□□所□諒』，《池北偶談》《金石萃編》與《全唐文》作『之□衆所未諒』。
［八三］此闕字，《池北偶談》《金石萃編》與《全唐文》作『左』。
［八四］『于』，《池北偶談》與《金石萃編》作『宋』。
［八五］此闕字，《池北偶談》《金石萃編》與《全唐文》作『沃』。
［八六］此闕字，《池北偶談》《金石萃編》與《全唐文》作『元』。
［八七］『象□』，《池北偶談》與《金石萃編》作『鳥跡』。
［八八］此闕字，《池北偶談》《金石萃編》與《全唐文》作『丞』。
［八九］『根』，《池北偶談》與《金石萃編》作『拔』。
［九〇］此闕字，《池北偶談》《金石萃編》與《全唐文》作『遺』。
［九一］『連』，《池北偶談》《金石萃編》與《全唐文》作『運』。

〔九二〕『堂』，《池北偶談》與《金石萃編》作『當』。

〔九三〕此闕字，《池北偶談》《金石萃編》與《全唐文》作『歌』。

〔九四〕此闕字，《池北偶談》《金石萃編》《八瓊室金石補正》與《全唐文》作『蕤』。

〔九五〕『其一』，據《池北偶談》《金石萃編》與《全唐文》補。

〔九六〕後一闕字，《池北偶談》《金石萃編》與《全唐文》作『成』。

〔九七〕此闕字，《池北偶談》《金石萃編》與《全唐文》作『靈』。

〔九八〕此闕字，《池北偶談》《金石萃編》與《全唐文》作『輟』。

〔九九〕此闕字，《池北偶談》《金石萃編》與《全唐文》作『紺』。

〔一〇〇〕『鏡』，《池北偶談》《金石萃編》與《全唐文》作『境』。

〔一〇一〕『真□』，《池北偶談》與《金石萃編》作『冥扶』。

〔一〇二〕『元』，《池北偶談》與《金石萃編》作『王』。

〔一〇三〕『十』，《池北偶談》與《金石萃編》作『二』。

〔一〇四〕此碑現已不存，亦未見傳世拓本，碑文載《正統道藏》第一八册《唐鴻臚卿越國公靈虚見素真人傳·大唐贈歙州刺史葉公神道碑并序》、《金石續編》卷六《贈歙州刺史葉慧明碑》及《全唐文》卷二六四《大唐贈歙州刺史葉公神道碑》，兹據此加以校證。

〔一〇五〕此處，《金石續編》尚有『韓擇木□』。

〔一〇六〕『子』，原作『于』，據《正統道藏》《金石續編》及《全唐文》正。

〔一〇七〕此闕字，《正統道藏》與《全唐文》作『偶』。

〔一〇八〕「□目」,《正統道藏》《金石續編》與《全唐文》作「固自」。
〔一〇九〕此闕字,《正統道藏》《金石續編》與《全唐文》作「仙」。
〔一一〇〕此闕字,《正統道藏》與《全唐文》作「義」。
〔一一一〕此闕字,《正統道藏》與《全唐文》作「歡」,《金石續編》作「欵」。
〔一一二〕此闕字,《正統道藏》與《全唐文》作「且」。
〔一一三〕此闕字,《正統道藏》與《全唐文》作「老」。
〔一一四〕「网」,《正統道藏》與《全唐文》作「罔」。
〔一一五〕「摳」,《正統道藏》《金石續編》及《全唐文》作「樞」。
〔一一六〕「溺」,《正統道藏》與《全唐文》作「搦」。
〔一一七〕「究」,原作「宂」,據《正統道藏》《金石續編》與《全唐文》正。
〔一一八〕「王」,《正統道藏》與《全唐文》作「朝」。
〔一一九〕「自項賊□畣禍」,《正統道藏》與《全唐文》作「自頊賊臣畣禍」。
〔一二〇〕此闕字,《正統道藏》與《全唐文》作「後」。
〔一二一〕「扗」,《正統道藏》《金石續編》與《全唐文》作「枉」。
〔一二二〕「隋」,《正統道藏》《金石續編》與《全唐文》作「隨」。
〔一二三〕此闕字,《正統道藏》與《全唐文》作「家」。
〔一二四〕此闕字,《正統道藏》與《全唐文》作「有」。
〔一二五〕「兇慝□揚」,《正統道藏》作「凶逆扇揚」,《全唐文》作「凶慝扇揚」,《金石續編》作「元慝厲場」。

［一二六］「未藩乃錫」，《正統道藏》與《全唐文》作「朱藩乃錫」，《金石續編》作「朱旛乃詔」。

［一二七］「桐」，《正統道藏》與《全唐文》作「松」。

［一二八］「光禄大夫」，原作「空五字」，實空四字，據《正統道藏》與《全唐文》補。

［一二九］此碑現存曲阜孔廟十三碑亭南面西起第三亭内，西起第一石，碑文有較大程度殘泐。碑文亦載《文苑英華》卷八四六《兖州曲阜縣孔子廟碑》、《唐文粹》卷五一《兖州曲阜縣宣聖廟碑》、《金石萃編》卷七二《修孔子廟碑》及《全唐文》卷二六二《兖州曲阜縣孔子廟碑》等，兹據此加以校證。

［一三〇］「用」，原作「川」，據原碑正。

［一三一］「多」，原碑殘泐，《文苑英華》《唐文粹》與《全唐文》作「朋」。

［一三二］「與」，原碑殘泐，《文苑英華》《唐文粹》與《全唐文》作「興」。

［一三三］此闕字，原碑殘泐，《文苑英華》《唐文粹》與《全唐文》作「生」。

［一三四］「致」，原碑殘泐，《文苑英華》作「教」。

［一三五］此闕字，原碑殘泐，《文苑英華》《唐文粹》與《全唐文》作「一」。

［一三六］「寓」，原碑殘泐，《文苑英華》《唐文粹》與《全唐文》作「宇」。

［一三七］「戾」，原碑殘泐，《文苑英華》作「啓」。

［一三八］「逮」，原碑殘泐，《文苑英華》《唐文粹》與《全唐文》作「建」。

［一三九］「罔」，原作「冈」，據原碑正。

［一四〇］此闕字，原碑殘泐，《文苑英華》《唐文粹》與《全唐文》作「少」。

［一四一］「主」，原碑殘泐，《文苑英華》《唐文粹》《金石萃編》與《全唐文》作「士」。

［一四二］『乃□糸□』，原碑殘泐，《文苑英華》《唐文粹》與《全唐文》作『乃共經始』，《金石萃編》作『乃□終始』。

［一四三］『夫』，原作『天』，據原碑正。

［一四四］此闕字，原碑殘泐，《文苑英華》《唐文粹》與《全唐文》作『張』。

［一四五］此闕字，原碑殘泐，《文苑英華》《唐文粹》與《全唐文》作『清』。

［一四六］此闕字，原碑殘泐，《文苑英華》《唐文粹》與《全唐文》作『匝』，《金石萃編》作『帀』。

［一四七］『己』，原作『乙』，據原碑正。

［一四八］『寸』，原作『尺』，誤。

［一四九］此拓本收録於《北京圖書館藏中國歷代石刻拓本匯編》第二二册《王無兢墓志殘石》，漫漶殊甚，碑文亦載《文苑英華》卷九四〇《太子舍人王公墓志銘》與《全唐文》卷二一三《太子舍人王公墓志銘》，兹據此加以校證。

［一五〇］『弘』，《文苑英華》作『弘』，《全唐文》作『宏』。

［一五一］『庇』，《文苑英華》作『庇』，《全唐文》作『疪』。

［一五二］『猖』，《文苑英華》作『猖』，《全唐文》作『倡』。

［一五三］『北』，《文苑英華》作『北』，《全唐文》作『方』。

［一五四］『太』，《文苑英華》作『太』，《全唐文》作『大』。

［一五五］『公諱無競……所以』，此段碑文原闕，據《文苑英華》與《全唐文》補。

［一五六］『□導不恭，不昭不□，其□□莫不肅然就列矣□次』，《文苑英華》作『不遵不恭，不敬不從，其可是耶？則肅然就列次矣』，《全唐文》作『不道不恭，不敬不從，其可是耶？則肅然就列次矣』。

［一五七］『冀』，《文苑英華》與《全唐文》作『异』。

〔一五八〕「及今有□」，《文苑英華》與《全唐文》作「人各有能」。

〔一五九〕「其」，《文苑英華》與《全唐文》作「且」。

〔一六〇〕《文苑英華》與《全唐文》并無此闕字。

〔一六一〕此二闕字，《文苑英華》與《全唐文》作「與京」。

〔一六二〕「常」，《文苑英華》與《全唐文》作「黨」。

〔一六三〕此闕字，《文苑英華》與《全唐文》作「常」。

〔一六四〕此闕字，《文苑英華》與《全唐文》作「奉」。

〔一六五〕「二」，《文苑英華》與《全唐文》作「六」。

〔一六六〕「徙殯於魏國，□葬於東萊山之正原，禮也」，《文苑英華》與《全唐文》作「徙殯於館陶，歸葬於東萊之舊塋，書順也」。

〔一六七〕此闕字，《文苑英華》與《全唐文》作「盧」。

〔一六八〕此二闕字，《文苑英華》與《全唐文》作「從周」。

〔一六九〕「□多才，**官**弗克」，《文苑英華》與《全唐文》作「萬卷精，多才克」。

〔一七〇〕「傑」，《文苑英華》與《全唐文》作「直」。

〔一七一〕「□□□，□□棘」，《文苑英華》與《全唐文》作「何不仁，俾大棘」。

〔一七二〕此碑現存泰山岱頂大觀峰，原碑有所剥蝕，今補刻完整并着以金色，拓本收録於「京都大學人文科學研究所所藏石刻拓本資料」第TOU1102A、TOU1102B、TOU1102C、TOU1102D與TOU1102E幅，碑文亦載《册府元龜》卷三六《帝王部・封禪二・紀泰山銘》、《唐文粹》卷一九下《紀泰山銘》與《金石萃編》卷七六《紀太山銘》，兹據此加以校證。

［一七三］『寸』，原作『尺』，誤。

［一七四］『望』，據今碑、拓本、《册府元龜》《唐文粹》與《金石萃編》補。

［一七五］此闕字，今碑作『寓』，《册府元龜》作『宇』，《唐文粹》與《金石萃編》作『寓』。

［一七六］『岱』，據今碑及《册府元龜》《唐文粹》與《金石萃編》補。

［一七七］『序』，原作『叙』，據今碑及拓本正。

［一七八］『之』，據今碑、《唐文粹》與《金石萃編》補。

［一七九］『無爲』，正文中作『南面』。

［一八〇］此説法有誤，據《舊唐書·玄宗本紀下》記載：『（天寶）三載正月丙辰朔，改年爲載。』

［一八一］『阝』，正文中作『鄂』。

［一八二］『範』，據《新唐書·桓彦範傳》補。

［一八三］此紀文亦收録於《全唐文》卷三五三《青州雲門山功德銘》，兹據此加以校證。

［一八四］此記撰者『曹□高』，《全唐文》作『唐道周』。

［一八五］此二闕字，《全唐文》作『蚩蚩』。

［一八六］『均□□』，《全唐文》作『溺死生』。

［一八七］此二闕字，《全唐文》作『後魏』。

［一八八］此闕字，《全唐文》作『事』。

［一八九］『□投絜□』，《全唐文》作『作牧慈仁』。

〔一九〇〕此闕字，《全唐文》作「夏」。

〔一九一〕此闕字，《全唐文》作「逮」。

〔一九二〕此闕字，《全唐文》作「諱」。

〔一九三〕此三闕字，《全唐文》則闕二字。

〔一九四〕「大府」，《全唐文》作「太庇□」。

〔一九五〕「久暨紉」，《全唐文》作「人暨級」。

〔一九六〕「身體」，《全唐文》作「貞休」。

〔一九七〕「是郡莫□□」，《全唐文》作「是邦纂□」。

〔一九八〕「丕□□」，《全唐文》作「丕烈□□」。

〔一九九〕「護」，《全唐文》作「應」。

〔二〇〇〕「群生□□善□□」，《全唐文》作「群生□□□屬介□」。

〔二〇一〕「化」，《全唐文》作「徒」。

〔二〇二〕此闕字，《全唐文》作「於」。

〔二〇三〕「宀 □□□□□」，《全唐文》作「最尊□□□」。

〔二〇四〕此闕字，《全唐文》作「統」。

〔二〇五〕「汩沉養」，《全唐文》作「涌沈瀁」。

〔二〇六〕此闕字，《全唐文》爲二闕字。

〔二〇七〕此闕字，《全唐文》作「不」。

［二〇八］此碑現存泰安岱廟天貺殿東廊内，漫漶嚴重，拓本收録於《北京圖書館藏中國歷代石刻拓本匯編》第二四册《神寶寺碑》，亦漫漶殊甚；碑文亦載《八瓊室金石補正》卷五五《齊州神寶寺碣》、《全唐文》卷九五九《大唐齊州神寶寺碣銘》等，兹據此加以校證。

［二〇九］「竭」，原作「渴」，據拓本正。

［二一〇］此闕字，原碑及拓本殘泐，《全唐文》作「孔」。

［二一一］「門」，原作「蔄」，據拓本正。

［二一二］「不」，《全唐文》《泰山志》作「東」。

［二一三］「拯□□駈彼駛黐俗」，原碑及拓本殘泐，《八瓊室金石補正》作「拯□流。□彼黎俗」，《全唐文》作「拯□遠。驅彼黎俗」。

［二一四］此二闕字，原碑及拓本殘泐，《全唐文》作「身化」。

［二一五］此闕字，原碑及拓本殘泐，《八瓊室金石補正》作「郡」。

［二一六］此殘字「力」，原碑及拓本殘泐，《八瓊室金石補正》作「劫」，《全唐文》作「功」。

［二一七］此闕字，原碑及拓本殘泐，《全唐文》作「藴」。

［二一八］此二闕字，原碑及拓本殘泐，《八瓊室金石補正》與《全唐文》作「蠢蠢」。

［二一九］此闕字，原碑及拓本殘泐，《全唐文》作「南」。

［二二〇］「面」，原作「而」，據拓本正。

［二二一］此闕字，原碑及拓本殘泐，《全唐文》作「鱗」

［二二二］此闕字，原碑及拓本殘泐，《八瓊室金石補正》與《全唐文》作「龍」。

〔一二三〕此二闕字，原碑及拓本殘泐，《八瓊室金石補正》作「淵□」，《全唐文》作「澗壑」。

〔一二四〕此闕字，原碑及拓本殘泐，《八瓊室金石補正》作「禪」，《全唐文》作「律」。

〔一二五〕「晨□棘□」，原碑及拓本殘泐，《全唐文》作「晨游棘圀」。

〔一二六〕「檀」，據拓本補。

〔一二七〕「非」，據拓本補。

〔一二八〕此闕字，原碑及拓本殘泐，《全唐文》作「節」。

〔一二九〕「曰」，原作「日」，據拓本正。

〔一三〇〕「宋」，原碑及拓本殘泐，《全唐文》作「策」。

〔一三一〕此闕字，原碑及拓本殘泐，《全唐文》作「然」。

〔一三二〕此闕字，原碑及拓本殘泐，《全唐文》作「群」。

〔一三三〕此闕字，原碑及拓本殘泐，《八瓊室金石補正》與《全唐文》作「珠」。

〔一三四〕「皿」，原碑及拓本殘泐，《全唐文》作「一」。

〔一三五〕此闕字，原碑及拓本殘泐，《八瓊室金石補正》與《全唐文》作「方」。

〔一三六〕此闕字，原碑及拓本殘泐，《八瓊室金石補正》與《全唐文》作「澄」。

〔一三七〕「堤」，原碑及拓本殘泐，《八瓊室金石補正》與《全唐文》作「堪」。

〔一三八〕此闕字，原碑及拓本殘泐，《全唐文》作「心」。

〔一三九〕「□□維那□□沼」，原碑及拓本殘泐，《八瓊室金石補正》作「前都維那僧惠沼」，《全唐文》作「大都維那僧惠沼」。

［二四〇］「□亢」，《全唐文》作「□穴」，《八瓊室金石補正》作「鳳穴」。
［二四一］「遷」，原碑及拓本殘泐，《八瓊室金石補正》與《全唐文》作「仙」。
［二四二］「故□詠入來□」，原碑及拓本殘泐，《八瓊室金石補正》作「故得咏入來蘇」，《全唐文》作「故能咏入來蘇」。
［二四三］「幹□貞□」，原碑及拓本殘泐，《八瓊室金石補正》與《全唐文》作「幹局貞敏」。
［二四四］此闕字，原碑及拓本殘泐，《八瓊室金石補正》作「猶」，《全唐文》作「頻」。
［二四五］「妙」，原作「沙」，據拓本、《八瓊室金石補正》與《全唐文》正。
［二四六］此闕字，原碑及拓本殘泐，《八瓊室金石補正》與《全唐文》作「銜」。
［二四七］「日」，原作「月」，據拓本正。
［二四八］「申」，原碑及拓本殘泐，《八瓊室金石補正》作「神」。
［二四九］此碑現存濟寧市博物館，拓本收録於《北京圖書館藏中國歷代石刻拓本匯編》第二四册《任城縣橋亭記》，碑文亦載《金石萃編》卷八三《任城縣橋亭記》、《八瓊室金石補正》卷五六《任城縣橋亭記》與《全唐文》卷三六五《任城縣橋亭記》，兹據此加以校證。
［二五〇］「互」，原碑及拓本殘泐，《金文萃編》與《全唐文》作「工」。
［二五一］「左」，原碑及拓本殘泐，《金石萃編》作「任」。
［二五二］此闕字，原碑及拓本殘泐，《金石萃編》與《全唐文》作「壓」。
［二五三］「㐬」，原碑及拓本殘泐，《金石萃編》與《全唐文》作「流」。
［二五四］此闕字，原碑及拓本殘泐，《金石萃編》與《全唐文》作「梁」。
［二五五］「木」，《金石萃編》作「猝」。

［二五六］此數字，原碑及拓本殘泐，《金石萃編》作「□橋□劉遇，薛遂之」。

［二五七］「迴」，原作「廻」，據碑文和《新唐書》改。下同。

［二五八］此碑現存曲阜漢魏碑刻陳列館西屋南起第二石，右下部分殘泐，拓本收録於「京都大學人文科學研究所所藏石刻拓本資料」TOU1221X《唐兖公之頌碑》，碑文亦載《金石萃編》卷八五《兖公頌》、《全唐文》卷三六五《兖公頌》等，兹據此加以校證。

［二五九］「曲」，原碑及拓本殘泐，《全唐文》作「農」。

［二六〇］此闕字，原碑及拓本殘泐，《全唐文》作「美」。

［二六一］阮元編撰《山左金石志》時，此碑已佚，屢飭拓工訪求未果，所據趙晋齋舊本只存上半，下截已佚，故《山左金石志》録文殘缺多誤。咸豐六年，何紹基訪得此碑，時已斷爲二石，銘文已多殘泐。此碑現存濟南市長清區靈岩寺魯班洞壁，僅存上截及下截左半兩石，碑文漫漶難辨。拓本收録於《北京圖書館藏中國歷代石刻拓本匯編》第二五册《靈岩寺碑》，殘缺嚴重，碑文亦載《八瓊室金石補正》卷五七《靈岩寺碑》，今據此加以校證。

［二六二］「有象」，此二闕字，據拓本及《八瓊室金石補正》補。

［二六三］「故」，底本原闕，據拓本補。

［二六四］此闕字，據拓本及《八瓊室金石補正》補。

［二六五］底本中「凡」字後有一個闕字，拓本無，據改。

［二六六］此闕字，據拓本及《八瓊室金石補正》補。

［二六七］「主」，原作「一」，據拓本及《八瓊室金石補正》正。

［二六八］「虚」，原作「墟」，據拓本及《八瓊室金石補正》正。

〔二六九〕「岳」，據拓本及《八瓊室金石補正》補。
〔二七〇〕「會」，據拓本及《八瓊室金石補正》補。
〔二七一〕「貝」，原作「具」，據拓本改。
〔二七二〕「供」，原作「保」，據拓本及《八瓊室金石補正》正。
〔二七三〕「供」，原作「借」，據拓本及《八瓊室金石補正》正。
〔二七四〕此諸闕字，據拓本及《八瓊室金石補正》補。
〔二七五〕此闕字，拓本漫漶，《八瓊室金石補正》作「德」。
〔二七六〕此諸闕字，據拓本補。
〔二七七〕「報」，據拓本及《八瓊室金石補正》補。
〔二七八〕據拓本、《八瓊室金石補正》補。
〔二七九〕此諸闕字，據拓本及《八瓊室金石補正》補。
〔二八〇〕「客」，拓本漫漶，《八瓊室金石補正》作「容」。
〔二八一〕此諸闕字，據拓本及《八瓊室金石補正》補。
〔二八二〕「削」，據拓本補。
〔二八三〕「思廣闕遺」，原作「□廣問遺」，據拓本及《八瓊室金石補正》補正。
〔二八四〕此諸闕字，據拓本及《八瓊室金石補正》補。
〔二八五〕此闕字，據拓本及《八瓊室金石補正》補。
〔二八六〕此闕字，據拓本及《八瓊室金石補正》補。

［二八七］此諸闕字，據拓本及《八瓊室金石補正》補。

［二八八］此闕字，據拓本及《八瓊室金石補正》補。

［二八九］「宅」，原作「公」，據拓本正。

［二九〇］此諸闕字，據拓本及《八瓊室金石補正》補。

［二九一］此諸闕字，據拓本及《八瓊室金石補正》補。

［二九二］此諸闕字，據拓本及《八瓊室金石補正》補。

［二九三］「西」，原作「要」，據拓本正。

［二九四］此闕字，據拓本及《八瓊室金石補正》補。

［二九五］此諸闕字，據拓本及《八瓊室金石補正》補。

［二九六］「傳」，拓本漫漶，《八瓊室金石補正》作「轉」。

［二九七］此諸闕字，據拓本及《八瓊室金石補正》補。

［二九八］原作「臨朐縣」，誤，而是在寧陽縣。孫星衍、邢澍《寰宇訪碑録》卷三《訪碑三》對此造像題字二十九種亦有記載，亦指明在寧陽縣。

［二九九］「賓」，原作「膏」。

［三〇〇］此碑已毁，《金石萃編》卷八八《章仇玄素碑》、《全唐文》卷三〇二《贈東平郡太守章仇府君神道之碑》録有碑文，兹據此加以校證。

［三〇一］結合撰碑人職銜與新、舊《唐書·韋述傳》的記載，「□□院學士、知史官事韋辶」，當是「集賢院學士、知史官事韋述」。

［三〇二］據《寶刻叢編》卷七《唐户部尚書章仇兼瓊碑》記載：『唐檢校倉部郎中馮用之撰，左衛率府兵曹參軍集賢院待制蔡有鄰八分書。』《分隸偶存》卷下云：『蔡有隣，濟陽人，漢左中郎將邕十八代孫，官至右衛率府兵曹參軍，工八分。』由此可知，『翰林院學士、内供奉、左衛率府□□□東蔡有隣書』，當爲『翰林院學士、内供奉、左衛率府兵曹參軍蔡有隣書』。

［三〇三］『立』，《全唐文》《金石萃編》作『玄』。

［三〇四］此三闕字，《全唐文》作『章仇兼』。

［三〇五］此二闕字，《全唐文》作『玄素』。

［三〇六］此碑現已不存，亦未見拓本傳世，碑文載於《濟寧州金石志》卷三《唐天寶九載薛待伊造石浮圖頌》與《全唐文》卷九六二《造石浮圖頌》，兹據此加以校證。

［三〇七］此二闕字，《濟寧州金石志》作『天寶』。

［三〇八］『無』字之後，《全唐文》尚有『微』。

［三〇九］『糹』，《濟寧州金石志》作『綱』，《全唐文》作『紛』。

［三一〇］『爲』字之後，《濟寧州金石志》與《全唐文》尚有『之』。

［三一一］『嘿』，《全唐文》作『默』。

［三一二］『粤』，原作『奥』，據《濟寧州金石志》與《全唐文》正。

［三一三］後『一』字，《濟寧州金石志》作『所』。

［三一四］此闕字，《濟寧州金石志》作『願』。

［三一五］『枎』，《濟寧州金石志》作『扶』。

[三一六]此闕字,《濟寧州金石志》作「無」。

[三一七]「頂」,《全唐文》作「瞻禮」。

[三一八]此闕字,據《濟寧州金石志》《全唐文》補。

[三一九]此闕字,據《全唐文》補。

[三二〇]「二十一字」,原作「二十二字」,據上文改。

[三二一]此二闕字,《全唐詩》作「曉登」。

[三二二]此闕字,《全唐詩》作「孤」。

[三二三]此二闕字,《全唐詩》作「下臨」。

[三二四]此闕字,《全唐詩》作「巘」。

[三二五]此二闕字,《全唐詩》作「沛恩」。

[三二六]此闕字,《全唐詩》作「茵」。

[三二七]此二闕字,《全唐詩》作「祝起」。

[三二八]此三闕字,《全唐詩》作「朱紱縈」。

[三二九]此闕字,《全唐詩》作「策」。

[三三〇]此二闕字,《全唐詩》作「奉誠」。

[三三一]此三闕字,《全唐詩》作「仙佩俟」。

[三三二]此闕字,《全唐詩》作「香」。

[三三三]此四闕字,《全唐詩》作「中忽神言」。

［三三四］『開元天寶聖文神武應道皇帝』，《新唐書》卷五《本紀第五》作『開元天地大寶聖文神武應道皇帝』。

［三三五］此碑現存滕州市滕國故城遺址碑廊，惜碑文漫滅，難以辨識，未見拓本傳世。碑文亦載道光《滕縣志》卷一二《藝文志·靳村寺碑》與《全唐文》卷九五五《興國寺碑》，茲以此爲據加以校證。

［三三六］『𨍏』，道光《滕縣志》作『較』。

［三三七］『東□□雲雪之化』，道光《滕縣志》作『東□應雲霄之化』。

［三三八］後一闕字，道光《滕縣志》作『風』。

［三三九］『暑』，《全唐文》作『景』。

［三四〇］『轉五行而司氣』，《全唐文》作『轉玉音而同氣』。

［三四一］此闕字，道光《滕縣志》作『欽』。

［三四二］此闕字，道光《滕縣志》作『出』。

［三四三］此闕字，道光《滕縣志》作『可』。

［三四四］最後一闕字，道光《滕縣志》作『密』。

［三四五］『台』，道光《滕縣志》作『貽』。

［三四六］『花』，《全唐文》作『化』。

［三四七］此闕字，道光《滕縣志》作『日』。

［三四八］此二闕字，道光《滕縣志》作『繙萌』。

［三四九］此闕字，道光《滕縣志》作『覩』。

［三五〇］『易』，《全唐文》作『奕』。

〔三五一〕『休』，原作『任』，而道光《滕縣志》作『休城』。按故靳村興國寺的地理位置，古休城在其西四里許的沙河西岸，而任城在其西北一百里的今濟寧市内，顯然文義是相對於休城而言，而非相對較遠的任城。

〔三五二〕『邑』，原作『阜』，道光《滕縣志》作『邑』。按：興國寺前六里許，即滕國故城邑，也就是所謂的『滕邑』，顯然『阜』誤。

〔三五三〕此闕字，道光《滕縣志》作『坐』。

〔三五四〕此闕字，道光《滕縣志》作『歸』。

〔三五五〕『考』後，《金石萃編》卷九〇《高乾式造象碑》尚有一『妣』字。

〔三五六〕『唯』，《金石萃編》卷九〇《高乾式造象碑》作『維』。

〔三五七〕此拓本收録於《北京圖書館藏中國歷代石刻拓本匯編》第二六册《東方朔畫贊碑》，碑文亦載《金石萃編》卷九〇《東方朔畫贊碑》，兹據此加以校證。

〔三五八〕『跆』，原作『跕』，據拓本正。

卷十三

唐石

佛峪造像記

乾元二年三月立，正書。崖高七寸五分，廣四寸六分。在歷城縣東南佛峪。

右題『大唐乾元二年，佛苐子遇緣爲國王帝主、大地苦衆生敬造阿彌佛一傴，三月五日建』，四行，字徑五分。以『苐』爲『弟』，以『傴』爲『軀』，皆别體。

黄石公祠記

大曆八年七月立，八分書，篆額。碑高五尺五寸，闊二尺九寸。在東阿縣穀城山黄石公祠門外東墀下。

濟州穀城黄石公祠記額三行，字徑二寸。

黄石公祠記，布衣趙郡李卓撰，□□□□□□□□□□□□□□名□。以上一行，篆書。

秦滅六國，遂并區宇，張良哀韓之亡，怒秦之暴，義感天地，降神於圯。神授良之書，良爲帝之師，滅秦報韓，成功遂志。祠黄石於濟北穀城之山下，蓋謂是矣。世用其道，傳祠此山，惟德之馨，介福不替。天寶歲夏六月，旱既太甚，遍走羣望，密雲卷而復舒，零雨濛而不降。太守河東裴公，聚黄髮而咨謀曰：『山川神祇有不舉乎？』聞斯行諸，夙夜展祭，祀事未畢，感而遂通，自寅及未，澤潤千里，吁其靈也。夫聖哲立瀌制，君子脩理道，莫不順承天則，祇畏神明。以天視無私，神功不測，或殄覆昏暴，或孚右明德，與時推移，未始有極。蓋將輔其善，必聽於人。昔夏之興也，崇山降焉；殷之興也，岯山次焉；周之興也，岐山鳴焉。漢興，有圯橋之事；我唐之興，有霍山之異。今古不爽，謂之神志，聰明正直而弌者也。惟秦政滅德用刑，匱人從欲，寃痛在下，馨香不登。祚及二世，毒流四海，與天自絶。惟神不黷，有開必先，祝降寶命，故其書極空五字。天之際，備興亡之端。子房將有行也，師焉而以言，酌消息於盈虚，通擬議於變化。楚漢之勢，功利相百，天威扶乘，人謨叶贊。觀釁而動，極深研機，發八難銷六國之印，招四人定重明之業。以斷天下之疑，以奪敵國之計，正乾坤之位，發日月之光。所謂被堅執鋭，其功狗也；居守饋糧，其功人也。運籌帷幄之中，決勝千里之外，其功神也。此其大者，豈徒効祉發祥於州里之間哉？方今淳風允塞，休徵荐臻，意者謂宜上聞，有以旌異。嘗學舊史，敢記所知。

碑陰

穀城下黄公祠，實在濟之東阿，玄宗季年，濟陽廢而東平兼領之。所稱『河東裴公』，即故郡守名序，所題『趙郡李卓』，即今臺長棲筠。頃歲，馬公炫自郎官出牧，少與臺長交契莫逆。嘗勤雨於廟，不覩所記，迺搜李文，以勒貞石。每歎曰：所謂經國文章者，其在兹乎？未及畢，而謝病言歸。今二千石郭公岑，尚德是務，踵成厥美；句曹掾韋騰、戎曹掾俞黄中，郡之良也，承命集事殿中侍御史高陽齊嵩，聆而嘉之，故紀云。唐大曆八年七月十五日建。

前試義王府倉曹參軍裴平書。此行篆書。

右碑前題小篆書一行，文二十行，三十一字，徑一寸二分。碑陰文十二行，行十五字，末書人裴平銜名，小篆書一行。碑側『郭登庸過此題記』，八分書，一行，乃明人所題也。李北海《嶽麓寺》碑陰有郭登庸題字，爲前明提學。武虚谷《金石續跋》云：記首行列題及『布衣趙郡李卓撰』皆小篆，文與碑陰書者爲一手也。卓，即棲筠，《傳》稱『世爲趙人』，此《記》亦云『趙郡』。又棲筠『族子華每稱有王佐才，士多慕向。始居汲共城山下，華固請舉進士，俄擢高第』，此《記》云『布衣』，蓋其初服，如是，與《傳》可相證。太守之名，《百官志》『天寶元年，改刺史曰太守』，是也。族子華即李華，見《新唐書·文藝列傳》，云：『字遐叔，趙州贊皇人。』碑陰列書碑者裴平，見《宰相世系表》，未著其官義王府倉曹參軍，《表》略也。《傳》稱李棲筠代宗時拜爲御史大夫，碑陰立於大曆八年，故以臺長目之，而棲筠前名『卓』，史失紀矣。《記》稱：『頃歲，馬公炫自郎官出牧，少與臺長交契莫逆。』案：炫乃馬燧之兄，《燧傳》稱：『兄炫，字弱翁，少以儒學聞，隱蘇門山，不應辟召。至德中，李光弼鎮太原，始署掌書記，常參軍謀，光弼器焉。遷[二]刑部郎中。《舊書》奏授比部、刑部郎中。田神功帥宣武，署節度判官，授連、潤二州刺史」。據碑謂「自郎官出牧」者，蓋以刑部郎中爲鄆州刺史，而《傳》僅稱「連、潤二州」，非也。炫隱蘇門山，與棲筠始居共城山下，地既相比，二人交契當在此時。後有「勾曹掾韋騰」「戎曹掾俞漢中」，勾曹、戎曹，《百官志》皆未載。

桃源峪王大使等題名

大曆八年十月刻，正書。崖高三尺七寸，廣三尺。在泰安縣桃源峪。

右題「大曆八年，王大使因拜岳，與韓補闕、前建安□太守同遊，張練師、房道士卜□□記，時十月十□日」，七行，左讀，字徑一寸五分。其右有「宋紹聖二年，朝奉郎張邦茂」等題名，五行，大書深刻，連及於左，唐迹盡爲所掩，兹從隙處尋繹得録其文，闕者僅三四字耳。縣志載此刻作《張練師題名》，云劉禹錫有《送東嶽張鍊師詩》，即其人也。

文宣王廟新門記〔二〕

大曆八年十二月立，八分書，篆額。碑高四尺八寸，廣二尺二寸。在曲阜孔廟同文門。

文宣王廟門記額二行，字徑二寸。

文宣王廟新門記，空三十五字。朝散大夫撿校祠部員外郎兼侍御史裴孝智撰，空十六字。前義王府倉曹參軍裴平下丹并篆額。

成域中之大，歸天下之徑〔三〕曰王。王者曆以宰物，酌旹以觀化，威聲雷霆，號令風雨。不嚴

□[四]理，合自然之運；不行家至，契如神之速。德叶協於幽明，道徜徉於古始。無爲無事，其大矣□[五]。洎乎澆淳既變，仁義斯起。偃息庠序，棲遲洙泗。憲章萬物之首，馳騁百王之末。清頹波於□[六]厲，扇儒術於殷周。故《春秋》作而賊亂懼，風興删而廉恥生。筭韶護而湛濼之音息，行揖讓□[七]莊敬之心勸。夫子聖者歟？名與日月周流，業與乾坤終始。隱焉而光，闇然而彰。命服衮裳，□[八]代稱王。曲阜聖人之鄉也，先是閟宫霞敞，正殿岑立，繚以環堵，邃其臺門。巍若化造，嶷□[九]□動。允所謂淹中之勝槩，闕里之全模。刺史孟公休鑒，德潤尊師，道肥希聖，研精百氏，孚□□言。夜火非官曹之燭，春桑絶附枝之詠。判官郡功曹盧曈，以文發身，以清撿物，博通□□，□數四科。惟此祠廟，厥初層構。朱户半傾，雕甍中落。難名之閫奥，造次可遊，如在之□□□□易覩，將何以克恭過位，加敬及庭。於是孟公首之，盧公翊之，因命縣大夫兼太□□□□□，裴公新其南門，書時也。公名有象，育元含真，廣學攻文，始登甲科。吏于舒，舒人□□□□□等；吏于兖，兖人悦服，蓄可大之用，爲致遠之資。由是庀迺程，具乃役，丕斬仲□□□□□□山之石，償以日而給，功不時而就。大屋横亘，雙扉洞開，丹拱繡桷，膠葛固□□□□□□□景飛檐騈逼而棲霧。扃鐍既固，享獻聿修，官吏唯肅清之謹，邑人無褻瀆□□□□□□席及階而升。數仞之牆，由户而入。君子以非孟公之化不行，非盧公之□□□□□□□不成，三事叶同，□広于善，孝智不敏，儒家之流，徒挹春秋舍菜之禮，□□□□□□□□□誌不腆之文，俾刊永貞之石。時大曆八年十二月一日也。

碑側

朝議郎行令上柱國李子曷建

文林郎尉曹晉卿

文林郎守丞張隱琴，朝議郎行主薄姜崇晉

碑陰

兗海沂密等州節度觀察使兼御史大夫鄭漢璋，咸通九年八月廿九日題。

曲阜縣尉敬𪊲度

貞元十五年孟春月廿三日題

鄆府東平縣尉郜來庭

右碑文二十行，行三十五字，徑七分，下截尚有一字爲趺所掩，難於施拓。碑文裴孝智撰，孝智見《唐書·宰相世系表》，官至都官郎中。裴平書碑，不曰『書』，而曰『下丹』，又題碑之一例也。平工篆隸，是年七月先書《黄石公祠記》。文云『判官郡功曹盧曈』，案郡功曹，郡爲州異名，當稱司空參軍事，今碑稱『功曹』者，兗州爲大都督府，故别於他州，稱功曹也。判官，則節度使有之，蓋以都督府置員歟。『閟宫霞潋』，『潋』字，錢辛楣少詹以爲『蔽』之省，《集韻》：『蔽』『潋』二字互相通。碑陰有貞元十五年、咸通九年題名，鬱皆遺之。碑側題縣令、尉、丞、簿姓名，亦裴平所書也。

麟臺碑[一〇]

元和五年十一月立，正書。在鉅野縣城東十里鋪東瑞麟寺。

麟臺碑銘并序，唐元和五年翰林學士韋表微撰。

夫聖人作，然後王道明；王道明，然後瑞應至。靈貺感通，理合冥數。昔殷道剥喪，民罔攸歸，於是文王以有位之聖，嗣成湯之德，神人咸乂，故鳳鳴於岐。洎周德凌遲，道靡所屬，由是仲尼以無位之聖，述文武之法，憲章聿修，故麟見於魯。於時，王室無主，禮法盡去，天子之尊，存乎位號。魯，周公之所封，用四代之禮樂，遺風故典，鬱而未發。仲尼以天縱之德，生乎其中，居周公之邦，志文武之道，觀廢興之運，知作者在已。位不得以庇生民，權不得以司刑賞，是天將喪斯民也，而未喪斯文也。迺綴絶緒，申舊章，變其禮文，酌爲典憲，擘[一一]五帝[一二]之龜鑑，正三綱之軌轍。帝王之道，迷[一三]而復明，盛德大業，於是乎在。天錫嘉瑞，光昭厥功，故周敬、魯哀，不得而有也。由此觀之，蓋《春秋》爲王法之器，魯國爲王法所寄。在其所寄，以舉其器，鼓仁義爲舟航，權褒貶爲篙楫，乘横流之波，濟天下之溺。上無列國之輔，下無陪臣之助，故道不信於天下，而信於智者，法不著於當時，而著於後代。向使仲尼有滕、薛之土，得三家之衆，興我王澤，霈及蒸民，則麟出其郊，得其所矣，豈復厄於虞人哉！故麟不見，則孔聖之道不彰；麟不死，則周室之亂不極。嗚呼！聖人之生也，得其時，則化行乎江漢；不得其時，則道屈乎季孟。靈瑞之出也，得其時則名薦於郊廟；不得其時，則身罹於殘夫[一四]。是以[一五]

聖人能順時以濟人，不能反時以自聖；靈瑞能因時以感應[一六]，不能反時以自靈。被厄於陳蔡，獲麟於鉅[一七]野，影響之應，其符著矣。《春秋》傳曰：『有以告者曰：「有麕而角者」[一八]，孔子曰：「孰爲來哉！孰爲來哉！」』夫豈不知乎？蓋殺之而不敢[一九]，故示人以疑之故也。元和五年冬十一月，表微以滑之從事，使乎鄆陽，停驂訪古，得[二〇]獲麟之舊壤，且因[二一]後之人築臺於此，以旌厥路。感先聖之不遇，悲[二二]麟出之[二三]非時，徘徊道周，迺作銘曰：

二儀既判[二四]，三象乃乖[二五]。聖道堙鬱，人心不開。上無文武，下有定哀。吁嗟麟兮，孰爲來哉？周雖不綱，孔實嗣聖。詩書載删，禮樂大定。懲惡勸善，歸邪反正[二六]。吁嗟麟兮，克昭符命。聖與時合，化行位尊。苟或乖戾，身窮道存。於昭豐芑[二七]，栖遑孔門。吁嗟麟兮，孰知其昏。運極數没，德至時否。楚國寖廣，秦封益侈。墻仞廹阨，崎嶇闕里。吁嗟麟兮，靡有攸止。世治則麟，世亂則麕。出非其時，麇鹿同羣。孔不自聖，麟不自神。吁嗟麟兮，夫復何云？

此碑李鐵橋録寄，未詳尺寸，文十六行，字徑一寸。案《縣志》載獲麟古塚爲八景之一，亦曰獲麟臺，即此也。韋表微，《唐書》有傳。

竇鞏殘碑

無年月，正書。石高一尺七寸，廣一尺二寸。在青州城東第二層門壁間。

裏行源方回

儀郎薛華士

上柱國齊孝宏

裏行韋曾

部員外郎兼侍御史内供奉賜緋魚袋竇鞏

此行全泐。

事兼青州刺史御史大夫上柱國韓國

州觀察處置押新羅、渤海兩蕃等使金紫

右碑四周皆殘缺，祇存諸官姓氏七行，字徑一寸。『竇鞏』一行尚全，因以爲題。案鞏見《舊唐書·列傳》：『平盧薛平又[二八]辟爲副使，入朝，拜侍御史』。《憲宗紀》：元和十四年三月己丑，『以義成軍節度使薛平爲青州刺史，充平盧軍節度、淄青齊登萊等州觀察等使』。韓昌黎《竇牟墓誌》載：『鞏亦進士，以御史佐淄青府。』注孫曰『元和十四年三月，以薛平爲平盧淄青節度使，表鞏自副』，與《舊唐書》傳合。然則鞏以佐幕至青，在元和十四年矣。考押新羅、渤海兩蕃等使名，《代宗紀》：大曆十年二月，『以平盧淄青節度觀察海運押新羅、渤海兩蕃等使』。《德宗紀》：興元元年，『淄青節度使承前帶陸海運，押新羅、渤海兩蕃等使，宜令李納兼之。』據此題亦有押兩蕃之名，當亦以淄青節度兼之，則於時爲節度使者薛平也。前列銜缺名，意即其人與。

靈巖寺功德龕佛座題字

長慶元年刻，正書。在長清縣靈巖寺。

右唐人題字二段，一題『李澧□□王洲，長慶元年四月八日記之』，七行；一題『長脱一字二年十二月八□，魏龍寺僧神祐、義新、法從、表偉同來禮□。神祐者，内黄人也，姓劉氏』，十二行。皆左讀。

又有宋天禧五年王遂等遊記十四行，及太安高祚伯元等題字一列，并坿識之。

普照寺陀羅尼經幢

寶曆二年三月立，正書。石凡六面，各高六尺，廣六寸。在濟寧州城内普照寺。

右幢，《州志》所載《六楞唐碑》是也。前數面經文皆磨滅，惟一面首題『大唐寶曆二年歲在丙午三月戊辰十五日壬午，發心主□□□公孫超、弟寬石木□上鐫□□尊勝陁下闕』，又二面皆施主姓名。

洪山石佛題字

大和七年十二月刻，正書。在嘉祥縣南廿餘里洪山石佛兩腋下。

右題二行皆有『大和七年十二月』等字，後云『石匠筆記』，字迹粗劣，乃當時俗工所爲。

青龍山佛座題字

大和八年刻，正書。碑高一尺四寸，廣二尺。在嘉祥縣青龍山石龍菴。

右題『大和八年，匠者□□敬記，正月廿二日』二行，又『會昌二年四月廿四，李友義題名』二行，又『元慶元年三月十八日，翟英俊題名』一行。攷歷代紀元，並無『元慶』，惟南宋有『慶元』，非北地應有，因與上二種連及，故並坿焉。

劉夫人辛氏墓誌銘[二九]

大和九年十月立，正書。碑高一尺五寸五分，廣一尺五寸。在青州府城内鍾氏。

唐故平盧軍節度押衙兼左廂兵馬使、銀青光禄大夫、雲麾將軍、撿技國子祭酒兼御史中丞、上柱國、食邑二千五百户劉公夫人隴西辛氏墓誌銘并序，文林郎試大理評事苑可長[三〇]撰。

夫人辛氏，隴西郡人也。父諱行儉，夫人即府君長女也。娉于彭城劉公，公不幸早薨。夫人稟山嶽之粹靈，受人倫之大福，博行而多聞，發言而合禮，素德全備，淑慎威儀。迨于姻親俯仰，咸若挺霜操而馳其聲，彙女功而發其譽。夫人六十有六，以大和九年秋七月廿日而薨。夫人有子二人，長子平盧節度衙前虞候、雲麾將軍、試殿中監、上柱國克勤，次子節度散□[三一]將克恭。生女一人曰引。子等哀毁過禮，杖而不起，乃扶護靈柩，當年冬十月七日，祔葬於青州益都縣永固鄉廣固之里。以先塋不利，故别遷宅兆，西據于□[三二]，倚山丘[三三]之崇秀，東極于荒，南眺青山，北臨于郡，仍書銘于墓内：

白玉無瑕，青松有節。德儀咸備，行偕先列。弃□[三四]廿[三五]而歸天，流芳華而不歇。蒼茫野色，雲悲鴻咽。林□□[三六]兮悲風，光娟娟兮夜月。

右刻文十七行，字徑五分，虚其左幅，内稱『彙女功』，『彙』即『彙』，字義取於集衆力耳。『女一人日引』，『日』讀若『粤』，古『曰』『日』二字不分長扁，唐時猶然也。

佛峪金剛會碑[三七]

開成二年四月立，正書，額八分書。崖高二尺七寸，廣一尺九寸。在歷城縣東佛峪。

大唐□金剛□[三八]會碑額四行，字徑寸餘。

□□石彌勒像讚并序

□濟[三九]州歷城縣維那劉長清等八人，爲□中《金剛經》邑會之長，曾同邑内信直者十數公，俱禮南靈臺山禪大德僧□方爲出世之師。師以大和六年受靈巖寺，請命詣闕，進本寺圖。將謝聖旨，再許起置鎮國般舟道場之鴻澤。師行能二備，慕止京畿，首末三秋，無疾而謝世。維那劉公等，痛惠熖絶照，法鏡□[四〇]光，無明益昏，大道荒塞。乃率邑内諸人等家財，同心奉爲没故禪大□[四一]建此彌勒像一軀、侍菩薩兩軀，於南霊臺山先師宴坐之地，上荅生前法誨之恩惠矣。

□先身得授佛記，菩薩號問逸多今爲次□[四二]四天天中最滿無上妙解脱正真理補處一□攝用歸於圓寂。無數天人，隨其六事行果，聞見親疎。近者薰其□種清浄至不退地，遠者著快妙樂天，福盡還墮。迺五十六億万歲滿，降生閻浮。當翅頭末城，孕大妙梵婆羅門舍氵主生長少猒塵跡。悟無常無我，因寶臺起觀，知了竟終空。灰心滅智，法證無生。度能人正像末遺法，白黑弟子□百八十二億數，曰『慈氏如來』，即弥勒佛之本稱。器界攢縮，草木芬香。環海□銷，濤湧澄徹。一蒔七寶，人壽過仙。

迷浮覺休，坤成金色。有輪王出興，號儴佉与□及嬙嬪等，皆墮髮修空，迷證道果。鷄□山爲之峯裂，迦葉波定盡捧釋氏□□授慈氏竟化火而謝。僧尼女男万万計，俱發無上道意，故今之刻像已想未來弥修□佛之良因，冀入龍華之大會者也。訟[四三]曰：

鍊行三祇劫，當來證法王。四維千万土，□□三毫光。下界牢籠固，天□歲月長。衆生淪溺苦，俟降竺乾方。

開成二年歲次丁巳四月甲午朔。

功德主及都維那、邑人等一百一十人，結金剛經會，每會書經一卷，每至正月十八日、九月十五日，設齋一中，以表衆緣，標於此碑。

院主僧行勤，功德主劉長清，都維那王昇朝，維那劉君義，維那劉征嵒，維那李士良，維那張敬宗，維那王士義，維那李綰，維那張少林，僧元忠，僧廣濬，僧楚文，僧簡裕，僧居政，僧善住，僧思□，尼體幽，尼元珪，尼志堅，尼堅行，邑人蹇秀誠，魏少穽，榮日華，段良察，張文遇，田清，王如忠，房惟晟，張友信，李輔國，趙西華，張烋用，王義成，嚴憲，張幹，高進玉，盖文政，孫允，張貟，王士倩，叚苾，李濬，魯憲朝，李清，榮法空，李榮，苑元瞻，高文素，趙惟義，郭達，高行□，李樂山，馮端，孫行素，吴士林，韓良季，王君祐，田欽晟，王士慶，王進義，尹懷珎，徐良祐，劉文會，霍沅，周忠信，侯君集，趙廣陽，張如雅，鄧懷義，李万廸，丁少陽，宋與俊，吴進明，許良祐，梁如泉，曹良裕，李惟寬，李文真，翟公信，李文慶，李全義，劉湛，李重昌，侯重興，張廷玉，邢忠信，李玉山，宋佇，李餘，陳公弁，高友成，楊再清，高文弼，郭上清，董日榮，史䨮豊，翟公信，趙孝恭，左裴柳，趙國進，朱寶山，郭明義，徐令芳，孫再榮，崔□，高慶，劉元甫，劉宗襲，劉元亮，仇智昇，劉惟義，劉惟讓，劉惟和，劉惟會，劉惟忠，李公弁，段常省，曲文宗，段良茂，段良義，杜達。女弟子等清浄海，蓮花藏，功德性，素真，會香林，阿李，无亮恩，温和，阿鄧，佛果圓，妙智，清浄願，常歡喜，浄花林，圓滿，如蓮花，九天花，心清浄，常自在，阿李，觀自在，阿張，阿潘，修德，真如藏，常觀察，界香林，崔從□，宋佐元，殷王薩，王元濟，劉惟義，弟良恕，王□亮，張殷政，宋良臣，王良秀，弟良祕，弟良允，燕林。

右刻上列文三十一行，下列年月、姓氏二十九行，字徑五分。《縣志》云：『題名有「蹇秀誠」其人，杜詩「濟南名士多」自注：「時邑人蹇處士輩在坐」，或謂後人僞爲，以此碑證之，知當時固有蹇姓，而公自注爲不贋也。女弟子有曰「浄花林」「常歡喜」「如蓮花」等名，頗新麗，宋元已後北方女子罕以小名傳矣。』

樊忠義功德碑[四四]

開成三年三月立，行書，篆額，碑陰正書。在濟寧州魚臺縣池頭集三官廟舊址。

功德之碑額四字，徑寸餘，兩旁列施主姓氏凡[四五]十七行。

建功德碑銘并序，清河沙門玲幽文并書兼篆額。

愐夫造化厥初，以渾元爲首，乾坤纔著，二儀始分。爰有三皇降其間，五帝居其次。然乃籠連栗陸，尊盧赫胥。神農伏羲，禹湯堯舜，周秦之後，迄至□□[四六]。開闢已來，君王宰輔，不可繁載，備如傳記者也。唯有西域之教，生於周昭王甲寅之歲，來自乎[四七]漢明帝永平之年，摩騰、竺法蘭刱于此矣。然則釋、道、儒門，如鼎之三足。若整[四八]溺救難，易危成安，莫過乎釋氏之教焉[四九]。有志信上黨樊公，先代楚有將軍，燕有列[五〇]士，公則是其緒衰也。曾祖及祖，尊諱不書，並高尚不仕，隱於里閭，則榮宦貴禄，勿干懷也。考諱元信，曾任武寧軍討擊副使，雄名振古，英畧貫時，動日羽以猿驚，彎月弓而雁落。郡府捐其□軌，轅門仰其規儀，藝絶奇能，莫可儔也。嗣子樊忠義，家本上黨，來居魯邦，巨產洪基，里閈推最。公量爲河海，氣納乾坤。幼而謙，長而恭，文武忠孝，備于厥躬。無□立[五一]三□□有榮期三樂，不苟名宦，遁跡丘藪，時人望之不及也。有子長曰德亮，仲曰德安，季曰德平。並事父能竭力，事君能盡忠，與朋友交，言而有信。公家務之暇，暫爾静思，乃喟然長嘆曰：『余覽《維摩經》，見是[五二]如芭蕉，中無有堅。又《金剛經》云：「一切有爲法，如夢幻泡影。」吾今年侵蒲柳，齒髮漸衰，若不預造梯航，將何越於苦海？』遂乃捨縑帛，割餘資，轉《法華經》一部七卷四十九遍，已終，持《金剛》一軸之經一万之數云畢，更以絹捨束素，粟麥一車，入脩當村佛殿工價。又兩度[五三]施絹六疋，臺山設三百僧齋。大聖文殊，遥加密護，更施絲二百一十八兩，將充贖香。四州供養，僧伽三網，飛狀迴報，若不標記，胡表素誠？爰訪他山之異石，遂立豐碑。召素域之良工，得班輸之奇士，更造功德一鋪，數有十軀，家□部一十五人，虔誠侍側。且尊容相好，豈□[五四]圓嚴，菩薩神龍，無不殊麗。經文有聯環之字，隨心識而鐫成。佛前有宛卷之花，從手下而鑿出。建造在於私第，成就遂至茄[五五]藍，万代子孫，永充供養。此寺之勢也，東接太公之遺跡，西隣古戴之州□，南眺豊□[五六]，北倚厥國。且昔時堂殿尊像，儼如今刱，瓊碑屹立于此。所有功德，先奉我國家。伏願帝歴長明，金輪永御。大吏常侍，保[五七]佐堯堦。州縣山[五八]寀寮，鎮居禄位。樊公先靈尊眷，諦國受生，現在一門，保全慶吉。仍恐日月驟改，桒田幾變，將刊貞石，以紀□工。銘曰：

天地將分兮盤古生焉，濁[五九]氣爲地兮清風爲天。三皇降德兮五帝其間，周秦相禪兮唐祚聯綿。釋道儒教兮齊致，如鼎三足兮無偏。時主不易兮鄭重，樊公志信兮虔□[六〇]。轉金經兮數部，捨財物兮無邊。立不朽兮貞石，石斑爾兮彫鐫。建尊像兮儼若，合家稽首兮[六一]佛前。獲福壽兮此世他世，立碑記兮千年万年。

碑陰經文及姓氏四列，皆不録。

時大唐開成三年歲次戊午三月己未朔廿九日丁亥建此碑，工畢。

右大字一行，題於左邊。

此碑朱朗齋自他處借録，未詳尺寸。文二十三行，行四十字。文云『西域之教，生於周昭王甲寅之歲』，案釋典云『周昭王二十四年，天竺迦維衛國净飯王妃摩耶氏，夢天降金人，遂有孕。於四月八日，太子生於右脇，名悉達多。年十九，入檀特山修行證道，至穆王三年，明星出，時成佛，號世尊」，碑蓋本此。文中禹湯堯舜先後紊亂，又以『整溺』爲『拯溺』，以『緒衰』爲『緒裔』，皆村俗不知文字體裁者所爲，殊可哂也。

牟瑺證明功德記[六二]

大中八年四月立，正書。石高一尺三寸五分，廣七尺六寸。在長清縣靈巖寺巢鶴巖下。

修方山證明功德記，鄉貢進士牟瑺撰。

此山前面有石龕，龕有石像，從彌勒佛并侍[六三]衛菩薩至神獸等計九軀。案《寺記》云：唐初有一童兒名善子，十歲已下，自相魏間來，於此山捨身，決求無上真正之理。□啓首□四禮遂墮，未及半虛，五雲封之西去。其音樂□□天風錯□畢寺緇白，無不瞻聽。乃鑿此山成龕，立像旌之，曰證明功德。暨乎會昌五年，毁去佛□，天下大同。凡有額寺五千餘所，蘭若三万餘所，麗名僧尼廿六万七百餘人，所奉斯除，畧無遺孑。惟此龕佛像儼□，微有薑殘。大中五年，奉旨許於舊蹤再啓精舍。寺主僧從□[六四]聞於州縣，起立此寺。有杭州鹽官縣人僧子儒，俗姓董氏，不遠江湖，訪尋名跡，至六年五月七日得度既果，前□[六五]□□懇誠，金采裝餝方山證明功德，兼□□□神及師子各二隻，□金彩色，□功價□□□五十貫文，施主二百餘人，□□一鐫姓名□□左。其山龕在寺之艮，直上可四里，下思人□井以□處星端翦眎□滄溟，有同蓬島□龕石□。有泉不□來源，從細竇泄□石盆□□□□□□而已。玉

液金漿，莫得□其甘□[六六]□□香山□□質乎香□[六七]子儒公明山巒之□□□固敬石之像長牢，冀
賢劫盡而同盡，自□□外，胡可傾移哉？

大唐大中八年四月八日鐫記。以上凡二十七行，後列施錢姓氏三十五行。

寺主僧從惠，大中五年奉皇恩遠降，許令□[六八]飾舊基，先度僧□□主持□月廿八日，經長清縣
陳狀，四月十三日□□□□□□來□六月廿日□□□度□□□□□□□□□□□□□□□北臨聖
□□是此等□□□□□□一景界夜至三更，先見二僧，一僧面西而立，一僧面東而□□□□□□□
身□□□□□□□□□□□□□先□□□集隨□而□□□□□□去來□□有五□四□□赤□
大袖□衣，頭上冠笄，□執笏，中有一女，身□□□□□□□□□頭□雙鬟，手中執□□老□□去
□□□□□□餘□忽然不見。明□□至齊州□□□此□祥瑞□□七月廿八日呈上，刺使劉將軍遂
喚入見，問其由，八月一日得度，九月一日入□□□□尚住會□□節[六九]度使□□□□侍□□官
□□□□□□□□□□□□□□□□□上聞，明勑□[七〇]□□宜依□大中八年四月廿日記。以上十六行在後段。

右記書者鹿繼宗，鐫者李可言，姓氏與施錢人同列，幾不能辨。記文之左尚有題字五行，磨裂難識，皆不具録。又有宋元祐三年諸題名五段，加刻於唐迹之上，致多殘缺也。案《新唐書·武宗本紀》，會昌五年八月壬午，『大毁佛寺，復僧尼爲民』，不言毁有額寺至五千餘所，蘭若至三萬餘所，復僧尼至

廿六萬七百餘人，皆史略也。大中五年，奉旨許於舊蹤再啓精舍，亦史所未及。

孝堂山石柱題字五種

大中十年八月立，正書。在肥城縣孝堂山石室。

一題『□大中拾年八月十三日建次及水裹保村人建柱』，姓名凡三行，字徑六分。紀年以『拾』爲『十』，唐時已然矣。

一題『水裹保村紏首麗氏』等施柱題記，後有『歲次乙未五月』，字凡三行，字徑一寸五分。

一題『當村□宣德男天民助緣，并特置牌額、綽楔門二座』，二行，下截尚有一行，皆漫滅。

一題『左諫議大夫河南楊景略康功，禮賓使太原□舜封長民，奉使高麗恭謁祠下，元豐六年』，三行，字徑二寸。案《宋史》：高麗國王徽嗣立，是爲文王。元豐六年卒，聞訃，詔遣楊景略、王舜封祭奠，錢勰、宋球弔慰，云云。據此，『舜封』上所闕，乃『王』字也。史不書二人官閥，藉此詳之。祭奠與弔慰兩番奉使，故無錢、宋題名。

一題『大宋崇寧五年歲次丙戌七月庚寅朔初三日，郭華自備重添此柱，并壘外石牆』，二行，字徑一寸。

右題字五種，皆江秬香録寄，未詳石柱方向、尺寸。案《隴東王感孝頌》有『柱識荆珉，寂寥遺字』之語，是石室本有柱，北齊猶及見之，後來毁折，至唐宋時先後重建也。

康公夫人墓誌銘

大中十年十一月立，正書。石方廣一尺一寸。在淄川縣。

大唐康公夫人墓誌銘并序

公諱叔卿，其先衛人也。夫人清河傅氏，其先清河人也。公幼而有禮，長而謙和，脩身慎行，與物無争。河啚天授之仁，而不與之壽，何不幸與？以寶曆二年三月十四日，因寢疾終于家，享年卌有五。其年遂遷窆于淄川縣萬年之西北三里孝水之西原，從吉兆也。夫人令淑容範，宋子河鯉，六禮貞吉，享年六十有八。以大中元年六月一日遘疾彌流，遂終焉，權殯于堂，以大中十年十一月二十五日遂遷祔于塋兆。有子一人，早亡。有女三人，長適屈氏，次適張氏而承其家焉，幼適王氏。皆撫擗號訴，哀毁過情，遂召良工，刻石染翰。乃爲銘曰：

其一，寬宏德禮，謙和淑人。改過不悋，慎行修身。

其二，夫人賢懷，孝敬邕睦。和柔四鄰，欽承九族。

其三，盛德風猷，名芳不朽。貞石誌之，天長地久。

右刻文十八行，字徑五分。碑銘每章之首題『其一』『其二』字，與他碑注於各章下者異，亦一例也。文中以『彌流』爲『彌留』，通借字。

臨邑陁羅尼經幢

無年月，正書，凡五面。石高五尺六寸，每面廣六寸。在臨邑縣彌陁寺。

右幢文已漫滅，辨其存字，全是《陁羅尼經》文，並無建幢年月及施主姓名。《濟南府志》載：臨邑彌陁寺有唐人石幢，咸通四年刻。遂據之冠於咸通之前。

張万迪等心經石幢

咸通五年七月立，正書，凡八面。石高一尺六寸，周廣二尺。在滋陽縣牛鈞家。

右幢已中斷，首刻《心經》一卷，後二面列功德主『張万迪』等姓名，末有『咸通五年七月十五日建立香臺壹所』一行，書法甚瘦勁。黄小松影摹寄贈，爲補録之。

龍興寺陁羅尼經幢

咸通六年四月立，正書，凡八面。石高四尺二寸，周廣四尺八寸。在兖州龍興寺大殿後。

右幢末二面刻記文，首題『維大唐咸通六年四月十八日，龍□□住法師鳳霄，發願立佛頂尊勝陁羅尼幢壹所』云云。後列施主姓名，餘六面皆經文，每面之首尚有佛象一軀。題名中有『衙前兵馬使』『副兵馬使』『同正將討擊副使』等銜。

冉子徐俟墓碑

咸通六年□月立，八分書。碑高二尺三寸，廣一尺六寸。在鄆城縣黄家海黄氏祠。

□子徐侯墓

右一行居中，字徑六寸。

□爲冉子故里，貞觀二年下闕。七年贈，咸通六年□月，裔孫具□

右二行字徑二寸，在前題之左。

案：冉子之封徐侯，始於開元二十七年，此碑題『徐侯』，乃追封以後所立也。《縣志》載『先賢冉子墓在城東三十五里毌邨集，後有唐貞觀題名碑』，即指此刻，殆未細審耳。

蒲臺尉過訥墓誌銘

咸通六年十一月刻。碑高一尺三寸，廣一尺二寸。在益都縣西十里滂埠莊劉巃家。

大唐故過少府墓誌銘，并序。鄉貢五經京兆杜去疾述。

公諱訥，字含章，澤州高平人也。曾祖諱庭，大父諱遷，先考諱冥。公志堅松竹，氣禀山河，踐□□□蹤差顔閔之行，十年閉户，命果從人，以大中十二年明經擢第。當守選時，潛修拔萃，虚窗弄筆，研機自媿於雕蟲；與奪在心，可否詎由乎甲乙。於咸通四年，授棣州蒲臺縣尉，以博厚御物，清白奉公，執友同寮，罔不仰止。仕優則學，前懇尚堅，秩滿辭親，方希再捷。豈期神理何負，殲我良人，如可贖兮，人百其命。以咸通六年夏四月廿六日寢疾，終於蒲臺縣之官舍，□子春秋卅有九。夫人清河張氏，恨無男嗣。幼女三人，苫廬不施，苴杖序位。噫！蓼莪永訣，俱切痛天。風悲繐□，月照空室。煢煢在疚，仰訴元穹。聲聚秋雲，淚滴成血。乃議遠日，龜筮告從。即以其年冬十一月八日，奉其裳惟歸窆於青州永固原，就先塋，禮也。銘曰：

惜乎勤懃兮罔不精研，名宦俱就兮壽胡不延。風悲雲霮兮星霣逝川，孀妻幼女兮號訴穹天。遺命薄葬兮窆節從古，勒石徽志兮依土封埏。永願明虛兮保寧幽宅，不遐有害兮於萬斯年。

右刻文十六行，字徑四分。內言『當守選時，潛修拔萃』，《唐書·選舉志》『試判三條，謂之「拔萃」。中者即授官』，是訥習此而不獲，故云。『與奪在心，可否詎由乎甲乙』，正指當時不得志於有司也。及後秩滿，欲希再捷，竟未終願而没矣。李南澗文藻云：『碑出土處近古廣固城，宜稱廣固原，而此與福勝院幢皆作「永固」者，或隋煬帝時改之耳。』文中『帷』字作『惟』。

張珂尊勝經石幢

咸通十年立。幢高三尺八寸，面圍四尺五寸。正書。在青州府司獄署外。

佛頂尊勝陁羅尼經，并序。沙門繼遠書。

目目沉迷，勝利莫測，求□者□□□□爲上役者福利河沙。況乃揀良工瑩南山之奇石，選釋氏書西國之梵□□効無處酬恩。今創造佛頂尊勝寶幢一所，經教具明，存殁獲益。張公乃俗務之下，不倦修崇，禮樂之餘，無□心香風佛躰夙願無不稱遂。南北無虞，合家平安，永增福慶。詞曰：

善住之後，次至張公。今時修福，還與昔同。寶幢嵯峨，□□寧□。

功德主張珂妻龔氏，男鄭老，次男小鄭，外姑蘇氏，女重陽。咸通十年歲次丙戌四月八日建。造幢人邵文□。

□利，儀鳳元年從西國以至此土，到五臺山次，遂五體投地，向山頂禮曰：『如來滅後，衆聖□靈，唯有大士文殊師利，於此山中汲引□，涉流沙，故來敬謁。伏乞大慈大悲普覆，令見尊議。』言已，悲泣雨淚，向山頂禮。禮已，舉頭忽見一老人，從山中出來，遂作婆羅門語：『□跡。沙漠地衆生多造惡業，出家之輩亦多犯戒律。唯有《佛頂尊勝陁羅尼經》能滅除惡業，未知法師頗將此經來不？』僧□空來何益，縱見文殊，亦何必識，師可却向西國取此經來，流傳漢土，即是遍奉衆聖，廣利羣生，極濟幽明，報諸佛恩也。師取□聞此語，不勝喜躍，遂裁悲淚，至心頂禮。舉頭之頃，忽不見老人，其僧驚愕，倍更虔心。繫念傾城，迴還西國，取佛□法典，乃勑司賓典客令杜行□等共譯此經，施僧絹叁十□，其經本禁在内不出。其僧悲泣奏曰：『貧道捐軀委命，遠取經來，□益而遂留翻得之經，還僧梵本。其僧得梵本，將向西明寺，訪得善梵語漢僧順貞，奏共翻譯。帝隨其請。僧遂對諸□於代，小小語有不同者，幸勿怪焉。至垂拱三年，定覺寺寺主僧志静，因停在神都魏國東寺，親見日昭三藏法師，問其逗遛，□梵旨一無差失。仍更取舊翻本勘校，所有脱錯悉皆改定。其咒注云：『最後别翻者是也。』其咒句稍異於杜令所翻者，其新咒□□注師，問其逗遛，亦如前説。其翻經僧順貞見在住西明寺。此經救拔幽顯，最不可思議，恐學者不知，故具録委曲，以傳未悟。

右幢朱朗齋自他處借録，幢記經序凡十五行，每行之末尚有闕字，其後經文三十六行，不具録。李南澗云：『是碑首爲建幢序，其下「儀鳳元年」云云，則《尊勝經》之序，而經又刻其後，顛末俱不完，所存尚二千餘字。』錢辛楣少詹云：『唐刻《尊勝陁羅尼經》多不著年月及書者姓名，是碑皆有之，爲可珍也。』

新修曲阜縣文宣王廟記〔七一〕

咸通十一年三月立，并額及側俱正書。碑高四尺五寸，廣二尺三寸，厚七寸。在曲阜孔廟同文門。

新修廟記橫列四字，徑三寸二分。

新修曲阜縣空一字。文宣王廟記，空三字。攝鄆曹濮等州館驛巡官、鄉貢進士賈防撰。

皇帝御寓之十年，歲在己丑，空三字。夫子三十九代孫魯國公節鎮汶陽之三載。秋霜共凛，冬日均和。里閭無桴鼓之聲，耆艾有袴襦之詠。道已清矣，政已成矣。於是，瞻故鄉以徘徊，想空三字。廟皃而怊悵。乃謂僚佐曰：『伊予聖祖，寔號儒宗。英靈始謝於衰周，德教方隆於大漢。爰因舊宅，是構靈祠。粤自國朝，屢加崇飾。文榱繡桷，雖留藻繪之功；日往月來，頗有傾摧之勢。故老動凄凉之思，諸生興嗟嘆之音。今忝鎮東平，幸邇鄉里。雖無由展敬，而敢忘修營。』既而飛章上陳，請以私俸葺飾。由是命工庀事，飾舊加新。浹旬之間，其功乃就。門連歸德，先分數仞之形；殿接靈光，重見獨存之狀。晬容□[七二]若，更表温恭；列侍儼然，如將請益。丹楹對聳，還疑夢奠之時；素壁□[七三]標，宛是藏書之後。槐影疎而市晚，杏枝暗而壇孤。不假大夫，幽蘭自滿；無煩太守，刺草全除。稷門之舊業俄興，闕里之清風再起。既可以傳芳萬古，亦可以作範一時。且開闢以來，霸王之道，言其德也，莫踰於湯、武；語其功也，無尚於桓、文。墳土未乾而丘壠已平，子孫縱存而蒸嘗悉絶。空三字。夫子無尺寸之地，微一旅之衆，修仁義者取爲規矩，肆强梁者莫不欽崇。生有厄於棲遲，殁居尊於南面。而樵蘇莫採，廟貌長存。道德相承，簪裾不絶。則空三字。夫子之道，既可章於積善；魯公之德，寔無愧於聿修。防目覩靈蹤，躬尋空一字。盛績。仰聖姿而如在，歎休烈而難名。承命紀功，讓不獲已。刻諸貞石，深愧菲才。謹記。

請修兖州曲阜縣文宣王廟

右鄆曹濮等州觀察使孔温裕奏，伏以禮樂儒學，教化根本。百王取則，千古傳風。國朝弘闡文明，遵尚祀典，不違古制，大振皇猷。今曲阜縣乃魯國故都，文宣廟即素王舊宅，興儒之地，孕聖之邦。所宜廟宇精嚴，禮物具舉。近者以兖州頻年灾歉，都廢修營，徒瞻數仞之墻，纔識兩楹之位。雖春秋無闕於釋奠，而揖讓頗紊於彝章。遂使金石之音靡聞於肹蠁，俎豆之設嘗列於荒蕪。聖域儒門，豈宜堙墜？臣忝爲遠裔，叨領重藩，咫尺家鄉，拘限戎鎮。望闕里而無由展敬，瞻廟貌而有願興功。臣今差人賫持料錢，就兖州據廟宇傾毁處，悉令修葺，皆自支費，不擾州縣，所□獲遂幽懇，克申私誠。伏緣兖州非臣本界，須有申奏，伏乞空三字。天恩，允臣所請，無任悃迫屏營之至，謹具如前。

中書門下空三字。牒鄆曹濮觀察使牒奉空三字。勅，鄒魯故鄉，俎豆遺教，文武之道，未墜於地。温裕雖持戎律，宛有家風，屬兵車之方殷，飾丘門以弘教。墻新數仞，廟設兩楹。盡出私財，不煩公用。綽有餘裕，益見器能，已賜諮嘉獎，餘宜依仍付所司，牒至准勑。故牒。

咸通十年九月廿八日牒。

咸通十一年三月十日建。

碑側

咸通十年九月十四日，鄆州勾當重修廟院同散將畢牀建，四十六代孫宗亮舊名洵、宗翰俱策進士第，嘗奠謁祖聖，謹志。其時皇祐五年六月日宗翰題。

右碑文二十七行，行四十三字。第廿二行又高一字，徑七分。側唐宋題名三行。案：孔温裕奏請修廟事，在咸通十年九月廿八日敕牒准行，至十一年三月始建此碑，兩側先有咸通十年九月畢叔題名，何邪？温裕坿《舊唐書·父戣傳》，位京兆尹[七四]、天平軍節度使。又見《孔紓墓誌》，載：父温裕節制天平軍，徵拜司戎貳卿。今碑述温裕自云『忝鎮東平』，《唐書·地里志》：鄆州，『貞元四年曰「東平」，大和四年曰「天平」』。史就現名書之徵其實，碑以舊名書之存其迹，義皆可通也。碑側四十六代孫宗亮、宗翰題名，宗翰乃道輔之次子，《宋史》坿《道輔傳》，但云『登進士第』，以此碑考之，當是皇祐五年也。

朱常慶等陁羅尼經幢

咸通十一年十月立，正書。幢高五尺八寸，凡八面，每面闊七寸五分。在兖州府龍興寺塔右。

佛頂尊勝陁羅尼經序經文不録。

尊勝陁羅尼幢讚并序

最勝殊妙，甘露行門。佛祕密心，大摠持印。入三昧之樞轄，會萬法之要機，陁羅尼之微旨也。佛頂尊勝者，佛陁波利自天竺以來傳，誓睹文殊，入清涼而不返，因流梵唱，大布寰中。其有竪幢，刹於四衢，飾芳辭於百寶。塵霑影觸，罪□銷泮於朝陽；心誦目□，福海瀦盈於夜注。清信士朱常慶等卅餘人，並英髦間代，禮樂超倫，家流敬誠，門光善瑞，從居浮幼，不染囂塵。雖服儒冠，□□□戒。共輸金□，合建洪因。立貞石以刊真文，樹良□而雕相好。追琢將就，爰命紀時。乃爲讚曰：

佛頂章句，微妙難名。梯航萬彙，福利羣生。雕鎸翠炎，聳立于庭。霑風度影，垢滅塵輕。琢玉字以光焕，鎮寶彩以晶熒。期刼石而將朽，斯巨祉而無□。

院主僧□□。

右幢文七面，凡五十六行，字徑五分。末一面上刻序讚八行，下刻年月及施主姓名七行。序稱『樹良玊而雕相好』，是幢間尚有佛像也。

高憲神道功德碑

咸通十二年八月立。在濟寧州晉陽山下張家村。

維唐咸通十二季歲次辛卯八月乙亥朔十六日庚寅，渤海郡孤子高憲建神道功德碑記。

夫圓清上廓，方濁下凝，幽源叵究，邃理難窮。天長地久，用之不勤矣。則有志孝高公者，渤海人也，承子□之後胤者乎，有典有則，貽厥子孫。祖代綿遠，貫於任邑者□。曾祖〔七五〕諱匡，祖諱昇，考諱騰云。公貞信廉讓，□□克柔。幼尚孝悌，文武俱全。長而慕道，不及□□。門傳□善，家瞻三乘。常嗟有漏之軀，□□□□之果，思昊天之罔極，感劬勞之難報，□□□□心易摧，樹□静而風難止。伏恐阿毗□□□□苦海難登於彼岸。以助幽冥，匪福□□□□□鹿菀志慕蓮宫。即見當村古院□□□□露光容，遂乃發心修飾礱像，建崇梵□□□□心無捨晝夜，裨補裝藏。功讒畢矣，遂即□□□其美石在醜，以訪良工，雕琢磨礱刻之□□□龕一佛、二菩薩、阿難、加葉，裝嚴皓相多□□□□□□，願三代先亡，倶生净域，見□□□□□□□□於吉慶使覩相兮，佛教彰呈同□□□□□無滅。乃爲頌曰：

造化陶甄，後植衆軀。□生休死，□萬品一途。儼兮其若容，涣兮冰將釋。使萬古兮歸心，惟千秋兮躅迹。歎苦海之無邊，藉法舟而拯溺。瞻隟車之易枉，望屺岵而難陟。心不悟兮恒沙，感緣覺兮瞬息。

右碑朱朗齋自友人處借録，未詳尺寸。碑首兩邊刻『上爲皇帝，上爲皇后』正書二行，與《晉陽府君碑》同，下刻畫象，左右列姓氏凡正書廿四行，此下即繫年月。碑記頌文行書二十五行，末維那及撰人鄉貢進士□宏仁姓名二行。碑中別體字甚多，亦當時習尚使然也。

贈左散騎常侍韓國昌神道碑[七六]

咸通十三年三月立，正書。碑高一丈一尺三寸，廣五尺六寸。在莘縣西南十五里俎家店。

唐贈左散騎常侍汝南韓公神道碑

朝□□常□□□□御史、内供奉□□□□□□□撰，□□□巡官、將仕郎、守魏州魏縣令史玭書并篆額。

長河北湄，太行東隅，粵有奥壤，厥爲□[七七]魏。其中土宜□□，□□□□，□□玠尤於焉。[七八]□□[七九]加以□□□□[八〇]，俗□□[八一]淡，□子□仁[八二]，義夫節婦，觸類可覩，比屋可封。地勢之[八三]然，物理斯在。是以代有良將，軍稱義兵，控北虜之咽喉，扼南燕□□□[八四]。歲月□□，□□□□[八五]。□[八六]於命帥臨戎，非賢則德。□□□□□□□，別□□必起於□□[八七]。昔盧江公承襲一方，子孫三世。逮及衰季，如隳弓裘。四人切溺苦之音，六郡痛舉羸之患。下闕。[八八]同心，空五字。[八九]英雄奇遇類然。空五字。我公□[九〇]仁□□[九一]者之譽，德負不孤之聞。語其力則五丁比肩，較其藝則三傑齊價。秉磊落大度，挺昂藏偉材。下闕。[九二]表空七字。[九三]魏博[九四]，□□[九五]魏人，□□□□[九六]，空九字。

宸衷慰悦。軺使麏至，留務克諧。金貂之峻袟負來，烏府之崇資迭至□□〔九七〕。期月爰登下闕。敷下闕。三台，九重空五字。□□□承空三字。制空三字。詔，□彌□遥馳空四字。罔極之誠，驟冀空三字。追崇之寵。

天子乃嘉其大□〔九八〕，空三字。錫以珥貂。□□□〔九九〕思，式贊幽□〔一〇〇〕。空五字。公既獲空三字。□命〔一〇一〕，□□□□乃〔一〇二〕，□□□□以斯□刊之貞石〔一〇三〕，無以闡空三字。高門之業，無以傳曠古之名。因授以賓徒，俾詳其事，繫〔一〇四〕□□□畦序曰〔一〇五〕：空三字公諱國昌，□□□□□〔一〇六〕人也。其先□周，下闕。〔一〇七〕是武□之土也〔一〇八〕。其後苗裔事晉，得姓於韓，故曰『韓武子』。武子，《世本》云：生萬，萬生脉□〔一〇九〕，脉□〔一一〇〕生伯簡，伯簡生子輿，子輿獻□□□〔一一一〕，□□□有韓厥，從□□□韓氏厥□景公□，□□□□□□賈將作亂，□靈公之賊趙遁，遁已死矣，欲誅其子趙朔，韓厥止之，告賈，賈不聽，厥告趙朔，朔曰：『子必能不□□□□□恨□□□□賈言趙厥稱疾不出，下闕。〔一一二〕其後，多以果敢繼代，《春秋》不書，至於秦晉會盟，楚漢襲服，綽有勳烈，犖然功庸。迄于下闕。〔一一三〕不絕流派。空五字。公爲□魏下闕。一鄉之宗□，空七字。曾祖□，魏博節度押衙。空八字。祖朝，魏博節度押衙兼臨清鎮遏都知兵馬使檢校□〔一一四〕子祭酒兼侍御史。空五字。烈考□，魏博節度押衙□□□□〔一一五〕都知兵馬使檢校國子祭酒兼御史中丞。空五字。公之爲人也，天假樹忠，神符抗節，好謀而斷，知機而明。約□〔一一六〕有常，敏行無玷。以孝悌成其性，以文武□〔一一七〕其才。少即下闕。[一一八]孫吳術，讀黃石書，指力争爲不□[一一九]，□[一二〇]氣呑爲細事。常慕攝衣決勝，坐籌出奇。軍中少年，靡不取則。□□□□□[一二一]難，□□[一二二]舉夆，空五字。公乃扌[一二三]自偏下闕。韜鈐譚□□□□□不□，拔赤幟以屢中，繫長頸而亻來。空五字。國家乃行賞疇庸，論功載筆，□□□□□是時□[一二四]溢懋績，充塞空十一字。□□□□□空五字。□軍□□□□□帛有□藩翰可□，芳訊糸臨，空九字。密詔垂下。空五字。公□□□[一二五]癖，優游素□[一二六]。□□[一二七]料敵摧堅，不廢吟風嘯月。執兵首□□慈父母之□□人□□□□□□難奪。今若□□空三字。天統必□[一二八]乞骸後時。願訖陪臣，不越吾□[一二九]。遂脱輻謝病，挂冠養高。縉紳有聞，物論稱□[一三〇]。尋已牽復舊位，脱屣空三字。□幾鑒□□於□□□空五字。□□□□□其孰能宗歟？空五字。公始及中年，已分劇職。入奉訓齊之令，出揚整肅之權。推公而直若朱繩，行已而平如止水。言不好弄，服不好華。卷舒自得於□□[一三一]，□□□形於□色[一三二]。□□□□，□□[一三三]胥移。紫髯□[一三四]寇於群公，青眼靡遺於梟卒。靄若問望，誼然令圖。至若輿□□□[一三五]，國器空五字。公非獨王事有作，復乃閨門立程。稜稜而庭訓惟嚴，察察而□□[一三六]尤峻。□□[一三七]之以下闕。[一三八]詩書，論雍容□禾□□[一三九]，示□[一四〇]隱掩目之禮，馳騁田獵，雜服詭詞。趣若仇□[一四一]，□如螫□[一四二]。□[一四三]又節用車服，輕財[一四四]典墳，資閲市之，王充□傭書之□汗點竄下闕。席，鱗次則有肉□□[一四五]家爲□主，菅窺無與善之情，心笑有越行之誚，肩贔指背，睢盱縱□。空五字。公乃率尔獻酬，怡然引諭。夫文者，祖述萬物，憲章百王，下闕。之士□肇建寰宇，廓閎經史，罔不沿襲厥宗，恢宏是理，成三皇五帝之教，振周公、孔子之文，□□[一四六]流通，百氏津潤，俾君臣父子之道，歷祀無差，陰陽寒暑之期，□時不忒，下闕。發□蹄□猱□□□□吼龍虎，矛楯山立，旌旗血融，言其壯則扛鼎拔山，顧其勇則彈河送[一四七]日。七十城而應鏑下，四十萬而乘時坑。此乃□□之下闕。爲□心運其力，若以瞻雲望氣，一否一臧，辨成敗之機宜，鑒吉凶之□□□，則武非文而不備，文非武而□[一四八]揚，實共濟而相須，豈殊途而別派下闕。之行□□□纔歷名業，□[一四九]弓劍者也。愚之身□[一五〇]爲不肖，孜孜以未墜之道，力□命子者，其庶幾乎？□[一五一]者乃艴艴絶詞，唯唯而退。今空九字。僕射果自□□□□德，□□□□空八字。公昔之□習非偶然哉。

武宗涖祚□□[一五二]，□□[一五三]拒命，空四字。□[一五四]討薦加。空五字。公嘗從廬江令公肥□□□[一五五]，廬江下闕。以□□[一五六]統衆□□[一五七]係將累日。空四字。公度其軍勢，相以人心，雖机上之可期，在下闕。謂廬江公曰：『魏師以久不振旅，時無悍心，矧乃□[一五八]竟匪遥下闕。其必州延□□□□悦豫其情，則前壍不踵。空五字。公請審其向背，妙下闕。之心，敦三令□□[一五九]之道。在爪牙者，却駢羅於後；如市人者，却分列於前。奔北者下闕。中其和□。自然表裏相應，寬猛得中，故可以繫時，必偃其干戈。翹下闕。江乃悉納良策，僉成大功。振山東壯武之聲，擅日下勤王之効，莫不由此。言無□[一六〇]歟？空七字。公□[一六一]時，初心不求朝拜，藩府所奬，符竹爲先，遂遷攝貝州刺史兼本下闕。奏御史中丞。空五字。公既解戎韜，俄從郡政，三尺之綱條不紊，四知之□□[一六二]惟專[一六三]。瘡痍□□□胥，勞逸□均於□庶。况郡乃版圖，名族隅落，寇戎撫綏，絶時絀之嗟□□□□□之舉，雖黄霸□[一六四]教，龔遂立誠，求之比方，孰以優劣？空五字。公忽爾自□[一六五]曰：□□[一六六]從軍下闕。瘡之績，竊資忠履信之名。稼穡少知，艱危歷試。不冒榮於好爵，不□□□[一六七]殊勞，避授鉞於他邦，止建侯於我土。今齒髮云邁，桒榆足悲。胡可尚存□而勞□未□□而□志，□者□□爲□□夜行不息，罪人也，吾何爲哉？遂乃命納軾旟，終賁林野。文言曰：知進退存亡而不□□□□[一六八]，其唯聖人乎？以大中六年七月十二日，寢疾薨于魏州元城縣德□里之私第，享年六十有六。以大中八年二月二十五日，殯于當州莘縣修善鄉依仁里。至咸通二[一六九]年六月□□□□左散騎常侍，夫人清河張氏同時月日贈清河郡太君。有子三人，長曰君雄，魏博節度觀察□□[一七〇]等使、檢校尚書右僕射兼御史大夫。仲曰靖，魏博節度押衙兼步從□檢校太子賓客兼□[一七一]御史。季曰楚，魏博節度押衙兼刀斧將檢校太子賓客兼監察御史。噫！空九字。公以德合陰隲，慶延子孫，世居封贈之尊，胤極人臣之貴。建碑道左，顯□□[一七二]途，不律垂詞，□[一七三]阿載德，□□□[一七四]爲銘。銘曰：

□□[一七五]聖朝，烈烈文明。仁以配天，德以延英。社稷□人[一七六]，將帥金精。□□□□，□□□□[一七七]。厥賦以上，厥土唯良。尤物既産，賢臣復彰。游藝不群，挺□[一七八]難當。優以六韜，峻以五常。孤□不□，忠孝爲□。[一七九]少□□□，□節□□。[一八〇]扼腕可斷，瀝膽可嘗。虬龍屈盤，鵾鶚翱翔。平寇計高，伐叛名揚。運籌□[一八一]帳，決勝砂場。功業有□[一八二]，朝廷議勳。□以□□，□□親軍。[一八三]辭以□爵，國以藩身。[一八四]得禄我土，保祀我禋。貔貅舊統，畏愛無垠。符竹當剖，惠愛猶存。訓子立行，□[一八五]極人臣。□□□□，帝□爰臻。[一八六]錫以峻秩，飾以王綸。哀[一八七]榮令嫡，激勵愚嚚。□[一八八]崇既尊，典禮斯陳。昭彼懿靡，勒兹貞□[一八九]。□□增下闕。祖□□贈工部尚書，祖妣張氏贈清河郡太君。考贈左散騎常侍，改贈兵部尚書，妣贈清河郡太君。張氏改贈涼國太夫人。並奉咸通十三年七月十五日恩制，咸通十三年壬辰歲三月廿八日建。

右碑凡四十三行，行七十二字，徑一寸。文字殘滅過多，前半有『因授以賓從，俾詳其事，□□□□畦序曰：公諱國昌』[一九〇]云云，『畦』爲撰文者名，而氏不可見矣。案《舊唐書·韓允忠傳》：『父國昌，歷本州右職。會昌中，從何弘敬破劉稹，以功爲貝州刺史兼御史中丞。』此碑言『拒命』，謂劉稹也。盧江公，即指弘敬也。證之《新唐書·何進滔傳》，『子重順，賜名弘敬，帝討劉稹，加東面招討使。弘敬倚稹，相脣齒，無深入意』，又『天子慮稹起山東兵，命弘敬犄角塞其道，不奉詔』，及『宰統陳許兵[一九一]假道收磁州，弘敬懼，乃進戰，拔平恩』。是國昌從破劉稹，當於拔平恩時矣。弘敬與稹相黨，而碑載：國昌審其向背，盧江公心納良策，則國昌之委曲效順，俾弘敬不陷不義者，其功爲鉅。碑又言『俄從郡政』『寇戎撫綏，絶時紬之嗟』『雖黃霸□教，龔遂立誠，求之比方，孰以優劣』，又『命納軾旟，終賁林野』，蓋能惠綏一方，而不怙寵以終，當唐之末世，如是知保身名者，亦已鮮哉。後言以大中八年殯於魏州莘縣修善鄉依仁里，至咸通二年六月云云，乃其贈官之日也。子三人，長曰君雄，魏博〔一九二〕節度觀察〔一九三〕□□〔一九四〕等使、檢校尚書右僕射兼御史大夫。仲曰靖，魏博節度押衙兼步從□檢〔一九五〕校太子賓客兼□〔一九六〕御史。季曰楚，魏博節度押衙兼刀斧將檢校太子賓客兼監察御史。國昌三子，君雄據有爵土，而兩弟如靖與楚亦宜附名，是史文略也。後另行祖□□贈〔一九七〕工部尚書，考贈左散騎常侍，改贈兵部尚書，並奉咸通十三年七月十五日恩制。君雄等建碑所書此稱考者，指國昌也，改贈兵部尚書，與《傳》稱『國昌以允忠故，累贈兵部尚書』合。碑又有『壬辰歲三月廿八日建』，壬辰爲咸通十三年也，其十五年所奉恩制當是續刻。莘縣在唐時屬魏州，即今之大名府也。

來佐本墓誌銘〔一九八〕

咸通十四年立，正書。石方、廣九寸，厚二寸五分。在滋陽縣。

唐故南陽郡來府君夫人誌石篆合篆蓋四行，徑一寸。

故來府君及夫人常氏、次夫人郭氏墓銘并序。

府君諱佐本，南陽人也。君平生志操，性本謙恭，豈謂穹蒼降蘖，忽遘私疾，俄終厥壽，權措故里，早分今古。夫人郭氏，年及纚笄，父母〔一九九〕禮適來氏，則母儀貞□〔二〇〇〕，□□〔二〇一〕無虧，享年春秋七十有二，終於兖州。來君有子名□〔二〇二〕慶，男女等灰心毀容，泣血匍匐，乃墨兆玄龜，露蓍靈筮，自□□〔二〇三〕扶護故府君及夫人來就合附，以咸通十四年歲在癸巳□□〔二〇四〕月廿九日，於兖州瑕丘縣普樂鄉臨泗城陰村郡城東北六里平原禮葬。叔慶痛見孤墳寂寂，松吹蕭蕭，又恐陵谷遷移，遠日有變，乃命功刻石爲銘。銘曰：

穹蒼蒼天，日月高懸。□照六合，不照下泉。擗踴哭泣。下闕。

橫側凡五行，字徑三分，末二行，讚語已泐。

□慶長□王氏□□□□年歲深久，難作□爲，泣血共請□□□□□□□建戌之月有十七日□後西北張文莒地建□□□□勢也。後作讚曰：

右側

來君并有孫男二人，長曰行全，次曰玉□。女十二娘，適房□□。并有外孫七哥，凡三百七十四□。

右刻文十二行，字徑四分。題稱『來府君及夫人常氏、次夫人郭氏墓銘』，誌中惟敘郭氏事迹，無一語及常者，殆其子□慶爲郭所出也。橫側有叙有讚文，多漫滅。右側列孫男女、外孫等名。

贈太尉韓允忠神道碑[二〇五]

乾符二年二月立，正書，碑高一丈六寸，廣五尺八寸，在莘縣俎家店。

天高地厚，覆載之道成；君聖臣賢，教化之功普。空三字。帝唐以文德走殊俗，以武經齊諸夏，訏謨下闕。[二〇六]張之全才，兼將相之重位；藝通神化，氣肅風雷。建曠代之勳庸，爲一時之標表者，則空三字。魏師丞相韓公。其爲人下闕。[二〇七]萬，食菜於韓，因以定氏。在春秋時，有韓厥事晉獻公，能全趙氏之孤，不忝上卿之位，左氏書之。在嬴秦時，有韓仰爲太傅下闕。一朝信生隤當，封弓高侯。在東漢時，有韓稜爲尚書令，清名直節，獨立不黨。在東晉時，有韓康伯，幼□[二〇八]聰悟，早遇殷浩見知，長負下闕。皇室下闕。無人。是知源深則派長，根大則枝茂。蟬聯冠冕，世享厥位。空三字。曾王父朝，皇魏博臨清鎮都知兵馬使，□[二〇九]度奇表，嶷然□[二一〇]殊，不器之下闕。雲下闕。夫[二一一]檢校太子賓客、使持節相州諸軍事、守相州刺史、充本州防禦使、御史中丞，早習鈐經，通知政術，桓石虔名能斷□，許仲□力可□犇，尋□軍下闕。相州府下闕。以空三字。公迫[二一二]孝，贈工部尚書。空三字。祖妣張氏，追封清河郡太君。空三字。皇考□[二一三]，銀青光禄大夫、檢校國子祭酒、使持節□[二一四]州□[二一五]軍事、守□[二一六]州刺□□□□[二一七]防禦使。下闕。質勁百鍊，下闕。克肖門風。飛一箭以下城，彀虛弓而墜鳥。洞曉邊事，不後郭公文[二一八]；好讀兵書，寧慚馮奉世。初從將幕，遂拜魚符。頒六條以□□城駕□車而□□□□行足以軌物，□[二一九]厲足以範人。位不下闕。[二二〇]公貴累贈下闕。[二二一]部尚書。空三字。妣張氏，追封凉國太夫人。空三字。公則貝州府君之元子也，才惟命世，生實爲時，天縱多能，人推懿範。孔子聖者，似□能下闕。公學窮三豕，箭下闕。[二二二]以自强，蓄鋒鋩而不下闕。[二二三]。終軍童子，便請長纓。李牧少年，樂從絶塞。始辭外傳，遽列和門。竭力奉公，所至必理。蔣琬占夢之日，已定封公；謝安未仕之辰，終期作相。承□□□邦□之餘祉[二二四]，□[二二五]空三字。文明之□[二二六]代下闕。[二二七]德，下闕。[二二八]壯圖，下闕。[二二九]乎武幕位崇，連營任顯。入軍旅必以謀略資其長，行鄉黨必以教義諭其幼。諸葛亮有管仲之器，趙真卿多白起之風。立於尉庭，不雜流輩。□□□〔二三〇〕行太尉范□公愛空三字。公堂堂之下闕。〔二三一〕聞，謂空三字。公曰：『下闕。韓與何〔二三二〕本同族氏，我欲投忘年之分，申一姓之驩，可乎？』空三字。公再拜牢讓，不從其意，謙之至也。空三字。武宗四年，潞師死，其子稹□□〔二三三〕一方，積□□□〔二三四〕長，□□□□□〔二三五〕空三字。天子赫下闕。〔二三六〕廟堂，陳帷幄亟下空三字。詔書，大徵師旅，不日而戈鋋四合，浹旬而貔武争先。歲序俄周，堡障未下，蓋以前據壺關之固，後倚太行之險。空三字。王師下闕。士庶□夷於鋒下闕。防密下闕。壃，鴟鳶雜金鼓之聲，雲物慘山川之色，徒拗其怒，且無所施。乃召耆將計事，皆曰衆寡不敵，利病相懸。空三字。公獨憤勇出羣，請借前籌，下闕。〔二三七〕作虐，西〔二三八〕境下闕。照大□□有下闕。方地居屏捍〔二三九〕。當閫外之寄，分空三字。天子之憂。苟或不能整一旅之師，問滔天之罪，是倒持而授柄焉，可恣其暴耶？遂請空三字。楚公上表□〔二四〇〕師，躬行空三字。天伐。空三字。楚公持重下闕。公又曰：『雖下闕。〔二四一〕衆兵家所慎，而杖順討逆，神道必從。况豕不觸邪，與羊無別。較然之理，又何疑哉？』空三字。楚公雖聽機謀，尚懷猶豫□□空三字。御史中丞李公□乘□□□〔二四二〕，銜空三字。命宣下闕。西嚮下闕。恩始議伐叛。顧謂空三字。公曰：『前日之言，若合符契，非空三字。公智識精遠，孰能懸解空三字。天意乎？』由是練日選□□□〔二四三〕出纛下闕。公素甫廣順下闕。陣孤虛，傅宏之氣冠三軍，公孫瓚聲聞百步，奮身於行伍之衆，泣誓於義勇之徒。且曰：『空三字。帝命不可稽，隣寇不可玩，□□□慮事今下闕。戈□〔二四四〕山立，□〔二四五〕雲屯，□〔二四六〕霧忽，下闕。〔二四七〕壘先驚。空三字。公不顧危亡，親承矢石。介胄蟣虱，手足胼胝。趙充淑名動寰區，共推烈士；張文遠身先士卒，果立殊功。□威無□□之□〔二四八〕，戰陳忘□□之□〔二四九〕，□□朝渡一□□壘於□□夕起長風□浪下闕。將席下闕。山頽，或倒戟自殘，或輿屍請命。然後化狼顧鴟張之輩，爲鳳儀麟趾之祥。蕩穢滌瑕，冰消燼滅。捷書西上，空三字。褒詔東來。下闕。公上報空三字。明主，次下闕。〔二五〇〕旋，獲下闕。壯志。嗚呼！空三字。楚國公用空三字。公籌略，卒建大功。空三字。天子酬勞，就加外相。空三字。御史中丞李公復因空三字。楚公之下闕。寵光，亦拜台□〔二五一〕。唯空三字。公止換憲秩，稍遷下闕。〔二五二〕有下闕。〔二五三〕突徙薪之歎，而我無矜功利己之心。坦然胷襟，益見夷曠。空三字。公挹江海之偉量，挺倜儻之奇姿。文次騫智敵萬□顧彥□名齊下闕。下□□空三字。問望藉藉，動人視聽下闕。廬江公紀綱失守，時空五字。今上在東宮爲普王，即空三字。宣詔遥領魏博節度使，授空三字。公銀青光禄大夫、檢校□常下闕。節度觀察留□〔二五四〕，空三字。□□慰諭下闕。道路。空三字。公瞻天頓首，瀝懇堅讓。空三字。紫泥重降，莫得而辭。踰月，拜檢校工部尚書、魏州大都督府長史，充魏□節度觀察□□等□〔二五五〕，□□□□，復拜□□□內使，以□旋下闕。〔二五六〕雷動，五營義武，六郡疲民，稚舞艾歌，相與賀曰：『邵父杜母，復出於今日，則人人皆得爲赤子矣。』空三字。公寵踐將壇，榮分空三字。朝下闕。〔二五七〕丕變，教令載新，近下闕。皇風普扇，空三字。惠澤遐敷。熙熙怡怡，不嚴而理。迨朞月報政，特加尚書右僕射，餘如故。師長南宮，儀刑會府，酬庸旌德，賞典有光。□□□□檢校司空下闕。諱臨軒，遣使與司空之命同賜。空三字。渥澤荐加，空三字。恩榮特異。比於群后，孰可儗倫？空五字。今上即位，勑空三字。覃恩中外，下闕。維舊土朕□居下闕。契君臣之分，加同中書門下平章事，檢校司空如故。空三字。公位尊鼎鼐，寄重方隅。周勃社稷之臣，漢朝禮厚；桓楷棟梁之□[二五八]，蜀國名高。感乎人心，□□□□[二五九]，使□□[二六〇]鳥□□□[二六一]修下闕。[二六二]保其安。賦有常期，官無横役。而又立鄉校以勸學，敦儒術而奬善。完器甲以彰有備，訓卒伍以示有嚴。解□[二六三]迎賓，分甘饗士。茂綏懷之下闕。[二六四]泰下闕。[二六五]之是非，不出於□。心之喜愠，不形於色。肅恭之皃，若待嚴師。信厚之誠，不欺暗室。矧復地隆千乘，日食萬錢，而素儉之規，無所增益。雖下闕。常閲詩書，吉甫之不墜文武，太叔之美秀，子産之博物，石奮之謹厚，充國之雄敏，皆不學而成，得自生性。亦猶張瑟于庭，風至而韻自下闕。納萬機下闕。[二六六]乾符元年十一月廿二日，遘疾薨于鎮，享年六十一。傾都罷市，闔境興哀。孫文度之喪，神仙赴弔；王子敬之殁，人琴俱亡。空三字。皇帝下闕。[二六七]郎中曹鄴、太子下闕。[二六八]議大夫李景莊、庫部員外郎陳翰，備鼓吹，升輅車，由空三字。宣政正衙及空三字。公之靈座，册贈司徒，謚曰□。明年以空四字。我僕射下闕。因心之孝感應。下闕。公前娶夫人劉氏，追封彭城郡太君。文伯之妻，君子爲知禮；孟軻之母，良史述其賢。淑行無徵，華年早世。後娶夫人靳氏，封清河郡君，□[二六九]先空三字。公而殁。下闕。有子下闕。軍守左金吾衛、大將軍員外置同正員、檢校尚書右僕射、兼魏州大都督府長史、御史大夫、上柱[二七〇]

國、賜紫金魚袋。天上麒麟，人間鸞鳳。夙□□□[二七一]，孝□[二七二]純深。下闕。[二七三]，列於貳車。推誠而六郡□□[二七四]，修己而萬人有賴。及空三字。朝廷聞空三字。公薨謝，空三字。星使遽臨，慰於苦凷之前，勉以金革之事。遂授空三字。僕射，起復魏□[二七五]節度□[二七六]察留後、撿下闕。之權空三字。恩洽空三字。宸襟，使來空三字。天闕。碧幢照耀，紅旆逶迤。禮莫重於空三字。奪情，榮莫大於空三字。緒嗣。空三字。僕射叩□□□泣血陳乞，敢忘空三字。移孝之下闕。[二七七]僕射去經捧空三字。詔，易□[二七八]從政，恭臨空三字。舊地，敬奉空三字。先勳。空三字。紹遺愛於師壇，襲垂□[二七九]於揆路。禮□[二八〇]可以肅物，清儉可以律人。無綺紈矜□[二八一]之心，□鉦鼓下闕。河，永傳帶礪。次子記，前魏州都督府文學。幼子諫，親事將□[二八二]，早奉義方，夙承空三字。家誨。粤以明年二月廿五日，卜兆於魏州莘縣修善鄉平原□空三字。先塋之側。啓下闕。公懿行崇勳，爲世軌範。苟□[二八三]紀述，何慰空三字。孝思。遂命門吏紇干濬刻石爲碑，以示來裔。濬伏念昔者延陵季子殁，仲尼署其表曰『嗚呼！有吴季子之墓』，則知碑者古史之流下闕。銘合屬曳裾之吏。濬叨蒙空三字。厚顧，獲忝空三字。初筵。胡伯始之前修，無慚許訓；郭有道之遺烈，徒感蔡邕。寧愧蕪詞，敢書貞礎。銘曰：

元聖乘運，英賢膺期。生爲邦傑，出作帝師。赫赫韓氏，徽猷早振。得姓于周，筮仕于晉。既開土宇，亦佩侯印。□漢承□[二八四]，淮陰封信。洪源茂緒，派遠下闕。[二八五]，克紹祖宗。量寬溟漲，威定山東。爰自壯年，誓志從戎。鈐經政術，靡有不通。凌雲直榦，襲物清風。紫髯短下，黑□琱弓。□□

挺衆，□□□□。貍穴下闕。[二八六]。若刃自戕，若火自燎。太行天井，恃險設奥。逆浪晝翻，旄頭夜耀。天子問罪，楚公奉詔。公實爲副，順行天討。下闕。[二八七]群校。□□[二八八]齊駈，飈馳雷掃。下闕。[二八九]，執鋭披堅。屠城擒將，所向無全。探鷇撲卵，流血成川。妖孽既平，功成凱旋。勳高名顯，時望赫然。鸞鶴騰□[二九〇]，蛟龍擘□[二九一]。□[二九二]天萬里，一日可上。齋壇使節，下闕。[二九三]。位重廊廟，任尊師長。化洽令行，人歌惠養。天垂將星，公實稟之。神有兵符，公實受之。元兇巨猾，公實定之。帝□王□[二九四]，公實佐之。□[二九五]家許國，濟難匡時。下闕。[二九六]，晉侯言命。兩楹夢奠，夫子殆病。皇天匪信，倚伏無定。梁壞舟藏，孰爲龜鏡。史氏書殁，禮官考行。終始哀榮，下闕。[二九七]。松楸已列，體魄宜安。西眺崇山，崇山言言。南臨大河，大河渾渾。山河永固，基業長存。

右碑凡四十八行，字徑九分。下截斷裂爲三，其右角衹存一名字，無文理可繹，不知屬第幾行也。韓君名、字皆闕，以史證之，知爲韓允忠。案《舊唐書》云：『允忠，魏州人，舊名君雄，懿宗改賜今名。咸通十一年，何全皞爲軍衆所殺，推允忠爲帥，時僖宗爲普王，即降詔遥領節度，授允忠左散騎常侍、兼御史中丞，充節度觀察留後。不數月，轉檢校工部尚書、魏州大都督府長史，充魏博節度觀察等使，累加至檢校司空、同平章事。乾符元年十一月卒。』《新唐書·何進滔傳》云：『擢君雄留後，不五月進副大使，三遷檢校司空。僖宗即位，進同中書門下平章事，賜名允忠。』案碑載『今上在東宮爲普王，即宣詔遥領魏博節度使，授公銀青光禄大夫、檢校闕。常，闕。踰月，拜檢校工部尚書、魏州大都督府長史，充魏闕。節度闕。使、特加尚書右僕射、加同中書門下平章事、檢校司空，册贈司徒』，歷官與史合，惟加銀青階及贈司徒不書，史文略也。新、舊二書皆不載允忠功迹，獨舊書云：『少仕軍門，繼升裨校。潞州之役，亦與其行。』即碑稱武宗四年，潞帥死，其子稹□□亟下詔書，大徵師徒，公獨憤勇出群，請借前籌，是其事也。碑後又載『有子闕。軍守左金吾衛、大將軍員外郎置同正員、檢校尚書右僕射、兼魏州大都督府長史、御史大夫、上柱國、賜紫金魚袋，證之《傳》，爲其子簡也。『自允忠初授戎帥，便爲節度副使。乾符初，累功至檢校工部尚書。允忠卒，即起復爲節度觀察留後。踰月』，『加檢校右僕射。』與碑合，而兼官與勳章未之及也。又載『次子記，前魏州都督府文學。幼子諫，親事將，闕。』並可爲史補遺。允忠與其父國昌碑同在莘縣，無人搜拓，今並得之，爲可喜也。

趙琮墓誌銘［二九八］

乾符三年立，正書。在益都縣李司馬文藻家。

唐故居士天水趙府君墓誌銘并序，將仕郎、前試左武衛兵曹叅軍甲昈述。

府君姓趙，氏襃天水，□□別業易州來水縣。頃因先父遷□□仕流浪海隅，從軍地遠，徙居青□□廿迄今凡二百年矣。先妣夫人□［二九九］原王氏，生公是季□［三〇〇］也。府君生居□［三〇一］北海之郡，志好雲林山水。南北貿賈，利有攸往。廣涉大川，博學古墳。與朋友交，言行敦美，信義彰聞。輕金□［三〇二］，立善外著，孝行六親。□府君諱琮，字光，婚夫人太原王氏。有男三人，長曰審巖，次曰審裕，季曰審文。女一人，初笄之年，適夫陰氏。孟男年居弱冠之秋，居然老成。□［三〇三］詳大雅，合國風之堅操。修行古□［三〇四］，立信温尚。可謂父訓有知，流嗣千載矣。夫人王氏，令淑賢□，居□［三〇五］淚血，在苦塊之内。殞哽蘭干，骨髓楚□。□□譽聞□從之□□導著府君遇軍情變亂，不以交道仇□生涯亦不遭毁爇，錢穀湛然。上下無虞，藜食安貼。乙未歲季夏月五日，遇疾青州之私弟，下於人世。丙申年七月三日，命知者卜得吉，夕殯於益都縣南五里建德庄碑中此字旁注。雲門山東崖原，禮也。碑中此字旁注。慮山河更改，松筠彫萃，遂紀年代，乃爲銘説。銘曰：

天水之君，藴志難群。孝行雙美，立性松筠。卓然孤立，在廿推□。生好東皐之利，滅亾迴返高墳。有子賢行，傳代光門。女從他氏，五德猶存。白楊千載，滋茂兒孫。落日烏啼，猿叫荒村。其一。都□思遺念，臨棺血淚□。其二。生涯終不改，兒女永無依。其三。□□生平事，留蹤萬代碑中此字旁注。存。其四。嗣流孤壠下，恩愛向誰論。其四。

右碑朱朗齋從他處借録，文二十二行，字徑五分，文與書皆出傖父之手，不載年號，僅紀甲子，攷丙申當是僖宗乾符三年，豈值唐之末季，此地爲藩鎮所據，人習于亂而不禀正朔至此歟？『廿』字缺筆，避太宗廟諱。云『殯於益都』者，『殯』與『葬』古皆通稱，非自唐始。

□文耆陁羅尼經幢

光啟四年四月立，正書。石高一尺五寸，圍三尺。在青州府舊城城隍廟。

佛頂尊勝陁羅尼經文六面不録。

文耆建幢於龍興寺下闕。

噫嘻，寒松千丈，澄泉下闕。

□宣之偈，如來祕密之音下闕。

光啟四年四月十下闕

右幢下截殘闕，末面刻記文、年月四行。『光啟』爲唐僖宗年號，四年二月已改元『文德』，而此稱『光啟』者，于時王敬武據淄、青等處，群雄迭相吞噬，兩河阻絶，宜乎新命未至，鄉曲猶用舊號也。

清河郡張夫人墓誌銘[三〇六]

景福元年十二月立，正書。方、廣一尺四寸。在青州府。

唐故清河郡張氏夫人墓誌銘，夫樂安郡孫珝述。

噫！夫人姓張氏，其淑慎貞素，禀自生知。退讓儉遜，不拎於訓。祇[三〇七]奉晨夕，終始若一。吁！言乎不禄，弃我私室。蘭摧春霧，蓮墜秋風。隟影難廻，逝波不返。男一人高姐，電影未分，槿花已落。女二人：長曰奴哥，穠花未開，嚴霜暗墮[三〇八]；次曰郭兒，丱髮未揔，繼我門嗣。夫人年四十有三，以景福元年冬十二月二十日卜兆於府城之南雲門之下，樹丘隴而銘。銘曰：

日月有度兮生死無常，白晝其速兮元夜何長；浘水爲隣兮雲門是鄉，千年万祀兮春露秋霜。

時景福元年歲次壬子十二月辛未朔二十日庚寅，孫珣紀。

右刻文十二行，字徑六分。夫爲妻銘，僅見於此。内云『景福元年冬十二月二十日卜兆於府城之南雲門之下』。案：武德四年，於青州置總管府，宜有府城之目矣。乾隆癸丑間，縣人段赤亭搜得之。

濟南郡某公墓誌蓋

正書。石方、廣二尺。在青州府城東關三義廟。

右蓋中題『大唐濟南郡□公誌銘』，三行，字徑二寸，四周刻佛像十二，亦僅見也。

劉府君墓誌蓋

篆書。石方、廣八寸五分。在滋陽縣。

右蓋題『大唐劉府君合祔墓誌』，三行，字徑二寸二分。劉府君，志乘無考。

高唐陳公去思碑額

篆書。在高唐州治。

右碑文爲前明知府某磨去刻『大書東昌府交界』數字，額題『唐高唐州陳公去思碑』九字尚存。案新、舊《唐書·地里志》，高唐縣屬博州，高唐之有州名，疑爲藩鎮僭此土者妄易之，而史失載歟。此額由他處録寄，未詳尺寸。

嚴義璋造象題字

無年月，并側俱正書。石高四尺，廣二尺，厚五寸。在濟寧州東門内。

右刻上鎸佛象一軀，下刻碑記，皆漫滅，惟辨『唐□□□□年十月』等字。碑側題『菩薛主嚴□□、菩薛主嚴義璋』二行。『薩』字从『薛』，造象稱主，洵唐迹也。

張毛顔等造象題字

無年月，正書。石高一尺五寸，廣四尺。在濟寧州西鄉安居集天仙廟。

右刻大半殘缺，列名多人，惟『張毛顔』凡二見，且稱爲『資福主像主』，遂以冠題。内云『上爲國王帝主，下爲師僧父母』，非唐以後所爲也。

法王院金剛經殘石

無年月，正書。在淄川縣法王院。

右經文拓本四紙未全，楷法精整，極似率更，惜無年代可攷。《濟南府志》載『淄川縣法王院，唐時建，有巨碑刻《金剛經》』，即指此也。

郭岦等造象殘石

無年月，并側俱正書。石方、廣二尺，厚九寸。在濟寧州城内許氏。

右刻正面磨滅，僅存八九字。左側字極端楷，内云『召匠鎸碑，仍書施主之名』，又云『戊寅重立此碑，略而書記』。後列維那姓名，中有『□□鎮判官郭岌、州正將潘書、使充任城鎮□使□』。稱『任城』而不稱『濟州』者，殆唐末廢濟州入鄆州之時，其稱『州正將』，謂鄆州也。右側有『子悦』等名，書體與前不類，蓋後人所刻也。

孫村造象殘碑

無年月，正書。石高六尺，廣二尺。在汶上縣孫村河岸。

右碑文全泐，額間鐫佛象，兩旁題『上爲皇帝供養，上爲皇后供養』等字，惟唐刻有之，因坿於末。

濟寧陁羅尼經幢殘石

無年月，正書。石高五尺五寸，廣一尺二寸。在濟寧州東門内壁間。

右殘石幢存經文十三行，大半殘闕，且無年月、書刻姓名，姑坿唐碑之末。

韓詩外傳殘石

無年月，正書。石高九寸七分，廣八寸八分。在滋陽縣牛鈞家。

右刻存九行，行九字，徑八分。牛氏定爲唐迹，驗其筆法，頗似率更。牛氏又藏《心經殘刻》，小楷書十三行，亦無年月可憑，並坿記之。

南記磚文

無年月，篆書。磚高一尺一寸，廣六寸。在濟寧州東門城垣。

右磚文「南記」二字，徑三寸。傳爲唐刻，黄小松得其一，以拓本寄贈，遂坿録之。

淄川縣經幢

無年月，正書。石高一丈一尺，凡八面，圍九尺六寸。在淄川縣。

右幢經文漫滅幾盡，年月莫辨。據《府志》載，淄川縣龍興、普照二寺，俱有唐人經幢，不止一種，因坿唐末俟考。

心經殘刻

無年月，正書。石高二尺九寸，廣一尺六寸。在淄川縣。

右刻存十四行，字徑一寸，雖無年月可攷，玩其書體，洵唐刻也。

【校勘記】

［一］「遷」，據《新唐書·馬燧傳》補。

［二］此碑現存曲阜漢魏碑刻陳列館西屋南起第四石，局部殘泐，拓本收録於《北京圖書館藏中國歷代石刻拓本匯編》第二七册《文宣王廟新門碑》，左下角殘泐。碑文載《金石萃編》卷九九《文宣王廟新門記》與《全唐文》卷四五八《文宣王廟新門記》，兹據此加以校證。

［三］「徑」，拓本殘泐，《金石萃編》與《全唐文》作「往」。

［四］此闕字，拓本殘泐，《金石萃編》與《全唐文》作「人」。

［五］此闕字，拓本殘泐，《金石萃編》與《全唐文》作『哉』。

［六］此闕字，拓本殘泐，《金石萃編》與《全唐文》作『幽』。

［七］此闕字，拓本殘泐，《金石萃編》與《全唐文》作『而』。

［八］此闕字，拓本殘泐，《金石萃編》與《全唐文》作『累』。

［九］此闕字，拓本殘泐，《金石萃編》與《全唐文》作『如』。

［一〇］此碑已毀，未見拓本傳世，碑文載《唐文粹》卷五四《麟臺碑銘并序》、《全唐文》卷六三三《麟臺碑銘并序》與道光《巨野縣志》卷一七《麟臺碑銘》，兹據此加以校證。

［一一］『擘』，道光《巨野縣志》作『挈』。

［一二］『帝』，《唐文粹》《全唐文》與道光《巨野縣志》作『常』。

［一三］『迷』，《唐文粹》與《全唐文》作『幽』。

［一四］『夫』，《唐文粹》與《全唐文》作『夭』，道光《巨野縣志》作『傷』。

［一五］『以』，《唐文粹》《全唐文》與《巨野縣志》均無。

［一六］『感應』，《唐文粹》與《全唐文》作『應感』。

［一七］『鉅』，《唐文粹》《全唐文》與《巨野縣志》均作『大』。《左傳·魯哀公十四年》記載：『春，西狩於大野，叔孫氏之車子鉏商獲麟，以爲不祥，以賜虞人。仲尼觀之，曰：「麟也。」』

［一八］『有麕而角者』，《唐文粹》與《全唐文》作『有麕而一角者何』，《巨野縣志》作『有麕而一角何』。

［一九］『敢』字之後，《唐文粹》與《全唐文》尚有一『有』字。

［二〇］『得』，《唐文粹》《全唐文》與《巨野縣志》作『經』。

［二一］「因」，《唐文粹》《全唐文》與道光《巨野縣志》作「曰」。

［二二］「悲」，《唐文粹》《全唐文》與道光《巨野縣志》作「俾」。

［二三］「之」，《唐文粹》《全唐文》與道光《巨野縣志》作「而」。

［二四］「判」，《唐文粹》《全唐文》與道光《巨野縣志》作「闢」。

［二五］「乖」，《全唐文》與道光《巨野縣志》作「垂」。

［二六］「歸邪反正」，《全唐文》與道光《巨野縣志》作「反邪歸正」。

［二七］「芑」，《唐文粹》《全唐文》與《巨野縣志》作「邑」。

［二八］「又」，據《舊唐書》卷一五五《竇羣傳》補。

［二九］志石今佚，僅有拓本傳世。拓本收録於《山東石刻分類全集》第五卷《歷代墓志》，碑文載《全唐文》卷七五九《唐故平盧軍節度押衙兼左廂兵馬使銀青光禄大夫云麾將軍檢校國子祭酒兼御史中丞上柱國食邑二千五百户劉公夫人隴西辛氏墓志銘并序》，兹據此加以校證。

［三〇］「苑可長」，《全唐文》作「寇可長」。

［三一］此闕字，《全唐文》作「列」。

［三二］此闕字，《全唐文》作「麓」。

［三三］「丘」，原作「印」，據拓本正，《全唐文》亦作「丘」。

［三四］此闕字，《全唐文》作「塵」。

［三五］「廿」，《全唐文》作「世」。

［三六］此二闕字，《全唐文》作「摵摵」。

[三七]此碑現存濟南龍洞山佛峪，殘泐較爲嚴重；拓本收録於《北京圖書館藏中國歷代石刻拓本匯編》第三一册《金剛會碑》，漫漶較爲嚴重；碑文亦載《歷城縣志》卷二三《金石考一・金剛會碑》、《全唐文》卷九八八《結金剛經會碑石彌勒像贊并序》，兹據此加以校證。

[三八]此闕字，原石及拓本殘泐，《歷城縣志》作「之」。

[三九]「濟」，原碑及拓本殘泐，《歷城縣志》作「齊」。

[四〇]此闕字，原碑及拓本殘泐，《歷城縣志》作「沉」。

[四一]此闕字，原碑及拓本殘泐，《歷城縣志》作「德」。

[四二]此闕字，原碑及拓本殘泐，《歷城縣志》作「上」。

[四三]「訟」，原碑及拓本殘泐，《全唐文》作「讚」。

[四四]此碑現已不存，拓本未見傳世，碑文載《全唐文》卷九一九《建功德碑銘并序》。

[四五]「凡」，原作「几」。

[四六]此二闕字，《全唐文》作「隋唐」。

[四七]「乎」，《全唐文》無。

[四八]「整」，《全唐文》作「拯」。

[四九]「焉」，《全唐文》作「矣」。

[五〇]「列」，《全唐文》作「烈」。

[五一]「□立」，《全唐文》作「虞丘」。

[五二]「是」，《全唐文》作「是身」。

［五三］『度』，《全唐文》無。
［五四］『豈□』，《全唐文》作『竝悉』。
［五五］『茄』，《全唐文》作『伽』。
［五六］此闕字，《全唐文》作『城』。
［五七］『保』，《全唐文》作『休』。
［五八］『山』，《全唐文》無。
［五九］『濁』，原書作『燭』，誤。《全唐文》作『濁』。
［六〇］『虔□』，《全唐文》作『□皮』。
［六一］依據前後句的句式，此處當漏一『兮』字，《全唐文》此處亦有『兮』字。
［六二］此題記現存濟南市長清區靈岩寺後方山之巔的積翠證明龕内，殘泐嚴重；拓本收録於《北京圖書館藏中國歷代石刻拓本匯編》第三二册《方山證明功德記》，僅有部分題名；碑文亦載《金石萃編》卷一一四《方山證明功德記》，兹據此加以校證。
［六三］『侍』，原作『待』，據《金石萃編》正。
［六四］此闕字，《金石萃編》作『惠』。
［六五］此闕字，《金石萃編》作『言』。
［六六］此闕字，《金石萃編》作『美』。
［六七］此闕字，《金石萃編》作『爲』。
［六八］此闕字，《金石萃編》作『添』。

［六九］『節』，據《金石萃編》補。

［七〇］此闕字，《金石萃編》作『所』。

［七一］此碑現存曲阜漢魏碑刻陳列館西屋南起第五石，部分文字殘泐，拓本收録於《北京圖書館藏中國歷代石刻拓本匯編》第三三册《文宣王廟記》，碑文亦載《金石萃編》卷一一七《曲阜文宣王廟記》、《全唐文》卷七八八《新修曲阜縣文宣王廟記》等，兹據此加以校證。

［七二］此闕字，原碑及拓本殘泐，《金石萃編》與《全唐文》作『穆』。

［七三］此闕字，原碑及拓本殘泐，《全唐文》作『高』。

［七四］『尹』，據《舊唐書》卷一五四《孔巢父傳》補。

［七五］『祖』，底本闕，據文意補。

［七六］此碑現存莘縣董杜莊鎮梁丕營村東北韓氏家族墓地，碑文殘泐嚴重，未見拓本傳世，文存《全唐文》卷八〇五《唐贈左散騎常侍汝南韓公神道碑》及光緒《莘縣志》卷八《藝文志中・墓表・唐贈左散騎常侍汝南郡韓公國昌神道碑并序》，兹據此加以校證。

［七七］此闕字，《全唐文》與光緒《莘縣志》作『全』。

［七八］『其中土宜□□，□□□□，□□珎尤於焉』，光緒《莘縣志》作『其中土宜耕桑，物沃羸叢，瑰异珍尤於焉』。

［七九］此二闕字，光緒《莘縣志》作『鬱起』。

［八〇］此四闕字，光緒《莘縣志》作『治隆貞觀』。

［八一］此二闕字，光緒《莘縣志》作『游恬』。

［八二］『□子□仁』，《全唐文》與光緒《莘縣志》作『孝子忠臣』。

[八三]「之」,《全唐文》與光緒《莘縣志》作「自」。
[八四]此三闕字,《全唐文》與光緒《莘縣志》作「之襟帶」。
[八五]「歲月□□,□□□□」,《全唐文》與光緒《莘縣志》作「歲月鞏固,朝野賴之」。
[八六]此闕字,《全唐文》與光緒《莘縣志》作「至」。
[八七]「□□□□□□□□□,別□□必起於□□」,《全唐文》與光緒《莘縣志》作「或失其統馭,則禍必起於蕭墻」。
[八八]此闕處,光緒《莘縣志》作「式運」。
[八九]「空五字」,光緒《莘縣志》作「則否運忽泰」。
[九〇]此闕字,《全唐文》與光緒《莘縣志》作「雄」。
[九一]此二闕字,《全唐文》與光緒《莘縣志》作「藴長」。
[九二]此闕處,《全唐文》與光緒《莘縣志》作「河山之精,貔貅之勇」。
[九三]「空七字」,《全唐文》與光緒《莘縣志》作「率」。
[九四]「博」,《全唐文》與光緒《莘縣志》作「邦」。
[九五]此二闕字,《全唐文》與光緒《莘縣志》作「瀝懇」。
[九六]此四闕字,《全唐文》與光緒《莘縣志》作「天道照臨」。
[九七]此二闕字,光緒《莘縣志》作「不逾」。
[九八]此闕字,《全唐文》與光緒《莘縣志》作「孝」。
[九九]此三闕字,《全唐文》與光緒《莘縣志》作「用副孝」。
[一〇〇]此闕字,《全唐文》與光緒《莘縣志》作「壤」。

［一〇一］「公既獲空三字。□命」，《全唐文》作「公既獲拜嘉命」，光緒《莘縣志》作「公既獲命」。

［一〇二］「□□□□乃」，《全唐文》與光緒《莘縣志》作「念衰榮無常」。

［一〇三］「□□□□以斯□刊之貞石」，光緒《莘縣志》作「若不以斯刊之貞石」。

［一〇四］「繄」，《全唐文》作「緊」。

［一〇五］「繄□□□畦序曰」，光緒《莘縣志》作「繄吴畦序曰」。

［一〇六］此五闕字，《全唐文》與光緒《莘縣志》作「世係汝南郡」。

［一〇七］「其先□周，下闕。」，光緒《莘縣志》作「其先爲周藩屏」。

［一〇八］「是武□之士也」，光緒《莘縣志》作「是武王之少子也」。

［一〇九］「萬生脉□」，《全唐文》與光緒《莘縣志》作「萬生遯伯」。

［一一〇］「脉□」，《全唐文》與光緒《莘縣志》作「遯伯」。

［一一一］「子輿獻□□□」，光緒《莘縣志》作「子輿封於韓原」。

［一一二］此闕處，光緒《莘縣志》作「卒言於晋侯爲趙氏立後」。

［一一三］此闕處，《全唐文》與光緒《莘縣志》作「我唐」。

［一一四］此闕字，《全唐文》與光緒《莘縣志》作「國」。

［一一五］此四闕字，《全唐文》與光緒《莘縣志》僅作一「充」字。

［一一六］此闕字，《全唐文》與光緒《莘縣志》作「言」。

［一一七］此闕字，《全唐文》與光緒《莘縣志》作「全」。

［一一八］此闕處，《全唐文》與光緒《莘縣志》作「承祖宗之餘芳，長好」。

〔一一九〕「不□」，《全唐文》與光緒《莘縣志》作「未燼」。

〔一二〇〕此闕字，《全唐文》與光緒《莘縣志》作「笑」。

〔一二一〕此五闕字，《全唐文》作「時值王室爲」，光緒《莘縣志》作「時值王室多」。

〔一二二〕此二闕字，《全唐文》與光緒《莘縣志》作「邊疆」。

〔一二三〕「扌」，《全唐文》作「拔」，光緒《莘縣志》作「起」。

〔一二四〕此闕字，《全唐文》與光緒《莘縣志》作「洋」。

〔一二五〕此三闕字，《全唐文》與光緒《莘縣志》作「倜儻成」。

〔一二六〕此闕字，《全唐文》與光緒《莘縣志》作「深」。

〔一二七〕此二闕字，《全唐文》與光緒《莘縣志》作「時雖」。

〔一二八〕此闕字，光緒《莘縣志》作「志」。

〔一二九〕此闕字，《全唐文》與光緒《莘縣志》作「土」。

〔一三〇〕此闕字，《全唐文》與光緒《莘縣志》作「平」。

〔一三一〕此二闕字，《全唐文》與光緒《莘縣志》作「時宜」。

〔一三二〕「□□□形於□色」，《全唐文》與光緒《莘縣志》作「喜怒不形於顏色」。

〔一三三〕此六闕字，光緒《莘縣志》作「丰標克植，玩梗」。

〔一三四〕此闕字，《全唐文》作「最」，光緒《莘縣志》作「足」。

〔一三五〕此三闕字，光緒《莘縣志》作「情允洽」。

〔一三六〕此二闕字，《全唐文》與光緒《莘縣志》作「鄉義」。

［一三七］此二闕字，《全唐文》與光緒《莘縣志》作「先教」。

［一三八］此闕處，《全唐文》作「仁義，後導之以」，光緒《莘縣志》作「仁義，次導之以」。

［一三九］「論雍容□禾□□」，《全唐文》作「論雍容禮讓之節」，光緒《莘縣志》作「論雍容昭穆之文」。

［一四〇］此闕字，《全唐文》作「惻」，光緒《莘縣志》作「觸」。

［一四一］此闕字，《全唐文》與光緒《莘縣志》作「讐」。

［一四二］「□如蝥□」，光緒《莘縣志》作「屏如蝥毒」。

［一四三］此闕字，光緒《莘縣志》作「况」。

［一四四］「輕財」，光緒《莘縣志》作「肆志」。

［一四五］此二闕字，光緒《莘縣志》作「食之」。

［一四六］此二闕字，光緒《莘縣志》作「一意」。

［一四七］「送」，《全唐文》與光緒《莘縣志》作「逐」。

［一四八］此闕字，《全唐文》與光緒《莘縣志》作「不」。

［一四九］此闕字，《全唐文》與光緒《莘縣志》作「仗」。

［一五〇］此闕字，《全唐文》作「甘」，光緒《莘縣志》作「耻」。

［一五一］此闕字，《全唐文》作「議」，光緒《莘縣志》作「孝」。

［一五二］此二闕字，《全唐文》作「初年」，光緒《莘縣志》作「之初」。

［一五三］此二闕字，《全唐文》與光緒《莘縣志》作「逆賊」。

［一五四］此闕字，《全唐文》與光緒《莘縣志》作「天」。

〔一五五〕「肥□□□」，光緒《莘縣志》作「赴險剿叛」。

〔一五六〕此二闕字，光緒《莘縣志》作「公爲」。

〔一五七〕此二闕字，《全唐文》作「弦道」，光緒《莘縣志》作「前驅」。

〔一五八〕此闕字，光緒《莘縣志》作「賊」。

〔一五九〕此二闕字，光緒《莘縣志》作「五申」。

〔一六〇〕此闕字，《全唐文》作「謬」，光緒《莘縣志》作「繆」。

〔一六一〕此闕字，光緒《莘縣志》作「幼」。

〔一六二〕此二闕字，《全唐文》與光緒《莘縣志》作「敬慎」。

〔一六三〕「專」，《全唐文》與光緒《莘縣志》作「敷」。

〔一六四〕此闕字，《全唐文》與光緒《莘縣志》作「行」。

〔一六五〕此闕字，光緒《莘縣志》作「嘆」。

〔一六六〕此二闕字，光緒《莘縣志》作「半生」。

〔一六七〕此三闕字，光緒《莘縣志》作「邀賞於」。

〔一六八〕此四闕字，《全唐文》與光緒《莘縣志》作「失其正者」。

〔一六九〕「二」，光緒《莘縣志》作「六」。

〔一七〇〕此二闕字，《全唐文》與光緒《莘縣志》作「處置」。

〔一七一〕此闕字，《全唐文》與光緒《莘縣志》作「侍」。

〔一七二〕此二闕字，《全唐文》與光緒《莘縣志》作「褒冥」。

〔一七三〕此闕字，光緒《莘縣志》作「卷」。

〔一七四〕此三闕字，《全唐文》與光緒《莘縣志》作「畦序説」。

〔一七五〕此二闕字，《全唐文》與光緒《莘縣志》作「堂堂」。

〔一七六〕「□人」，《全唐文》作「康人」，光緒《莘縣志》作「康乂」。

〔一七七〕「□□□□，□□□□」，《全唐文》作「欽我魏疆，爲河爲方」，光緒《莘縣志》作「欽我魏疆，襟河枕行」。

〔一七八〕此闕字，光緒《莘縣志》作「險」。

〔一七九〕「孤□不□，忠孝爲□」，《全唐文》與光緒《莘縣志》作「孤矢不幹，忠孝爲光」。

〔一八〇〕「少□□□，□節□□」，《全唐文》與光緒《莘縣志》作「少齿得志，勵節勤王」。

〔一八一〕此闕字，《全唐文》與光緒《莘縣志》作「毳」。

〔一八二〕此闕字，光緒《莘縣志》作「勤」。

〔一八三〕「□以□□，□□親軍」，《全唐文》與光緒《莘縣志》作「加以羽纛，陟以親軍」。

〔一八四〕「辭以□爵，國以藩身」，《全唐文》作「賜以好爵，固以藩身」，光緒《莘縣志》作「辭以縻爵，國以藩身」。

〔一八五〕此闕字，光緒《莘縣志》作「位」。

〔一八六〕「□□□□，帝□爰臻」，《全唐文》與光緒《莘縣志》作「罔極知報，帝命爰臻」。

〔一八七〕「哀」，《全唐文》作「褒」，光緒《莘縣志》作「恩」。

〔一八八〕此闕字，《全唐文》與光緒《莘縣志》作「褒」。

〔一八九〕此闕字，《全唐文》與光緒《莘縣志》作「珉」。

〔一九〇〕「因授以賓從，俾詳其事，□□□□畦序曰」，碑正文爲「因授以賓徒，俾詳其事，繄□□□畦序曰」，此處按語誤「徒」爲「從」，并缺漏一「繫」字。

［一九一］「宰統陳許兵」，據《新唐書·何進滔傳》補。

［一九二］此二闕字，據碑正文補。

［一九三］此二闕字，據碑正文補。

［一九四］此二闕字，《全唐文》與光緒《莘縣志》作「處置」。

［一九五］「檢」，據碑正文補。

［一九六］此闕字，《全唐文》與光緒《莘縣志》作「侍」

［一九七］「贈」，據碑正文補。

［一九八］此墓志存況未詳，拓本收録於《北京圖書館藏中國歷代石刻拓本匯編》第三三册《來佐本及妻常郭二氏合葬志》，志文亦載《八瓊室金石補正》卷七七《來佐本及常郭二氏墓銘》、《全唐文》卷九九六《故來府君及夫人常氏次夫人郭氏墓志銘》與《唐文拾遺》卷一五《故來府君及夫人常氏次夫人郭氏墓銘并序》，兹據此加以校證。

［一九九］「父母」，據拓本補。

［二〇〇］此闕字，拓本殘泐，《唐文拾遺》作「淑」。

［二〇一］此二闕字，拓本殘泐，《唐文拾遺》作「婦德」。

［二〇二］此闕字，拓本殘泐，《八瓊室金石補正》與《唐文拾遺》作「叔」。

［二〇三］此二闕字，拓本殘泐，《唐文拾遺》作「南陽」。

［二〇四］此闕字，拓本殘泐，《八瓊室金石補正》與《唐文拾遺》作「十二」。

［二〇五］此碑現存莘縣董杜莊鎮梁丕營村東北韓氏家族墓地，碑文殘泐較爲嚴重，其拓本未見傳世。碑文載《全唐

文》卷八一三《贈太尉韓允忠神道碑》與光緒《莘縣志》卷八《藝文志中·墓表·唐魏博節度觀察處置等使韓公允中神道碑》，兹據此加以校證。

[二〇六]此闕處，光緒《莘縣志》作「定命，崧岳降靈，挾弛」。

[二〇七]此闕處，光緒《莘縣志》作「也。先世晋曲沃莊伯之弟」。

[二〇八]此闕字，光緒《莘縣志》作「而」。

[二〇九]此闕字，光緒《莘縣志》作「大」。

[二一〇]此闕字，光緒《莘縣志》作「迥」。

[二一一]「夫」，光緒《莘縣志》作「王父」。

[二一二]「迫」，《全唐文》與光緒《莘縣志》作「追」。

[二一三]此闕字，光緒《莘縣志》作「國昌」。

[二一四]此闕字，光緒《莘縣志》作「貝」。

[二一五]此闕字，光緒《莘縣志》作「諸」。

[二一六]此闕字，光緒《莘縣志》作「貝」。

[二一七]此四闕字，光緒《莘縣志》作「史充本州」。

[二一八]「文」，《全唐文》作「又」。

[二一九]此闕字，光緒《莘縣志》作「砥」。

[二二〇]此闕處，光緒《莘縣志》作「滿德，以」。

[二二一]此闕處，光緒《莘縣志》作「工」。

[二二二] 此闕處，光緒《莘縣志》作「下雙雕，礪廉隅」。

[二二三] 此闕處，光緒《莘縣志》作「露」。

[二二四]「承□邦□之餘祉」，光緒《莘縣志》作「承家邦之餘祉」。

[二二五] 此闕字，光緒《莘縣志》作「翊」。

[二二六] 此闕字，光緒《莘縣志》無。

[二二七] 此闕處，光緒《莘縣志》作「運，山甫懿」。

[二二八] 此闕處，光緒《莘縣志》作「方叔」。

[二二九] 此闕處，光緒《莘縣志》作「及」。

[二三〇] 此三闕字，光緒《莘縣志》作「時」。

[二三一] 此闕處，光緒《莘縣志》作「器宇，亹亹之聲」。

[二三二]「何」，光緒《莘縣志》作「范」。

[二三三] 此二闕字，光緒《莘縣志》作「雄踞」。

[二三四] 此三闕字，光緒《莘縣志》作「惡日」二字。

[二三五] 光緒《莘縣志》並無此六闕字。

[二三六] 此闕處，光緒《莘縣志》作「斯怒」。

[二三七] 此闕處，光緒《莘縣志》作「謂一夫」。

[二三八]「西」，光緒《莘縣志》作「四」。

[二三九]「境下闕。照大□□有下闕。方地居屏捍」，光緒《莘縣志》作「境補瘠旅率知方地居屏捍」。

［二四〇］此闕字，光緒《莘縣志》作「帥」。
［二四一］此闕處，光緒《莘縣志》作「以寡敌」。
［二四二］此三闕字，光緒《莘縣志》作「機善斷」。
［二四三］此三闕字，光緒《莘縣志》作「時列旗」。
［二四四］此闕字，光緒《莘縣志》作「矛」。
［二四五］此二闕字，光緒《莘縣志》作「旗幟」。
［二四六］此闕字，光緒《莘縣志》作「寇蹤」。
［二四七］此闕處，光緒《莘縣志》作「衆」。
［二四八］「□威無□□之□」，光緒《莘縣志》作「稜威無挫衄之虞」。
［二四九］「戰陳忘□□之□」，光緒《莘縣志》作「戰陳忘鋒鏑之苦」。
［二五〇］此闕處，光緒《莘縣志》作「奏凱」。
［二五一］此闕字，光緒《莘縣志》作「衡」。
［二五二］此闕處，光緒《莘縣志》作「舊官，人」。
［二五三］此闕處，光緒《莘縣志》作「屈」。
［二五四］此闕字，光緒《莘縣志》作「後」。
［二五五］「充魏□節度觀察□□等□」，光緒《莘縣志》作「充魏州節度觀察處置等使」。
［二五六］此闕處，光緒《莘縣志》作「詔旨，電馳驩呼」。
［二五七］此闕處，光緒《莘縣志》作「章，政俗」。

〔二五八〕此闕字，光緒《莘縣志》作「任」。

〔二五九〕此四闕字，光緒《莘縣志》作「推及物類」。

〔二六〇〕此二闕字，光緒《莘縣志》作「草木」。

〔二六一〕此三闕字，光緒《莘縣志》作「獸府政」。

〔二六二〕此闕處，光緒《莘縣志》作「和，各」。

〔二六三〕此闕字，光緒《莘縣志》作「帶」。

〔二六四〕此闕處，光緒《莘縣志》作「績，翊開」。

〔二六五〕此闕處，光緒《莘縣志》作「之功。言」。

〔二六六〕「風至而韵自下闕。納萬機下闕」，光緒《莘縣志》作「風至而韵自雅；焚蘭在室，薰息而味猶芳也」。

〔二六七〕此闕處，光緒《莘縣志》作「命」。

〔二六八〕「太子下闕。」，光緒《莘縣志》作「朝」。

〔二六九〕此闕字，光緒《莘縣志》作「俱」。

〔二七〇〕「杜」，原書作「杜」，誤。

〔二七一〕「夙□□□」，光緒《莘縣志》作「家風無替」。

〔二七二〕此闕字，光緒《莘縣志》作「德」。

〔二七三〕此闕處，光緒《莘縣志》作「當其早歲」。

〔二七四〕此二闕字，光緒《莘縣志》作「咸乎」。

〔二七五〕此闕字，光緒《莘縣志》作「博」。

［二七六］此闕字，光緒《莘縣志》作『觀』。

［二七七］此闕處，光緒《莘縣志》作『心』。

［二七八］此闕處，光緒《莘縣志》作『服』。

［二七九］此闕字，光緒《莘縣志》作『芳』。

［二八〇］此闕字，光緒《莘縣志》作『儀』。

［二八一］此闕字，光緒《莘縣志》作『誇』。

［二八二］此闕字，光緒《莘縣志》作『軍』。

［二八三］此闕字，光緒《莘縣志》作『無』。

［二八四］『□漢承□』，光緒《莘縣志》作『秦漢承荣』。

［二八五］此闕處，光緒《莘縣志》作『慶隆。功業丕著』。

［二八六］此闕處，光緒《莘縣志》作『蜮湑，披猖不道』。

［二八七］此闕處，光緒《莘縣志》作『氣吞賊壘，義激』。

［二八八］此二闕字，光緒《莘縣志》作『萬乘』。

［二八九］此闕處，光緒《莘縣志》作『冒矢犯石』。

［二九〇］此闕字，光緒《莘縣志》作『空』。

［二九一］此闕字，光緒《莘縣志》作『浪』。

［二九二］此闕字，光緒《莘縣志》作『雲』。

［二九三］此闕處，光緒《莘縣志》作『朝端宰相』。

［二九四］『帝□王□』，光緒《莘縣志》作『帝德王業』。
［二九五］此闕字，光緒《莘縣志》作『忘』。
［二九六］此闕處，光緒《莘縣志》作『豐功偉烈，孰其媲之。魏國仰仁』。
［二九七］此闕處，光緒《莘縣志》作『迺兆莘原』。
［二九八］此墓志現存狀況不詳，拓本收録於《山東石刻分類全集》第五卷《歷代墓志》，碑文亦載《益都金石記》卷二《趙琮墓志銘》、《全唐文》卷八一七《唐故居士天水趙府君墓志銘》，茲據此加以校證。
［二九九］此闕字，《全唐文》作『太』。
［三〇〇］此闕字，《益都金石記》與《全唐文》作『子』。
［三〇一］此闕字，《全唐文》作『於』。
［三〇二］此闕字，《益都金石記》與《全唐文》作『玉』。
［三〇三］此闕字，《全唐文》作『安』。
［三〇四］此闕字，《全唐文》作『人』。
［三〇五］此闕字，《全唐文》作『喪』。
［三〇六］此墓志現存狀況不詳，拓本收録於《北京圖書館藏中國歷代石刻拓本匯編》第三四册《孫珣妻張氏墓志》，志文載《益都金石記》卷二《唐清河張氏墓志銘》，茲據此加以校證。
［三〇七］『祇』：原作『祗』，據拓本正。
［三〇八］『墮』，原作『障』，據拓本正。

卷十四

後梁石

小蓬萊題名五種

乾化元年刻，書體詳後。在泰安縣王母池北小蓬萊。

一題『運句龔□□、巡山李元英、主簿顔志道、縣尉陳聖徽同觀，辛未改元後二日題』，正書，五行，左讀，字徑二寸五分。『運句』即句當之官，與『巡山』官名皆創見於此。《泰安志》云：『石刻皆無年號，攷宋、金、元無辛未改元者，惟後梁開平時辛未改元乾化，此當屬後梁也。』

一題『巡山李元英、鉅鹿簿張伯陽、濟陽掾張君猷，同主觀張義之遊』，正書，五行，左讀，字徑二寸二分。

一題『壬申秋社日，主簿顔志道、尉楊子章，同觀主張義之到是峪。水聲寒玉，山色迷靄，深得仁智之趣，觀夕陽忘歸。是日，濟北王仲父題』，正書，五行，左讀。壬申爲乾化二年。

一題『巡山孫明叔、法掾楊子平、弟尉子章，同觀暴浪，癸酉六月拾弎日，顔志道記』，八分書，六行，左讀，字徑三寸。暴浪即飛瀑，癸酉爲乾化三年。

一題『蘭陵東元伯與姜子正、藺思復、馬齊叔、韓公權、張義之同遊，甲戌孟秋望日題』，正書，五行，左讀，字徑五寸。甲戌爲乾化四年，《縣志》誤以甲戌爲宋元祐年者，由未撿。同遊張義之，已見前二段也。

常清净經石刻

貞明二年四月立，凡二石，俱正書。高二尺一寸，廣一尺六寸。在淄川縣開元寺。

右刻首題『維大梁貞明二年歲次丙子四月乙酉朔廿一日乙巳建』，次刻經文及施主姓氏，每石十六行，字徑七分。道觀刻經創見于此。乾隆四十五年，縣人高廷謀得于東郭外土中，移置今所。

後唐石

伏羲廟碑

長興四年十二月立。碑高四尺八寸，廣二尺三寸。在滕縣染山伏羲廟。

右碑文十七行，兩旁又刻施主姓氏七行，字體大小不一。額題『染山耶孃廟碑記』，正書，七字。碑文鄙劣，書體多訛，兹皆不録。

張行久石幢記

清泰元年五月立，正書。石高一尺五寸，廣一尺一寸。在益都縣東北三十里大尹村三官廟。

右幢刻記共十二行，字徑六分，略云『大唐青州益都縣，清泰元年歲次甲午伍月下闕九字。平盧軍節度、同經略副使張行久，裝塑釋迦牟尼佛并阿難、迦葉及觀音世志菩薩及護法神王供養等，伏願國泰人安，四方無事，合家清吉，長幼無灾，鄉隣姻眷並保安康，一切有情，同霑福利』云云。末題『女聟前□淄州長史兼侍御史劉昶書』。段赤亭云：『《五代·房知溫傳》稱：知溫鎮平盧，會廢帝起兵鳳翔，知溫使司馬李冲覘之。廢帝已入立，冲即奉表稱賀，還勸知溫入朝。廢帝慰勞甚厚，知溫還鎮，封東平王，給鹵簿、鼓吹、輅車法物。是清泰元年，平盧節度使正房知溫也。』又云：『知溫在鎮，常厚歛其民，積貲鉅萬，治第青州南城，出入以聲妓，游嬉不恤政事，天福元年卒于官。其子彦儒獻其父錢三萬緡、絹布三萬疋、金百兩、銀千兩、茶千五百斤、絲十萬兩，拜沂州刺史。其將吏分其餘貲者，皆爲富家。云行久當時爲知溫副使，意必代爲掊克、沾其餘潤者，而乃佞佛祈祐，且及鄉黨姻眷。然唐祚二年即亡，不數年青州楊光遠叛，符彦卿以兵討之，自夏至冬，城中人相食殆盡。所謂福利者，果安在哉？』

登州刺史淳于公神道碑

無年月，正書，篆額。碑高七尺一寸，廣三尺。在黄縣城東北二十里淳于髡墓上。

唐故登州刺史淳于公神道碑額三行，字徑二寸四分。

唐故□□□□大夫、檢校尚書左僕射、使持節都督登州諸軍事、登州下闕。

將仕郎、檢校尚書機宀下闕。

□□□享國延長裔孫蕃茂□姜分姓始於姜□□朝□地受封下闕。

□□□洋溢青編，代有其人，不可勝紀。暨隋下闕。

□□□朗爲萊州刺史，封燕國公，蔭緒□勳下闕。

□覽之□不□□□之驥下闕。

直善於知□器之興宗家範下闕。

則龍虵文闘□故晉國□公爲下闕。

勳廣平作牧公爲國家下闕。

緋會□□之□爲□□國之下闕。

甫以解圍賴彈下闕。

節□□□以寄下闕。

績□□□□受代陜下闕。

曰可□□矣，固知彼有人焉。下闕。

列戴知己之恩□□已屬於下闕。

之在人舉無遺策復下闕。

部尚書從晉公之下闕。

府謀策職在□公□，公既授節，託公下闕。

魏王舊國□□仙鄉非開達無以撫下闕。

迎奉急徵，詔曰：『尔頃佐元勳□國下闕。

思之節詔到，便可赴闕，別行委任。公捧詔下闕。

□□寧戚之懷，難抑纔終禮制便欲徵還下闕。

□□□之規佇察頒條之政歸貝與羊 下闕。

□□之盛□□無倫，先是所部狂寇縱□□民□公至下闕。

上闕。禮以遇物下闕。

以下二行全泐。。

上闕。靖下闕。

上闕。公而終公下闕。

上闕。百□狀下闕。然下闕。

上闕。故太子少□□公□之下闕。

上闕。於□□可□□□清師□尉下闕。

上闕。感慨天子□□其下闕。

以下四行全泐。

右碑文約三十七行，大半殘闕。案：淳于爲姜姓之後，登州望族也，密州安丘縣即古淳于之國，以國爲氏者。《通志·氏族略》云：「唐時避憲宗嫌名，改稱于氏，故唐代無淳于入史傳者。」此碑額題「唐故登州刺史淳于公」，其爲後唐所刻無疑。惟歐、薛二史除淳于晏之外，别無可攷。晏之事迹與碑所載亦不同，《府志》以此爲齊淳于髡墓，及立碑者爲髡之裔孫左僕射晏，皆未確也。

左僕射房公墓碑額

篆書。石高二尺四寸，廣二尺三寸五分。在兖州府城北石馬村。

右額漫滅殆盡，可辨者祇「大公」二字，以意度之，當是「十六」。字分四行，「大」字乃首行第一字，「公」字乃四行第一字。《縣志》載後唐尚書左僕射房知温墓有御祭碑文，當即此也。知温爲玄齡八世孫。

房公心堂記額

篆書。石方、廣一尺三寸五分。在兖州府城北石馬村。

右額題「後唐故□□□房公心堂之記」，四行，字徑三寸五分，亦房知温墓上物也。不曰「大唐」，而曰『後唐』，疑爲後人所刻。以無年月可攷，姑坿前石之後。

三郎君廟殘碑

無年月，正書。石高二尺五寸，廣一尺四寸五分。在泰安縣泰山王母池右老君堂東壁。

重修三郎君廟碑，將仕郎、前守大安府大安縣尉楊宏。

泰山巖巖，鎮兹東土。宗長列嶽，峻極于天。天降明神，而下闕。

天齊王，即其主也。郎君，即王之子也。别有廟宇，畫丹下闕。

之音，變化無窮，陰陽不測，年代浸遠，靈異弥彰。周環下闕。

藻棁之文，塑像圖形，乞靈儌福，未有不如響之應聲者下闕。

難，遂罄俸錢，建立碑碣，怪異事蹟，無不具載。頃歲以翟下闕。

石文字，錯亂磨滅，不可復知。近有工人追琢翠珉，訪尋下闕。

中使府請詞，以紀其事。

留後僕射瑯琊王公，樂善好文，稽古博雅，久安禄位下闕。

寵光，初臨是邦，方思葺理，讒聞其事，忻然慰懷，上欲副下闕。

聖君敬神明之心，下乃資生民祈恩福之意，遂令虚薄下闕。

群嶽之長，空三字。東岱之雄，空三字。天系建號下闕。

右殘碑已作甃築之用，乾隆乙卯春，段赤亭訪碑泰山，于老君堂始搜得之，年月裁損無存。首行題『重修三郎君廟碑』，聶氏《泰山道里記》云：『岱廟配天門東爲三靈侯殿，又東爲炳靈殿。』《文獻通攷》：『後唐長興三年，詔以泰山三郎爲威雄將軍。』據此，則『三郎』之稱始於後唐。碑又云『僕射王公初臨是邦』云云，志乘於唐宋宦蹟率皆從略，無可稽攷，惟僕射官銜五代時猶有用之者，因坿于《淳于公神道碑》後。

後晉石

東明寺碑

天福二年七月立，正書。碑高四尺六寸，廣二尺三寸。在濰縣城西十六里永平社東明寺。

右碑首題『維大唐天福二年歲次丁酉七月辛亥朔二日壬子，青州北海縣高陽鄉明村人都維那麻浩』云云，文凡二十三行，字徑八分。後半列施主男女姓氏，皆漫滅。『天福』爲晉高祖年號，而碑仍題『大唐』，不知何故。《縣志》未詳五代沿革，據此可知後晉時亦爲北海縣，屬青州也。

冥福寺經幢二種

年月、尺寸詳後，俱正書。在泰安縣岱廟東偏冥福寺。

一高三尺六寸，圍五尺七寸五分，凡八面，字徑六分。所書《金剛經》次序淆亂，第一分前題二行，云：『金剛經幢一座，請□□明鎸記。天福二年三月□日，王繼美書。』

一高二尺五寸五分，圍五尺一寸，凡八面，字徑七分，未詳何經。末題二行，云：『天福六年歲次辛丑正月辛酉朔二十五日乙酉，授太保使持節密州諸軍事、行密州刺史、兼御史大夫、上柱國、清河郡開國侯。下闕。』

以上二種皆據拓本録之，不知是二幢，抑一幢分折爲二也。《縣志》載：『金剛經幢，天福六年正月書，在冥福院。』今驗刻《金剛經》者，是天福二年，其六年者別是一種耳。

奈河將軍廟碑[一]

天福六年三月立，正書。碑高五尺八寸五分，廣二尺四寸五分。在泰安縣城西南奈河將軍堂前南向。

澶州建奈河將軍堂記額正書，三行，徑三寸許。

太嶽奈河將軍廟堂石記銘，鄉貢進士劉光度撰。

《詩》云：『太山巖巖，惟魯所瞻。』摽群嶽之首，隱衆靈之府。靈者，神也。神生於無神之神，陰陽不測而爲神，日月照耀而爲明。無神之神者，至道也。《道德經》云：『杳杳冥冥，於中有精；恍恍忽忽，於中有物。』此之謂也。天福六年三月十七日，新澶州岳社頭郭肇專智以金門貢藝，玉署呈才，風雲雅作於二龍，奮躍素高於雙驥。副社頭郭肇□情涵珠海，鑒澈冰潭。貯茂異以盈懷，抱才實而鑠志。因乘暇預，同慕勝遊。陟彼□原，共觀橋舸。飲酒酣暢，而相與言：『胡不聞賈誼云「生□也若浮，生死之也若休」[二]，莊周云「生之也道行，死之也物化」？人□短分定，豈不在乎神明哉！』遂乃拱志修崇，歸心祀享，結集岳社，化彼邑人。不碁月間，惣四十户。至天福元年三月十日，社衆西自新州，東之太□，遠脩牢醴，克置羞薦。無愧叨僭，惟竭至誠。但有遺曠，庶幾增建。竊見宫宇炳焕，峰巒迴合。空六字。尊神象，列侍者。星繁唯奈河，□元非靈廟。是以歷覽林藪，履蹈河壖。東望則天之壇，西臨鬼仙之洞。疊障重巖倚其後，飛雲流水枕其前。得此一方，實爲殊勝。是以擘畫砂礫，□□□□任便裁基，隨宜册跡。召公輪於魯甸，招匠石於郢郊。截岨崍之花松，斵新□[三]之文栢。奇材異石，窮神役思以藴崇；碧瓦銅塼，盡心畢力以駢集。□□□秉斫，争工不異於雷震；劘木飛繩，竟巧可同於電捷。天福三年五月十日建就，堂一所三間，四下椽週迴行墻二十四堵，門樓一所，悉以粉飾藻繪，秀麗精華。取金碧於十洲，運丹青[四]三島。香竇[五]綺井，返植蓮苛[六]。畫棟琱梁，高撗螮蝀。翠檻朱綱，亭亭而日麗九天；複道重階，落落而露凝五色。天福五年三月九日，迎入將軍夫人真形兩座，厮兒妮子兩人，夜叉一對。郭肇等命以□者告厥成功，釃酒焚香，虔誠啓仰。忻然應變，但覺酡顔。廻風遶壇，實謂神降。此則天意人事，聖道合符。體乎元元，不可窮紀。光度學輸鍾會，才謝丘遲。堅讓不從，輙敢承請。是以凝元扣寂，□簡□毫。力課短懷，用旌刊飾。銘曰：

瞻彼奈河，泉流清清。噫彼逝人，魂飛冥冥。善惡斯作，禍福隨情。應業受分，靡跡厥靈。將軍英靈，祠堂窅窱。一氣散化，萬神應兆。事有克彰，物無不照。輔賛天孫，□室嵓峭。空三字。優遊高士，放曠清人。預搆陰德，思振芳塵。物景代謝，事跡相仍。成此廟貌，永司其津。

天福六年次辛丑三月辛酉朔十七日己丑□□。

右碑凡二十四行，書多别體，且有脱誤處，皆不諳文理者所致。『奈河』，今作『滦河』，在泰安城西南二里。《縣志》載：『靈派侯廟，在迎旭觀西，其神舊稱滦河將軍，宋真宗東封賜封「靈派侯」。廟創於後晉天福六年。』即此碑所記也。顧亭林《山東考古録》云：『滦河水在高里山之左，有橋跨之，曰「滦河橋」。世傳人死魂不得過，而曰「奈何」，此與漢高帝云「柏人者，迫於人也」意同。』

陳渥書陁羅尼經幢

天福六年七月立，正書。石高二尺八寸，圍三尺二寸五分。在青州府城西門内閻王廟後田間。

伏聞至聖至靈□其唯我將軍□鎮三□□四□□□。廟臨澠水，威振海隅下闕。上闕。大啓發生□□而廼年年□稔，歲歲豐登，莫下闕。掛勑贈將軍官□□額□□於東西兩廟相次八載下闕。連正祠遂發□誠，刱修廊宇□一□□□一二百之□，發普願下闕。廟主大王福位□□□壽下闕。

□步都虞候忠勇□衛功臣、檢校吏部尚□□□□大夫、上柱國、□□□郡公、前□□□□□□□大夫下闕。

上闕。大使王知立，□兵馬□□□謙，討擊□充兩畓通事知廧王知岳，前亳州[七]長史、銀青□□[八]大夫、檢校太子賓客兼下闕。

上闕。工部尚書兼御史大夫□□□□都尉張□□□□使功臣散都頭史重貴，□□□□務使、銀青光禄大夫、檢校右下闕。

上闕。兵馬使下闕。光禄大夫、檢校太子賓客兼御史大夫□漢崇，押衙充都□□使臧□□，前押衙□下闕。

上闕。淄州長史下闕。吴越鎮海軍討擊使兼監察御史顧承威，故隨使押衙副知客李光昆，故賀太尉元從押下闕。

上闕。隨使張下闕。隨使曹囋，衙前樂營使任偘，弓箭第四都十將李□□，前景州長史安承嗣，節度押衙充客副皇甫譚下闕。

上闕。部尚書兼御史大夫王昭弼，平盧軍同押衙、充都壕寨使、銀青光禄大夫、檢校左散騎常侍兼御史大夫、上騎都尉劉□禮，維那隨使押衙牽攏軍使李欽□，隨使押衙知右下闕。秦希福。

天福六年歲次辛丑七月己未朔□□□□建。

右幢首刻經文十四行，不録次序，文六行，後列銜名、年月凡十九行，上下皆有殘闕。銜名中有稱

『牽攏軍使』者，頗新异，當時國事繁促，職官多隨事命名，非有定制。吴越自天福元年奉晉正朔，官屬皆其自署，此稱『吴越鎮海軍討擊使兼監察御史顧承威』等，想亦奉使之臣，與《雲門□[九]功德記》所列彭、湯、李三人，皆可補《十國春秋》之遺也。段赤亭《益都金石志》云：《五代史·楊光遠傳》：『天福五年，徙鎮平盧，封東平王，以其子承勳』。從此碑所稱『廟主大王』，必光遠也。其餘書銜姓名可辨者，悉不見於史。内云『廟臨澠水』，似誤指南陽爲北陽矣。此幢建于天福六年，越三年，光遠叛晉，苻彦卿東討光遠，嬰城固守，自夏至冬，城中人相食幾盡，其子承勳囚之以降，帝使李守貞殺之。光遠死後，漢高祖稱帝，又贈爲尚書令，封齊王，命中書舍人張正撰光遠碑銘，即以其子承勳爲平盧節度使，刻石于青州。碑石既立，雷擊碎之，而此碑光遠姓名亦殘毁，是天不欲留惡人之迹歟！

李彦賓石香爐記

天福八年九月刻，正書。在益都縣北玉皇廟。

右字刻於鑪底，段赤亭云：『鑪不甚高，可以覆而拓之，下節亦有殘損，略見者，「隨使押衙李彦賓，有願造石香鑪壹□，□者伏爲與父司徒離」。」又云：『□此功德，願早父子相見，合家安樂，永無哉苦，天福八年九月日記。』『哉苦』，即『栽苦』之異文也。

高里山捴持經咒幢

天福九年四月立，正書。幢高六尺三寸五分，凡四面，圍六尺。在泰安縣西南三里高里山。

右幢不詳在高里山何寺。前段刻記，後段刻經，半皆磨滅，中列銜名有『天平軍節度使押衙、前齊州都商税使、銀青光禄大夫、檢校太子賓客、殿中侍御史、雲騎尉韓知訓，泰寧軍押衙、勾當修嶽、銀青光禄大夫、檢校太子賓客兼殿中侍御史、武騎尉劉□□，節度押衙、前岱嶽鎮使、新充副鎮權知鎮李豐，武寧軍同節度副使、前察固鎮副兵馬使、充岱岳鎮都虞候王訓，滑州别駕孫延徽，前攝澤州别駕王□美，前攝鄭州司馬鄭廷藴，前亳［一〇］州别駕劉崇友，前攝齊州司馬趙宏嗣』，又無銜姓名數十人。案：岱嶽鎮者，即今縣治，本宋乾封縣縣城故址，創於開寶五年，後晉時猶爲岱嶽鎮，其鎮有正、副二使及都虞候等官，皆可補志乘之失。序文後題『晉天福九年歲次甲辰四月癸卯朔十九日辛酉』，案：天福九年七月辛未朔改元『開運』，此碑刻於四月，故猶稱『天福九年』也。

後漢石

孟知進父母恩重經碑

乾祐三年立，并側俱正書。碑高二尺九寸，廣一尺六寸，厚四寸。在寧陽縣東十八里石碣集。

右碑上層刻佛像，下層刻經文，前題『父母恩重經，大漢國兖州龔丘縣萬歲鄉剛城村孤子孟知進，先有願□□□三代先亡及父母造名石一所，及妻李氏同意發願□得□□』云云。佛像上方有『乾祐三年建立』及『孫子孟進敬疏記』等字。碑側經文大半剥蝕，錢辛楣少詹云：『唐人好刻《尊勝經》，名山古刹所在多有，不若此經足動人慈孝之心也。』

後周石

廣順摩崖題字

廣順二年刻，正書。在濟寧州晉陽山慈雲寺石壁。

右刻題『𢈔順二年』四字，徑六寸，廣字从二『黄』，亦異文。慈雲寺重修於石晉，至周廣順僅逾十餘年，正值鼎盛之時，書者無姓名可考，不知何爲而題也。

雲門山功德記[一一]

廣順三年十月立，行書。石高一尺八寸，廣二尺四寸。在益都縣雲門山洞南佛龕下。

雲門山大雲寺重粧修壁龕功德記，講經沙門賢義述并書。

伏自玉毫掩相，求瞻覩以無由；金像遺蹤，猶修崇之可託。且我佛住世莫久，像教是依。了達者位證三乘，漸成者道隆五福。伏以雲門山大雲寺者，末可知其始建之時也。因覽古碑云：開皇年中，曾有修建，但以寺居峻嶺，地枕長郊，覩聖像之凌夷，見精藍之荒癈。近則雖興新搆，必知未稱[一二]

舊基，唯有壁龕弥勒石像，依俙相□[一三]隱映儀形。風雨交侵，門損雕鏤之質；歲華綿邈，全無彩繪之蹤。蓋事有癈興，理關舒慘。豈期今日，獲遇信心。清信弟子彭仁福，本貫浙江，寓居海岱。固安賜履，未返[一四]三吴[一五]。唯以[一六]夙懷善因，早敦至信[一七]，信知修崇之可託，明幻惑之不堅。是以廣造良[一八]因投[一九]諸蘭若，此則因參遠寺，獲[二〇]覩古[二一]容，遂乃慎選良工，精求彩筆，果得入神之妙。再[二二]瞻如在之儀，重新兩龕，加□嚴[二三]飾，雖遥柰苑，何異□峯。一群蒸[二四]黎，盡[二五]起欲降[二六]之想；四來士庶[二七]，頓生恭敬之心。諒此殊[二八]因，必獲多福。更有同會良友，亦是鄉[二九]知，各起齋心，助成勝事。仍雕翠琰，以紀芳猷[三〇]，庶使万古千秋，不泯增修之狀；陵遷谷變，常開化導之門。如貞[三一]義[三二]者，跡忝緇衣，辭虧黄絹。常復斯言之戒，敢述刊石之文，盖猥付非才，而堅令敘録，既難退讓，何免誚[三三]尤，謹題。

時大周廣順三年歲次癸丑十月戊申朔十八日乙丑，功德主吴越國前攝金吾衛、引駕長史彭仁福，女弟子駱氏，長女大師姑，次女小師姑，同會弟子吴越國延恩院隊使、銀青光禄大夫、撿挍國子祭酒兼御史大夫、上柱國湯仁□[三四]，吴越國大程[三五]院隊使、銀青光禄大夫、撿挍國子祭酒兼御史大夫、上柱國李□□，吴越國入五臺山送供吴澮，布衣習碁張洪進[三六]。

右碑文凡二十七行，字徑八分。案：周顯德三年，其時吴越國錢俶已奉正朔，據歐公《五代史》載：吴越自唐末有國，而楊行密、李昪據有江淮，吴越貢賦朝廷，遣使皆由登萊泛海，常有飄溺之患。

至顯德五年，王師征淮，克静海軍，始就陸路。此碑在廣順三年，貢賦尚須海運。碑中彭、湯、李三人，或即吴越使臣，泛海至青州，故有此功德也。

濟州刺史任公屏盗碑〔三七〕

顯德二年閏九月立，行書。碑高一丈一尺九寸，闊四尺三寸。在鉅野縣。

大周推誠奉義翊戴功臣、特進撿校太保、使持節濟州諸軍事、行濟州刺史兼御史大夫、上柱國、西河郡開國公、食邑二〔三八〕千三百户任公屏盗碑銘并序，朝議郎、行左拾遺、充〔三九〕集賢殿修撰臣李昉奉空五字。勑撰，翰林待詔、朝議大夫、行司農丞臣張光振奉空五字。勑書。

降婁魯之分，濟河惟兖州。大野既荒，西狩獲麟之地；崇山作鎮，東暝見日之峯。郡國已來，土賦稱大，舊制非便，必惟具新。盖民衆吏少，則姧易生；治稱任平，則時克乂。皇朝建濟州於鉅野縣，猶魏室分猷次爲樂陵郡耶。

我太祖聖神恭肅文武孝皇帝，發天機，張地紀，皇建丕祚，空三字。帝于萬邦。不枉政以厚民生，不刓法以重民命。以爲分是理，頒是條，施之一方而用寧，通之四海而不泥者，其惟良二千石乎？故所〔四〇〕選牧守，咸用賢能，得人者昌，於斯爲盛。

今皇帝嗣守洪業，光揚空三字。聖謨。率勤儉爲天下先，惟幾微成天下務。所謂空三字。皇王綱統之道明矣，邦國紀律之務成矣，而研覈精錬，日不暇給，以戒弛墮之患；所謂視聽聰明之德充矣，内[四一]外上下之情通矣，而啟廸開納，國無留事，以防壅塞之弊。凡[四二]軍國機要，刑政樞務，事無巨細，必詳於聽覽。凡公侯卿士，牧伯長吏，任無輕重，必考其才器。是以設爵愈重，分職愈精。人人自謂我民康，家家自謂我土樂。粤嗣位元年冬十月，詔以前趙州刺史任公撿校太保牧于濟。濟，新造之郡也，麟州之名，其廢已久。歲月差遠，土風澆醨，民忘其歸，或肆爲梗。重以控地既大，苞荒用遐。山幽藪[四三]深，亡命攸萃。灌莽悉伏戎之地，雚[四四]蒲爲聚盗之資。妖以人興，嘯召或成於風雨；法由貪弊，羈縻遂至於逋逃。良田有蟊，實害嘉穀。雖[四五]夫年號豐稔，時無札瘥。滯穗餘糧，栖偃于千畝，京倉坻庾，阜衍于九年。猶或脅遊墮之夫，釋耒秬之用，鉤鋤弦木，竊弄於鄉閭之間，矧飢沴之歲乎？至乃野無戰血，天藏殺機，韔甲琱戈，戢鋒鋋於武庫；庸租井賦，緩征督於鄉胥。尚或誘輕主之民，聚無賴之族，巢梟穴狡，竊發於海溟之中，矧兵革之際乎？民既病而疇思其治，醫雖良而藥或未工。盖用有所長，才難求備。文吏束名教之撿，則必曰導之以德，盗用侮而益暴；法家持剛猛之斷[四六]，則必曰齊之以刑，盗用駭而弥逸。自非文武兼資之用，英雄斷制之才，莅是任而居是邦者，厥惟艱哉。公天授將才，生知理本。以戰則勝，玄機出應變之先；以化則孚，心術同希微之表。抗一麾[四七]而戾止，撫萬室以瞻言。以爲川壅污潰，利源派而嘗宜濬畝；田荒蓏蓑，樹嘉苗而必極芟夷。於是令以先庚，申之後甲。介馬負先馳之勇，陰門提夜出之兵。獵叢社以平妖，盡誅其類；狩平林而得猶，悉伏其辜。狂童震驚，四野竦駭。狼心盡革，民患皆除。乃峻以隄防，斂其窞穽。決獄盡疎其留滯，窮源用滌其瑕疵。分命鄉民，設其警候。伏乙夜以蒐慝，扼衝途而伺奸。盜跡之來，若罹罿畢。申命降寇，招其叛徒。恩信著用，以結其心。懾伏羈留，以杜其變。盜意之改，若愈膏肓。非夫術以變通，奸由惠照。太阿所擊，剸洪鍾而不留；玉弩載張，應靈機而自發。其孰能如此耶？甚矣哉！除盜之難，其來有素。中古澆醨之後，羣心變詐之興。縱燎夷荒，或敗蕭蘭之秀；尋柯伐蠹，因傷杞梓之材。唯賢者之用心，則是非而無混。故公嫉盜之意切，而誅盜之令嚴。去盜之術行，而屏盜之譽顯。夫盜既去矣，民將息矣，然後緩之以約束，寬之以法令，養之以惠愛，勸之以禮讓，化之無或戾，信之無或欺，則龔黄之風，彼亦奚尚。是以黄髮鮐背之叟，農工商賈之類，含哺而嬉，既舞且詠。以爲康莊播頌，雖昭盛德之容，琬琰載[四八]碑，宜耀披文之質。郡將官吏，唱言僉同，乃詣闕上陳，願塞羣望。帝用嘉許，綸言式敷。詔左拾遺李昉，俾文其事，以述濟民之請。微臣不才，孤奉空三字。明旨，揣闔秘思，懼遺休聲，稽實課虛，斯謂無愧。而太史氏紀功臣之績，云：公名漢權，蜀國人也。以武畧事累朝，以戰功登貴仕。亟握兵要，連分使苻。初牧于丹，有排亂折衝之績；移治于趙，有安邊鎮静之功。所至皆有能名，而濟之人獨能宣其事業，以示不朽，亦可謂賢矣。系曰：事有該于謠俗，傳于耆舊者，千載之下，尚爲美譚。矧文之以銘，而勒之於石乎？他日知使君之政者，其將質於此。故其詞云：

道失其要，淫刑而暴。人心用違，良民爲盜。令嚴而申，政肅而淳。人心用依，盜爲良民。民即盜也，盜亦民也。善惡之化，實由乎人。猗歟使君，克善其治。始以嚴誅，去其奸宄[四九]。申以約束，靜其鄉里。里無墮農，鄉無狡童。曾未逾月，澄清四封。相彼林矣，豈無犲虎。暴心不生，與麟爲伍。循彼陔兮，亦有荆棘。惡蔓既除，與蘭同色。使君之賢，如山如淵。濟民之頌，聲聞于天。刻石播美，垂千萬年。

軍事判官、朝議郎、試大理司直兼殿中侍御史張穆篆額。顯德二年歲次乙卯閏九月一日丙申朔建。

右碑首標題一行，次撰書銜名二行，文廿二行，末篆額、銜名及年月一行。篆額者不與撰書人並列，蓋以前二人皆奉敕故也。撰文者李昉，案《宋史》本傳，昉在漢乾祐舉進士，爲秘書郎，宰相馮道引之，與吕端同直弘文館，改右拾遺、集賢殿修撰。此碑列銜正同，則仕周太祖朝亦仍此官，惟拾遺轉左耳。周世宗覽昉章奏、詩文，每稱賞之。此碑辭句華贍，洵爲稱旨之作。書體蒼勁有法，間有異文，如『遊惰』作『游墮』、『耒耜』作『耒耟』是也。萑蒲，即萑苻，案《左昭公二十年傳》：『取人於萑苻之澤』。『萑』字唐石經後改作『雚』，『苻』字唐石經原刻作『蒲』，皆與此合，或以爲唐人别體者，由未細撿耳。鉅野諸生李伊晉云：『此碑有額，題「任公屏盗之碑」六字，碑陰題職官人名數列，拓者皆遺之。』

龍興寺經幢

顯德□年立，正書。幢高六尺二寸。廣七寸，在淄川縣龍興寺。

龍興寺百法院禮佛會石幢記，鄉貢進士許□撰并序讚。

三峰講經論沙門惠深舍□書□壹石作都料張進貴，男仁美鎸字，當院法眷僧和韶，會主當講傳經論沙門□□□遷。

伏惟佛生中國，當此土周昭王初，下闕。暨乎聲教流傳，始自漢皇感夢。自後支郍國内，廣布流行，歸之者盡悟無生，敬之者皆超彼岸。有求皆應，無願不從，似影隨形，如聲響應。爰有百法大德者，始從無棣，携杖錫以南來，既至磐陽□龍興寺駐足。是以繼開瑞典，論講明門。下闕。四方之負笈雲臻，寰海之聞名悉至，實謂塞嶮道而歸正道，摧邪見以悟真宗。六事行圓，人皆稽首。弟子等曾遊法會，覩六事以精嚴。暫聽分宣，似衣中之得寶。是以學親六事，共結二因，閭巷相□，朋儕共允，展轉相呼，來者甚衆。信士既多，標禮下闕。佛會是以長於月圓日，宿净三業，旦入寺中，隨僧讃唱以連天，五體投誠而匝地。雖爲歲久，未□標題。乃有都副維郍幢會糺首與會衆商議，擬造石幢壹座，鎸上、下經兩軸。會衆既聞，無不允許，遂□□良匠，選拒材，各捨蜻蚨，共崇勝業。今則功圓□妙，不讓於兠率陁天，鶡鵯伽，恰似移西方在此。幢儀既就，列姓氏以雕鎸，顯示當來，瞻敬者皆獲斯善。□多愚少智，輒順尊情，書述荒詞，略爲序讃。

賢劫千佛，第二能仁。悲深願廣，濁界度人。給孤園裏，□演金經。金身放瑞，處處蓮生。化佛先唱，釋迦自陳。弥勒獨悟，萬倍解生。近執示起，心裏疑生。三業俱净，五體投誠。世尊往昔，授記丁寧。弥勒修行，未得真成。貪心由在，禪定不行。既言成佛，何處受生。子細諦聽：却後一紀，知足天生。官□萬億，五百爲名。盡修檀度，□作祇迎。善賢顯勝，樓閣峥嶸。珠從額出，内院方成。寶樹風動，晝出音聲。不談鄭衛，唯演空名。花湧八水，遊□棟行。能柔能冷，飲不傷形。寶女執拂，帳内遊行。小梵張綱，大梵懸鈴。因修六事，意想投誠。人間壽足，□臂便生。花芬頭上，□□□□。□□□□，敬禮慈尊。阿難長跪，發問經名。世尊爲荅，觀慈氏經。《下生經》讚曰：大智舍利，能轉法輪。白佛啟問，弥勒當因。世尊誡勑，當一心聽。四海漸感，地即廣平。村邑相近，絶有丘陵。人唯三病，更無餘□。應往大藏，廣集珠珍。七寶□□，□□□□。□頭城大，廣闊縱横。上諸樓閣，百寶所成。慈尊修道，從境而生。妙臺始就，即使分諍。知世間法，無常必生。捨家修道，當日即成。龍花樹下，契證金身。從座而起，往迪頁城。天龍前引，四衆隨行。梵王侍右，帝釋□傾。□□□□，□□□□。□業迎佛，入此大城。　佛開妙辯，廣利羣生。三會得度，遺法衆生。　釋迦上足，號迦葉名。藏□雞足，只後慈尊。山神來報，弥勒始興。乃從定起，來禮慈尊。世尊預記，讚彼殊因。當來證覺，號成佛經。時顯德□年歲次乙卯閏九月下闕。

右幢八面，首面序讚十行，後刻《弥勒上生經》《下生經》及施主姓氏，文體對偶未工，惟書法饒有古趣耳。

中書侍郎平章事景範神道碑[五〇]

顯德三年十二月立，正書。碑高九尺三寸，廣四尺八寸。在鄒平縣印臺山左。

大周故銀青光禄大夫、中書侍郎、同中□□□[五一]平章事、上柱國、晉陽縣開國伯、食邑三[五二]百户、贈侍中景公神道碑銘并序，翰林學士、朝議郎、尚書水部員外郎、知制誥、柱國、賜緋魚袋臣扈載奉勑撰，翰林待詔、朝議郎、守司農寺丞臣孫崇望奉勑書。

帝軒轅乘土德之運，其臣曰夆[五三]龍、祝融，能辨方域，以制區夏。帝嬀氏禪陶唐之基，其臣曰伯夷、后夔，能典禮樂，以和人神。□□[五四]佐命下闕。[五五]。□政嗣□，□□浸盛。[五六]弥綸輔翊，代有其人。皆金策丹書，絢續□[五七]業。垂其訓聚而爲墳典，□[五八]其美流而爲歌詞[五九]。□□□□□[六〇]，我則下闕。[六一]淪朽，我則鏤之以貞珉。銘以紀功，碑以誌行，千載之下，粲然可觀者，其惟神道之表乎！故中書侍郎□□□□□□□[六二]，□□□□朝議下闕。[六三]□[六四]十一月，薨于淄川郡之私第。空三字。天子廢視□[六五]，軫殲奪之念[六六]，制贈侍中，遣使賵奠，飾終之□□□□[六七]，□□□□□□□[六八]炎盛下闕。[六九]，不出廟門；杜預豐碑，空沉漢水。姑自矜於名氏，誠未顯於邦家。與□煇焯空三字。帝恩[七〇]，導揚餘烈下闕。[七一]。綸言[七二]直而叙之，用丕顯空三字。我大君之命。臣聞景氏之先，出於芊姓，從楚王於夢澤，□□□焕下闕。人，惟周之輔。長山之下，淄澮[七三]爲川，地勝氣清，惟公故里。夫嘉遁絶世，高卧於是者，足以□顥氣而下闕。[七四]。故公之先，由烈考太僕府君之上，□[七五]王父賓、大王父閏，皆貞晦□[七六]仕，介享天爵，而巢許之下闕。[七七]聿登相位，而申甫之祥著矣。昔者聖人之教天下也，本之以仁義，制之以經籍[七八]，是謂人文，是謂人。下闕。是以公輔之位，必由稽古升；廊廟之才，必以經術顯。而公以明經擢第於春官□〔七九〕，□〔八〇〕賢哲之下闕。〔八一〕□〔八二〕高密郡，秩滿而□授范縣令。大鵬之翼，鎩北溟以未舒；蟄雷之聲，殷南山而不起。然則下闕。〔八三〕通人之才變而順，則方圓之量不能局。故公之佐縣政也，人謂其勤且潔矣。典刑書也，人謂其下闕。改丕而從之者，則人謂其賢且能矣。粤若日月之彩，得天而大明；風雲之期，遇屯而始〔八四〕起。下闕。我太祖〔八五〕聖神恭肅文武孝皇帝，建大功於漢室，爲北藩於魏邦。初筵既開，得賢斯盛。於下闕。〔八六〕龍飛在天，躬戴曜靈，至於霄極。空五字。皇業肇建，制以公爲秋曹郎，進階至朝散下闕。〔八七〕之□〔八八〕。維聖人執左□〔八九〕，臨萬邦，經衆〔九〇〕□〔九一〕大命。□厥□機〔九二〕，□〔九三〕之大柄，揔於樞務□〔九四〕，可謂重矣。而下闕。〔九五〕公爲左司郎中，充樞密直學士，尋轉諫議大夫充職。今皇帝嗣位之始，□〔九六〕用舊臣，而并人乘我大喪，擁衆南□〔九七〕，親征之舉，迅若奔雷。分命大臣，俱〔九八〕下闕。〔九九〕振帝伐張，黄鉞白□〔一〇〇〕，□〔一〇一〕群兇而皆盡；參旗河皷，□清蹕以□旋〔一〇二〕。大祲既已□〔一〇三〕，九服又已定。下闕。〔一〇四〕聖謨碩望，可以鎮□〔一〇五〕俗。爰立□〔一〇六〕命，空五字。帝心允孚。六府肇修兵賦，尤大邦之調□〔一〇七〕下闕。〔一〇八〕大用〔一〇九〕逢□〔一一〇〕，洪均在□〔一一一〕。資忠孝於空五字。君父，享富貴之崇高。而盡悴之勞，用成美〔一一二〕疢。□〔一一三〕章下闕。〔一一四〕以列卿歸第，懸車故鄉。嗟風□〔一一五〕之忽驚，訴旻兮兮罔極〔一一六〕，見星而往，夕露方多。泣血以居，晨漿屢絶下闕。〔一一七〕觀夫公之行事，則其道也淳而粹，充充焉無能稱。其言也直而肆，謇謇焉無所忌。耿介以自□[一一八]，□□[一一九]以□□，□[一二〇]其下闕。[一二一]無悔□[一二二]，□[一二三]人之操，何以尚□[一二四]。□[一二五]筆者得無愧於詞矣。許國夫人李氏，嗣子太廟齋郎儼信等，下闕。[一二六]子事父[一二七]之禮。佳城閉日，長楸簪雲。勒銘□[一二八]休，以示千百。其詞曰：□山[一二九]蒼蒼，淄水湯湯。哲人之生，逢時會昌。哲人之逝，魂遊舊鄉。高山兮峩峩，逝水兮驚波。□而□死□其□□□惟下闕。山有頹坂，水有高岸。人何世而□[一三〇]新，善有名兮獨遠。猗歟公兮，斯□丕顯[一三一]。

顯德三年歲次丙辰十二月己未朔□□□丁下闕。[一三二]。

右碑文三十一行，字徑一寸，下截皆殘闕無字。武虛谷云：碑首列扈載、孫崇望奉勅撰書。案《舊五代史·景範傳》云『官爲立碑』，即此是也。《周太祖紀》：廣順三年春三月，『以左司郎中、充樞密直學士景範爲左諫議大夫充職』。《世宗紀》：顯德元年七月癸巳，『以樞密院學士、工部侍郎景範爲中書侍郎、平章事』。碑云『登用舊臣』，蓋範當太祖時已爲諫議矣。碑言『晉陽縣開國伯』，《册府元龜》載世宗即位七月，制詔範爲晉陽縣開國男，當依碑作『伯』。又碑言『以列卿歸第』，案《本傳》，『範理繁治劇，非其所長，雖悉心盡瘁，終無稱職譽。世宗知之，因其有疾，乃罷司計，尋以父喪罷相東歸。』並與碑符。

贈太常卿顔公神道碑

無年月，正書，篆額。碑高一丈一尺，廣三尺八寸五分。在曲阜縣東北五里顔侍郎林。右碑篆額題『大周贈太常卿顔公神道碑銘』四行，字徑三寸，文約四十一行，漶漫已極，存者衹數十字。據《縣志》載：五代太常卿顔文鐸墓，在縣東北五里許，塚前有翁仲石像碑，則平原節度使李闉所撰也。今此碑撰文銜名已闕，惟存『前平盧軍節度副使』八字而已。

冥福寺陁羅尼經幢

無年月，正書。幢高八尺八寸。在泰安縣冥福寺天王殿前。右幢疊石四層，每層一石，各作八面。每面拓本長短不一，凡三十二面，皆書經文，字徑一寸，别無年月、姓名及刻經建幢之由。聶劍光《泰山金石攷》以天福二幢録入後晉，此幢附五代末，今從之。

【校勘記】

［一］此碑已亡，碑文載《全唐文》卷八五一《澶州建桼河將軍堂記》，兹據此加以校證。

［二］『生□也若浮，生死之也若休』，賈誼《鵩鳥賦》原作『其生兮若浮，其死兮若休』。

［三］此闕字，《全唐文》作『甫』。

［四］《全唐文》『丹青』後有『於』字。

［五］『竇』，《全唐文》作『寮』。

[六]「苛」，《全唐文》作「荷」。

[七]「亳州」，原作「毫州」，誤。

[八]此二闕字，應爲「光禄」。

[九]此闕字，後周《雲門山功德記》作「山」。

[一〇]「亳州」，原作「毫州」，誤。

[一一]此拓本收録於《北京圖書館藏中國歷代石刻拓本匯編》第三六册《大雲寺修壁龕功德記》，碑文亦載《八瓊室金石補正》卷八一《雲門功德記》與《全唐文》卷九二二《雲門山功德記》，兹據此加以校證。《益都金石記》亦載，殘缺嚴重。

[一二]「稱」，拓本殘泐，《八瓊室金石補正》作「補」。

[一三]此闕字，拓本殘泐，《八瓊室金石補正》作「好」。

[一四]「返」，原作「遂」，據拓本及《八瓊室金石補正》正。

[一五]「吴」，原作「乘」，據拓本及《八瓊室金石補正》正。

[一六]「以」，據拓本補。

[一七]「早敦至信」，原作「便至」，據拓本及《八瓊室金石補正》正。

[一八]「造良」，據拓本補。

[一九]「投」，拓本模糊，《八瓊室金石補正》作「於」。

[二〇]「獲」，原作「傍」，據拓本及《八瓊室金石補正》正。

[二一]「古」，原作「真」，據拓本及《八瓊室金石補正》正。

[二二]「再」，據拓本補。

[二三]「嚴」，原作「修」，據拓本及《八瓊室金石補正》正。

[二四]「蒸」，原作「遠」，據拓本及《八瓊室金石補正》正。

[二五]「盡」，原作「豈」，據拓本及《八瓊室金石補正》正。

[二六]「欲降」，據拓本補。

[二七]「士庶」，據拓本補。

[二八]「殊」，原作「淨」，據拓本及《八瓊室金石補正》正。

[二九]「鄉」，據拓本補。

[三〇]「翠琰以紀芳猷」，據拓本補。

[三一]「貞」，原作「賢」，據拓本及《八瓊室金石補正》正。

[三二]「義」，拓本殘泐，《八瓊室金石補正》作「峻」。

[三三]「誚」，原作「諵」，據拓本及《八瓊室金石補正》正。

[三四]此闕字，《八瓊室金石補正》作「厚」，拓本殘泐，僅存「亘」。

[三五]「程」，據拓本補。

[三六]「進」，《八瓊室金石補正》作「邈」。

[三七]此碑現存巨野縣城永豐塔之陽，拓本收録於《北京圖書館藏中國歷代石刻拓本滙編》第三六册《任公屏盜碑》，茲據此加以校證。

[三八]「二」，原作「一」，據原碑及拓本正。

［三九］『充』，原作『文』，據原碑及拓本正。

［四〇］『所』，據原碑及拓本補。

［四一］此闕字，原碑及拓本皆磨泐，但稍存遺迹，結合上下文意，當爲『内』。

［四二］『凡』，原作『非』，據原碑及拓本正。

［四三］『藪』，據原碑及拓本補。

［四四］『蘿』，原碑作『萑』，二字古同。

［四五］『雖』，原作『惟』，據拓本正。

［四六］『斷』，原僅存『斤』，據拓本補。

［四七］『麾』，原作『旅』，據拓本正。

［四八］『琰載』，原作『炎裁』，據拓本正。

［四九］『宂』，拓本作『宂』，原作『宄』，據文意，應作『宂』。

［五〇］此碑現已不存，未見拓本傳世，碑文載《池北偶談》卷一六《景範碑》、《金石萃編》卷一一二《中書侍郎景範碑》及《全唐文》卷八六〇《銀青光禄大夫中書侍郎同中書門下平章事上柱國晉陽縣開國伯食邑三百户贈侍中景公神道碑銘并序》，兹據此加以校證。

［五一］此三闕字，《池北偶談》《金石萃編》與《全唐文》作『書門下』。

［五二］『三』，《池北偶谈》作『七』。

［五三］『豢』，《池北偶谈》與《全唐文》作『奢』。

［五四］此二闕字，《池北偶談》《金石萃編》與《全唐文》作『上古』。

［五五］此闕處，《池北偶談》《金石萃編》與《全唐文》作「之道□□□□□焉」。

［五六］「□政嗣□，□□浸盛」，《池北偶談》《金石萃編》與《全唐文》作「三政嗣興，圖吏浸盛」。

［五七］此闕字，《池北偶談》《金石萃編》與《全唐文》作「功」。

［五八］此闕字，《池北偶談》《金石萃編》與《全唐文》作「形」。

［五九］「詞」，《池北偶談》《金石萃編》與《全唐文》作「頌」。

［六〇］此六闕字，《池北偶談》《金石萃編》與《全唐文》作「陋篆籀之質略」。

［六一］此闕處，《池北偶談》《金石萃編》與《全唐文》作「潤之以□□□□之」。

［六二］此七闕字，《池北偶談》《金石萃編》與《全唐文》作「平章事景公諱範」。

［六三］此闕處，《池北偶談》《金石萃編》與《全唐文》作「顯德二祀」。

［六四］此闕字，《池北偶談》《金石萃編》與《全唐文》作「冬」。

［六五］此闕字，《池北偶談》《金石萃編》與《全唐文》作「朝」。

［六六］「念」，《金石萃編》與《全唐文》作「令」。

［六七］此四闕字，《池北偶談》《金石萃編》與《全唐文》作「典優而厚」。

［六八］此八闕字，《池北偶談》與《金石萃編》作「□□詔詞臣□文□」。

［六九］此闕處，《池北偶談》《金石萃編》與《全唐文》作「矣□□□孔悝彝鼎」。

［七〇］「與□煇焯空三字帝恩」，《池北偶談》與《全唐文》作「與夫輝煌帝恩」。

［七一］此闕處，《池北偶談》《金石萃編》與《全唐文》作「□□□□□□□者可同日而語也」。

［七二］「言」，《池北偶談》作「有」。

［七三］「濬」，《池北偶談》與《金石萃編》作「濟」。

［七四］此闕處，《池北偶談》《金石萃編》與《全唐文》作「爲□□□□□□□生於是者，足以□□□而爲世傑」。

［七五］此闕字，《池北偶談》《金石萃編》與《全唐文》作「曰」。

［七六］此闕字，《池北偶談》《金石萃編》與《全唐文》作「不」。

［七七］此闕處，《池北偶談》《金石萃編》與《全唐文》作「□□□□□□□□□□□□□仲曰篆公□□□□世□□」。

［七八］「籍」，原作「藉」，據《池北偶談》《金石萃編》與《全唐文》正。

［七九］此闕字，《池北偶談》《金石萃編》與《全唐文》作「氏」。

［八〇］此闕字，《池北偶談》《金石萃編》與《全唐文》作「則」。

［八一］此闕處，《池北偶談》《金石萃編》與《全唐文》作「□□□□□□爲吏於青陽□□□□□□□□□□□掾」。

［八二］此闕字，《池北偶談》《金石萃編》與《全唐文》作「於」。

［八三］此闕處，《池北偶談》《金石萃編》與《全唐文》作「□□□□□□□於之□□□□□□□□□□□□□□□」。

［八四］「始」，《池北偶談》《金石萃編》與《全唐文》作「勃」。

［八五］「太祖」，《池北偶談》《金石萃編》與《全唐文》作「大周」。

［八六］此闕處，《池北偶談》《金石萃編》與《全唐文》作「是我公□□□□□□□□而君臣之□□□□□□□□」。

［八七］此闕處，《池北偶談》《金石萃編》與《全唐文》作「大夫而□□□□□□□□萬□□□□□□□□□□□」。

［八八］此闕字，《池北偶談》《金石萃編》與《全唐文》作「樞」。

［八九］此闕字，《池北偶談》《金石萃編》與《全唐文》作「契」。

［九〇］「臮」，《池北偶談》《金石萃編》與《全唐文》作「久」。

〔九一〕此闕字，《池北偶談》《金石萃編》與《全唐文》作「制」。

〔九二〕「□厥□機」，《池北偶談》《金石萃編》與《全唐文》作「日政之機」。

〔九三〕此闕字，《池北偶談》《金石萃編》與《全唐文》作「國」。

〔九四〕此闕字，《池北偶談》《金石萃編》與《全唐文》作「者」。

〔九五〕此闕處，《池北偶談》《金石萃編》與《全唐文》作「□□□□□□□□忠而賢□□□□□□□□□□」。

〔九六〕此闕字，《池北偶談》《金石萃編》與《全唐文》作「登」。

〔九七〕此闕字，《池北偶談》《金石萃編》與《全唐文》作「寇」。

〔九八〕「俱」，《池北偶談》《金石萃編》與《全唐文》作「保」。

〔九九〕此闕處，《池北偶談》《金石萃編》與《全唐文》作「鼇□□□□□□□於公仍拜貳卿□□□□□□□□□」。

〔一〇〇〕此闕字，《池北偶談》《金石萃編》與《全唐文》作「旄」。

〔一〇一〕此闕字，《池北偶談》《金石萃編》與《全唐文》作「殪」。

〔一〇二〕「□清蹕以□旋」，《池北偶談》《金石萃編》與《全唐文》作「導清蹕以言旋」。

〔一〇三〕此闕字，《池北偶談》《金石萃編》與《全唐文》作「平」。

〔一〇四〕此闕處，《金石萃編》與《全唐文》作「□□□□時惟輔臣，而公昌言可□□□□□□□□」，《池北偶談》作「□□□□時惟輔臣，而公昌言可□□□□□□□」。

〔一〇五〕此闕字，《池北偶談》《金石萃編》與《全唐文》作「流」。

〔一〇六〕此闕字，《池北偶談》《金石萃編》與《全唐文》作「之」。

〔一〇七〕此闕字，《池北偶談》《金石萃編》與《全唐文》作「用」。

〔一〇八〕此闕處，《池北偶談》《金石萃編》與《全唐文》作「□□□□□公自立不回，信而有守，□□□□□□□□哉」。

〔一〇九〕「用」，《池北偶談》《金石萃編》與《全唐文》作「運」。

〔一一〇〕此闕字，《池北偶談》《金石萃編》與《全唐文》作「時」。

〔一一一〕此闕字，《池北偶談》《金石萃編》與《全唐文》作「手」。

〔一一二〕「美」，《池北偶談》《金石萃編》與《全唐文》作「恙」。

〔一一三〕此闕字，《池北偶談》《金石萃編》與《全唐文》作「封」。

〔一一四〕此闕處，《池北偶談》與《金石萃編》作「疊上，優詔褒稱，聽解利權，□專□□□□□□」，《全唐文》作「累上，優詔褒稱，聽解利權，□專□□□□□□」。

〔一一五〕此闕字，《池北偶談》《金石萃編》與《全唐文》作「樹」。

〔一一六〕「訴昊兮罔極」，《池北偶談》《金石萃編》與《全唐文》作「訴昊天兮何極」。

〔一一七〕此闕處，《池北偶談》與《金石萃編》作「哀與性盡，卧疾而終，享年五十有二，□□□□□□」，《全唐文》作「哀與性盡，卧疾而終，享年五十有二，□□」。

〔一一八〕此闕字，《池北偶談》作「立」，《金石萃編》與《全唐文》作「安」。

〔一一九〕此二闕字，《池北偶談》作「强幹」，《金石萃編》與《全唐文》作「勁直」。

〔一二〇〕此闕字，《池北偶談》《金石萃編》與《全唐文》作「故」。

〔一二一〕此闕處，《池北偶談》《金石萃編》與《全唐文》作「仕也，□一命之卑，□三□□□□□」。

〔一二二〕此闕字，《池北偶談》《金石萃編》與《全唐文》作「吝」。

〔一二三〕此闕字,《池北偶談》《金石萃編》與《全唐文》作「古」。

〔一二四〕此闕字,《池北偶談》《金石萃編》與《全唐文》作「也」

〔一二五〕此闕字,《池北偶談》《金石萃編》與《全唐文》作「秉」。

〔一二六〕此闕處,《池北偶談》《金石萃編》與《全唐文》作「□□靈□光□□烝嘗翼翼賢人□□□□□□」。

〔一二七〕「父」,《池北偶談》《金石萃編》與《全唐文》作「終」。

〔一二八〕此闕字,《池北偶談》《金石萃編》與《全唐文》作「垂」。

〔一二九〕「□山」,《池北偶談》作「長白」,《金石萃編》與《全唐文》作「長山」。

〔一三〇〕此闕字,《池北偶談》《金石萃編》與《全唐文》作「弗」。

〔一三一〕「斯□丕顯」,《池北偶談》《金石萃編》與《全唐文》作「時用丕顯」。

〔一三二〕「顯德三年歲次丙辰十二月己未朔□□□丁下闕」,《池北偶談》作「顯德三年歲次丙辰十二月己未朔十日戊辰」,《金石萃編》作「顯德三年歲次丙辰十二月己未朔越十日戊辰□」。